煤炭行业新质生产力发展调研报告与典型案例

中国煤炭工业协会生产力促进中心　组织编写

应急管理出版社
·北　京·

图书在版编目（CIP）数据

煤炭行业新质生产力发展调研报告与典型案例 / 中国煤炭工业协会生产力促进中心组织编写. -- 北京 : 应急管理出版社，2024. -- ISBN 978-7-5020-9659-5

Ⅰ. F426.21

中国国家版本馆 CIP 数据核字第 2024GC5349 号

煤炭行业新质生产力发展调研报告与典型案例

组织编写 中国煤炭工业协会生产力促进中心
责任编辑 赵金园
责任校对 张艳蕾
封面设计 安德馨

出版发行 应急管理出版社（北京市朝阳区芍药居 35 号 100029）
电　　话 010－84657898（总编室） 010－84657880（读者服务部）
网　　址 www. cciph. com. cn
印　　刷 北京建宏印刷有限公司
经　　销 全国新华书店

开　　本 787mm×1092mm $^{1}/_{16}$ **印张** 25 **字数** 605 千字
版　　次 2024 年 11 月第 1 版 2024 年 11 月第 1 次印刷
社内编号 20240886 **定价** 98.00 元

煤炭行业新质生产力发展
调研报告与典型案例

编审委员会

参编单位

中国煤炭工业协会生产力促进中心
国家能源投资集团有限责任公司
中国中煤能源集团有限公司
中国煤炭科工集团有限公司
中国华能集团有限公司
国家电投集团内蒙古能源有限公司
华电煤业集团有限公司
中国大唐集团能源投资有限责任公司
山东能源集团有限公司
河南能源集团有限公司
兖矿能源集团有限公司
开滦（集团）有限责任公司
淮北矿业（集团）有限责任公司
华阳新材料科技集团有限公司

前　言

新质生产力，是2023年9月习近平总书记在黑龙江考察调研期间首次提到的新的词汇。9月7日，习近平总书记在新时代推动东北全面振兴座谈会上强调："积极培育新能源、新材料、先进制造、电子信息等战略性新兴产业，积极培育未来产业，加快形成新质生产力，增强发展新动能。"

在2023年12月11日至12日召开的中央经济工作会议上，习近平总书记进一步指出："要以科技创新推动产业创新，特别是以颠覆性技术和前沿技术催生新产业、新模式、新动能，发展新质生产力。"

2024年1月31日，中共中央政治局就扎实推进高质量发展进行第十一次集体学习，习近平总书记在主持学习时全面阐释了新质生产力的基本内涵："概括地说，新质生产力是创新起主导作用，摆脱传统经济增长方式、生产力发展路径，具有高科技、高效能、高质量特征，符合新发展理念的先进生产力质态。它由技术革命性突破、生产要素创新性配置、产业深度转型升级而催生，以劳动者、劳动资料、劳动对象及其优化组合的跃升为基本内涵，以全要素生产率大幅提升为核心标志，特点是创新，关键在质优，本质是先进生产力。"

习近平总书记关于发展新质生产力的一系列重要论述、一系列重大部署，深刻回答了"什么是新质生产力、为什么要发展新质生产力、怎样发展新质生产力"的重大理论和实践问题，是马克思主义中国化时代化的最新成果，新质生产力的提出继承和发展了马克思主义生产力理论，进一步丰富发展了习近平经济思想的理论体系，为新征程上推动高质量发展提供了科学指引。

煤炭是我国的基础能源和重要工业原料，新中国成立以来累计生产原煤1000亿t以上，为国民经济和社会发展提供了可靠的能源保障。"十四五"及今后较长一个时期，煤炭工业改革发展机遇与挑战并存，我国宏观经济将继续保持中高速发展，能源需求保持稳定增长，煤炭作为我国兜底保障能源的地位和作用还很难改变。

“十四五”以来，煤炭行业统筹发展和安全，全力做好煤炭增产保供稳价工作，扎实推进现代化煤炭产业体系建设，绿色低碳转型和高质量发展迈出坚实步伐。具体表现为：全国煤炭供应总量再创新高，能源安全保障的基础更加坚实；煤炭生产开发布局持续优化，东中西区域协同发展格局加快形成；产业结构加快优化升级，现代化产业体系建设取得重要进展；煤炭交易市场体系建设持续深化，市场配置资源功能显著增强；科技创新引领作用充分发挥，高质量发展新动能持续增强；“人才强煤”战略扎实推进，行业人才队伍建设成果丰硕；管理创新稳步实施，煤炭行业企业治理能力显著增强；煤炭清洁高效利用有序推进，绿色低碳转型取得新成效；生态保护修复力度加大，矿区生态环境质量持续改善。

与此同时，煤炭行业高质量发展在应急供应保障能力建设、煤炭生产开发布局优化、大型煤炭基地产能接续、安全高效开采、清洁低碳利用、科技和人才支撑能力建设、老矿区煤炭企业转型发展等方面面临发展不平衡、不充分的问题。

在煤炭安全高效开采方面，深部开采环境日趋复杂，多重灾害的威胁和安全问题更加严峻，可供开采的绿色煤炭资源量变得更为有限；在煤炭清洁低碳利用方面，在“双碳”背景下，燃煤利用率低、排放污染严重和技术装备落后的缺点尤为突出；在煤机装备高端制造及应用方面，煤机装备产业面临智能、绿色、安全、高端方向转型压力；在节能环保方面，思想意识提升、设备能耗管理、绿色技术应用、能耗统计、废弃物资源化利用等都有待进一步改进和提升；在绿色发展方面，煤炭全生命周期绿色低碳循环发展任重道远；在新能源产业发展方面，煤炭行业减量发展与煤炭兜底保障之间的矛盾仍然突出；在企业战略、组织等管理创新方面，与新质生产力相适应的新型生产关系尚不完善。

为了加快煤炭科技创新发展，促进科技成果转化为现实生产力，优化煤炭行业产业链布局，加快形成煤炭新质生产力，推动煤炭工业高质量发展，中国煤炭工业协会生产力促进中心组织开展了煤炭行业新质生产力的文献检索、问卷调查、现场参观交流、典型案例征集、专家研讨等大量调研工作，并综合运用专家咨询、统计分析、评价筛选等方式对调研结果进行总结、分析，编写形成了《煤炭行业新质生产力发展调研报告与典型案例》（以下简称《调研报告》）。

本书共分为调研报告及典型案例两部分。调研报告部分共六章，第一章是调研背景及内容，介绍了国家宏观发展环境、煤炭行业发展基础和调研内容；第二章是新质生产力发展现状，介绍新质生产力的理论内涵及国内外研究进展；第三章是煤炭行业新质生产力发展现状，重点总结了煤炭行业新质生产力研究进展，及函调和现场调研单位新质生产力发展现状；第四章是煤炭行业新质生产力的基本内涵和特征，凝练总结了煤炭行业新质生产力的基本内涵、特征及新质生产力发展的重点领域和主要做法；第五章提出了煤炭行业新质生产力发展的机遇和挑战；第六章是本报告的调研结论和建议，总结出六条调研结论，提出了五条针对性建议。典型案例部分收录了国家能源投资集团有限责任公司、中国华能集团有限公司、淮北矿业（集团）有限责任公司等企业集团在新质生产力发展方面的典型项目工程。

本报告的现场调研和函调工作得到了国家能源投资集团有限责任公司、中国中煤能源集团有限公司、中国煤炭科工集团有限公司、中国华能集团有限公司、国家电投集团内蒙古能源有限公司、华电煤业集团有限公司、中国大唐集团能源投资有限责任公司、山东能源集团有限公司、河南能源集团有限公司、兖矿能源集团有限公司、开滦（集团）有限责任公司、淮北矿业（集团）有限责任公司、华阳新材料科技集团有限公司等单位的积极响应和大力支持。典型案例的征集工作得到了国家能源投资集团有限责任公司、中国煤炭科工集团有限公司、中国华能集团有限公司、华电煤业集团有限公司、中国大唐集团能源投资有限责任公司、山东能源集团有限公司、淮北矿业（集团）有限责任公司、淮河能源控股集团有限责任公司、济宁能源发展集团有限公司、辽宁能源投资（集团）有限责任公司、安徽皖北煤电集团有限责任公司、理工雷科智途（北京）科技有限公司、锦州重型水泵有限公司、安徽中科昊音智能科技有限公司、山西巨龙风机有限公司等企业集团及所属单位的多方支持。报告的编写工作得到了行业专家、相关领导的重视关注，同时本报告参阅了大量公开出版的书籍和期刊，我们努力尝试一一列举，但难免会“挂一漏万”，在此对上述单位和关注这项工作的专家领导表达诚挚的谢意！

新质生产力的概念甫一提出就受到社会各界广泛关注和研究讨论，目前煤炭行业新质生产力的理论内涵、发展特征、典型经验、发展方向、实现路径等研究工作仍处于初级阶段。鉴于时间仓促、调研样本所限，加之编者水平有限，缺点和疏漏在所难免，论据、观点可能片面偏颇，权当引玉之砖，恳请广大读者不吝指正，以便我们不断改进和完善。

编 者

2024年9月

目 录

第一部分 煤炭行业新质生产力发展调研报告

第一章 调研背景及内容 …… 3
第一节 调研背景 …… 3
第二节 调研内容 …… 8
第二章 新质生产力发展现状 …… 12
第一节 新质生产力的理论内涵 …… 12
第二节 党的二十届三中全会关于新质生产力的论述 …… 13
第三节 国内研究探讨进展 …… 14
第三章 煤炭行业新质生产力发展现状 …… 18
第一节 概述 …… 18
第二节 行业新质生产力研究进展 …… 20
第三节 行业新质生产力实践 …… 21
第四章 煤炭行业新质生产力的基本内涵和特征 …… 31
第一节 基本内涵 …… 31
第二节 煤炭行业新质生产力的特征 …… 31
第三节 煤炭行业新质生产力发展的重点领域 …… 33
第四节 行业新质生产力发展主要做法 …… 35
第五章 煤炭行业新质生产力发展机遇与挑战 …… 40
第一节 煤炭行业新质生产力发展机遇 …… 40
第二节 煤炭行业新质生产力发展面临的主要挑战 …… 42
第三节 煤炭行业新质生产力发展思路 …… 44
第六章 调研结论与发展建议 …… 47
第一节 调研结论 …… 47
第二节 发展建议 …… 47

第二部分 煤炭行业新质生产力发展典型案例

国家能源投资集团有限责任公司 …… 51
煤矿企业数智化经营管理体系构建与应用 …… 53
基于云边端架构的煤化工智能巡检系统 …… 57
煤化工生产安全管控平台建设项目 …… 60

煤化工工厂设备预测性维修管理系统 …… 63
煤化工智能能耗管控系统 …… 65
中国煤炭科工集团有限公司 …… 69
井工煤矿辅助运输自动驾驶技术研究 …… 71
矿用监测监控高可靠传感器及自动标校装置 …… 73
煤科卫士大模型 ChinamjGPT …… 76
Alpha90——露天矿无驾驶室运输机器人 …… 79
大型露天煤矿连续采煤机研制与示范应用 …… 82
煤矿井下水力化高效增渗促抽技术 …… 85
煤矿井下自动控制钻机 …… 87
露天矿移动设备集群调度系统 …… 91
煤矿井下 10000 N·m 系列化智能钻机平台 …… 95
薄煤层复杂地质条件高效智能开采装备关键技术与应用 …… 100
三河口智能化选煤厂“选煤大脑”示范工程 …… 103
李家壕煤矿智能矿山关键技术研究与示范工程 …… 105
露天煤矿极寒条件采选排一体化示范项目 …… 109
6 kV 1600 kW 永磁同步电机用隔爆兼本质安全型高压变频装置的研制 …… 112
红柳煤矿智能化网络建设 …… 118
中国华能集团有限公司 …… 123
高寒环境下零碳排放智能换电无人驾驶运输系统关键技术与应用 …… 125
伊敏露天矿生态修复实践 …… 127
伊敏露天矿循环经济一体化采矿 …… 130
砚北煤矿冲击地压风险智能判识与多参量监测预警平台 …… 131
砚北煤矿 250203 下 5G + 智能化综放工作面 …… 134
砚北煤矿采空区煤自燃风险预警系统 …… 142
华电煤业集团有限公司 …… 147
打通跨行业信息壁垒 构建大物流营销体系 …… 149
“两面四柱”合同全生命周期管理体系构建与实践 …… 152
煤矿 700 MHz & 2600 MHz 双频融合组网 5G 无线通信系统 …… 155
中国大唐集团能源投资有限责任公司 …… 159
龙王沟煤矿特厚煤层智能高效综放工作面研究与应用 …… 161
智能仓储立体库在煤矿中的应用 …… 165
胜利东二号露天煤矿车辆安全管控平台 …… 168
胜利东二号露天煤矿复眼全景视频融合技术的应用 …… 171
胜利东二号露天煤矿堆取料机智能无人值守系统 …… 174
胜利东二号露天煤矿自动快速定量智能装车系统 …… 178
山东能源集团有限公司 …… 181
百万吨薄煤层智能化无人工作面创新技术应用 …… 183
山东能源渤中海上风电 A、B 场址 90 万千瓦项目 …… 185

矿山人工智能大模型研发及应用…… 188
煤矿职工健康管理系统研究及应用…… 191
安全生产技术综合管控平台…… 195
煤矿机械重防腐节能环保粉末涂装应用研究…… 198
高参数 CFB 机组全燃煤泥燃烧优化分析控制研究 …… 201
兖矿能源重要电力用户绿电替代分布式光伏项目…… 204
2～3 m 中厚煤层超长工作面年产千万吨智能化高效开采实践研究 …… 207
淮北矿业（集团）有限责任公司 …… 211
数字技术赋能财务管理智能化转型——基于淮北矿业集团的管理实践…… 213
大型企业集团贸易业务风险管控体系创新实践…… 217
大型企业集团新业态、新环境下现金流量管理赋能新质生产力发展…… 219
大型能源化工企业信息化赋能节能降碳管理研究与实践…… 222
淮北矿业集团涡北选煤厂空压机智能管控系统及余热利用改造实践…… 225
盾构大角度小半径连续拐弯施工工艺…… 227
智能矿山单轨吊自动驾驶及物流管控系统研究与应用…… 230
创新引领 智慧升级 杨柳煤矿视频 AI 分析系统及视频管理创新应用 …… 232
科技赋能 创新引领 智能化供电系统研究与应用…… 235
淮北矿业覆岩离层注浆充填开采…… 237
淮北矿业集团矿井水氟化物深度治理…… 239
淮北矿业集团双龙公司土地复垦治理…… 242
新能源产业发展新质生产力…… 243
选煤厂煤泥深度降水提质无量化生产销售新模式…… 247
煤系伴生高岭岩高品质多元化综合利用项目…… 251
淮河能源控股集团有限责任公司…… 255
唐家会煤矿以实时动态透明地质为基础的智能化建设新实践…… 257
淮南矿区煤矿瓦斯全浓度全资源集成综合利用…… 260
丁集煤矿水面光伏＋采煤沉陷区综合治理实践…… 263
“流程融合＋数据治理”双轮驱动自主构建大 ERP 推动企业数字化转型…… 266
智能化钻机群全流程集中控制…… 269
盾构机系列化在淮南矿区的应用…… 272
煤泥减量无量化综合利用…… 275
潘集选煤厂“工位”替代“岗位”管理模式创新实践 …… 277
单轨吊无人驾驶系统在朱集东煤矿研究及应用实践…… 280
重点用能单位能耗实时在线监测系统在高耗能企业节能、降碳管理创新中的运用…… 283
济宁能源发展集团有限公司…… 287
井下智能选矸协同长壁逐巷胶结充填（连采连充）开采关键技术研究 …… 289
辽宁能源投资（集团）有限责任公司 …… 293
煤矿压风机组多项举措兼施并行助力节能降耗…… 295

一种可拆式无极绳压绳装置在综采工作面回撤期间的应用…………………………298
增设动态载荷监控系统保障提升机安全运行的实施成果………………………………302
重介智能洗煤控制系统的研究与管理……………………………………………………305
晓南矿智能化掘进工作面技术研究与应用………………………………………………307
智能化选煤厂技术研究与管理……………………………………………………………310
定向机械造穴技术在顺层定向区域消突措施中的创新应用……………………………313
小康矿主提升系统自动提升无人值守改造………………………………………………318
小康煤矿 W3102 智能化放顶煤工作面设备改造配套设计与应用……………………320
0902 综放工作面制冷降温防治技术研究…………………………………………………322
双介流脉冲除尘器在煤泥烘干车间的应用………………………………………………328
铁法能源公司煤矿智能化建设实践………………………………………………………333
大隆变电所智能化变电站改造的探索与实践……………………………………………335
鑫岩煤矿 1009 智能化综采工作面…………………………………………………………338
矿用多参数巡检机器人在煤矿的应用……………………………………………………341
安徽省皖北煤电集团有限责任公司……………………………………………………345
“七个提升”奋力打造大型煤炭企业高质量发展“强引擎”…………………………347
千万吨矿井以全方位绿色低碳发展为目标的智能精益管理系统的探索与实践……350
理工雷科智途（北京）科技有限公司……………………………………………………355
矿井胶轮车无人和辅助驾驶关键技术研究与应用………………………………………357
锦州重型水泵有限公司……………………………………………………………………361
免抽真空启动方法的水泵泵组……………………………………………………………363
安徽中科昊音智能科技有限公司…………………………………………………………373
带式输送机无人值守系统关键技术研究与工程示范……………………………………375
山西巨龙风机有限公司……………………………………………………………………381
FBCZ 系列短轴矿用主通风机………………………………………………………………383
弯头式矿用低噪型智能变频局部通风一体机（1140 V）…………………………………385

参考文献…………………………………………………………………………………………388

第一部分

煤炭行业新质生产力发展调研报告

第一章　调研背景及内容

第一节　调　研　背　景

一、国家宏观发展环境

（一）新质生产力的提出过程

新质生产力，是2023年9月习近平总书记在黑龙江考察调研期间首次提到的新的词汇。2023年12月召开的中央经济工作会议上再次强调了“发展新质生产力”，2024年1月中央政治局集体学习时从理论和实践结合上系统阐明新质生产力的科学内涵、重大意义和发展要求。总书记关于发展新质生产力的一系列重要论述、一系列重大部署，深刻回答了“什么是新质生产力、为什么要发展新质生产力、怎样发展新质生产力”的重大理论和实践问题，为新征程上推动高质量发展提供了科学指引。

2024年3月的政府工作报告中，提出的2024年度第一项重点任务是“大力推进现代化产业体系建设，加快发展新质生产力。充分发挥创新主导作用，以科技创新推动产业创新，加快推进新型工业化，提高全要素生产率，不断塑造发展新动能新优势，促进社会生产力实现新的跃升”。同时，明确了推动产业链供应链优化升级、积极培育新兴产业和未来产业、深入推进数字经济创新发展等重要发展内容。

2024年7月，党的二十届三中全会指出，要健全因地制宜发展新质生产力体制机制，健全促进实体经济和数字经济深度融合制度，完善发展服务业体制机制，健全现代化基础设施建设体制机制，健全提升产业链供应链韧性和安全水平制度。

2024年以来，习近平总书记在湖南、山东、甘肃等地考察时重点调研各地新质生产力发展情况，先后指出：“科技创新是发展新质生产力的核心要素。要在以科技创新引领产业创新方面下更大功夫，主动对接国家战略科技力量，积极引进国内外一流研发机构，提高关键领域自主创新能力。”“山东在推进科技创新与产业创新深度融合、发展新质生产力、完善现代化产业体系上大有可为。”“甘肃要积极推进新型工业化，加快传统产业改造升级，做强做优特色优势产业，积极发展战略性新兴产业，因地制宜发展新质生产力，打造全国重要的新能源及新能源装备制造基地。”

（二）新质生产力的发展要求

1. 是应对“两个大局”的迫切需要

十九届五中全会指出，“全党要统筹中华民族伟大复兴战略全局和世界百年未有之大变局”。

“两个大局”是当代中国的谋事之基，只有统筹国内国际两个大局，用好国内国际两个市场、两种资源、两类规则，推动构建人类命运共同体，中华民族伟大复兴才能够在世界百年未有之大变局中披荆斩棘、破浪前行、无往不胜。从世界范围来看，各个国家的综合国力和核心竞争力正在悄然发生变化。今天的中国面临着异常复杂险峻的国际环境，我国要在险境中突出重围，在激烈的国际竞争中取胜，必须立足于科技自立自强，加快形成和发展新质生产力。传统生产力可以做大综合国力，新质生产力可以做强综合国力，唯有强大才能自立于世界民族之林。

2. 是实现党的二十大报告目标任务的重要支撑

党的二十大报告提出："从二〇二〇年到二〇三五年基本实现社会主义现代化，从二〇三五年到本世纪中叶把我国建成富强民主文明和谐美丽的社会主义现代化强国。""高质量发展是全面建设社会主义现代化国家的首要任务。发展是党执政兴国的第一要务，没有坚实的物质技术基础，就不可能全面建成社会主义现代化强国。"实现高质量发展就需要开辟发展新领域新赛道，不断塑造发展新动能和新优势。新领域和新赛道就是新兴产业特别是战略性新兴产业和未来产业，而战略性新兴产业和未来产业所创造的生产力就是新质生产力。

新中国成立以来，特别是改革开放以来，我国生产力发展、科技创新取得举世瞩目的巨大成就，经济总量于2010年位居世界第二，诸多产品产量位居世界第一，产业技术水平由跟跑到并跑、领跑。但是也要客观地认识到，我国的科技水平与发达国家相比还有不小差距，制约产业发展的"卡脖子"技术还比较多。要实现更多科学技术的并跑领跑，必须加快实施科技创新驱动战略，既要加大基础科学研究，着眼于未来的重大发现，又要集聚力量着眼于当前的重大原创性科技创新。

当今世界科技革命和产业革命方兴未艾，信息技术、生物技术、新材料技术、新能源技术广泛渗透到各领域，影响程度深，特别是一些重大颠覆性技术创新不断地创造新产业新业态。由于各种原因，我国错失了前几次产业革命的机遇，迎头赶上新一轮产业革命浪潮是中华民族的百年梦想和当代使命，我们有充分的理由和自信要抓住新一轮产业革命千载难逢的良机，聚力于科技创业并带动产业创新，大力发展战略性新兴产业和未来产业，形成和发展新质生产力。

3. 是满足人民对美好生活的向往奋斗目标的内在要求

习近平在2024年中共中央政治局第十一次集体学习时强调，必须牢记高质量发展是新时代的硬道理，全面贯彻新发展理念，把加快建设现代化经济体系、推进高水平科技自立自强、加快构建新发展格局、统筹推进深层次改革和高水平开放、统筹高质量发展和高水平安全等战略任务落实到位，完善推动高质量发展的考核评价体系，为推动高质量发展打牢基础。发展新质生产力是推动高质量发展的内在要求和重要着力点，必须继续做好创新这篇大文章，推动新质生产力加快发展。

党的十八大以来，党中央作出一系列重大决策部署，推动高质量发展成为全党全社会的共识和自觉行动，成为经济社会发展的主旋律。近年来，我国科技创新成果丰硕，创新驱动发展成效日益显现；城乡区域发展协调性、平衡性明显增强；改革开放全面深化，发展动力活力竞相迸发；绿色低碳转型成效显著，发展方式转变步伐加快，高质量发展取得明显成效。同时，制约高质量发展的因素还大量存在，要高度重视，切实解决。高质量发展需要新的生产力理论来指导，而新质生产力已经在实践中形成并展示出对高质量发展的强劲推动力、支撑力，需要我们从理论上进行总结、概括，用以指导新的发展实践。

二、煤炭行业发展基础

（一）行业发展综述

煤炭作为世界上最主要的能源之一，在全球经济发展中扮演着至关重要的角色。从生产端看，世界煤炭产量由1990年的47.64亿t增加到2023年的90.96亿t；从消费端看，世界煤炭消费量由1990年的44.56亿t增加到2023年的83.24亿t。

煤炭是我国的基础能源和重要工业原料，新中国成立以来累计生产原煤1000亿t以上，为国民经济和社会发展提供了可靠的能源保障和物质基础。我国煤炭产量由1990年的10.8亿t增加到2023年的47.1亿t，增加了36.3亿t；煤炭消费量由1990年的10.55亿t增加到2023年的47.30亿t，增加了36.75亿t。据统计，2023年我国煤炭消费量增长5.6%，煤炭消费量占我国能源消费总量的55.3%。

当前，我国经济已由高速增长阶段转向高质量发展阶段，高质量发展的经济需要高质量能源体系的支撑。今后较长一个时期，我国宏观经济将继续保持中高速发展，能源需求保持稳定增长，由于我国“富煤缺油少气”能源资源禀赋条件，尽管煤炭在能源消费总量中的占比不断下降，但是煤炭作为我国兜底保障能源的地位和作用还很难改变，煤炭仍将是我国能源供应的“压舱石”和“稳定器”。

煤炭行业转型升级和高质量发展面临着安全生产、生态保护、低碳消费、数字转型等一系列新挑战。首先，随着开采深度的不断增加，部分煤矿由低瓦斯向高突矿井演变，无冲击地压危险向弱冲击或强冲击演变，水文地质类型由简单向复杂或极复杂演变，灾害防控难度不断加大。其次，14个大型煤炭基地中，陕北、晋北、晋中、晋东、黄陇、神东、宁东、鲁西、河南9个基地分布在黄河流域，对煤炭资源开发提出了更高要求。第三，煤炭是传统高碳能源，降低煤炭消费总量及消费过程中的碳排放强度是实现“双碳”目标的必然选择，也是当前亟须解决的难题。第四，作为传统的工业领域，煤炭行业数字化基础相对薄弱，数字化转型的难度较大。

“十三五”时期，煤炭行业坚持以习近平新时代中国特色社会主义思想为指导，认真贯彻落实推动煤炭供给侧结构性改革的系列政策措施，经过5年的不懈努力，实现了过剩产能有效化解，结构持续优化，市场供需基本平衡，行业效益回升，科技创新取得新突破，清洁高效利用水平迈上新台阶，矿区生态文明建设稳步推进，安全生产形势持续好转，转型升级取得实质进展，煤炭工业整体面貌发生了显著变化，能源安全保障的基础更加稳固。

“十四五”以来，煤炭行业坚持以习近平新时代中国特色社会主义思想为指导，全面贯彻党的二十大和二十届二中全会精神，全面落实中央经济工作会议和全国能源工作会议部署，深入践行能源安全新战略，坚持稳中求进工作总基调，全面贯彻新发展理念，加快构建新发展格局，扎实做好煤矿安全生产和煤炭保供稳价，深化供给侧结构性改革，加快煤炭绿色低碳转型，坚持创新驱动引领发展，建设现代化产业体系，培育壮大新质生产力，深化高水平对外合作，持续推动煤炭经济实现质的有效提升和量的合理增长，在新的历史起点上着力推动高质量发展再上新台阶，以煤炭行业的“稳”“进”“立”为全国大局多作贡献。

（二）行业主要发展成效

1. 煤炭产量持续稳定增长，为中国能源转型发展提供重要支撑

随着我国经济的复苏和增长，煤炭需求和供应一直保持稳定的增长。“十四五”以来，全国新增煤炭产能约 6 亿 t/a，原煤占我国一次能源生产总量的比重始终保持在 65% 以上。2023 年全国原煤产量达到 47.1 亿 t 历史最高水平，2012 年以来全国原煤产量如图 1 所示。在消费端，2023 年中国能源消费总量 57.2 亿 tce，其中煤炭消费量增长 5.6%，煤炭消费量占能源消费总量比重为 55.3%。煤炭的安全稳定供应有力地保障了国家能源供应安全，支撑了我国经济社会平稳健康发展。煤炭清洁高效开发利用和新能源是互补、替代关系，发挥好传统能源支撑和兜底保障作用，可以进一步推动新能源和传统能源协同发展。

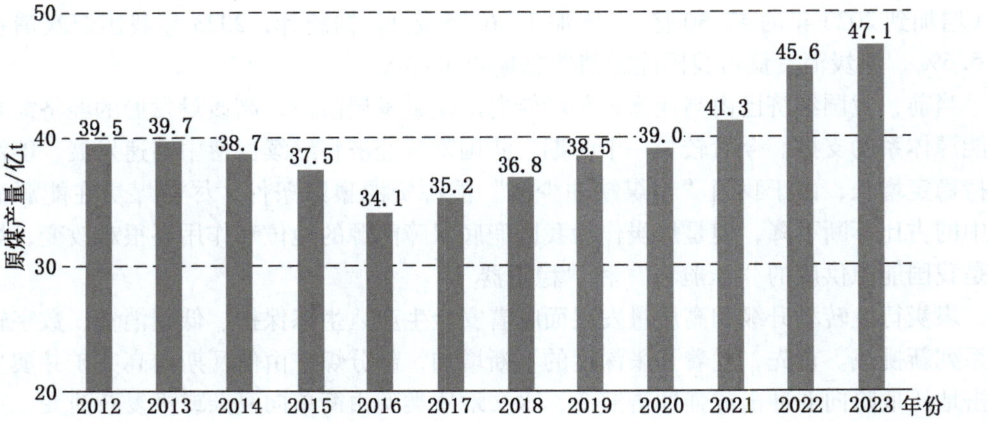

图 1　2012 年以来全国原煤产量

2. 煤炭生产开发布局和行业结构不断优化

供给侧结构性改革措施使得煤炭生产开发布局和行业结构不断优化，西部地区逐渐成为煤炭开发的重点区域，2023 年全国各省（区）规模以上原煤产量分布如图 2 所示，“北煤南运”和“西煤东运”的物流体系不断完善，大型企业的原煤产量占比提高，有效整合了资源。截至 2023 年底，全国煤矿数量减少至 4300 处左右；其中，年产 120 万 t 及以上的大型煤矿产量占全国的 85% 以上。全国建成安全高效煤矿 1146 处、百万 t 采煤队 683 个，原煤产量占全国的比重超过 70%；平均产能 273 万 t/a，月平均综合单产 16.56 万 t，原煤工效 16.77 t/工，主要生产指标显著高于全国平均水平。

3. 安全生产和环境保护成效显著

近年来我国煤矿安全生产形势处于稳定好转态势，事故发生率总体呈下降趋势，2023 年全国煤矿百万吨死亡率 0.094，安全生产形势创历史最好水平，2012 年以来煤矿百万吨死亡率变化情况如图 3 所示。此外，矿区生态保护和修复工程逐渐显现生态效应，改变了传统矿区的环境形象。通过加大矿区地质环境恢复和生态修复力度，创建国家矿山公园、国家湿地公园、工业遗址公园，探索构建“工业 + 旅游”“工业 + 现代农牧业”“工业 + 乡村振兴”等多位一体循环发展新模式，全国一大批采煤沉陷区和露天排土场环境治理工程逐渐显现出生态效应，矿区天更蓝、地更绿、水更清、产业更繁荣，实现了从“绿起来”向“美起来”“富起来”的转变。

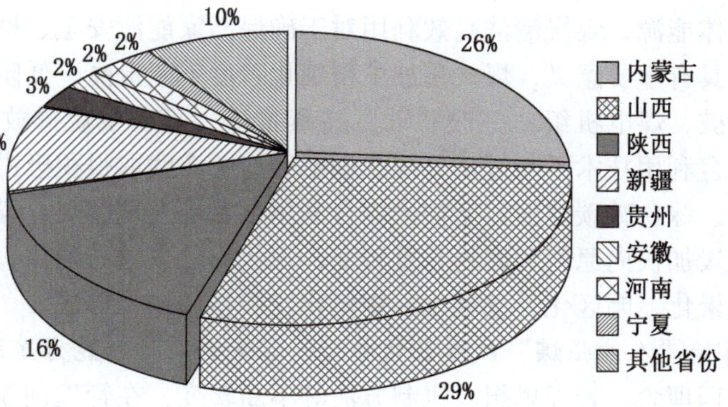

图2　2023 年全国各省（区）规模以上原煤产量分布

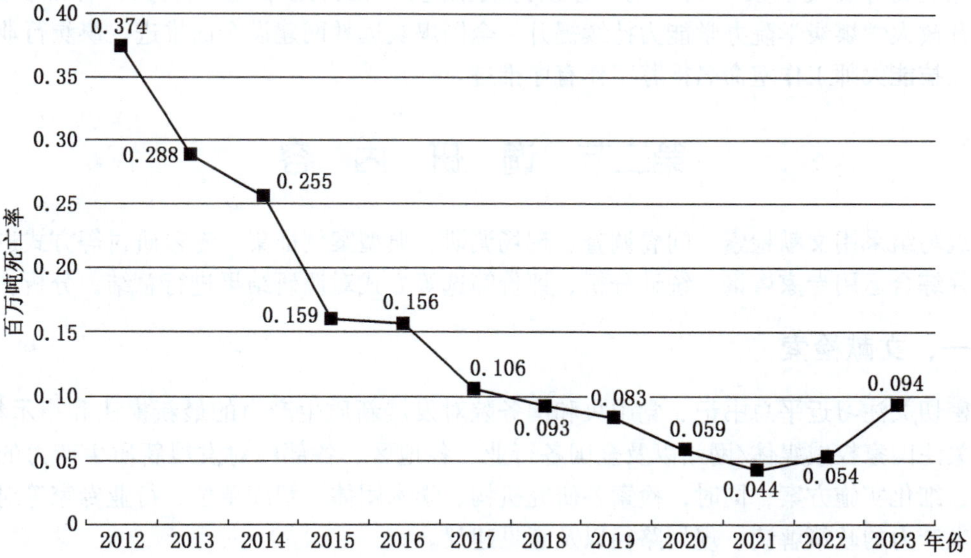

图3　2012 年以来煤矿百万吨死亡率变化情况

4. 科技创新引领作用持续增强

近年来，产学研深度融合的煤炭科技创新体系不断完善，科技资源的优化配置能力持续加强。2021 年大型煤炭企业研发投入强度达 2%，2012—2021 年间煤炭行业科技贡献率从近 40% 提高到 60%。煤炭行业的科技创新集中体现在地质勘探技术的进步，矿井建设技术的发展，智能化矿山建设，煤及共伴生资源的开采，清洁能源技术，科技支撑体系构建等方面。重大基础理论和关键核心技术攻关取得新进展。世界首套 10 m 超大采高智能综采装备、深部矿井热害治理、新型煤基纳米碳氢炸药及制备工艺技术、含氦煤层提取高纯氦等一批重大创新成果持续涌现，国产化智能刮板输送机突破 500 m 长运距技术瓶颈，极薄煤层液压支架研制成功。

5. 煤炭清洁高效利用与绿色低碳转型有序推进

作为我国主体能源，煤炭清洁高效利用对于确保国家能源安全、推进生态文明建设及经济高质量发展具有重要意义，煤炭深加工精细化程度不断提高，低阶煤干法分选技术工程应用实现新突破，煤电机组“三改联动”持续推进，煤矿甲烷排放制度逐步建立，煤系共伴生资源综合利用技术不断进步，理念创新和产业实践取得积极进展，富油煤地下原位热解采油技术、绿色减碳地面瓦斯抽采综合利用项目等实现突破，煤基资源开发利用效能持续提升。煤炭加快向原料和燃料并重转变，现代煤化工向高端化、多元化、低碳化方向迈进，产业集聚化、园区化、基地化、规模化发展格局初步形成。

6. 管理创新和“人才强煤”战略扎实推进，煤炭企业治理能力显著增强

煤炭企业管理理念、管理思想、机制方法等不断转变，在管理创新方面取得了显著成果。2023 年煤炭企业管理创新大会成功举办，发布推广“煤炭企业管理现代化创新成果”408 项，其中特等奖 2 项、一等奖 32 项。举办煤炭企业管理创新大讲坛 25 期；对标提升行动深入实施，煤矿班组、QC 小组建设不断加强，基层先进班组管理创新经验得到推广，煤炭高等院校国家“双一流”建设持续推进，煤炭行业产教融合共同体加快建设，国家开放大学煤炭学院办学能力持续提升，全国煤炭远教网建设全面推进，煤炭行业技能大师、技能大师工作室命名推荐工作有序推进。

第二节 调 研 内 容

编写组采用文献检索、问卷调查、现场调研、典型案例征集、专家研讨等方式进行调研，并综合运用专家咨询、统计分析、评价筛选等方式对调研结果进行总结、分析。

一、文献检索

密切关注习近平总书记、党中央和国务院对发展新质生产力的最新提法和指示精神，同时关注国家权威媒体/网站以及全国各行业、各地区、各部门对发展新质生产力的指导意见、细化实施方案；同时，检索各研究机构、学术团体、智库单位、行业专家等对发展新质生产力的政策解读、规划路径以及意见建议。

二、问卷调查

2024 年 3 月，面向行业企事业单位和行业专家下发了《关于开展煤炭行业新质生产力专项调研的通知》（煤协会生产力中心函［2024］10 号），重点调研科技创新发展与成果转化、新兴产业发展与未来产业培育、转型发展以及保障措施等新质生产力发展现状，以及存在的问题、面临的形势、合理化建议等内容。函调附件主要包含以下内容。

（一）单位概况

本单位基本情况介绍、组织机构、管理模式、发展战略及其实施情况、近五年来取得的工作成效和管理成果等综述。

（二）新质生产力发展现状

本单位近年来高质量发展的重点方向和举措，包括科技创新发展与成果转化、新兴产业发展与未来产业培育、转型发展以及保障措施等新质生产力发展现状、存在的问题、面

临的形势、下一步工作计划、合理化建议等内容。包括但不限于以下重点方向：

(1) 煤矿安全高效开采（包括井工和露天煤矿智能化开采、煤/岩巷快速掘进、提高回收率、充填开采等）。

(2) 煤炭清洁低碳利用（包括煤炭加工利用、煤化工、洁净煤等）。

(3) 新能源（包括光伏发电、风电、储能、氢能等）。

(4) 装备高端制造（包括智能化煤机、煤矿 TBM、智能化洗选设备等）。

(5) 节能环保（包括能耗管理、煤矸石、煤泥、矿井水、余热、瓦斯抽采利用及废弃物资源化利用等）。

(6) 光风电及应急储能。

（三）存在问题及相关建议

提出本单位或煤炭行业新质生产力发展存在的问题、有关需求及相关建议等。

三、现场调研

在函调材料反馈的基础上，组织调研组对重点煤炭企事业单位进行了现场调研和座谈交流。2024 年 1—7 月，分别赴兖矿能源集团有限公司及下属兖矿东华重工有限公司、山东兖矿轻合金有限公司，国家能源投资集团有限责任公司及下属国能神东煤炭集团有限责任公司、国能准能集团有限责任公司，中国中煤能源集团有限公司，中国华能集团有限公司及下属华能伊敏煤电有限责任公司、扎赉诺尔煤业有限责任公司，开滦（集团）有限责任公司及下属唐山中浩化工有限公司，山东能源集团有限公司及下属云鼎科技股份有限公司、科创园，华电煤业集团有限公司，中国煤炭科工集团太原研究院有限公司等 20 余家重点企业进行调研。

调研主要内容包括：

（一）规划实施情况

(1) 企业“十四五”产业发展规划及科技发展规划的实施情况。

(2) 企业近年来高质量发展的重点方向和举措。

(3) 企业煤炭板块生产管理运营情况，包括煤矿智能化建设整体进展情况，后备资源储量情况，矿井的接续情况及井下采掘衔接，主要灾害情况及防治措施、存在困难等。

(4) 近年来科技创新取得的成效：获得奖项、专利数量、标准化工作以及研发投入等。

(5) 规划及项目实施存在的问题与不足，向行业提出的意见建议或者相关需求。

（二）企业标准化工作情况

(1) 调研企业标准化体系建设运行情况及其标准化信息管理系统建设情况。

(2) 近年来承担或参加制定、修订的国家标准、行业标准、地方标准、团体标准情况，以及自身企业标准制修订情况。

(3) 承担或参与国家、行业和地方标委会活动情况。

(4) 参加国际标准化活动及国际标准制定情况。

(5) 参加标准培训与标准宣贯实施情况。

(6) 先进技术装备的创新成果或专利发明转化为标准情况。

(7) 企业标准化工作存在问题，向行业提出的意见建议或者相关需求。

（三）成果转化与技术推广情况

（1）创新成果鉴定或者评价及转化情况。

（2）先进适用技术推广应用情况。

（3）创新成果转化与先进技术推广存在问题和难点，向行业提出的意见建议或者相关需求。

（4）创新成果情况，包括智能化矿山建设，安全、高效、绿色矿山建设，生态文明建设，碳排放核算核查，碳汇，能源管理体系，环境管理体系，安全生产标准化等。

（5）生产力促进重点方面：企业标准化良好行为评价、中国好技术、品牌创建、创新技术转化为经济效益服务等方面的工作情况。

（6）绿色矿山评估、绿色制造（绿色工厂、绿色产品、绿色供应链、绿色园区）评估、节能诊断、碳减排等工作情况。

（7）高质量发展、转型升级方面的需求、存在问题与建议。

（四）质量技术与管理情况

（1）质量发展战略目标、方针、任务制定与实施情况。

（2）质量技术发展现状。

（3）质量管理小组与信得过班组建设情况。质量创新成果发布与获奖情况。

（4）质量管理存在问题与不足，向行业提出的意见建议或者相关需求。

（五）交流研讨内容

（1）如何创新发展新质生产力。

（2）探讨“十五五”发展规划思路。

（3）如何研发应用标准管理信息系统、开展企业标准化良好行为评价、现场举办标准宣贯培训。

（4）如何把先进适用技术、装备转化为行业标准、团体标准；开展煤矿智能化、数字化、洁净煤、煤炭气化等关键技术领域标准体系研究和标准制定。

（5）如何制定好《煤炭卓越班组建设评价准则》《煤炭生产矿井材料消耗定额编制方法》《煤炭行业碳核算方法》《低碳矿井建设技术指南》《低碳矿井建设评价指南》和《科技创新成果转化服务规范》等行业标准和团体标准。

（6）如何做好科技创新成果与先进技术推广工作。

（7）在现有的质量管理基础上如何做好高质量发展工作。质量管理和咨询服务的方向和重点。

四、典型案例征集及评选

在函调和现场调研的基础上，调研组面向行业征集了新质生产力典型案例，为编写煤炭行业新质生产力发展调研报告和宣传交流各单位新质生产力培育发展先进经验提供支撑材料。

典型案例征集主要内容为各单位新质生产力培育及高质量发展的重点项目，应为本单位坚持安全、绿色发展理念，以创新为主导，具有高科技、高效能、高质量特征的自主项目，内容不限于以下重点方向：

（1）煤矿安全高效开采（包括煤矿数字化、信息化和智能化建设，井工、露天煤矿智能化开采，煤/岩巷智能化快速掘进技术、工艺创新，智能安全预测预警，充填开采等）。

（2）煤炭清洁低碳利用（包括煤炭清洁利用、煤化工、煤炭洗选加工利用、洁净煤、碳基新材料等方面）。

（3）装备高端制造与应用（主要包括高端化、智能化采掘装备，各类机器人，无人驾驶技术设备，智能化洗选设备，矿井仓储、运输、转运、装卸智能运输系统，智能测控装备制造等）。

（4）节能环保（包括节能技术应用，能耗管控，废水、废气等污染物的排放，矿井水、煤矸石资源化利用，余热、瓦斯综合利用，以及废弃物资源化利用等）。

（5）绿色发展（包括煤炭资源开发、建设、开采、加工、利用全产业链实现清洁绿色，煤矿伴生资源开发、清洁能源替代、发展循环经济，矿区生态环境保护和治理、土地修复利用，废弃矿井利用等）。

（6）新能源产业发展（包括与光伏、风电、氢能、生物能、热能、储能等新能源产业，以及相互耦合发展等）。

（7）企业战略、组织等管理创新。

此外，案例征集通知文件中对案例申报材料的格式、真实性、字数等要求予以明确。

五、专家研讨

组织起草组内部专家、企业专家进行反复研讨，并开展了行业专家咨询，几易其稿，最终形成本调研报告。

第二章 新质生产力发展现状

第一节 新质生产力的理论内涵

一、基本内涵

生产力是人类社会发展的根本动力，也是一切社会变迁和政治变革的终极原因。高质量发展需要新的生产力理论来指导，而新质生产力已经在实践中形成并展示出其对高质量发展的强劲推动力、支撑力，因此需要从理论上进行总结、概括，用以指导新的发展实践。

概括地说，新质生产力是创新起主导作用，摆脱传统经济增长方式、生产力发展路径，具有高科技、高效能、高质量特征，符合新发展理念的先进生产力质态。它由技术革命性突破、生产要素创新性配置、产业深度转型升级而催生，以劳动者、劳动资料、劳动对象及其优化组合的跃升为基本内涵，以全要素生产率大幅提升为核心标志，特点是创新，关键在质优，本质是先进生产力。

二、显著特点

新质生产力的显著特点是创新，既包括技术和业态模式层面的创新，也包括管理和制度层面的创新。必须继续做好创新这篇大文章，推动新质生产力加快发展。

第一，大力推进科技创新。新质生产力主要由技术革命性突破催生而成。科技创新能够催生新产业、新模式、新动能，是发展新质生产力的核心要素。这就要求我们加强科技创新特别是原创性、颠覆性科技创新，加快实现高水平科技自立自强。要深入实施科教兴国战略、人才强国战略、创新驱动发展战略，坚持“四个面向”，强化国家战略科技力量，有组织推进战略导向的原创性、基础性研究。要聚焦国家战略和经济社会发展现实需要，以关键共性技术、前沿引领技术、现代工程技术、颠覆性技术创新为突破口，充分发挥新型举国体制优势，打好关键核心技术攻坚战，使原创性、颠覆性科技创新成果竞相涌现，培育发展新质生产力的新动能。

第二，以科技创新推动产业创新。科技成果转化为现实生产力，表现形式为催生新产业、推动产业深度转型升级。因此，我们要及时将科技创新成果应用到具体产业和产业链上，改造提升传统产业，培育壮大新兴产业，布局建设未来产业，完善现代化产业体系。要围绕发展新质生产力布局产业链，推动短板产业补链、优势产业延链、传统产业升链、新兴产业建链，提升产业链供应链韧性和安全水平，保证产业体系自主可控、安全可靠。要围绕推进新型工业化和加快建设制造强国、质量强国、网络强国、数字中国等战略任务，科学布局科技创新、产业创新。要大力发展数字经济，促进数字经济和实体经济深度融合，打造具有国际竞争力的数字产业集群。要围绕建设农业强国目标，加大种业、农机等科技创新和创新成果应用，用创新科技推进现代农业发展，保障国家粮食安全。

第三，着力推进发展方式创新。绿色发展是高质量发展的底色，新质生产力本身就是绿色生产力。我们必须加快发展方式绿色转型，助力碳达峰碳中和。要牢固树立和践行绿水青山就是金山银山的理念，坚定不移走生态优先、绿色发展之路。加快绿色科技创新和先进绿色技术推广应用，做强绿色制造业，发展绿色服务业，壮大绿色能源产业，发展绿色低碳产业和供应链，构建绿色低碳循环经济体系。持续优化支持绿色低碳发展的经济政策工具箱，发挥绿色金融的牵引作用，打造高效生态绿色产业集群。同时，在全社会大力倡导绿色健康生活方式。

第四，扎实推进体制机制创新。生产关系必须与生产力发展要求相适应。发展新质生产力，必须进一步全面深化改革，形成与之相适应的新型生产关系。新质生产力既需要政府超前规划引导、科学政策支持，也需要市场机制调节、企业等微观主体不断创新，是政府“有形之手”和市场“无形之手”共同培育和驱动形成的。因此，要深化经济体制、科技体制等改革，着力打通束缚新质生产力发展的堵点卡点，建立高标准市场体系，创新生产要素配置方式，让各类先进优质生产要素向发展新质生产力顺畅流动。同时，要扩大高水平对外开放，为发展新质生产力营造良好国际环境。

第五，深化人才工作机制创新。要按照发展新质生产力要求，畅通教育、科技、人才的良性循环，完善人才培养、引进、使用、合理流动的工作机制。要根据科技发展新趋势，优化高等学校学科设置、人才培养模式，为发展新质生产力、推动高质量发展培养急需人才。要着力培养造就战略科学家、一流科技领军人才和创新团队，着力培养造就卓越工程师、大国工匠，加强劳动者技能培训，不断提高各类人才素质。要健全要素参与收入分配机制，激发劳动、知识、技术、管理、资本和数据等生产要素活力，更好体现知识、技术、人才的市场价值，营造鼓励创新、宽容失败的良好氛围。

三、传统产业新质生产力发展

发展新质生产力不是要忽视、放弃传统产业，要防止一哄而上、泡沫化，也不要搞一种模式。各地要坚持从实际出发，先立后破、因地制宜、分类指导。根据本地的资源禀赋、产业基础、科研条件等，有选择地推动新产业、新模式、新动能发展，用新技术改造提升传统产业，积极促进产业高端化、智能化、绿色化。

第二节　党的二十届三中全会关于新质生产力的论述

新质生产力作为先进生产力的具体体现形式，是马克思主义生产力理论的中国创新和实践，是科技创新交叉融合突破所产生的根本性成果。新质生产力是马克思主义生产力理论的创新和发展，凝聚了党领导推动经济社会发展的深邃理论洞见和丰富实践经验。2024年3月5日，李强总理在作政府工作报告时强调“大力推进现代化产业体系建设，加快发展新质生产力”。

党的二十届三中全会对新质生产力的论述主要体现在以下几个方面：

一是体制机制创新。全会明确提出要“健全因地制宜发展新质生产力体制机制”，强调通过改革促进生产要素创新性配置，打通各种堵点卡点，加快塑造发展新动能、新优势。这一提法释放了进一步强化发展新质生产力制度保障的信号，旨在通过改革促进生产要素创新性配置，形成与新质生产力相适应的新型生产关系。

二是科技创新引领。全会提出要"加强新领域新赛道制度供给"，"建立未来产业投入增长机制"，"以国家标准提升引领传统产业优化升级"等一系列部署，强调科技创新是发展新质生产力的核心要素。通过深化改革，加快形成同新质生产力更相适应的生产关系，推动高质量发展。

三是教育科技人才一体推进。全会强调要加速培育和形成新质生产力，实现生产力三要素的跃升，离不开教育发展、科技创新和人才培养，也必然需要教育、科技、人才的一体发展、统筹推进。习近平总书记在多个场合强调，要整合科技创新资源，引领发展战略性新兴产业和未来产业，加快形成新质生产力。

四是因地制宜发展。全会提出要"牢牢把握高质量发展这个首要任务，因地制宜发展新质生产力"，这意味着要根据不同地区、不同产业的发展特点和实际情况，制定符合自身特点的发展策略，避免搞单一模式建设，也避免贪大求全急功近利，走出适合本地区实际的高质量发展之路。

五是实体经济与数字经济深度融合。全会还提出要"健全促进实体经济和数字经济深度融合制度"，推动高质量发展，实体经济是坚实支撑，数字经济是重要驱动力量。通过加快新一代信息技术全方位全链条普及应用，发展工业互联网，打造具有国际竞争力的数字产业集群，促进数字技术和实体经济深度融合。

第三节　国内研究探讨进展

一、各行各业、各部门对新质生产力的研究情况

各行各业、各部门对新质生产力的研究情况呈现出多样化和深入化的特点，以下是一些领域的研究概况。

（1）中国信息通信研究院（中国信通院）发布了《新质生产力研究报告（2024年）》，系统解读了数字经济对培育壮大新质生产力的支撑作用。报告指出，数字经济通过催生新型劳动对象、塑造新型劳动资料和培育新型劳动者，为新质生产力的发展提供了坚实基础。同时，数字经济还推动了技术创新方式变革、生产要素配置优化和产业深度转型升级，从而加快了新质生产力的发展步伐。

（2）腾讯研究院发布的《向 AI 而行，共筑新质生产力——行业大模型调研报告》，基于对超过百名各界专家的访谈，深入剖析了行业大模型的发展背景、应用进展、实现方式、安全与治理，以及未来的发展趋势。报告旨在为业界提供囊括学术、商业、政策等不同视角的全面参考。

（3）西南财经大学政治经济学团队发布的《新质生产力指数研究报告（2012—2022）》，立足于新质生产力基本内涵，从劳动者、劳动资料、劳动对象、科技、产业组织五个维度构建了新质生产力指标体系，测算了省份、城市、行业不同层次的新质生产力发展情况。研究发现我国新质生产力水平呈现出稳步增长的态势，其中信息传输、软件和

信息技术服务业的新质生产力水平最高，住宿和餐饮业的增速最快，战略性新兴产业和未来产业不断壮大。

（4）中国人民大学新质生产力研究中心发布了三大报告：《新质生产力内涵与发展现状评估》对新质生产力的内涵进行解读，并评估其发展现状；《新要素、新体系助推新质生产力》探讨新的要素和体系如何助推新质生产力的发展；《全球视野下城市全要素生产率比较》从全球视野对城市的全要素生产率进行比较分析。

（5）厦门大学厦门发布的《新质生产力发展指数报告（2024）》，基于省级层面数据，综合经济统计、文本挖掘、互联网大数据分析等多种数据，综合评估了产业发展、基础建设、政策支持、劳动力培育各维度上科技发展、数字转型、绿色经济的各项指标，通过主成分法汇总形成多维指标评价体系。报告显示我国新质生产力发展出现较明显的区域聚集性，北京的新质生产力发展程度排在第一位，东南沿海地区新质生产力发展程度普遍较高。在新质工业方面，工业强省依托规模优势形成优势地位；在新质服务业方面，上海、福建、北京领先。

（6）厦门大学新质生产力研究发展中心发布的《企业层面的新质生产力研究成果》，基于上市公司层面数据，综合研发人员薪资、人数和学历占比，各类研发费用、各种数字化转型指数、ESG指数和企业绿色技术创新等多维指标，通过熵值法测算企业层面新质生产力水平。结果显示，北京市企业新质生产力发展水平显著高于其他地区；高科技行业企业新质生产力发展的各项指标均高于非高科技行业企业；非国有企业新质生产力发展水平均值略高于国有企业，但差别并不显著。

（7）深圳出版社联合中国人民大学社会科学高等研究院（深圳）人才战略与治理研究中心、中国人民大学劳动人事学院和同道猎聘集团发布的《中国新质生产力人才指数报告》，全面、多层次、动态化地构建了新质生产力人才指数体系，对我国各地区、城市的新质生产力人才情况进行评估。从地区看，东部地区新质生产力人才指数远超其他地区；从城市看，北京、上海、深圳等城市新质生产力人才指数较高。此外，报告还对新能源汽车、人工智能等重点行业进行了分析。

除了上述具体报告外，还有多个行业发布了关于新质生产力的研究报告。这些报告通常围绕各自行业的特点，探讨如何利用新质生产力推动行业发展、提升竞争力等方面的问题。例如，制造业可能关注如何通过智能制造技术提高生产效率；服务业则可能关注如何利用大数据和人工智能提升服务质量和客户体验等。

二、报纸、杂志、网络媒体发表的部分研究和报告

（1）人民日报发表的《陕煤集团：以“四种经营理念”推动企业高质量发展》，论述了坚持降本增效保持竞争优势，降本增效保持竞争优势，求新求变满足市场需求，产品出口20个国家和地区，签订7台高端采煤机、钾盐采矿机出口订单及150台摊铺机出口订单，新产品数量同比增长14%，创历年新高。

（2）新华社发表的《中国加速能源革命》，论述了华阳新材料科技集团有限公司积极开展能源革命综合改革试点，智能煤矿建设进入快车道，在华阳二矿地下415 m，工程师们从10 km外的地面调度室里发出采掘命令，自动挖煤机取代了工人做最危险的事情。同时加快走上绿色转型路，进军到钠离子电池、光伏、高端碳纤维、生物降解等新能源新材

料领域。

（3）国家发展改革委主管，中国经济体制改革研究会主办的智库型月刊《企业改革与发展》发表的《加快发展新质生产力的思考与建议》，通过对新时代背景下的生产力变革、新质生产力的概念界定与内涵解析，论述了新质生产力的特征及其战略意义，提出了加快发展新质生产力的思考与建议。

（4）中国工程院主管，中国工程院战略咨询中心、高等教育出版社有限公司主办的《中国工程科学》2021 年第 5 期刊发了康红普、王国法等发表的学术论文《煤炭行业高质量发展研究》，文章从煤炭行业发展问题剖析了煤炭行业高质量发展的内涵和煤炭行业高质量发展评价，分析和提出了煤炭行业高质量发展的重点任务和对策建议。

（5）中共中央党校（国家行政学院）经济学部教授孙小兰于“宣讲家网”公众号发表的《加快发展新质生产力：背景、影响、基础、举措》，论述了发展新质生产力的背景和深刻影响，分析了发展新质生产力的经济基础，提出了加快发展新质生产力，扎实推进高质量发展方法和建议。

（6）中央广播电视总台《新闻联播》播报、腾讯新闻报道的《“新思想引领新征程”加快机器人产业发展塑造高质量发展新动能》，从首届世界机器人大会分析我国机器人产业实现了“从小到大”“从大到强”的历史性跨越，大跨步迈入高质量发展阶段。我国已成为全球机器人科技创新、应用拓展和行业治理的重要力量，机器人领域创新型企业不断壮大，相关专精特新“小巨人”企业累计超 400 家，已成为全球机器人第一生产大国和全球最大工业机器人市场。“机器人 +”应用领域加速拓展，工业机器人已覆盖国民经济 71 个行业大类，机器人技术深度融入中国经济发展的血脉，正在加速形成以科技创新、产业创新为引领的新质生产力。

（7）黄奇帆、李金波在《人民论坛》发表的《试论发展新质生产力的内涵逻辑和战略路径》，从发展新质生产力的内涵逻辑阐述了新质生产力是摆脱了传统生产力发展路径的增长跃迁，是实现中国式现代化的重要物质技术基础；发展新质生产力要在技术上实现革命性突破，形成一大批原创性、颠覆性创新成果，实现高水平科技自立自强；发展新质生产力是要在生产关系、产业组织和资源配置层面发生新的变革，实现生产要素创新性配置和产业深度转型升级；新质生产力是与高质量发展要求相适应，符合新发展理念的先进生产力质态，在发展新质生产力的过程中要注意抓好两个“转”。提出了培育发展新质生产力的战略路径。

（8）华为公司副总裁油气矿山军团 CEO 韩硕在华为智能矿业与油气（视频号）发表了《创新、合作、发展，释放新质生产力》，文章从三个方面对发展新质生产力做了阐述，一是劳动资料从机械化、自动化向智能化、低碳化跨越，“行业 + 人工智能”是新质生产力形成的典型标志；二是劳动对象向以数据为代表的全生产要素跨越，数据是智能化基础，需在“统一标准、统一架构、统一数据规范”原则下更高效地构建信息基础设施；三是劳动者向懂行业和数字化的数智人才跨越，跨界理解和融合作战能力成决定性力量。结论是唯有创新、合作和发展，方能激发企业潜力，释放新质生产力。

（9）中国生产力促进中心协会副理事长兼秘书长王羽在国际智能网联科技产业研究院（公众号）发表的《因地制宜发展新质生产力的系统论述》，从四个方面深入阐述了如何发展新质生产力，一是以因地制宜的科学理念发展新质生产力；二是以统筹发展的系统观念发展新质生产力；三是以先立后破的辩证逻辑发展新质生产力；四是以分类指导的科学方式发展新质生产力。

（10）华南农业大学党委书记、教授，南方科技大学全球城市文明典范研究院院长李凤亮在《党建》杂志 2024 年第 7 期发表《论文化新质生产力》，文章分析了新质生产力在文化领域内呈现新质态、新类型和文化新质生产力的主要特征，提出了培育和发展文化新质生产力的实施路径。

（11）连一席、沈思越在中信证券研究（视频号）发表了《主题聚焦｜新质生产力全景图与赛道选择》，文章从多个角度描述了新质生产力发展全景图，提出投资建议：AI 终端、L2 + 高阶辅助驾驶、国产大飞机、商业航天、AI 算力产业链、半导体产业链国产替代、绿氢、（半）固态电池等赛道的成长型投资机会，以及低空经济、L4 无人驾驶、AIGC 应用、人形机器人、XR 设备、HBM、新型显示、生物制造等赛道的主题型投资机会。并分析了风险因素。

政府在推动新质生产力发展方面扮演着重要角色。通过制定相关政策和措施，如财税政策、产业政策等，政府可以引导和支持企业加大科技创新投入，优化生产要素配置，推动产业转型升级。同时，政府还可以加强基础设施建设，完善市场体系，为新质生产力的发展创造良好环境。

综上所述，各行各业及一些媒体对新质生产力的研究情况呈现出多元化、深入化的特点，涵盖了数字经济、科技创新与产业发展、中小企业发展及政策与制度等多个方面。这些研究不仅有助于深化对新质生产力本质特征的理解，还为推动经济高质量发展提供了有力支撑。

第三章　煤炭行业新质生产力发展现状

第一节　概　　述

煤炭工业是支撑我国经济社会高速发展和保障国家能源安全的“压舱石”与“稳定器”，承担着能源保供与支撑新能源稳定发展的时代使命，煤炭工业的高质量发展既是落实我国能源安全新战略与产业体系变革的关键，也是推进能源产业可持续发展与促进国家高质量发展的基础。当前我国煤炭工业高质量发展已取得阶段性成效，能源保供成绩显著，产业结构不断优化，科技创新能力显著提高，绿色开发与清洁高效利用持续推进。

科技创新是发展新质生产力的核心要素，也是构建煤炭产业新格局的核心支撑。《煤炭工业“十四五”科技发展指导意见》指出，“十四五”时期，行业科技贡献率达到65%左右，规模以上企业研究与试验发展（R&D）经费支出占主营收入比重达到2.5%；明确“31110”科技创新重点任务，“3”代表聚焦三大领域开展基础理论研究：煤炭绿色智能开采、煤矿重大灾害防控和煤炭清洁高效转化；“1”代表10个重点领域开展核心技术攻关：煤炭资源勘查与地质保障、大型现代化煤矿建设、煤炭与共伴生资源协调开采、煤矿灾害防治、煤矿智能化与机器人、煤炭清洁高效加工、煤炭低碳转化利用、煤矿职业健康保障、煤矿应急救援和矿区资源利用与生态保护；“1”代表10项重大技术创新示范：煤矿井巷全断面快速掘进、复杂地质条件煤层智能开采、智能化煤矿建设、智能精细高效洗选、煤炭分质利用、煤炭液化及高端化工品制备、废弃矿井地下空间资源综合利用、矿区大宗固废资源利用、大型矿区生态修复和煤炭产品质量精准调控；“10”代表100项先进适用技术推广与创新成果转化，主要涉及8个方面100项技术成果：煤矿地质保障、现代化矿井建设、煤炭绿色高效开采、煤层气开发利用、煤矿安全、煤炭加工与清洁利用、资源综合利用与生态保护和煤矿智能化与机器人。

近年来，在国家产业政策引领下，通过全行业不断努力，煤炭现代化产业体系建设迈出坚实步伐，高质量发展取得积极进展。全国各地煤炭企业加快新一代信息技术与传统产业深度融合，推进智能化开采装备及关键技术应用，以创新驱动实现煤矿生产质量变革、效率变革、动力变革，减人、增安、提效成效显著，煤炭在能源安全中的兜底保障作用进一步夯实。截至2024年5月底，煤矿智能化建设投资累计完成1120多亿元，全国正在开展智能化建设的煤矿有890余处，累计建成智能化采煤工作面1993个，智能化掘进工作面2232个。据初步统计，重点煤矿智能化采煤工作面单班作业人员减少6人以上，劳动工效提升20%以上，智能化煤矿产能占总产能比重达到45.9%，煤矿智能化建设进入加快发展、纵深推进新阶段。

在取得成绩的同时也要看到，煤炭行业改革发展面临许多新任务新挑战：全国煤炭应急供应保障能力有待继续加强，煤炭生产开发布局有待统筹规划，大型煤炭基地产能接续问题亟待破解，煤炭市场化改革有待进一步推进，煤炭产业链供应链协同联动有待加强，煤炭清洁高效利用、煤矿智能化、数字化建设关键技术有待突破，行业企业发展不平衡不充分问题仍然突出，促进高质量发展的科技和人才支撑能力不强，老矿区煤炭企业转型发展面临诸多困难，安全生产还存在薄弱环节。

在煤炭安全高效开采方面。由于我国特殊的地质特征和煤炭赋存状况，随着我国煤矿开采深度不断加大，深部开采的开采环境日趋复杂，多重灾害的威胁和安全问题更加严峻，可供开采的绿色煤炭资源量变得更为有限，这就对煤矿地质保障系统、采矿技术装备水平、智能化开采、新技术应用等提出更高要求。

在煤炭清洁低碳利用方面。当前，我国煤炭直接燃烧利用仍占煤炭消费总量的80%以上，在“双碳”背景下，燃煤利用率低、排放污染严重和技术装备落后的缺点尤为突出。因此，我国亟须转变煤炭清洁高效利用方式和路径，积极开展煤制油、煤制气、先进煤化工等技术研发及示范应用，加强基础研究，加快关键技术和成套装备研发，充分发挥煤炭的原料功能，进一步拓宽煤炭利用方向、途径和范围，不断推动煤炭行业的高端化、智能化和绿色化发展。

在煤机装备高端制造及应用方面。煤机装备是煤炭开采技术变革、煤炭能源生产体系的关键支撑，受“双碳”战略目标、智能煤矿建设浪潮的驱动，我国煤机装备产业将朝着智能、绿色、安全、高端方向转型升级，核心技术包括煤矿智能装备支撑、智能综采综放、智能快速掘进、主/辅助运输系统智能感知与控制、煤矿机器人等，发展方向聚焦在关键基础材料和先进加工工艺、柔性制造和虚拟仿真、装备再制造、第五代移动通信+工业互联网深度融合、工业大数据与人工智能、物联网智能感知与互联、信息物理与数字孪生系统等方面。

在节能环保方面。自2021年12月中央经济工作会议首次提出能耗“双控”向碳排放总量和强度“双控”转变以来，煤矿节能管理、碳管理工作不断高效开展，但在思想意识提升、设备能耗管理、绿色技术应用、能耗统计、废弃物资源化利用等方面有待进一步改进和提升。

在绿色发展方面。“十四五”以来，煤炭行业重点围绕“研发应用绿色开采技术，大力发展矿区循环经济”，推广应用充填开采、煤与瓦斯共采、无煤柱开采等煤炭绿色开采技术，构建煤炭产业发展新格局，不断提升煤炭产业的绿色发展质量。未来发展方向聚焦在加强减污降碳协同增效创新技术的分区推广应用、“规模化、集聚化、产业化”的煤矸石处置模式试点、多行业协同治理模式创建、煤田火区治理、废弃矿井利用等方面。

在新能源产业发展方面。面向“双碳”目标的实现，要妥善处理好煤炭行业减量发展与煤炭兜底保障之间的关系。一方面，在逐步减煤的同时，要考虑极端情况下，煤炭能否产得出、供得上、稳得住。另一方面，加强煤炭与新能源融合发展，要做好煤炭与新能源深度融合这篇“大文章”。这就需要统筹落实可再生能源规划、解决新能源大规模消纳难问题、系统科学推进煤炭与新能源融合发展。

在企业战略、组织等管理创新方面。管理创新是组织创新体系的重要组成部分，也是科技创新的基础；要想实现高水平科技自立自强，使原创性、颠覆性科技创新成果竞相涌现，不能忽视以企业为主体的管理创新；通过管理创新进一步全面深化改革，形成与之相适应的新型生产关系，为新质生产力发展提供组织保障。

第二节　行业新质生产力研究进展

在当今飞速发展的科技时代，随着人工智能、数据、物联网等前沿技术的不断涌现，传统生产模式正经历着深刻的变革。面对当前煤炭工业发展现状与挑战，行业内专家学者、煤炭企业负责人就煤炭行业如何打造“新质生产力”、能源行业如何发展“新质生产力”作出了自己的思考，提出了发展思路和实施建议。

中国煤炭工业协会刘峰等人提出了数字化、智能化、绿色化（“三化”）协同的发展模式，构建了“三化”协同发展煤炭新质生产力的总体架构，阐述了通过数字化变革生产要素创新配置、智能化引领关键技术跨越突破、绿色化主导传统产业深度转型三大要素催生煤炭新质生产力的技术路径，提出了六大技术体系，即通过研发全产业链数据高效采集与深度治理技术体系，打通煤炭产－运－储－销－用全流程的数据壁垒；通过研发构建煤炭行业知识图谱与智能决策管控技术体系，深度挖掘煤炭产业上下游各业务场景的关联关系与价值，为煤炭生产利用全流程的自主决策与智能控制奠定基础；开展煤炭资源智能－绿色－高效开发技术体系、煤炭产业安全协同保障技术体系、矿区生态智能监测－预警－修复技术体系、煤炭柔性开发与清洁低碳利用技术体系研究，实现煤炭开发利用全产业链、全流程的“三化”协同发展，培育形成煤炭新质生产力，为煤炭工业的整体形象带来根本性变革提升。

中国矿业大学（北京）姜耀东指出，煤炭行业打造新质生产力要重技术创新，因为技术创新是核心，人才培养是关键，绿色发展是方向，产业融合是趋势。

国家能源投资集团有限责任公司董事长刘国跃认为，加快形成新质生产力首先要准确把握新质生产力“五化”特征。从能源产业视角出发，新质生产力具有“劳动者工程师化、劳动资料可再生能源化、劳动对象数据化、劳动工具智能化、运输工具电气化”的“五化”特征。

山东能源集团有限公司董事长李伟提出，要以新型工业化打造新质生产力，只有以高质量发展为导向，更好统筹速度与质量、效率与效益、发展与安全、经济与环境，才能为现代化建设构筑强大物质技术支撑。

山西焦煤集团有限责任公司党委书记、董事长赵建泽提出，加快发展新质生产力最主要要聚焦四个方面，即科技创新、产业升级、安全环保、改革变革。

中国平煤神马集团党委书记、董事长李毛提出，新质生产力其特点在“新”，关键在“质”，落脚在“生产力”。发展新质生产力，要把科技自立自强作为核心引擎，着力改造提升传统产业、培育壮大新兴产业、谋篇布局未来产业，重点构建自主可控、安全可靠、竞争力强的现代化产业体系，不断提升企业治理体系和治理能力现代化水平。

黄陵矿业集团有限责任公司党委书记、董事长王鹏飞就转型升级激发新质生产力介绍说：“我们还将围绕产业链部署创新链，将新技术、新装备广泛运用到安全、生产、经营场景中，为发展新质生产力活血脉、壮筋骨、强底气”。

华阳碳材科技有限公司副总经理童明全认为，对于煤炭行业而言，发展新质生产力不是放弃传统煤炭产业，而是强化科技创新能力。

中国煤炭工业协会生产力促进中心是煤炭工业协会直属事业单位，在中国煤炭工业协会及相关部门的指导、支持下，从2023年9月开始一直积极跟进、参与和开展煤炭行业新质生产力的研究工作。通过深入基层一线、问需问计于企，了解掌握和现场座谈交流煤炭行业新质生产力发展现状、存在问题及面临的形势，提出科学合理化建议，为更好地培育和发展新质生产力、促进煤炭工业高质量发展起到积极推动作用。

作为传统产业的煤炭行业，发展新质生产力，以新质生产力推动煤炭行业高质量发展，是摆在煤炭人面前的新课题，行业专家、企业负责人的研究建议无疑为行业发展指明了方向、提供了方法，相信会为行业新质生产力发展起到积极的启示。

第三节 行业新质生产力实践

目前，煤炭行业各大企业都在深入贯彻党中央、国务院关于加快传统产业转型升级的决策部署，加快发展新质生产力，在积极探索和具体实践中取得了良好的成效。现将我们面向行业调研的部分单位在新质生产力发展方面的情况简述如下。

1. 国家能源投资集团有限责任公司（以下简称“国能集团”）

国能集团提出“两端发力、一个重塑”的新质生产力发展路径。两端发力是指在传统产业高端化、智能化、低碳化、谱系化发展上发力，在战略性新兴产业规模质量发展上发力；重塑形成包括“煤火风光水、化油气氢核等能源谱系 + 物流贸易金融支撑 + 产研用融通”的综合性现代化产业发展新格局。近年来国能集团坚守主责主业，在煤炭清洁高效利用、煤电节能高效生产、煤化工高端化多元化低碳化发展、新能源新燃料新材料创新突破等领域补短锻长，努力打造国家战略科技力量。在煤炭保供能力、产业结构优化、智能矿山、绿色矿山、生态环保等方面建设成效显著，使传统产业高端化、智能化、低碳化、谱系化发展，以及战略性新兴产业规模质量、速度、质量迈上新台阶，加快形成综合现代化产业发展新格局。

在煤矿智能化建设方面，国能集团构建了具有国能特色的“1235”煤矿智能化建设模式，即“1套体系全面统筹、2种创新模式激发创新、3类煤矿示范引领、5位一体高效推进”模式。目前，已建成智能采煤工作面216处、智能掘进工作面257处、智能选煤厂45处，632个固定岗位无人值守，煤矿智能化技术及建设覆盖率达100%。其中神东公司首创薄、中厚、厚煤层等三种综采工作面智能开采核心技术。首批国家级智能矿山示范矿井中神东大柳塔等9处已通过国家能源局验收，宁煤麦垛山等4处安全类、乌海老石旦等10处高效类集团级智能化示范煤矿，带动不同条件煤矿科学推进智能化建设，12处煤矿461台卡车具备无人驾驶功能。神东煤炭榆家梁无人智能化采煤、雁宝能源智能无人装车系统经鉴定均已达到国际领先水平。

多年来，国能集团坚持“山水林田湖草沙是生命共同体”和“绿水青山就是金山银山”的理念，强化了对生态环保工作的顶层设计和工作指导。目前，集团国家级、省级绿色矿山分别达34座、17座，占生产煤矿的71%。采煤沉陷区土地治理率达到100%，露天煤矿排土场复垦率99%，排矸场覆土绿化率99.5%。以国能神东煤炭集团有限责任公司为例，神东公司摒弃“先开采后治理”的被动做法，创新“三期三圈”“五采五治”等主动生态防治模式，实施了一系列生态防治和环境保护工程，建成了以“生态矿区、绿色矿山、清洁煤炭”为特征的大型绿色煤炭基地，累计治理面积达到558 km^2；矿区植被覆盖率由开发初的3% ~11% 提高到64%；构建了“山水林田湖草”的生态空间结构，植物群落从以油蒿为主的草本群落演替为以沙棘为主的灌草群落，植物种数由16种增加到100多种，微生物和动物种群大幅增加，原有脆弱生态环境实现了正向演替；矿区风沙天数由25天以上减少为3~5天，降雨量少且年内年际不均匀现象明显改善，逆转了原有脆弱生态环境退化方向，形成了良性的生态系统，在荒漠地区建成一片绿洲。

2. 中国中煤能源集团有限公司（以下简称“中国中煤”）

中国中煤坚持煤炭安全绿色开采和清洁高效利用发展方向，构建以煤为基的煤电化一体化产业链和能源服务产业链。深入实施创新驱动发展战略，全力推进煤炭安全绿色智能化开采和清洁高效低碳化利用，不断提升能源保障能力和能源科技水平，打造能源领域新质生产力。

中国中煤主要在以下方面开展工作：一是系统推进科技创新平台建设。建立中煤特色“小内脑+大外脑”科技创新模式，坚持企业科技创新主体地位，充分发挥创新决策、研发投入、科研组织、成果转化的关键作用。作为“出题人”与国家自然科学基金委员会合作设立煤炭领域企业创新发展联合基金，积极推进“企业联合基金”项目和“揭榜挂帅”任务。与京津冀国家技术创新中心共建能源低碳创新中心，加快培育颠覆性技术、战略性新兴产业，在生物技术、新材料、未来空间、节能环保等领域迈出实质性步伐。成立中煤（深圳）研究院，参与筹建国家矿山安全技术创新中心，汇智聚力攻关能源领域核心技术难题，打造原创技术策源地。二是加快推进产业转型升级。聚焦国家能源安全战略需求，依托晋、蒙、陕、新大型现代能源基地建设，持续开展“煤—电—化—新”产业协同发展、重大灾害治理、智能化建设、高端煤机装备制造等重大科技攻关和创新示范，保障能源供给强大韧性，持续推动能源结构优化，提升清洁能源保障能力。聚焦实现能源科技自立自强，积极承担国家能源领域重大科技任务，着力突破“卡脖子”技术难题，推动采掘设备控制系统、高端原材料、基础软件及关键零部件国产化替代，打造自主可控生态链，抢占煤基新材料、氢能、储能等领域创新高地。聚焦能源行业绿色低碳转型，开展“液态阳光”、碳捕集利用封存（CCUS）等碳减排技术储备，利用可再生能源离网制氢和既有产业排放的二氧化碳捕集，通过先进催化技术生产绿色甲醇及绿氨，打造二氧化碳资源化和绿电就地高效利用的“无煤”化工产业链。中煤鄂尔多斯10万t/a“液态阳光”示范工程列入国务院国资委“央企产业焕新行动”生物技术产业应用项目。三是智能化建设迸发强劲动能。聚焦“减人、增安、提效”目标，累计建成智能化煤矿28处、智能化选煤厂9个、智能化综采工作面142个，368个固定岗位实现无人值守及远程控制，累计减少现场作业人员超6000人，其中6处煤矿通过国家首批智能化示范煤矿验收，9项成果入选全国煤矿智能化建设典型案例，2个工作面荣获全国煤矿采煤工作面智能创新大赛特等奖。煤化工板块致力智能工厂建设，以供应链智能化管理为牵引，生产管理优化为核心，构筑集物流、资金流、信息流和业务流于一体的综合性智能生态系统。中国中煤所属陕西公司荣获“全国智能制造试点示范企业”称号，是煤化工行业内首个获此国家级荣誉的企业。

3. 中国煤炭科工集团有限公司（以下简称“中国煤科”）

中国煤科肩负着引领煤炭科技进步的使命，深刻理解加快发展新质生产力的重要意义，坚定不移落实“1245”总体发展思路，实施“创新驱动、做强主业”战略，推进全面深化改革，加快打造新质生产力，不断增强核心功能、提高核心竞争力，赋能煤炭行业高质量发展，更好发挥科技创新、产业控制、安全支撑作用，保障国家能源安全。

近年来，中国煤科持续强化共性关键技术研发、产业优化升级，加大高端技术装备供给，打造新质生产力。

发挥引领性作用推动煤炭智能绿色开发。提出煤矿智能化标准体系，主导和参与编制煤矿智能化标准超过200项，占比接近50%。攻克智能开采关键技术及装备、智能矿山工业互联网等多项技术，研发出国内首套掘支运一体化智能成套快速掘进装备“煤海蛟龙”、10 m超大采高智能综采工作面成套装备等高端智能装备。率先提出煤矿智能化一体化解决方案，参与建设了全国60%以上的煤矿智能化工作面，实施了榆家梁煤矿智能化项目、曹家滩智能化煤矿等一批特大型矿井智能化示范项目，建成了全国首个无人工作面，为煤炭智能开发提供了“中国煤科”方案。发起成立煤矿智能化创新联盟，建立协同创新中心，构建煤炭行业智能化创新生态圈，以集中联合研发、驻矿协同攻关等新模式，持续推进煤矿智能化建设。突破保水采煤等关键技术，扎泥河露天煤矿帷幕节水工程实现矿坑排水量减少75%，植被多样性增加15%以上。完成的抚顺西露天项目，入围自然资源部项目库。先后设计建成了补连塔煤矿、红庆河煤矿等十余个高盐矿井水零排放示范项目，助力煤矿“黑水”变“清水白盐”。开创了采煤沉陷区治理与土地开发一体化的“任城模式”，为我国矿业城市生态建设和城市经济转型探索出一条新路径。青海木里矿区示范工程植被复绿达到89%，有力支撑祁连山南麓青海片区生态环境综合整治。

发挥主力军作用推动煤炭清洁低碳利用。开发出兰炭燃烧利用新技术和新装备，实现无助燃低氮稳定燃烧。多元燃料煤粉锅炉突破高效燃烧关键核心技术，相较普通燃煤锅炉热效率提升近10个百分点，污染物达到近零排放，承建国内规模最大的多元燃料工业锅炉热源厂山西太谷区集中供热城乡一体化建设项目。研制出电站煤粉锅炉灵活深度调峰无助燃点火及稳燃技术装备，在200 MW煤电机组上成功示范应用，无助燃最低负荷可低于20%。承建的全球首套含氦煤层气提取高纯氦气装置投入运行，顺利产出99.999%以上纯度的高纯氦气。成功研发煤基2.6—萘二甲酸连续制备技术，制备出的2.6—萘二甲酸样品经下游企业应用验证，各项指标均达进口产品水平，有效填补技术空白。

4. 中国华能集团有限公司（以下简称“中国华能”）

中国华能成立于1985年，是经国务院批准成立的国有重要骨干企业，目前拥有57家二级单位、480余家三级企业，5家上市公司，职工12.4万人，电力可控装机超过2.43亿kW，累计新能源装机突破7200万kW，供热面积达到10.3亿m^2，煤炭产能近1.18亿t/a。

中国华能坚持以习近平新时代中国特色社会主义思想为指导，坚持“乘势而上、主动作为、再攀新高”的工作要求，坚持“先立后破”、创新与传统业务并举，着力构建新兴产业壮大、传统产业焕新、未来产业培育等机制，攻坚硬核科技、贡献澎湃绿能，重点在能源安全保供、自主创新、新产业发展、绿色低碳转型、经营提效、改革深化六个方面推动新质生产力高质量发展并取得新成效。

华能煤炭产业锚定集团公司建设世界一流现代化清洁能源企业的战略目标，面向未来产业和战略性新兴产业，强化科技创新、科技兴安，推进煤炭与新能源、新产业、数字经济深度融合，积极谋划煤炭产业转型升级，促进煤炭产业高质量发展，累计建成智能化煤矿6处，包括2处国家级和4处省级。建成智能化采煤工作面18个。其所属伊敏露天矿以创建一流露天煤矿为目标，加快推进安全、绿色、智能、效益、幸福“五个矿山”建设步伐，注重基础网络建设，全矿建有16座5G基站，2套核心网，实现20.5 km^2 精准覆盖，实现5G网络与露天煤矿网络深度融合。建成矿山一张图系统，将人员定位、车辆行驶、设备运行、边坡监测、报警等数据分图层集成于“一张图”，实现了采矿、地质、测量、人员、设备、环保等信息全要素透明化展示。2020年8月，国内规模最大的纯电动矿用宽体重卡车队在矿区内正式投产运营。另外，半连续系统、剥离连续工艺系统采用了“以电代油”的能耗模式，在增加煤炭生产效率的同时，减轻了对环境的污染，绿色开采能力不断提升。实现8台172 t级无人驾驶卡车常态化运行，完成9台无人纯电动宽体卡车的研发及验收，电动宽体车无人驾驶运输关键技术达国际领先水平。“伊敏露天矿5G+无人驾驶绿色清洁运输新模式”入选煤矿智能化建设先进典型案例。

5. 国家电力投资集团有限公司（以下简称“国家电投”）

国家电投积极贯彻新时代高质量发展要求，坚持创新引领，以“创造绿色价值”为使命，以“绿色、创新、融合，真信、真干、真成”为核心价值观，以发展新质生产力为重要着力点，全面实施“均衡增长战略”，推动具有全球竞争力的世界一流清洁能源企业建设，在中国式现代化进程中奏响“风光无限　国家电投”的能源新乐章。

国家电投集团内蒙古能源有限公司作为集团公司新质生产力发展的集中体现单位之一，近年来积极贯彻习近平总书记关于创新发展的重要论述，坚定做好新质生产力的实践者和探索者，不断提升科技赋能，在行业内率先试点打造“智慧、无人、绿色、零碳”矿山示范企业。截止到2023年末，共实施智能化建设项目231项，总投资7.2亿元，建设范围覆盖矿山12个生产环节26个工作场景，取得了阶段性的先进创新成果和丰富的实践经验。完成了集安全、生产、决策分析、经营管理等功能与数据于一体的“1+5+N”智慧矿山综合管控平台建设，实现智能辅助设计、矿山一张图更新、设计工程一体化、智能全局调度、能耗与碳排放管理五大技术突破，平台功能研发达到国际先进水平。140余台无人驾驶车辆实现全天候编组作业，可替代岗位人员300余人；40座变配电站、3处地销煤场、5处煤矿疏干排水系统、2座物资仓库实现少人、无人值守，减少岗位人员100余人。以打造我国高寒地区绿色矿山标杆为目标，常态化开展排土场生态修复治理工作，近年来累计投入18亿元，完成矿山生态修复面积8万余亩，修复后的矿区呈现出翠色欲流、碧波荡漾的近自然生态效果。完成国内首台氢燃料电池与锂电池混合动力矿用车、120 t级纯电交流传动自卸车研发落地，为行业内煤矿清洁转型做出了良好示范。完成100台60 t级燃油宽体矿卡电能替代，配套建设蒙东地区首座顶吊式换电站建设，每年可最高减少二氧化碳排放19000余吨。全国首例北方高寒地区排土场松散地基条件下2台4 MW分散式风电项目并网发电，每年可为矿用电动设备提供2400万kW·h绿电供应，促进了“源网荷储”能源供应模式在露天煤矿的应用。

6. 华电煤业集团有限公司（以下简称“华电煤业”）

华电煤业坚持以习近平新时代中国特色社会主义思想为指导，全面贯彻落实党的二十大精神，全面践行“奉献清洁能源，创造美好生活”的公司使命，坚定不移推进安全、绿色、智能、合规、廉洁、幸福“六个矿山”建设，持续提升创新体系效能，加快绿色低碳转型，着力培育和发展新质生产力。华电煤业聚焦关键技术，大力实施创新驱动发展战略，提升支撑新质生产力的科技成色，在决策、管理、支撑、布局和队伍等方面构建“宝塔型”科技创新体系，积极布局煤炭行业前沿技术研发应用，成立华电煤业数智技术有限公司、华电煤业集团成都智能装备有限公司、国家能源煤矿数字化与智能化研发中心等科研机构，全力推进5G+智慧矿山、矿山物联网与工业互联网、矿用无人驾驶、煤矿数据孪生等实验室建设，打造中国华电煤炭板块科技创新和技术支撑平台，为企业高质量发展注入强劲动能、厚植竞争优势。

华电煤业积极承担工信部人工智能“揭榜挂帅”项目、国资委LHT创新项目等3项国家重点科技项目，“国家能源煤矿数字化与智能化研发中心”入选国家能源局“十四五”首批“赛马争先”创新平台名单，矿用智能无人驾驶机器人项目打破国外技术封锁，先后完成0.5 t、1 t机器人研制、测试、验收，填补了无车头型矿用辅运机器人行业空白，荣获工信部“揭榜优胜单位”荣誉称号。5项科技项目入选国家矿山局第一批矿山科研攻关项目，1个项目入围“全国企业数字化应用典型场景”，3家煤矿建成国家首批智能化示范煤矿，3项成果入选全国煤矿智能化建设典型案例，自主研发的矿用5G通信系统取得全国首批矿用5G煤安认证，“5G+智能矿山”项目列入国家能源局能源领域5G应用体系。

7. 中国大唐集团能源投资有限责任公司（以下简称“能投公司”）

能投公司以习近平新时代中国特色社会主义思想为指导，以建设“绿色低碳、多能互补、高效协同、数字智慧”中国最好、世界一流能源供应商为总目标，紧紧围绕安全绿色智能高效现代化一流能源企业建设，学习借鉴国内先进煤炭企业成功经验，构建完善对标体系和评价机制，加速补短板、强弱项、扬优势，引导各类要素向核心项目和核心领域集中，形成诊断科学、执行有力、评价有效、保障到位的价值创造体系，推动全员、全过程、全方位、全要素的价值创造活力动力不断增强，全面提升效益效率、增强价值创造能力，实现长期价值更可持续、整体价值更加凸显，加快建成安全绿色智能高效现代化一流能源企业，开创能投公司高质量发展新局面，为集团公司的发展作出更大贡献，目前正在智能化建设、灾害治理、生态绿色发展等方面加快形成新质生产力。

在智能化建设方面，能投公司秉持“数字互联赋能、建绿色智慧矿山”原则，积极贯彻落实国家相关文件要求，推进落实集团公司奋力打造“绿色低碳、多能互补、高效协同、数字智慧”总体工作安排，在公司各项目践行智慧化发展之路。所属龙王沟煤矿作为能投公司自主建设、运营的首个高效高产矿井，于2022年7月通过国家首批智能化示范煤矿专家验收。在生态绿色发展固废处理方面，龙王沟煤矿考虑地貌特点、资源赋存、开采方法等因素，进行“山水林田湖草沙”统一规划设计，探索研究“整山整沟”“一矿一策”塌陷区环境治理提档升级方案，研究实施矸石综合利用项目，通过矸石井下充填、煤矸石固废利用等创新模式，实现矸石综合协同处置。目前所属宝利煤矿获得国家绿色矿山称号，龙王沟煤矿获得内蒙古自治区绿色矿山称号。

8. 山东能源集团有限公司（以下简称“山东能源”）

山东能源顺应“碳达峰碳中和”战略，勇担保障能源安全、优化能源布局、优化能源结构的主体责任，坚持专业化整合、产业化重组、市场化改革、资本化运作、国际化建设“五化方向”，以高科技、高效能、高质量为方向，推动创新链、产业链、资金链、人才链“四链”融合，培育发展新质生产力，探索走出一条由传统能源企业向清洁能源供应商和世界一流企业跨越的新路子。

山东能源以新型工业化为抓手，向“新”而行，向“绿”而转，推动发展传统产业高端化、智能化、绿色化，培育壮大新兴产业新模式、新动能、新业态，打造自主可控、安全可靠、竞争力强的现代化产业体系。通过兼并重组、股权并购，煤炭产能达到3.5亿t/a，煤炭产量稳居国内前三位。融入“蒙电入鲁”“陇电入鲁”等国家战略，建成盛鲁电厂、鲁西发电等大型煤电机组。搭建省级新能源投资平台，推动风光储氢、源网荷储一体化发展，主导开发渤中海上风电资源，形成内蒙古“火电＋风电”、甘肃“火电＋光伏”等一体化能源基地。高端化工及新材料：瞄准低碳化、高端化、园区化方向，建有鲁南高端化工新材料深加工、榆林高端煤制油、鄂尔多斯煤基化工新材料、新疆煤化一体化等示范基地。新材料产业打造钙基新材料、高端化工新材料、纤维及复合新材料产业集群。现代物流贸易产业：服务实体产业发展，成立山东国际大宗商品交易中心、海南国际能源交易中心，建设济南国际贸易产业园区，成为全国最大焦炭贸易商；铁路、公路、港航、园区、平台“五位一体”发展格局初步形成。

持续加强煤矿智能化建设，公司发布全球首个用于能源行业的AI大模型——盘古矿山大模型，智能应用场景覆盖采煤、掘进、主运、辅运、提升、安监、防冲、洗选、焦化9大专业70余个场景，人工智能大规模进入矿山领域。目前，9处煤矿成为首批国家级智能化示范煤矿，27处符合国家智能化示范标准。

加强绿色开采技术研究，构建“固废干式充填、胶结充填和高水固结充填”三大类充填技术体系，创新多项充填开采工艺技术；煤矿低浓度瓦斯发电项目配套建设瓦斯输送系统、余热回收系统及辅助工程；煤制烯烃项目利用当地丰富绿电资源，建设电解水制氢装置，实施绿氢与煤化工耦合及二氧化碳捕集与封存（CCS）项目。推进煤泥、灰渣等大宗固废清洁利用，建成“煤炭开采—煤炭洗选—煤泥锅炉燃烧—发电机组发电—供电供热—粉煤灰井下回填注浆（粉煤灰制砖）”煤泥资源化清洁利用循环经济产业链，成为煤矿耦合电厂煤泥资源化清洁综合利用典型范例。挖掘集团废弃矿井地热开发以及储热蓄冷潜力，建成山东省内首个利用“地热能＋废弃矿井”地热资源进行供暖制冷的示范工程，为关闭矿井、衰老煤矿低成本、零碳能源绿色综合再利用探索了新路径。

9. 河南能源集团有限公司（以下简称“河南能源”）

河南能源围绕打造全省国企一流旗舰劲旅目标，聚焦“2＋2＋N”产业体系构建（即：煤炭、化工新材料两大主业，电力及新能源（风光储和氢能）、现代物贸两大培育产业以及医疗健康、金融服务等产业），坚持稳字当头、稳中求进、循序渐进、持续推进，积极培育和发展新质生产力。

在煤矿安全高效开采方面，建成省级以上智能化示范煤矿15对，智能化采煤工作面86个，智能化掘进工作面115个。按照“能洗尽洗”原则提高原煤入选率，改造提升产品附加值。目前电力装机总容量1439 MW（控股），建成的光伏发电项目、加氢站、二氧化碳储能多个项目为煤矿节能低碳转型和新能源的耦合提供了良好的基础。同时，也提出了煤炭行业数字化、智能化、绿色化“三化”协调发展，稳妥推进煤炭绿色低碳转型，科技创新、管理创新赋能等方面的意见建议。

10. 兖矿能源集团有限公司（以下简称“兖矿集团”）

兖矿集团是中国唯一一家拥有境内外四地上市平台的特大型国际化能源集团。企业经营区域横跨山东、陕西、山西、内蒙古、上海、广东、澳大利亚和加拿大等地，主导产业涵盖矿业、高端化工新材料、高端装备制造、智慧物流、新能源“五大板块”。矿业板块拥有生产煤矿24对，资源储量218亿t，产能20375万t/a；其中：省内8对矿井，产能3655万t/a，省外5对矿井，产能3540万t/a，境外11对矿井，产能13180万t/a；基建矿井2对，设计产能合计980万t/a（万福煤矿180万t/a，营盘壕煤矿800万t/a）。高端化工新材料板块现有兖矿鲁南化工、榆林能化、内蒙古荣信化工、陕西未来能源4个高端化工园区，年产能1000余万吨，研发具有我国自主知识产权的煤间接液化制油核心技术，是国内唯一掌握高温、低温费托合成技术的企业；“4000 t级超大型水煤浆气化技术示范装置”达到世界领先水平。高端装备制造板块依托东华重工，专注发展高端煤机等传统优势产品，制定“358”制造标准，高端液压支架产品实现“8年不升井大修”目标。智慧物流板块成立兖矿物流科技有限公司，坚持“公铁水”协调联动，拥有铁路、公路、水路年发运能力3亿吨以上。新能源板块紧跟“源网荷储”“风光火储”，积极争取新能源指标，谋划推动产业发展，在内蒙古运营锋威光电光伏电站1座，总装机容量为100 MW；首批规划实施16个自有分布式光伏、储能项目，装机规模10万kW。

近年来，兖矿能源全面践行新发展理念，以绿色低碳发展为导向，以新旧动能转换为主线，加快调整优化产业结构，拓展发展区域，延伸产业链条，企业规模当量、管理水平、品牌实力和行业影响力不断取得新突破。

一是智慧矿山建设行业领先。2023年实施智能化建设项目36项，投入资金22.3亿元，公司5对国家首批智能化示范矿井全部通过验收，金鸡滩、转龙湾煤矿分别率先达到“155”“277”高效矿井标准；打造出杨村4703、东滩$43_{下}$02等一批高度智能化工作面，各矿井智能化子系统常态化运行考核综合达标率97%，智能化水平稳居行业第一方阵。二是矿产资源保持增量拓量。“复兴项目”标的交割并表，新增煤炭资源256亿t、产能3950万t/a；刘三圪旦（资源量32.34亿t、产能800万t/a）取得国家产能置换承诺函和项目代码，嘎鲁图（资源量12.23亿t、产能800万t/a）探转采手续上报鄂尔多斯市政府审批；新增霍林河一号井田煤炭资源10.41亿t（计划产能600万t/a）。三是精准调控保障生产接续。坚持本部矿井精采细采、延长服务年限，省外、境外矿井加快产能释放的生产组织策略，实施掘进提效攻关。加快压煤搬迁，释放煤炭可采储量，保障主力矿井产量稳定。协调省自然资源厅出具南屯煤矿增列油页岩矿种意见，为矿井延长服务年限提供了合规保障。四是坚持重大灾害治理攻坚。按照“心中有数、措施有力、加强监管、落实到位”总体要求，分专业实施重大灾害治理分区治理；常态化制度化开展矿山隐蔽致灾因素普查治理，“一矿一策”“一面一策”精准制定治理措施。五是科技创新成果成效显著。近三年，荣获省部级科技成果奖励107项，其中煤炭板块的特等奖1项、一等奖14项、二等奖15项、三等奖27项。公司拥有各类有效专利1200余件，其中有效发明专利143件。2020—2023年，先后主持和参加制定国家标准以及行业标准33项，其中国家标准9项，行业标准17项，团体标准7项。累计投入研发经费19.15亿元。六是绿色低碳发展塑造典范。深入贯彻新发展理念，聚焦煤炭清洁高效利用。积极参与国际碳披露计划（“CDP”），在CDP评级中位列中国煤炭行业第1位；共完成12对绿色矿山创建工作。

11. 开滦（集团）有限责任公司（以下简称“开滦集团”）

开滦集团把新发展理念作为高质量发展的科学引领，把高质量发展作为新时代的硬道理，加快创新驱动发展，培育新质生产力，建设现代新国企，加快向智能化迭代、高端化蝶变、绿色化转型，构建新材料"一基四链"发展布局，不断提升产业发展的含金量、含新量、含绿量，培育新质生产力，建设现代新国企。

开滦集团强化战略引领，明确核心主业发展目标和重点，推动技术、人才、资金等各类资源要素向主业集中，做大做强做优煤炭产业、煤化工产业和物流贸易产业三个核心主业，筑牢企业高质量发展坚实根基，不断增强核心业务盈利能力和市场竞争力。煤炭产业：河北区域煤矿稳量提质增效，加快推进内蒙古、新疆千万吨煤炭生产基地建设。河北区域各生产矿井分类分步有序推进智能化建设，加快突破薄煤层高效智能开采、深部煤层安全高效智能开采、智能掘进成套技术，提升煤矿本质安全水平和建设生态绿色煤矿。重点推进内蒙古、新疆区域煤炭资源开发和成熟煤矿资源的并购重组，不断拓展煤炭后续资源储备，打造可持续发展新基地。新疆北山中部矿井及选煤厂项目前期工作有序推进，2022年取得国家能源局核准，目前正在开展矿井及选煤厂初步设计工作，预计2024年四季度实现"三井"开工；开滦矿区宋家营煤矿新建项目前期工作有序展开，已纳入正在修编的冀中煤炭基地开滦矿区总体规划。煤化工产业：积极推进煤化工产业延链补链强链，重点发展延伸四条煤化工产业链，加快布局新材料、精细化工项目，打造形成唐山沿海区域产品总规模1000万t煤化工集群。物流贸易产业：提升煤炭物流贸易规模，打造唐山、山西、内蒙古、新疆四大煤炭供应基地，布局进口蒙古国、俄罗斯、印尼等国外煤炭资源。非煤物流贸易主要是依托4家海外公司，着力打造国际物流平台，建设推动海外现代物流产业的持续发展。战略性新兴产业：北方高速模拟测试中心完成建设，CO消控项目正在进行第三轮小试放大改进试验。

近年来，开滦集团加快推进煤矿智能化建设，特别是针对矿老、人多且地质条件和生产系统复杂，安全工作形势严峻的实际，深化"机械化换人、自动化减人、智能化无人"管控，通过技术创新促进管理创新，探索实施"煤矿智能化生产新模式"和"主要生产岗位、部位无人值守、有人管理、智能巡视新模式"，确立了在用好现有自动化系统的基础上，逐步健全完善各生产系统的智能化；对技术成熟的子系统尽快升级改造，提高智能化管控水平；紧紧围绕"煤炭生产智能化、生产环节集控化、重点部位可视化、固定岗位无人化、故障报警自动化、日常管理信息化"的"六化"任务目标，逐步完成所属各矿智能化建设；坚持由外向内、由易向难、由辅助向一线，组织智能化项目建设。目前完成了6个智能化示范矿井建设，其中1个国家级（钱家营矿）、5个省级智能化示范矿井建设。

12. 淮北矿业（集团）有限责任公司（以下简称"淮北矿业"）

淮北矿业集团始建于1958年，1998年由原直属煤炭部转为安徽省直属企业，现已发展成为以煤电、化工、现代服务为主导产业的大型能源化工集团。集团资产超1000亿元、年营收超800亿元；拥有淮北矿业、华塑股份2家沪市主板上市公司，总市值近600亿元，集团资产证券化率达80%以上；现有生产矿井17对、在建矿井1对、化工企业4家，在岗员工4.8万人；年产商品煤2300万t、焦炭440万t、甲醇90万t、乙醇60万t、聚氯乙烯64万t，电力总装机规模200万kW；连续23年进入中国企业500强，位列2024中国企业500强第300位，2023皖企百强榜单第10位（安徽省属企业第4位），连续5年跻身长三角三省一市百强企业榜；上市公司淮北矿业位列2024《财富》中国上市公司

500强第255位、煤炭类上市公司第5位。60多年来，集团累计生产煤炭10亿多吨，上缴利税1000多亿元。曾荣获全国先进基层党组织、全国煤炭工业科技创新先进企业、国家首批矿产资源综合利用示范基地等称号。

淮北矿业以习近平新时代中国特色社会主义思想为指导，深入贯彻党的二十大精神，坚持创新、协调、绿色、开放、共享的新发展理念，坚持“稳中精进、转型升级、聚焦双效、实干兴企”工作总基调，坚持“依托煤炭、延伸煤炭、超越煤炭”发展战略，紧紧围绕“做精煤电、做大化工、做活金融、做优物流、做实服务、做强党建”发展思路，以高质量发展为主题，以转型升级为主线，以改革创新为动力，以效率效益为导向，全面推进企业治理体系和治理能力现代化，奋力打造国内一流大型能源化工集团。

在智能化开采方面，淮北矿业坚持“智能赋能”“越是条件复杂越要上智能化”理念，大力推进“四化三减”和“两智一控”建设。依托智能化发展，持续深化生产模式智能化转型，加快“两智一控”建设，做到“建管用”同步推进，充分发挥智能化装备效能，解放煤矿新质生产力，助推企业高质量发展。截至2024年3月，集团公司累计建成杨柳、许疃、袁一等10对智能化矿井，69个智能化工作面，13个智能化掘进头。淮北矿业按“大国重器破瓶颈、千方百计上盾构”思路，持续加快引进盾构施工工艺。自2019年11月，“淮盾1号”盾构机在袁店二矿取得成功后，相继投入盾构机11台。2022年11月，“淮盾2号”克服各类复杂条件影响，创造月进尺476 m，最高日进尺25.6 m的“淮矿纪录”。2023年10月，“淮盾9号”在孙疃煤矿创造17°大倾角盾构下山施工月单进241 m的全国纪录。开展工艺创新，提升矿井新质生产力，在杨柳、临涣等矿综采面实施注浆减沉方案，实现不迁村安全高效开采，解放优质产能的同时，煤炭生产更加绿色环保。在朱庄成功应用沿空留巷工艺，避免了煤柱损失，提高煤炭资源回收率，实现相邻两个综采面有序接替和安全高效回采。掘进工艺创新方面除了盾构机快速掘进工艺创新外，针对大倾角、硬岩、煤顶下等技术难题，开展技术创新，取得多项重大技术突破，如创新应用煤顶下“降钻锚注平”一体化掘进工艺、突出煤层底抽巷“掘钻运”一体化掘进工艺、“掘锚护”一体化掘进工艺、大直径反井钻机一次成仓工艺、机械化巷修及主动支护工艺、切顶卸压护巷技术等，有效提高掘进单进效率，降低职工劳动强度，改善井下作业环境，达到本质安全效果。

从上述煤炭企业发展情况来看，煤炭行业新质生产力发展主要集中煤炭生产智能化和煤炭利用绿色化，即煤炭安全高效开采、煤炭清洁低碳利用、煤机装备高端制造、节能环保提升、绿色发展、新能源产业发展等方面。煤炭行业新质生产力的发展主要体现在强化科技创新、推进智能化建设、加强创新驱动、推进传统产业升级、确保安全环保绿色节能，从而促进企业高质量发展。

13. 华阳新材料科技集团有限公司（以下简称“华阳集团”）

华阳集团全方位推动高质量发展目标要求，以“双碳”目标为引领，大力实施“双轮驱动”发展战略，坚持立足煤、做强煤，做强做大传统煤炭优势产业，全面提升产业发展的“含金量”“含新量”“含绿量”；坚持延伸煤、超越煤，整合成立华阳产业技术研究总院，做精做优钠离子电池全产业链、高端碳纤维、煤层气制金刚石、PBAT可降解塑料、纳米纤维空气净化材料等新能源新材料产业，努力蹚出一条产业优、质量高、效益好、可持续的高质量发展新路。

截至目前，华阳集团共建成 6 座智能化煤矿、1 座智能化选煤厂。建成 126 处智能化采掘工作面，其中，27 处智能化综采工作面，99 处智能化掘进工作面。节能环保方面，在矿井水处理后水质达到地表水Ⅲ类标准，2023 年集团公司矿井水回用率达 98% 以上，实现矿井水“应用尽用”。煤矸石处置按照“由下向上－分层碾压－黄土覆盖－恢复植被－管理维护”的治理模式标准化开展煤矸石“边排边治”，积极探索煤矸石土地复垦、填筑路基等综合利用新途径，集团公司 2023 年煤矸石综合利用率达到 34%。瓦斯综合利用方面拓展乏风利用新途径，将乏风与低浓度瓦斯掺混后进行蓄热氧化产生高温热风，通过热交换产生高温高压水蒸气驱动汽轮机发电，冬季从汽轮机中间级抽出部分饱和蒸汽用于供热，实现热电联供。

第四章　煤炭行业新质生产力的基本内涵和特征

第一节　基　本　内　涵

煤炭行业新质生产力的基本内涵在于劳动者、劳动资料、劳动对象及其优化组合的跃升。这意味着在科技创新的引领下，生产过程中的劳动者、所使用的劳动资料以及劳动对象之间的关系发生了深刻的变革。主要体现在以下三个方面：一是煤炭行业职工素质进一步提升，成为高素质、高技能的生产要素；二是劳动资料进一步优化配置，不仅是生产设备的升级和智能化，更涉及生产资料的数字化和网络化；三是劳动对象更加精准和个性化，反映在对市场需求的更为精准地洞察和反应。这种跃升不仅可以提升生产的效率和质量，同时也可推动煤炭产业结构的升级和创新能力的提升，为经济的可持续发展奠定坚实基础。

习近平总书记指出，“要牢牢把握高质量发展这个首要任务，因地制宜发展新质生产力”，强调“发展新质生产力不是忽视、放弃传统产业，要防止一哄而上、泡沫化，也不要搞一种模式。各地要坚持从实际出发，先立后破、因地制宜、分类指导，根据本地的资源禀赋、产业基础、科研条件等，有选择地推动新产业、新模式、新动能发展”。目前，煤炭是我国的主体能源，既是重要的燃料，也是重要的工业原料，在我国能源安全保障中发挥着“压舱石”作用。煤炭行业发展新质生产力，要认真领会总书记重要讲话精神，掌握科学的方式方法，做到善于把握事物本质、把握发展规律、把握工作关键、把握政策尺度。对于煤炭行业而言，发展新质生产力，关键在科技创新，通过创新推动煤炭行业向高端化、智能化、绿色化改造升级，不断增强核心竞争力。

第二节　煤炭行业新质生产力的特征

一、以科技创新为主导

新质生产力与传统生产力差异较大，新质生产力摆脱传统经济增长方式、生产力发展路径，是生产力能级的跃迁。相对于传统生产力，煤炭行业新质生产力是由技术革命性突破、产业深度转型升级、要素创新性配置等综合因素催生的生产力，深刻改变了传统生产方式，成为引领时代发展的关键力量。科技创新是新质生产力的核心动力。人工智能、大数据分析、物联网等新兴技术的广泛应用，为生产活动注入了前所未有的智慧。智能制造、自动化生产线成为现实，加速了生产效率的提升，为企业创造了更为灵活和高效的生产环境。创新带来了新的商业模式，共享经济、平台经济的兴起改变了传统产业格局。通过创新的商业模式，企业可以更好地适应市场的变化，灵活调整战略，提高资源的利用效率，从而推动产业升级和优化。数字化转型不仅使企业更具竞争力，也为新质生产力的发展提供了强大支撑。例如，中国中煤在科技创新方面建立“小内脑 + 大外脑”的科技创新体系和“撒出去 – 收回来”创新路径，健全“项目、平台、人才、投入、管理、机制”为核心要素的“六位一体”科技创新工作保障体系，构建“科学 – 技术 – 工程 – 市场”创新链条，充分发挥创新决策、研发投入、科研组织、成果转化的关键作用，构建以企业为主导、以实效为导向、以需求为牵引的高效创新模式，加快推动存量产业提质增效，促进增量产业高端化、规模化发展。累计建成企业研究院 5 个、国家级企业技术中心 2 个、国家能源研发（实验）中心 1 个、省级企业技术中心 16 个、省级工程研究中心 4 个、省级工程技术研究中心 6 个、省级技术创新中心 8 个、国家 CNAS 实验室 10 个、国家及行业技能大师工作室 23 个、博士后科研工作站 5 个、省部级集团级“双创”平台 7 个。科技赋能产业越发彰显。联合清华大学、中国科学院化学研究所等高校、科研院所申报 2023 年度国家自然科学基金企业创新发展联合基金项目，共获得基金委资助项目 8 项。重大科技专项“大海则特大型煤矿全矿井智能化建设关键技术与应用”形成 2000 万 t 级世界最大立井煤矿全矿井智能化建设关键技术及应用成果，研究成果达到国际领先水平，荣获 2023 年度中国煤炭工业协会科学技术一等奖。“平朔露天矿智能化关键技术研究与应用”项目实现穿孔、爆破、采装、运输等多个系统的智能化决策和自动化协同运行，研究成果达到国际先进水平。蒙陕矿区冲击地压防治重大科技专项构建了深部新建特大型矿井区域超前源头防治强矿压规划与体系，瓦斯综合治理及利用重大科技专项开展了矿井瓦斯资源高效开发关键技术及装备研究，煤矸石处置及综合利用重大科技专项完成了固体充填和沿充留巷一体化工程示范。

二、以高质量发展为目的

新质生产力不同于传统生产力，是指先进生产力质态，具有高科技、高效能、高质量特征。首先，高科技是新质生产力的鲜明特征。新质生产力的最重要构成要素和根本特征在于颠覆性技术、前沿技术等新一轮产业技术革命催生了新质劳动资料。先进的技术应用使得生产设备更加智能高效，为企业提供更多创新的可能性，推动生产方式的革命性变革。其次，新质生产力以高效能为目标。通过优化生产流程、采用智能化的生产设备以及灵活的生产组织方式，企业可以实现生产效率的大幅提升。这种高效能的特征使企业能够更迅速地响应市场需求，缩短产品上市周期，提高生产资源的利用效率。最后，新质生产力注重高质量的产出。通过科技创新和高效能的生产方式，产品不仅在研发和制造上更为精密，而且在质量上也得到显著提升。高质量的产品不仅满足了市场对产品品质的要求，也提高了企业的竞争力，使其在激烈的市场竞争中脱颖而出。

三、以安全、绿色为底色

发展煤炭行业新质生产力，必须把新发展理念和新质生产力理论结合起来，紧紧把握煤炭行业新质生产力的安全、生态属性。第一，新质生产力体现了安全的理念。发展新质生产力，必须不断提升安全保障能力，通过科技创新和新型商业模式的引入，向智能化转型，增安全、提效率。煤炭生产过程常常伴随水害、火灾、冲击地压等灾害。推进煤矿智能化建设，可以减少高危岗位，助力增安提效。第二，新质生产力关注绿色发展。发展能源资源新质生产力，必须紧紧把握新质生产力的生态属性，牢固树立和践行绿水青山就是金山银山的理念，积极推进能源资源发展方式绿色转型，坚定不移走生态优先、绿色发展、集约节约之路，持续打造安全、高效、绿色的能源资源产业集群。在国能准能集团矿山生态旅游区，曾经沟壑纵横的采煤沉陷地块，通过治理“变身”成集农业采摘体验、采煤现场观光等于一体的主题公园；在徐矿集团，选煤剩下的煤矸石用于筑路、制砖等，综合效益明显。当前，针对煤炭较难解决的碳排放问题，各地也在探索二氧化碳捕集利用封存技术。例如，从煤电厂捕集的二氧化碳可用于焊接制造、食品级干冰等。中国中煤按照“存量提效、增量转型”发展思路，创新性探索能源绿色低碳转型发展新路径，积极推进“煤炭与煤电联营”和“煤电与可再生能源联营”，其中中国中煤鄂尔多斯10万t/a“液态阳光”示范工程列入国务院国资委“央企产业焕新行动”生物技术产业应用项目。解决好技术成本高、成熟度不够等问题，煤炭就有望成为低碳能源。通过采用清洁能源，推动资源循环利用，新质生产力努力降低对环境的影响，致力于建设更加环保可持续的生产体系，符合绿色发展理念，追求经济与环境的和谐共生。能源绿色发展，并非不要煤炭，而是要立足国情，推动煤炭清洁化利用向高端化升级，涨身价、拓销路。

第三节 煤炭行业新质生产力发展的重点领域

科技创新是煤炭行业发展新质生产力的核心要素。要打造新质生产力，必须注重技术创新，打好关键核心技术攻坚战。通过调研行业重点企业情况，煤炭行业发展新质生产力主要应聚焦以下七个方面，也是最具有发展潜力、适宜培育的领域：即煤炭安全高效开采、煤炭清洁低碳利用、煤机装备高端制造、节能环保、绿色发展、新能源产业发展及企业战略、组织等管理创新七个方面。

一是煤炭安全高效开采。先进的采矿技术、智能化设备和技术的应用，可以提高煤炭开采的效率和安全性，降低生产成本，减少对环境的破坏。主要包括：煤矿数字化、信息化和智能化建设，以及智能化开采（含露天煤矿）、煤/岩巷智能化快速掘进、工艺技术创新、智能预测预警系统、保水开采、充填开采等。截至目前，全国建有1642个智能化采掘工作面，有智能化工作面的煤矿达859处，有30余类2640台（套）机器人、1328台无人驾驶车辆推广应用，1.7万个固定岗位实现无人值守。国能神东公司首创薄、中厚、厚煤层等三种综采工作面智能开采核心技术。全公司推广应用三类综采模式。已建成29个智能化综采工作面，100%的综采工作面实现智能化。同时对掘进辅助搬运、水仓清淤、电缆收放、单元支架搬运等作业类机器人进行了研究攻关，做到了5类机器人全覆盖，在用机器人总计21种，163台套，实现了重体力作业机器人替代人工作业。

二是煤炭清洁低碳利用。通过对传统煤炭产业改造提升，积极促进产业高端化、智能化、绿色化发展，延伸产业链发展。主要包括煤炭清洁利用、煤化工、煤炭洗选加工利用、洁净煤、碳基新材料等方面。国家能源集团积极响应能源革命号召，深入发挥产业引领和融通带动作用，大力推动新能源项目建设，不仅保持着全球最大的风电企业定位，还积极发展新型“水风光储”一体化能源新业态，青海玛尔挡“水光蓄储”千万千瓦级多能互补一体化基地初具规模，国内最大的“沙戈荒”风电光伏大基地在宁夏腾格里取得显著进展，全球首个漂浮式风渔融合项目“国能共享号”于福建莆田投产，全国规模最大构网型储能电站在宁东基地并网，浙江梅屿储能电站投入商业运营，新能源装机规模突破1亿kW，可再生能源在整体产业结构中占比快速提升至近40%，大步朝向清洁能源转型目标迈进。

三是煤机装备高端制造及应用。煤矿发展新质生产力必须有智能化煤机装备。主要包括高端化、智能化的采掘装备、各类机器人、无人驾驶技术；智能化洗选设备，矿井仓储、运输、转运、装卸智能运输系统，智能测控装备制造，以及煤化工设备制造等。

国能神东公司建成世界首套8.8 m超大采高智能工作面、国内首个数字矿山示范矿井和世界首座智能煤矿地面集中控制中心，引领着行业智能开发的方向。

中国煤科在装备高端制造方面创新工作取得了显著成效。上海研究院MG1250/3430－WD系列采煤机，针对7～10 m厚与特厚煤层开发，集智能感知、智能控制、智能诊断与智能通信于一体，更好地满足了综采工作面智能化、少人化建设需求；矿用智能化TBM岩巷掘进系统，实现煤矿岩巷安全高效绿色智能掘进，能有效解决煤矿岩巷掘进效率低、安全性差的问题；中国煤科太原研究院研制的“煤海蛟龙”掘支运一体化智能掘进系统，攻克了掘锚平行、全宽截割、自动支护、柔性运输、三幕控尘、辅材运输、多机协同等核心技术，形成具有自主知识产权的智能快掘成套技术与装备。

中国华能煤炭产业对矿井辅助运输系统智能化装备及连续化工艺、物料标准化载运平台及智能化装车系统、智能化巷道快速掘进系统和硬岩掘进、巷道修复成套装备进行了相关研究，研发并推广应用了带式输送机巡检机器人、摘挂钩与推车机器人、远程喷浆机器人等智能装备。

四是节能环保。应用先进节能技术，提升环境保护支撑能力是煤炭产业发展新质生产力的基础支撑。要做到高质量发展与高标准环保的动态平衡，协调发展。主要包括节能技术应用，能耗管控，废水、废气等污染物的排放，矿井水、煤矸石资源化利用，余热、瓦斯综合利用，以及废弃物资源化利用等。

华阳集团在矿井水治理回收利用、煤矸石处置利用、能耗管控、余热利用、瓦斯综合利用等方面都作出了很好的示范。2023年矿井水回收利用率达98%以上，煤矸石综合利用率达到34%，吨原煤生产综合能耗较2018年降低22%，洗煤电力单耗较2018年降低41%。使用空气源热泵或低温热管技术回收乏风中的低品位废热资源，用于冬季煤矿进风井口加热及地面工业建筑采暖。榆树坡公司采用热泵技术提取矿井水余热，用于职工洗浴用水加热。将乏风与低浓度瓦斯掺混后进行蓄热氧化产生高温热风，通过热交换产生高温高压水蒸气驱动汽轮机发电，冬季从汽轮机中间级抽出部分饱和蒸汽用于供热，实现热电联供。利用低浓度瓦斯发电提供电力能源，高浓度瓦斯提纯后的甲烷及裂解并提纯后的氢气作为原料气体，合成具有高附加值的金刚石产品。

中国华能推进高矿化度矿井水分级绿色处理，降低高矿化度矿井水处理成本，为矿井高盐浓水、煤化工等工业废水循环利用的发展提供先决条件。研究高效、低成本充填开采技术，实现“矸石不升井、少升井”，探索煤矸石工业固废无害化处置工艺，达到煤矸石的生态化消纳。探索将深部灌注与地质封存技术应用于高盐废水、二氧化碳、瓦斯等处置，实现更经济的零排放可行路线。

五是绿色发展。绿色发展是高质量发展的底色，新质生产力本身就是绿色生产力。主要包括煤炭资源开发、建设、开采、加工、利用全产业链实现清洁绿色，煤矿伴生资源开发、清洁能源替代、发展循环经济，矿区生态环境保护和治理、土地修复利用，废弃矿井利用等。

国能集团加强大型风电、高效率光伏、光热等技术创新，推动先进核能、新型储能、氢能等领域前沿技术不断取得新突破。推动先进信息技术与能源产业深度融合，加快培育能源新业态、新模式。

山东能源紧跟能源革命方向，加快战略性新兴产业向清洁能源升级，聚焦风光储氢、源网荷储一体化发展，在山东、内蒙古、甘肃等资源富集区域布局建设风光项目；主导开发渤中海上风电资源，成为我国“十四五”五大海上风电基地最大规模全容量并网项目，引领行业平价开发进程。山能化工新疆有限公司准东五彩湾 80 万 t/a 煤制烯烃项目利用当地丰富绿电资源，建设12 万 m^3/h 电解水制氢装置，实施绿氢与煤化工耦合及二氧化碳捕集与封存（CCS）项目，积极拓展二氧化碳收集利用途径，减少二氧化碳排放。

六是新能源产业发展。随着科技的不断进步和产业结构的不断调整，煤炭行业也应时代潮流，推动产业融合。通过与其他产业的深度融合，可以拓展煤炭行业的发展空间，提高产业附加值。主要包括与光伏、风电、氢能、生物能、热能、储能等新能源产业以及相互耦合发展等。

国能集团建立以绿色低碳为导向的能源开发利用新机制，推动清洁能源生产供给由集中开发、大范围统一输配向区域自平衡和跨区优化配置并重转变，形成优先通过清洁低碳能源满足新增用能需求并逐渐替代存量化石能源的能源生产供给格局。完善不同能源品种之间的互补和替代政策机制，推动煤炭和新能源优化组合，实现传统能源与新能源协同互补、有序替代。健全现代化能源基础设施建设和运行体制机制，建设全国统一电力市场，加快构建新型电力系统，实现源网荷储协同布局，优化油气管网运行调度机制。

七是企业战略、组织等管理创新。管理创新体现在战略管理与商业模式、组织变革与集团管控、生产运营与安全管理等多个方面，煤炭企业应持续探索在平台型组织、生态型组织、数字经济共享等新业态下的煤炭企业生产经营模式、核心竞争力培育模式，探索智能矿山产业集群共生融合发展模式，矿山智能化建设路径及方法，构建煤电一体化深度融合体系，积极面对转型发展带来的新机遇。

第四节　行业新质生产力发展主要做法

当前，煤炭在新时期新阶段、在国家新型现代化建设进程中，肩负着能源安全兜底保障和绿色低碳转型的“双重”责任。煤炭行业新质生产力发展需要综合考虑多个因素，包括实际情况、市场需求、技术趋势、双碳政策等。通过制定针对性的政策和措施，加快研发并推广应用新科技和高端化、智能化和绿色化的装备，加快煤矿智能化建设、提高安全生产能力和清洁高效利用能力，推动煤炭行业的技术创新、产业升级和绿色发展，推进煤炭工业的高质量发展，实现煤炭行业的高效、清洁、安全发展。

一、加强煤炭行业新质生产力发展顶层设计

煤炭产业新质生产力有助于加速煤炭产业高质量发展，煤炭行业及煤炭企业集团发展

新质生产力可以在煤炭行业高质量发展总体框架指导下进行，制定标准体系，完善法律法规，为煤炭行业产业升级和转型发展提供保障。加强对产业发展战略研究力度，持续跟踪国内外相关科技、产业发展动向及政策研究，为行业新质生产力发展提供战略支撑。加强行业智库建设，积极为煤炭行业高质量发展发声，在煤矿安全高效开采、煤炭清洁低碳利用、煤炭与新能源耦合发展等方面建言资政。

中国华能加快煤炭产业结构调整步伐，按照做强陇东区域、做优内蒙古区域、做大陕西区域、加快发展滇东区域、积极开发新疆区域的总体思路，积极稳妥延伸煤化工产业链条，煤炭产业规模实现亿吨级历史突破，绿色智慧矿山建设成果显著，能源安全保供能力持续增强。

开滦集团坚持以提高发展质量和效益为中心，继续巩固和完善“三柱一新”产业发展格局，煤炭产业结构优化合理，煤化工产业更精更强，现代服务业更实更优，战略性新兴产业逐步发育壮大，各领域不断谋划中国式现代化开滦场景。

华阳集团坚持立足煤、做强煤，做强做大传统煤炭优势产业，全面提升产业发展的“含金量”“含新量”“含绿量”；坚持延伸煤、超越煤，做精做优钠离子电池全产业链、高端碳纤维、煤层气制金刚石、PBAT 可降解塑料、纳米纤维空气净化材料等新能源新材料产业，努力蹚出一条产业优、质量高、效益好、可持续的高质量发展新路。

二、加强煤炭行业新质生产力科技创新支持力度

瞄准国际前沿，抓紧部署煤炭行业绿色低碳、安全高效关键核心技术研究，做好核心技术支撑储备。积极促进产业高端化、智能化、绿色化则是通过推动煤炭行业的技术创新、产业升级和绿色发展，实现煤炭行业的高端化、智能化和绿色化，向“新”而行，以“质”致远。包括发展高端化学品、新材料等煤炭深加工产品，推广智能化开采和管理系统，实施节能减排和环保治理等措施，要树立新发展理念，贯彻落实推动能源新战略，深化煤炭供给侧结构性改革，促进煤炭上下游产业协同。鼓励煤炭企业、科研院所围绕煤炭安全高效开采、清洁低碳利用、碳基新材料、生态治理、CCUS、与新能源耦合发展等领域着力突破一批前瞻性、战略性和应用性技术，加快推动技术应用，建设工程示范项目。

根据市场需求和技术发展趋势，选择具有潜力和竞争力的新产业、新模式和新动能进行重点发展。例如，可以关注煤炭清洁化技术、智能化开采、煤炭资源综合利用等领域，推动这些领域的技术创新和应用。增加技术研发投入，加快颠覆性技术研发，组织行业新质生产力创新联盟，打造煤炭行业新质生产力创新技术交流平台。从科技项目层面继续推动产学研用有机结合。通过国家层面科技项目策划，推动产学研用有机结合，围绕实现技术持续升级迭代，助力煤炭行业高质量发展。

三、坚持先立后破，注重产业升级

对于煤炭行业来说，发展新质生产力要坚持“守”与“创”的辩证思想，在加快建设现代化产业体系、推动高质量发展的过程中，煤炭行业的稳定发展为新兴产业崛起提供了坚实物质支撑基础和新型应用场景，同时新兴产业的发展也进一步推动煤炭产业结构优化升级和高质量发展。在推动煤炭行业新质生产力发展的同时，要确保传统煤炭产业的稳

定运行。这要求在发展新技术、新产业的同时，通过引入和研发先进的采矿技术、智能化设备和环保技术，利用新技术改造提升传统产业，促进煤炭产业向高端化发展，提高产品附加值，确保能源供应的稳定性和连续性。推动不同类型煤矿立足自身实际开展智能化改造升级，实现煤矿减人保安、提质增效。用新技术改造提升传统产业，要通过引入新技术、新设备和新工艺，提升传统煤炭产业的生产效率和环保水平，做到“喜新”不“厌旧”。例如，可以推广智能化开采技术、煤炭洗选技术、节能减排技术等，提高煤炭资源的利用效率和降低环境污染。开展智能化煤矿数据挖掘、治理、利用等研究，推动煤炭数据资产化和产业化，引导煤炭企业深化新一代信息技术与传统煤炭产业融合发展，加快数字化改造。从实际来看，煤电是传统能源产业，是保障能源安全的“压舱石”，风、光、氢、热、储等属于新能源产业，是“双碳”目标下构建新型能源结构的主要增量。发展能源资源新质生产力，不能舍弃传统煤炭产业、只要新兴产业，而要在传承中强化传统产业升级。推进数字技术与实体产业融合发展，推进传统能源与新能源多能互补融合发展，共同筑牢能源安全保障坚强基石。

四、坚持因地制宜，制定针对性的政策和措施

发展新质生产力，习近平总书记强调，“不要搞一种模式”，坚持从实际出发就是要求煤炭行业新质生产力的发展必须基于本地的资源禀赋、产业基础、科研条件等实际情况，充分考虑各地产业的实际情况和特殊性。不同地区应根据其具体的煤炭资源储量、开采条件、市场需求等因素，制定相应的发展策略。煤炭资源丰富的地区，可以重点发展煤炭深加工和转化产业；煤炭资源相对较少或开采条件较差的地区，可以着重发展清洁能源和环保技术。充分挖掘发挥老矿区剩余资源潜力，以稳产保运行，以产业转型求发展，以服务型生产拓展发展空间，支持老矿区企业建立以服务煤矿生产为主的专业化队伍。整合矿区土地、废弃矿井，促进资源二次开发利用。超前谋划，发展新产业、新业态、新材料、新产品，促进老矿区转型发展。

开滦集团公司在稳固河北区域产能、深化挖潜增效的基础上，重点推进内蒙古、新疆区域煤炭资源开发和省外成熟煤矿的并购重组，不断拓展煤炭后续资源储备，打造可持续发展新基地。积极推进煤化工产业延链补链强链，打造形成唐山沿海区域产品总规模1000万t煤化工集群。加快推动战略性新兴产业体系规划布局。推进通用高速动模型测试项目，依托铁拓公司和高速动模型测试中心项目，并以此为突破点，拓展相关设备、零部件的加工制造，带动集团公司高端装备制造产业发展。

中国华能煤炭产业聚焦华亭、扎煤老矿区可持续发展问题，充分盘活矿区工业场区、采煤沉陷区等土地资源，因地制宜有序实施新能源转型开发试点项目，相继在甘肃、内蒙古地区开发建设6个新能源项目（5个分布式、1个集中式）、核准备案规模17万kW，同时获取6个项目初步开发意向、规模77万kW。加快推动项目建设，全力推进项目落地，华亭矿区华砚煤矿分布式光伏项目、扎赉诺尔矿区露天矿排土场分散式风电项目先后实现并网发电，为老矿区绿色转型提供了借鉴与示范。

五、有选择地推动新产业、新模式、新动能发展

随着科技的进步和产业结构的调整，产业融合成为趋势。根据市场需求和技术发展趋

势，选择具有潜力和竞争力的新产业、新模式和新动能进行重点发展。煤炭行业可以与新能源、化工、装备制造等产业进行深度融合，发展煤基新材料、化学品等新兴产业，推动行业向高端化、多元化、智能化方向发展，向"新"而行，以"质"致远。例如，可以关注煤炭清洁化技术、智能化开采、煤炭资源综合利用等领域，推动这些领域的技术创新和应用。加大对智能化煤矿、先进优质产能煤矿优先办理用地、核准、采矿等相关手续。加大对绿色智能煤矿的投融资支持力度。创新煤炭清洁高效利用扶持政策，鼓励金融机构围绕碳达峰、碳中和目标，按照区别对待、有扶有控原则，支持煤炭企业进行节能环保改造。鼓励有条件的地方、企业和金融机构多方联合设立煤炭绿色转型投资基金，扶持新兴技术研发，促进煤炭和新能源协同发展。

六、加快推进形成新质生产力的人才队伍支撑

煤炭行业作为传统能源行业，虽然近几年在智慧化建设方面取得了一定成效，但几乎所有智能化建设项目均依赖外部单位完成，自身"造血"功能较差。从长远看，人才的数量与质量是煤炭行业发展新质生产力的关键要素，大力培育和吸引人才进入煤炭行业，是推动煤炭行业高质量发展的关键。无论是系列管控平台建成后的运行维护，还是无人驾驶后期调度及信息采集、故障处理等，均需要大量的科技人才做支撑，要加大煤矿科技人才培养，开发高层次、高技能、复合型煤矿创新人才。应出台煤炭行业新质生产力人才引进政策，搭建人才流动平台，通过专业公司与煤炭企业联合培养方式，多措并举，解决各煤炭企业对相关领域人才的迫切需求，实现人才、队伍与煤炭行业新质生产力发展的互相匹配。例如，淮北矿业集团聚焦影响人才发展的痛点、堵点、难点，大胆尝试、勇于创新，统筹做好煤炭、化工、电力、金融、环保等产业人才引进，从源头上解决人才短缺问题；把高层次人才引进作为战略重点，突出"高精尖缺"导向，坚持"一事一议、一人一策"原则，千方百计引进高层次人才。完善培养机制、压实培养责任、落实培养措施，深入推进机关与基层双向挂职锻炼，采取轮岗交流的方式，进一步优化干部资源配置，培养"复合型""全能型"人才。

七、绿色安全文明生产

坚守清洁能源的提供者、绿色开采的先行者、智能化生产的践行者、传统能源与新能源组合的探索者，统筹推进科技创新和产业创新，加强科技成果转化应用，积极培育壮大新兴产业，超前布局建设未来产业，因地制宜发展新质生产力，坚定不移实现做强做优做大目标。从煤炭资源开发、建设、开采、加工、利用，全产业链实现清洁绿色，控制对生态环境的影响。相关数据显示，煤化工行业的耗煤量约为9.68亿t，约占我国煤炭总消费量的24%，仅次于电力行业的煤炭消费量。2023年，我国碳排放总量达到126亿t，约占全球碳排放总量的1/3；煤化工碳排放量约8亿t，占全国碳排放总量的6.4%，占比虽然不大，但是煤化工行业中的吨产品二氧化碳排放量高达3～11 t。在碳中和背景下，煤化工行业减碳、降碳、低碳发展已成必然，原料清洁化、生产高效化、产品高端化将是未来煤化工行业发展的必然选择。统筹资源开发与生态功能区建设，推行煤矿保水开采、充填开采等绿色开采方法，推行原煤全部洗选，做好资源综合评价与利用，加强矿区生态修复治理。

国电内蒙古公司以建设低碳零碳矿山为目标，大力推进矿山设备持续改造升级，世界首台新型氢燃料与锂电池混合动力矿用车、世界首台120 t级纯电驱动矿用自卸车相继在内蒙古公司南露天煤矿落地，替代柴油机作为原动力，经济性更好、绿色效益更高、安全效益更强，荣获国家电投集团“技术创新方向”类创新成果奖，为行业内煤矿清洁转型作出了良好示范。南露天煤矿、北露天煤矿利用排土场闲置土地建设分散式风电项目，总装机容量8 MW，采用“自发自用”模式，平均年发电量2332万kW·h时，配备灵活调节的电化学储能系统，用于新能源矿用卡车充电，每年可节约标煤7124 t，减少二氧化碳排放19172 t，促进了“源网荷储”能源供应模式在露天煤矿的应用，具有重大的示范意义和实践价值。

第五章　煤炭行业新质生产力发展机遇与挑战

第一节　煤炭行业新质生产力发展机遇

一、技术创新与智能化升级

煤矿智能化建设是推动煤炭工业高质量发展的核心支撑技术，将人工智能、工业物联网、云计算、大数据、机器人、智能装备等与现代煤炭开发利用深度融合，形成全面感知、实时互联、分析决策、自主学习、动态预测、协同控制的智能系统，实现煤矿开拓、采掘（剥）、运输、通风、洗选、安全保障、经营管理等过程的智能化运行，对于提升煤矿安全生产水平、保障煤炭稳定供应具有重要意义。

截至2024年4月底，全国已经建成国家级示范煤矿近60处、省级（央企级）智能化示范煤矿200余处。但是，国家级智能化示范煤矿都还是中级智能化水平，与全国4000余处煤矿的体量相比，当前智能化煤矿的建设水平还较低、数量还较少。而且，我国煤矿地域分布广泛，地质条件差异大，煤矿智能化建设亟须往更深层次发展。

二、资源利用创新与产业链延伸

除了传统的煤炭开采，煤炭行业还可以探索煤炭资源的综合利用，如煤制油、煤制气等，提高资源附加值。并且，研究废弃煤炭资源的再利用，实现资源的循环使用。推动煤炭由单一燃料向燃料与原料并重转变，发展煤制油、煤制气、煤制烯烃等现代煤化工产业，延长煤炭产业链。尽管煤炭作为化石燃料在环保方面存在劣势，但煤化工技术的发展、煤炭清洁高效利用技术的突破，以及碳捕获和存储（CCUS）技术的应用，都为煤炭行业提供了绿色转型的机会。

三、绿色发展与生态环保

随着全球环保意识的增强，绿色发展成为煤炭行业的必然选择。通过推动清洁能源替代、发展循环经济、实施节能减排措施，减少对环境的影响，实现经济效益和生态效益的双赢。

采用先进的物理和化学方法对煤炭进行净化处理，有效去除硫分、灰分等有害物质，减轻煤炭使用对环境的影响。合理开发煤层气能够减少甲烷等温室气体的排放，对保护全球气候具有重要意义。推动煤炭及其伴生资源的综合利用，如将煤矸石、煤泥等用于发电、建材生产，实现废物资源化。通过技术创新、政策引导、国际合作等多方面的努力，不仅可以实现煤炭资源的高效、清洁、可持续利用，还能推动煤炭行业向更环保、更可持续的方向发展，为保护地球家园贡献力量。

四、人才培养与跨界融合

人才是煤炭行业转型升级的关键因素。培养具有国际视野和跨界融合能力的高素质人才，推动与其他产业的深度融合，拓展新的发展空间。随着煤炭行业向绿色、高效、智能化方向发展，对人才的需求也在发生变化。通过改革矿业类专业教育，加强清洁能源、智能化开采技术等方面的课程设置和实践教学，可以培养更符合未来行业需求的专业人才。加强高校与企业之间的合作，共同开展科研项目，将科研成果快速转化为生产力。煤炭企业与科研机构建立紧密的合作关系，共同研究解决煤炭清洁高效利用、生态环境保护等方面的关键技术问题，推动行业技术创新和发展。在企业内部建立跨学科的工作团队，促进不同专业背景的人员之间的交流与合作，提高团队解决复杂问题的能力。随着煤炭行业智能化水平的提升，对从业人员的数字化技能要求也越来越高。急需提高员工对智能化技术的认知和应用能力。搭建煤炭行业与其他行业之间的交流平台，促进信息共享和资源互补，推动跨界融合和创新发展。

五、政策支持与标准引领

根据《中共中央关于进一步全面深化改革、推进中国式现代化的决定》，国家提出健全因地制宜发展新质生产力的体制机制。通过深层次改革，建设和完善体制机制，打通堵点卡点，从而营造有利于新质生产力发展的环境。煤炭行业涉及新质生产力的标准主要包括智能化建设标准、绿色开采技术标准、清洁高效利用标准等。这些标准覆盖了煤炭开采、处理、利用的各个环节，旨在提升煤炭行业的生产效率和环保水平，推动行业的高质量发展。截至2024年，煤炭行业涉及新质生产力的标准数量共有50项。

六、国际化视野与合作

在全球化的背景下，煤炭行业的发展不仅要着眼于国内市场，还应积极拓展国际市场，加强国际合作，引进先进技术和管理经验，提升国际竞争力。煤炭行业发展新质生产力，国际化视野与合作机遇提供了广阔的外部发展空间。通过拓展国际市场、加强国际合作、参与国际标准制定以及推动全球能源转型，中国煤炭行业不仅能够提升自身的技术水平和国际竞争力，还能为全球能源的可持续发展做出重要贡献。未来，中国煤炭企业在国际化进程中，需要更加重视技术创新和绿色发展，以适应全球能源结构的转变和国际社会对环保的高标准要求。

七、面向战略性新兴产业、未来产业布局

战略性新兴产业是以重大技术突破和重大发展需求为基础，对经济社会全局和长远发展具有重大引领带动作用，知识技术密集、物质资源消耗少、成长潜力大、综合效益好的产业。战略性新兴产业是引导未来经济社会发展的重要力量。煤炭行业应积极抢占新领域新赛道，科学规划未来产业布局，重点发展清洁煤技术、智能矿山、新能源等新兴产业，逐步形成以新技术、新产业、新业态为主导的产业结构。

在煤炭开发到利用的全过程中，通过加工、燃烧、转化和污染控制等手段，实现降低污染物排放和提升能源使用效率；通过整合物联网、云计算、大数据、人工智能等技术，实现矿山全面感知、实时互联、分析决策、自主学习、动态预测和协同控制的综合智能矿山系统；通过政策引导、技术创新和市场推动等手段，对太阳能、风能、氢能、生物质能等可再生能源进行系统性开发和利用，逐步形成以新技术、新产业、新业态为主导的产业结构。

聚焦于智能化、绿色低碳以及高效能源利用的多重目标，以科技创新和环保策略为主导。首先，技术创新是煤炭行业发展的核心驱动力。通过引进和开发先进的采矿技术、智能化设备及环保技术，不仅可以提高煤炭开采的效率和安全性，降低生产成本，还能够显著减少对环境的破坏。其次，产业融合为煤炭行业带来广阔的发展前景。通过与新能源、化工、装备制造等产业的融合，可以发展煤基新材料、煤基化学品等新兴产业，推动煤炭行业向高端化、多元化、智能化方向发展。

八、安全与环保并重

在追求经济效益的同时，必须坚持安全第一、环保优先的原则，确保煤炭开采和利用过程中的环境友好性和社会责任。通过引进和开发先进的采矿技术、智能化设备及环保技术，不仅可以提高煤炭开采的效率和安全性，降低生产成本，还能够显著减少对环境的破坏。通过推动清洁能源替代、循环经济以及节能减排措施，可以有效减少煤炭开采和利用对环境的影响，实现经济效益与生态效益的双赢。政策支持也是煤炭行业安全与环保发展的重要保障。国家能源局等部门出台了一系列通知和指导意见，要求加快科技创新应用，建成技术先进、引领性强的智能化示范煤矿，提升煤矿智能化建设水平，促进煤炭高质量发展。

第二节　煤炭行业新质生产力发展面临的主要挑战

一、技术挑战

煤炭行业发展新质生产力面临的技术挑战主要包括地质环境复杂性、智能化装备水平不高、高素质人才缺乏、绿色发展需求以及产业融合与转型等方面。煤层赋存条件、智能化装备水平等因素都影响了智能化建设的速度和质量。这要求煤炭行业在智能化建设中必须采取因地制宜的策略，针对不同地质环境和需求制定个性化的解决方案。提高智能化装备的适应性、可靠性和普及性，尤其是在地质条件复杂的煤矿，成为亟待解决的技术难题。煤矿智能化建设是实现煤炭工业高质量发展的关键支撑技术。当前，中国已建成一定数量的智能化采煤和掘进工作面，但在不同区域根据自身的技术与地质情况形成了不同的智能化建设模式。这种不均衡的发展速度反映了技术推广和应用的复杂性。同时，露天煤矿和选煤厂的智能化建设虽取得进展，但相对井工煤矿仍较为落后。

二、资源挑战

随着“双碳”目标的推进，煤炭作为传统能源的地位将受到挑战，需加快向低碳、绿色、可持续能源的转型。中国现在已经是世界上最大的清洁能源生产国。中国的水电、风电、太阳能发电、生物质发电装机稳居世界第一。煤炭行业发展新质生产力面临的资源挑战主要包括储备资源紧张、地质环境复杂性、煤炭资源分布不均、清洁高效利用需求以及废弃矿井的合理利用等方面。

首先，储备资源紧张是煤炭行业新质生产力发展面临的一大挑战。尽管我国是世界上最大的能源生产和消费国，煤炭一直是支撑国民经济发展的主体能源。然而，我国的煤炭储采比仅为美国和俄罗斯的1/10、澳大利亚的1/8、印度的1/4，但煤炭产量却占全世界煤炭产量的50%以上。这意味着在有限的资源条件下，必须高效、可持续地利用煤炭资源，以满足庞大的能源需求。

其次，地质环境的复杂性也对智能化煤矿建设提出了挑战。不同地区的煤矿地质条件差异显著，这直接影响到智能化建设的速度和质量。例如，山西、陕西和贵州等煤炭资源丰富的地区，在智能化煤矿建设过程中面临着更大的挑战，因为煤矿分布广、煤炭赋存条件多样，智能化装备水平和高素质人才的需求因地而异。

再者，煤炭资源的不均衡分布也是一个问题。全国各地区煤矿结合自身特点开展智能化建设，但由于地质环境、基础设施、技术人才等多重因素，不同地区煤矿推进智能化的速度存在明显差异。这种不均衡不仅影响煤炭行业的技术进步，也限制了新质生产力的推广和应用。

此外，清洁高效利用需求是煤炭行业发展新质生产力的另一重要挑战。随着“双碳”目标的推进和全球环保意识的增强，绿色发展已成为煤炭行业的必然选择。如何通过技术创新实现清洁、低碳、高效的煤炭开采和利用，减少对环境的负面影响，是摆在煤炭行业面前的重大课题。这要求不仅是提升采矿技术的环保水平，更要在煤炭的使用和转化过程中实现高效利用和低排放。

最后，废弃矿井的合理利用也是煤炭行业发展新质生产力中不可忽视的资源挑战。随着一些矿井资源的逐渐枯竭，如何将这些废弃矿井转化为新的资源和优势，是当前煤炭行业需要解决的问题。例如，通过开发废弃矿井的抽水蓄能和多能互补系统，可以为新能源消纳提供新的空间，提高新能源电力的占比，同时有效减少煤矿关井之后对生态、生产、生活带来的影响。

三、环保挑战

绿色发展已成为煤炭行业的必然趋势。在全球环保意识日益增强的背景下，煤炭行业必须在保障能源安全的同时，注重环保和可持续发展。这要求煤炭行业不仅要提高开采和利用效率，还需探索如清洁燃煤、煤层气开发等绿色转型路径。

煤炭燃烧是碳排放的主要来源之一。随着全球对气候变化的关注增加，煤炭行业的碳排放成为众矢之的。煤炭开采往往伴随着大面积的土地开挖，不仅破坏了地表植被，还可能导致地下水位下降和土壤质量恶化。煤炭开采和加工过程中会产生大量废弃物，如煤矸石等，这些废弃物不仅占用大量土地资源，还可能污染环境。煤炭燃烧产生的二氧化硫、氮氧化物和可吸入颗粒物是造成空气污染的主要因素。

四、人才挑战

新质生产力的发展离不开高素质的科技人才。目前，煤炭行业急需既懂采矿技术又能熟练应用智能化设备的复合型人才。同时，还需要培养具备国际化视野和跨界融合能力的人才，以推动行业与其他产业的深度融合。

煤炭行业作为我国重要的能源基础产业，在推动新质生产力发展过程中，正面临一系列人才挑战。首先是高素质人才短缺，由于煤炭行业工作环境相对恶劣，薪酬待遇和职业发展空间有限，导致高质量人才引进困难。同时，煤炭行业对智能化、环保技术等新兴领域的人才需求迅速增加，但这类人才的培养和引进需要时间。其次是人才结构不合理，目前煤炭行业的人才主要集中在传统采矿、机械等领域，而在智能化、数据分析等新兴技术领域人才较少。随着老一辈技术人员逐渐退休，新一代人才接替不上，形成人才青黄不接的局面。再次是人才流失问题严重，尽管有关高校已开始注重煤炭相关专业人才培养，但整体上缺乏与行业实际需求紧密结合的系统培养方案。

五、市场挑战

煤炭行业的新质生产力发展还面临市场需求变化的挑战。随着新能源技术的发展和能源消费结构的调整，煤炭在能源市场中的份额可能逐渐减少。因此，煤炭行业需要在保障传统能源供应的同时，积极拓展新的市场和应用领域，如煤化工、煤基新材料等。

中国是世界第一大煤炭生产国，与世界其他主要产煤国家相比，我国的煤炭储采比相对较低。随着新能源的发展和“双碳”目标的推进，煤炭在能源消费中的比重逐渐下降，据国家统计局统计，2023 年煤炭消费量占比为 55.3%，比 2022 年下降 0.7 个百分点；天然气、水电、核电、风电、太阳能发电等清洁能源消费量的比重为 26.4%，上升 0.4 个百分点。到 2030 年实现碳达峰时，煤炭消费量将保持在 40 亿 t 左右，占一次能源消费的 46% 左右。风电、光伏等新能源的快速发展对煤炭形成替代压力。

虽然煤炭行业在推动新质生产力发展方面面临诸多挑战，但随着技术进步、政策支持和市场需求的变化，这些挑战也将转化为推动行业转型升级的机遇。通过持续技术创新、优化人才培养、深化产业融合以及坚持绿色发展，煤炭行业有望实现高质量发展，为国家能源安全和经济社会可持续发展作出更大贡献。

第三节　煤炭行业新质生产力发展思路

一、发展思路

煤炭行业新质生产力的发展是一个复杂而多维的概念，它涉及技术创新、产业升级、安全环保以及改革变革等多个方面。以下是一些关键的发展原则：

（一）科技创新引领

科技创新是发展新质生产力的核心要素。煤炭行业必须加快实现高水平科技自立自强，掌握关键核心技术，以科技创新推动产业创新。这包括引入先进的采矿技术、智能化设备和环保技术，提高煤炭开采的效率和安全性，降低生产成本，同时减少对环境的破坏。

（二）产业转型升级

新质生产力由科技创新和产业升级催生。煤炭行业需要用新技术改造提升传统产业，积极促进产业高端化、智能化、绿色化发展，不断提升核心竞争力和增强核心功能。这包括发展高端化学品、新材料等煤炭深加工产品，推广智能化开采和管理系统，实施节能减排和环保治理等措施。

（三）夯实安全环保根基

发展新质生产力必须不断提升安全保障能力、环境保护支撑能力，做到高质量发展与高水平安全、高标准环保的动态平衡。这要求煤炭行业在保障能源安全的同时，注重环保和可持续发展，通过推动清洁能源替代、发展循环经济、推广节能减排等措施，减少煤炭开采和利用对环境的影响。

（四）深化提升改革变革

发展新质生产力必须进一步深化改革、全面变革，形成与之相适应的新型生产关系，让各类先进生产要素向新质生产力顺畅流动。这包括整合科技创新资源，以科技创新推动产业创新，促进企业与科研机构跨界融合，完善产学研协同创新机制，搭建一体化产业支撑平台。

（五）坚持因地制宜、分类指导

不同地区应根据其具体的煤炭资源储量、开采条件、市场需求等因素，制定相应的发展策略。对于煤炭资源丰富的地区，可以重点发展煤炭深加工和转化产业；对于煤炭资源相对较少或开采条件较差的地区，可以着重发展清洁能源和环保技术。

（六）先立后破、循序渐进

在推动煤炭行业新质生产力发展的同时，要确保传统煤炭产业的稳定运行。这要求在发展新技术、新产业的同时，保留和改造提升现有产业，确保能源供应的稳定性和连续性。

（七）培育壮大新兴产业

煤炭行业需要关注并培育具有潜力和竞争力的新产业、新模式和新动能，如煤基新材料、煤基生物降解材料、钠离子电池等新兴产业。这些新兴产业将成为煤炭行业未来发展的重要支撑点。

二、重点发展方向

（一）技术装备方面

一是发展新质生产力需要突破高精度地质探测、煤岩识别、工作面设备群协同控制等关键技术难题。这些技术是智能化煤矿建设的基础，对于提升煤矿的自动化、智能化水平至关重要。二是加快推广智能综采远程控制生产模式、掘锚一体机等智能化装备，提高开采效率和安全系数。现有掘进工作面的智能化进程相对落后，需要加强技术研发与应用。三是推进《煤矿智能化标准体系建设指南》的落实，建立健全基础通用、生产系统、技术装备等标准体系。统一标准有助于提升行业整体智能化水平。

（二）人才培养方面

目前煤矿智能化建设中缺乏高层次科技人才、复合型管理人才和行业战略科学家。人才是智能化建设的关键因素，需要加强培养和引进。需要建立完善的人才培养和教育体系，提供持续培训，确保人才队伍能够跟上技术发展的步伐。同时，鼓励企业与高校合作，培养实用型人才。应鼓励引导煤矿企业会同科研机构、装备制造企业联合组建技术创新团队，提升研发能力和应用水平。

（三）绿色发展方面

推动废弃矿井多能系统性、规模化、安全高效开发利用，提高新能源电力的占比。这有助于减少对传统煤炭资源的依赖，促进绿色转型。开展智能精准开采技术攻关，建立智慧矿山，推进清洁高效燃煤发电等碳减排措施。通过这些措施，降低煤炭开采和利用过程中的碳排放。坚持矿山绿色生态修复，重点发展 CO_2 地质碳汇、CO_2 矿化固定与采空区充填封存等技术，促进煤炭行业与环境的和谐共生。

（四）产业融合方面

应大力推动产业深度融合，煤炭行业应与新能源、化工、装备制造等产业进行融合，发展煤基新材料、煤基化学品等新兴产业。这有助于拓展煤炭行业的发展空间，提高产业附加值。加强对煤矿多元灾害的智能协同治理，提升煤矿的安全生产能力。综合性治理有助于提高煤矿的整体安全水平。应鼓励企业持续优化完善主要生产系统智能化建设技术方案，努力实现单个系统向整体智能化升级。

（五）数字化转型方面

加强传感器、控制器、工业基础软件的研发应用，强化数据融合共享。建立煤炭工业互联网平台，逐步实现数据的智能分析和统一管理。顺应数智技术发展趋势，持续提升成套装备的智能控制水平和生产系统的自主运行能力。确保各系统能够有效联动，提高生产效率和安全性。建立煤炭行业大数据平台，实时监测和分析市场供需情况，为企业决策提供数据支持。

（六）资源创新利用方面

探索煤炭资源的综合利用途径，如煤制油、煤制气、煤制烯烃等，提高资源附加值。同时，研究废弃煤炭资源的再利用方法，实现循环经济。充分利用废弃矿井进行储能开发和其他新能源消纳项目，推动能源转型和绿色发展。例如，可以建设抽水蓄能电站，提高新能源电力的消纳能力。推广节能减排技术和装备，减少煤炭开采和利用过程中的能耗和排放。这些举措对于实现煤炭行业的绿色低碳转型至关重要。

（七）金融创新方面

产业的深度转型升级是推动新质生产力发展的一大关键。金融创新能够为传统产业的转型升级提供资金支持，有效缓解传统产业转型的瓶颈问题。精准的金融资源支持，会成为降低新兴产业进入门槛，发展未来产业的“关键一招”。股权融资可以帮助企业吸引更多社会资本参与企业运营；债券融资优化证券结构，降低财务风险，为企业运营注入新的活力。

第六章 调研结论与发展建议

第一节 调 研 结 论

一是煤炭行业作为传统行业，其新质生产力的培育和发展是行业转型升级、高质量发展的内在要求和重要着力点，并且煤炭行业新质生产力已经在生产实践中形成并展示出对行业高质量发展的强劲推动力、支撑力。目前煤炭行业专家学者、企事业单位都在积极开展煤炭新质生产力的相关研究、探讨和实践工作。

二是煤炭企业结合自身实际、因地制宜地开展新质生产力培育和发展工作实践，成效显著。无论是国能集团、中煤能源集团等中央企业，还是山东能源、开滦集团等地方国有企业，都在结合自身企业发展规划、区域优势、产业布局、改革创新等特点积极开展独具特色的新质生产力发展模式，目前有科技创新、产业升级、安全环保和改革变革等四种发展模式。

三是煤炭行业新质生产力发展着力点主要集中在煤炭安全高效开采、煤炭清洁低碳利用、煤机装备高端制造、节能环保、绿色发展、新能源产业发展、管理创新等七个方面，这也是煤炭行业新质生产力最具有发展潜力、适宜培育的领域。

四是煤炭行业新质生产力的基本内涵在于广大从业职工、设备设施等劳动资料、煤层地质条件等劳动对象及其优化组合的跃升，这种跃升不仅可以提升生产的效率和质量，同时能推动煤炭产业结构的升级和创新能力的提升，为经济的可持续发展奠定坚实基础。煤炭行业新质生产力的特征为：以科技创新为主导、以高质量发展为目的、以安全绿色为底色。

五是煤炭行业新质生产力培育发展的主要做法有：加强顶层设计，加大科技创新支持力度，坚持先立后破、注重产业升级，坚持因地制宜、制定针对性的政策和措施，选择地推动新产业、新模式、新动能发展，加快推进形成新质生产力的人才队伍支撑，绿色安全文明生产等七个方面。

六是煤炭行业新质生产力发展在顶层设计、未来产业与战略性新兴产业培育、人才队伍建设、体制机制创新等方面还存在束缚新质生产力发展的堵点卡点，需要政府、市场、企业加大创新力度，建立起与生产力相适应的生产关系，让各类先进优质生产要素向发展新质生产力顺畅流动。

第二节 发 展 建 议

一是为了进一步把握煤炭行业新质生产力发展的内涵及发展路径，建议煤炭企事业单位在国家能源安全和煤炭行业高质量发展的总体框架下开展政策研究、标准体系制定等顶层设计，加大对新质生产力的深入研究、系统解读、研讨交流，助力煤炭企业跟踪洞悉行业发展最新态势，推动煤炭行业转型升级、高质量发展。

二是加大煤炭科技创新力度，以科技创新推动煤炭产业创新，加快建立煤炭工业现代化产业体系。新质生产力主要由技术革命性突破催生而成，煤炭行业的稳定发展为未来产业、战略性新兴产业提供了坚实物质支撑基础和新型应用场景，同时这些产业的发展也进一步推动煤炭产业结构优化升级和高质量发展。因此，要加强煤炭科技创新，聚焦能源安全和经济社会发展现实需要，加快煤炭行业实现高水平科技自立自强，提高科技创新成果转化和服务水平，加大煤炭产业上下游产业链条的延伸，实现煤炭行业改造升级与未来产业、战略性新兴产业培育的双突破。

三是尽快建立煤炭行业新质生产力的评价体系。新质生产力具有高科技、高效能、高质量特征，作为传统行业，煤炭行业新质生产力的评价具有自身的行业特点，因此应尽快建立定量评价煤炭行业新质生产力的因素、指标和评价体系，用以识别煤炭行业新质生产力的发展水平，评价煤炭行业新质生产力的典型案例，为煤炭行业新质生产力发展提供重要技术支撑。

四是加快推进形成新质生产力的人才队伍支撑。人才的数量与质量是煤炭行业发展新质生产力的关键要素，当前煤炭行业科技创新、煤矿智能化建设以及产业转型升级都需要复合型人才的支撑。以煤矿智能化建设为例，多数智能化建设项目均依赖外部单位完成，从长远发展看，无论管控平台、智能化采掘面等运行维护，还是无人驾驶调度、数据采集处理等均需要大量高层次科技人才、复合型管理人才。

五是加强煤炭行业新质生产力先进典型案例的选树和宣传，充分发挥示范引领作用。加强煤炭行业新质生产力典型案例的征集、评价工作，通过融媒体、网络、会议等多种方式扩大对先进案例、典型做法的宣传力度，面向行业和全国范围广泛推广，形成强大的先进典型宣传声势，发挥好榜样的示范引领作用，带动更多企事业单位奋勇争先、再创佳绩，不断推动煤炭行业新质生产力发展。

第二部分

煤炭行业新质生产力发展典型案例

国家能源投资集团有限责任公司

煤矿企业数智化经营管理体系构建与应用

国能神东煤炭上湾煤矿（53）

基于云边端架构的煤化工智能巡检系统

国能数智科技开发（北京）有限公司（57）

煤化工生产安全管控平台建设项目

国能数智科技开发（北京）有限公司（60）

煤化工工厂设备预测性维修管理系统

国能数智科技开发（北京）有限公司（63）

煤化工智能能耗管控系统

国能数智科技开发（北京）有限公司（65）

煤矿企业数智化经营管理体系构建与应用

国能神东煤炭上湾煤矿

煤炭企业生产过程中的作业环境十分复杂，对生产经营的科学性和合理性具有较高的要求，需要在确保安全生产的前提下最大限度地提高产量、降低成本、提升效率。目前，国家越来越注重数字化变革所带来的价值创造能力，新一轮数字化进程引发了企业经营管理模式变革，而我国煤炭企业的控制水平有待提高，需要采取有效的管理模式，能动地控制企业管理模式变革。因此，上湾煤矿建立了经营业务全要素与大数据深度融合的数智化经营管理体系与配套应用，打破了传统应用融合性差、价值创造低等弊端。通过“数智赋能”贯穿决策层、调度层、监控层，实现经营管理可视、可控、可溯源，达到“业财联动”的价值形态，提升管理效率和智能化决策水平。

一、核心做法

（一）以“数”为媒，规划数智化经营管理顶层设计，打造数智化经营管理驾驶舱

1. 分析煤炭企业经营管理现状及存在的问题

矿井如同生产车间，工作点多面广，业务繁杂、管控环节复杂，数据来源多样，并且煤炭生产有其特殊的工艺，属于多过程、多环节、大批量、单一产品的过程，因此结合传统成本管控模式与煤炭企业特殊性来看，当前经营管理问题主要体现在“三多三难”。

三多是指数据多、报表多、系统多，主要表现为：

（1）数据多。数据包括人员信息、成本数据、资产信息、荣誉信息、考勤信息、薪酬数据、采购数据、定额数据、绩效考评数据等。

（2）报表多。报表包括绩效考核表、完全成本表、工程结算表、薪酬发放表、采购审批表、人员调动表、定员定编表、人才统计表等。

（3）系统多。系统包括 ERP 系统、内部市场化系统、神东大数据平台、五型绩效系统、班组核算系统、商旅平台等。

三难是指跨域协同难、经营分析难、预测决策难，主要表现为：

（1）跨域协同难。业务间关切度紧密程度不足，材料消耗与成本定额，技术降本与创新创效，创新能力与定额优化、绩效评优，绩效改进与能力建设，能力建设与人才培养等不同业务间都存在联系，未能挖掘其相互参考、相互促进价值。

（2）经营分析难。未与业务结合的经营分析结果不具备业务上的可行性；经营降本目标和业务贡献目标不一致；经营分析过程需要多部门协同配合，数据无法相互采集，提供不及时、不准确，经营和业务活动两张皮。

（3）预测决策难。缺乏长年累月的数据积累，生产经营所需数据不完整，缺乏数据分析场景，无法形成有效的数据分析结果，预测结果可靠性差，无法提供导向性和决策性。

2. 经营管理数智化转型构思

基于以上问题，上湾煤矿对财务经营数智化转型过程提出一定的构想，规划数智化经营管理顶层方案。该方案以“价值体系”+“能力体系”+“发展体系”协同共创为载体，以“数智赋能”实现经营数据能力化、能力产品化、产品价值化，打造上湾煤矿特色生态价值，使上湾煤矿战略转型。基于此上湾煤矿形成了现有的财务经营价值体系、薪酬绩效能力体系和人才建设发展体系三大部分，主要内容包括：

（1）财务经营价值体系。由全面预算管理逐项分解成本指标监测决策，再由成本指标监测决策控制资源配置分配和作业成本体系，而资源配置分配与作业成本相互制约、相互促进，最终为全面预算管理提供预测支撑，形成闭环。上湾煤矿目前建成材料管控平台、“三横五纵”成本管理平台、作业成本 BI 分析平台，实现全过程管控、关键性指标分析、智慧财务分析形成价值增量，提供数据解耦组合、可视化分析、辅助决策能力。

（2）薪酬绩效能力体系。从公司、矿井、部门的战略目标分解执行，推动岗位、个人的全面定额量化、KPI 形成，促进一线饱和度、二线贡献率的薪酬分配体系，再通过一线饱和度、二线贡献率的薪酬分配和全员绩效考核相互作用，驱动公司、矿内的战略目标落地，形成闭环。上湾煤矿通过建立定额标准数据库不断更新迭代、制定 KPI 关键业绩指标，依托组织绩效管理体系和市场化运行模式，形成公平、透明的定额量化薪酬分配机制，推动三项制度改革落地。

（3）人才建设发展体系。通过盘点全员能力素质，分类别、分专业、分技能建立后备人才信息库，点对点进行专项技能培训，基于能力体系构建岗位胜任力评价模型，制定职业专属发展规划。利用青鸟计划培养、调度小讲堂讲课、个人业绩承诺书签订等方式，充分调动积极性，全面提升员工个人能力，形成能上能下的发展通道。

3. 数智化经营管理驾驶舱

上湾煤矿基于数智化转型的基础设计，聚焦未来数智化经营模式，围绕物资、人工、设备、车辆、任务、工效等全场景展开，以数智能力为支撑，通过搭建统一云化平台和数智底座，重构经营模式，提炼物资管理、车辆里程、成本指标、劳动定额、绩效薪酬、人才信息等各类业务板块的核心数据。通过对数据的清洗和治理，自主建设了上湾煤矿数智化经营管理驾驶舱，以“一条数据”为核心资产，已建成 1 个管理驾驶舱、2 大核心体系、4 个分析应用、17 类管理模块、36 个采集表单，形成了覆盖 87 项全业务数据链条，日均过滤分析有效数据 163692 条，分层分级推送数据图表超过 530 余张，孵化延伸至不同数字场景。

2 大核心体系主要包括：

（1）构建了双量化定额绩效管理体系。以劳动定额为抓手，通过搭建作业任务标准数据库、作业任务管理、工资结算管理等模块，建成了定额标准数据库，形成了 3286 套定额标准和 1294 套绩效标准，对全矿全面定额不断优化，汇总基层区队间饱和度与贡献度，依托组织绩效、个人绩效，形成矿井—区队—班组—个人层层分解落实、人人绩效评价的管理体系。

（2）构建了双引擎财务经营管理体系。实现了对一利五率、矿井存货指标、成本管理指标、项目完成进度、成本变化趋势等一系列关键指标、关键数据的监测、预测、决策，形成了协同式、穿透式、共享式、数智化的财务经营一体化运营。

（二）按“数”索骥，不断优化业务应用场景，推动业财深度融合

（1）全周期闭环的物资管理应用。通过开发材料管控及定额管理平台，改变传统物资管控模式，优化材料消耗管控模式，做精做细材料管控流程，计划、实物、账目三分离，互相监督制约，所有材料从需求计划入手，执行计划—入库—出库—回收/利用一站式闭环管理，设计包括日期、科队、计划人、审核人、物料描述、编码、出入库数量、需求原因等关键字段，不同表单间相互联动，从而实现成本费用归集、现有库存汇总等不同需求。通过库存监测达到清查积压库存、物料稳定投入、物资统筹储备、库存超缺预警、领用过程留痕、周期严格控制、资金走向明确的精准管理，确保不合理消耗“关关难过”。同时分析不同物资消耗规律，匹配生产需求，预防呆滞物料产生，结合成本领用费用，精准测算材料定额，为来年成本预算提供预测支持，实现业务协同，风险预控，节支降耗。

（2）全方位监测的成本管控应用。传统成本管理方法忽略了具体生产环节明细，不能反映各个生产系统及生产作业的投入情况，不利于煤炭企业成本精准定位管控。因此上湾煤矿自主建设了成本控制决策分析平台，形成了数智化成本管控及预测监测体系。通过设计成本计划填报、实际费用调用、呈批件核减审批、费用超支分析不同应用表单，并将数据汇总，依托成本智能管控分析，将成本计划在年度预算范围内，从源头控制，发生预算外费用时，责任人在系统内提报核减申请，将责任压力落实到个人，保证各级人员实时了解费用差异，避免推诿扯皮导致成本超支。全面强化预算管理、资金计划使用、成本过程控制、节超原因分析改进等管理流程，不断与业务链衔接，聚合多维度数据，深度分析挖掘实质性、指导性信息，将关键指标、效率提升、投入产出和资源利用等方面形成月度、季度、年度业绩评价，进一步对成本差异形成原因和责任具体分析，实现各类成本预警、审核、调整等过程性精准管控，强化各层级管理人员数据洞察力。定期对成本全过程管控策略实施有效的控制和调节，更精确、更有效地智能生成业绩报告，提升管理效率和数智化决策水平，使成本数据可视、可控、可追溯，实现成本痛点精准分析、开采成本精准核算，全面预算精准预测，成本支出精准压减，达成成本策略可评价、成本结果可预测、成本过程可追溯、成本决策可优化的管控目标，形成财务指导业务、业务拥抱财务、经营决策业务的管理新模式，构建业财融合新格局。

（3）全流程跟踪的车辆核算应用。过去上湾煤矿辅助运输管理手段匮乏，辅助运输成本费用常年居高不下，车况运距不透明，成为制约上湾煤矿降本增效的痛点之一。针对发现的问题及难点，开发辅助运输核算分析应用，改变传统车辆管理及核算模式，做精做细车辆数据提报流程，设计包括车辆单价、行车路线、驾驶员信息、车辆车型基础台账、里程运距等关键数据，将所属数据联动到用车申请、故障报修、费用结算等模块中。通过各类管理模块的融合应用，形成辅助运输分析看板，建立 8 类 194 台车辆台账，核定规定路线里程、测算不同车型结算单价、细分结算费用类型，通过里程仪表上传、校对、车辆检测、异常分析等日常工作任务，实时传输数据，对车辆各类费用精准测算、里程数精准测量，规避里程数据造假风险，运输成本一键点击生成，形成一人一车一账，彻底遏制私报里程、跑冒滴漏，堵塞管理漏洞，实现人车跟踪式管理，从而降低成本。同时结合车辆运行状况、历史故障、维修记录等信息进行综合分析，车辆从运行到维修保养，达到车辆生命周期精准管理、故障处理，提升车辆安全性能，降低车辆损耗，延长使用生命周期，持续降本。

（4）全场景联动的工资分配应用。在深化治理薪酬合理分配推进过程中，上湾煤矿积极探索了以劳动定额管理、工作任务管理、绩效评价管理、结算分配管理、考勤奖罚管理、人才培养建设为主体的人力资源管理模式。以劳动定额为抓手，建成了包含采、掘、机、运、通、辅、管七大类的任务定额标准数据库，形成了涵盖综连采等 7 类 3297 条劳动定额标准、198 个岗位 1203 条岗位绩效考核标准、81 个项目 4923 个结算标准、151 个子单元的矿—区队级工资量化结算应用。通过作业任务提报、每日/月度绩效评价、工资量化结算、人才信息管理等不同模块，建立了岗位及工作量包干结算、多劳多得的弹性薪酬分配模式。通过数智分析看板形成统计分析，自动优化劳动组织，尽可能消除“不增值作业任务”，改进“增值作业任务”的运营效率，减少人力资源消耗，精准服务全面定额，进一步凸显了艰苦程度、能力体现、能干愿干的价值导向，突出岗位价值创造和业绩贡献。每项工作具体到每个部门、每个人，实现定额化、数据化、标准化，形成公平、透明的定额量化薪酬分配机制，优化组织绩效和员工绩效考核，实现了工作有标准、考核无盲区、管理全覆盖、奖惩有依据，解决了“考”而不“管”的问题，挖掘了员工内在潜能，提高了积极性和工作效率，打破了国有企业“大锅饭”固有模式，充分发挥了薪酬分配的杠杆作用，提升了组织效能，激发了个体活力，形成了上湾特色的“量化＋绩效”激励体系。同时建立了绩效考核与人才发展建设的联动机制，将绩效考核结果作为重要依据，综合评价员工的日常工作表现，重塑员工干事创业“自画像”，对全员能力素质进行盘点，随时掌握全矿员工个人工作经历、胜任能力、突出贡献、业绩考核、能力雷达、荣誉引领等关键数据，实现不同场景下的具体应用，使员工对自己有更为清晰的了解，通过提升自身的“技能点”，牢牢掌握自我发展的主动权。煤矿分类别、分专业、分技能建立后备人才信息库，根据不同管理岗位的配备需求和任职条件，运用信息库和素质模型，制定职业专属发展规划，形成发展通道，实施总体掌握、优进劣汰、动态管理，为矿井选人用人、调薪晋薪、评先树优提供决策依据，从而达到精准选人用人、高度人岗匹配、工作岗位胜任的选拔任用目标，强化人才辨别力、提升员工自驱力，激励员工在工作中争优创先，充分激发员工干事创业积极性。

（5）全层级覆盖的组织绩效分析应用。过去上湾煤矿组织绩效管理手段匮乏，绩效数据不及时、不透明，无法对每项指标做到实时监测，可能发生疏漏，导致已查问题未整改、未更新，业务风险大幅度提高，难以实现数智化、精细化的管理模式。因此，通过自主开发数智绩效管理分析平台，以数据中心为“基石”，将 15 项指标纳入数据中心，与成本、绩效、薪酬等平台协同联动，形成多维度大数据绩效管控看板，建设数智绩效管控模式。针对核心指标数据的变化，原因分析层层钻取，同时每月召开绩效通报会议，要求绩效考核排名靠前的科室作经验分享，排名靠后的科室进行原因分析，总结短板，实现绩效考核从打分到落实、从落实到分析、从分析到反馈、从反馈到改善一体化、透明化管理，绩效指标变化一目了然，做到责任落实有导向，奖罚落实有依据，确保生产与经营协同、管理与绩效协同，为全矿绩效改进提供决策支持。

二、应用成效

1. 经济效益

通过体系建设及驾驶舱应用，2023 年直接降低上湾煤矿可控成本 12.36%，全员工效提升 1.03%，从事调度、生产、经营职能工作人员工效提升 3.05%。

2. 社会效益

上湾煤矿数智化经营管理驾驶舱控制平台作为可复制、可推广的典型应用场景，具有足够的先发优势和核心竞争能力，盈利空间可观，推动经营决策由经验主导向数字驱动转变，可帮助各煤炭企业探索形成数智经营管理模式，实现从传统经营向数智化经营的转变。

3. 价值效益

通过“数智赋能”实现数据解耦、整合、财务经营架构重组、延伸，将业务应用场景与数智化经营管理体系相融合，将全面预算、成本分析、定额管理、绩效管理、人才库等不同数据模块相融合，建设全过程协同的智慧管理应用。

（1）做到了经营数据与生产业务间协同调配。各层级可随时根据数据发生的变化情况判断生产配置偏差程度，进一步判断资源投入是否与实际需求相适应，员工技能水平是否与预期目标相适应，工作任务安排是否与生产实际相适应，不断追根溯源，从而决定资源倾斜方向，安排具体工作内容，合理投入岗位人员、材料、设备，将“效益”理念贯穿在安全、生产活动中，实现效率、价值最大化，提升经营决策能力。

（2）实现了各类数据信息有效衔接、有机融合。不同数据的快速核算、自动分析、预警提示，使全业务管理可视、可控、可溯源，提供经营管控决策指导及机制约束，进而判断当前采取的经营管理策略对全矿整体工作的影响效果是否符合管理层预期，矿井整体工作与经营指标之间的投入产出关系是否正相关，作业能力充分利用情况是否为组织生产调度不当或饱和度不足等一系列关键性问题。根据大数据变化趋势为规划管理、业务分布、流程优化、人员结构配置优化提供支持，形成全矿整体一盘棋统筹管理，持续推进智能化经营管理，起到减人提效、降本增效、育才聚效的作用。

基于云边端架构的煤化工智能巡检系统

国能数智科技开发（北京）有限公司

随着煤化工行业的快速发展、生产规模的不断扩大及工艺复杂度的提升，传统的人工巡检方式已难以满足高效、精准、安全的生产管理需求。为此，设计并开发了一套基于云边端架构的煤化工智能巡检系统。该系统深度融合 5G、人员定位、虚拟现实（三维）等先进技术，实现了对煤化工生产全过程的智能化监控与巡检，有效提升了生产效率和安全管理水平。

一、项目实施方案

1. 项目内容

云边端架构作为系统的核心框架，分为 3 个层次：云端、边缘端和终端。云端负责对后台的巡检数据进行处理分析，集中存储来自边缘端和终端的海量巡检数据，基于数据分析结果，为管理人员提供决策支持；边缘端作为数据处理的前沿阵地，覆盖整个生产区域，实时采集温度、压力、流量、振动等关键参数，确保数据的全面性和准确性；终端是用户交互及数据采集的入口，包括 PC 端、手持终端、测温测振设备等，为巡检人员提供任务分配、路线规划、现场数据采集与上传、即时通信等。同时提供巡检概况、任务进度等信息的可视化展示，便于管理者全面了解巡检任务执行状态并作出决策，及时发现并处理安全隐患降低事故风险，保障人员与设备安全，推动煤化工企业向智能化、信息化转型，提升企业核心竞争力，为煤化工行业的安全生产、高效运营提供强有力的技术支持。

2. 技术路线

技术路线选择充分考虑了国产化和自主可控。采用 Vue 实现前端展现，采用 Spring Cloud 实现微服务架构，以 B/S 的模式为用户提供服务。操作系统采用开源的 CentOS 7.8，对于特定的业务需求可以采用 Windows 平台，数据库采用国产达梦数据库。在集团集中部署，集团总部、各子分公司及工厂的用户均通过统一身份认证系统认证使用系统，采用分布式缓存、应用集群相结合的部署模式。

3. 实施过程

项目于 2021 年 7 月启动，2021 年 10 月完成业务标准评审，2022 年 6 月上线试运行，2023 年 1 月正式上线运行。

4. 取得的成效

提升煤化工企业生产巡检管理水平，实现以生产为中心的管理向以效益为中心的管理转变。强化企业经营和生产的自动化、可视化水平，降低人员劳动强度，提高人员管理和执行效率。企业管理模式从事后控制变为事前预防和事中监视，减少问题和风险的发生，降低风险成本。通过先进的智能化技术和平台，强化数据分析、量化分析，转变决策方式、促进决策效率，逐步提升企业的管理水平。

优化组织及业务模式，系统能够适应新型生产方式的组织结构，加强业务单元的协同能力，降低管控成本，提升资源配置效率。促使信息技术在企业各个层面渗透，促进业务流程、管理制度、企业文化等全方位的变革。

二、项目创新性

1. 技术创新

系统具有一体化的面向构件的基础平台，包括应用运行环境、集成开发环境、基础构件包等。通过可视化的面向构件的方式完成系统开发、快速集成和快速重组，保证应用系统软件的质量和易维护性。构件平台提供多种安全机制，如数据加密、系统用户认证、基于角色的审计等，可提供基于角色的用户认证，支持 LDAP、CA 等认证方式。

采用室内外一体化定位技术路线，实现了整个厂区（包括室内和室外）人员定位管控，建立了 GIS 地图模型并以三维及二维地图实时展现人员定位信息，监控巡检任务执行情况。

2. 管理创新

为解决双重预防隐患排查与现场巡检工作在下发任务时，巡检人员接收的工作任务存在重复，增加巡检人员排查工作量，各业务管理部门之间无法实现数据互联互通信息共享的问题，系统将对双重预防隐患排查与智能巡检进行深度融合。

双重预防模块对辨识出的风险清单进行分级管控，制订相应的管控措施后，将涉及的管控措施推送给智能巡检系统，智能巡检系统根据管控措施要求安排巡检任务（包括巡检路线、巡检点、巡检周期及巡检责任人），巡检责任人按要求完成巡检后，将巡检结果同步反馈给双重预防模块，实现隐患整改及验收闭环管理。系统为企业构建一个全面、高效、智能的安全生产管理平台，实现安全隐患的源头预防、过程控制和结果评估，为企业安全生产保驾护航。

三、项目可靠性

1. 运行稳定性

（1）可用性：系统 7×24 h 持续可用，可在每日特定时间段内对系统进行维护，数据存取服务准确，不丢失数据。

（2）可扩展性：系统功能扩充或使用单位增加时不影响现有系统功能和结构，能够方便后续其他系统模块的扩展。当系统数据量和访问量增大而导致系统配置不能满足要求时，可以通过仅增加服务器等硬件进行解决，而不是在软件上进行修改。

（3）可管理性：用户角色与权限设置支持分级授权管理，能够对数据的取值范围进行设定，可对数据进行校验和审计。

（4）隔离性：系统的投运不影响现有系统和设备的正常运行。

（5）可恢复性：数据库在 24 h 内恢复，不丢失数据。如果硬件损坏，提供应急和替代方案。

2. 安全可靠性

由于系统所涉及的数据有较高的保密度和敏感性，因此，对保证信息的安全性有较高的要求。

系统采用数据库列的加密解密算法，对需要加密的字段，在数据入库前，应用加密算法，加密后，再存入数据库中。数据离开数据库，展现给用户之前，先行应用解密算法，从而保证数据存储安全。

通过 PKI/CA 技术，构建了一个可信、可控、安全的互联网络，以及一个完整的授权服务体系，从而保证信息的安全传输。

四、经济合理性

1. 投资成本

项目总投资额为 1462.43 万元，其中系统开发费用为 843.12 万元，实施费用为 619.31 万元。

2. 经济社会效益

通过系统的集中统一建设实施，与企业其他业务系统数据集成，提高煤化工生产企业对生产巡检过程的管控能力，增强生产企业的数据感知敏感力，提升生产和管控效率，降低非计划停工率，提高班组巡检作业效率。通过统一建设、统一实施的实施方案，相对于单个工厂分别实施的方式，集团化工板块生产单位实施总成本节约 40%～50%。

系统为煤化工企业信息化建设提供基础数据支撑，提升生产执行与数据分析的准确性，发挥数据资产的最优商业价值，间接为企业实现财务效益增值。

五、存在问题和今后打算

1. 存在问题

（1）数据安全和隐私保护：在云边端架构中，数据在云端、边缘端和设备之间频繁传输，增加了数据泄露和被非法访问的风险。煤化工企业的生产数据往往涉及商业秘密和敏感信息，因此如何确保数据传输和存储的安全性是一个重要的问题。

（2）系统集成和兼容性：煤化工企业的生产系统往往复杂多样，包括 DCS（分散控制系统）、PLC（可编程逻辑控制器）等多种设备和系统。如何将智能巡检系统有效集成到现有生产系统中，并确保与各种设备和系统的兼容性，是一个需要解决的问题。

2. 今后打算

（1）加强数据安全和隐私保护：采用先进的加密技术和安全协议，确保数据传输和存储的安全性。同时，建立完善的访问控制机制，对敏感数据进行严格的权限管理。

（2）推动系统集成和标准化：积极参与行业标准的制定和推广工作，推动智能巡检系统与现有生产系统的标准化集成。加强与设备供应商和系统集成商的合作，共同研发适应煤化工企业特点的智能巡检系统。

煤化工生产安全管控平台建设项目

国能数智科技开发（北京）有限公司

煤化工生产安全管控平台以国家能源集团安全生产标准化管理体系、煤化工企业安全风险预控管理体系为抓手，依托“工业互联网＋”整体架构，运用物联网、大数据、人工智能（AI）等新一代信息技术与安全管理深度融合，按照“多层布局、分级管控、多级应用、三级联动”的思路，构建“工业互联网＋危化安全生产”技术体系和应用系统，推进危险化学品安全管理数字化、网络化、智能化。

项目为集团统建项目，由国能数智科技开发（北京）有限公司开发，2021 年 6 月启动，2023 年 2 月 13 日完成验收。项目实施范围涉及集团及 6 家子分公司（化工公司、焦化公司、宁煤公司、英力特化工、新疆公司、准能集团）及下属 31 家化工企业。

一、项目实施方案

1. 项目内容

平台涵盖风险辨识管控、隐患排查治理、作业安全管理、安全教育培训、承包商管理等 21 个功能模块，内嵌了重大危险源风险预警、工艺风险评估、安全生产预警指数、系统风险评估等 24 个工业机理模型，结合厂侧智能装备和智能穿戴，对安全生产数据进行收集、整理、统计、分析。通过模型辅助预测，给予安全管理决策层、执行层数据支持，科学、合理地评估企业安全生产状况，实现对安全风险的全面监测并精准预警，从而将煤化工安全管理从单一安全监管向综合治理转变，增强安全生产工作的主动权，助力国家能源集团煤化工产业数字化转型升级和高质量发展。

（1）基于动态评估模型的双重预防数字化管控借助工业互联网、虚拟现实技术和人员定位等先进技术，推进数字化应用建设，将巡检任务与预防措施有机结合，解决预防措施与智能巡检之间“两张皮”的问题。建立动态评估模型，直观反映企业安全运行状况，并在异常情况下及时报警。针对安全管控薄弱环节采取措施，确保危化品企业持续实施有效的双重预防机制。

（2）安全高效协同的特殊作业全过程管理。严格按照 GB 30871、应急部特殊作业建设指南要求开展建设，解决企业现场开票效率低、作业过程不规范、作业风险防范不足等问题。对特殊作业预约、申请、审查、气体分析、安全措施确认、安全交底、监护、验收全流程进行线上管理。作业过程实时监控现场人员作业行为、环境气体浓度，对现场异常情况实现一键抓拍、一键报警，自动向作业、监护等人员发送报警信息。

（3）建立静态风险与动态风险双重防控的重大危险源管理。重大危险源是企业安全管理的关键，通过静态风险防控和动态风险防控两种方法来加强对危险源的安全管理。

（4）建立“九个一样”的承包商管理。依据“国家能源集团承包商安全管理办法”的规定，对承包商实施“三一行动”“九个一样”管理措施。对承包方资格准入、合同签订、入场资格审查和工器具验收、入场培训、作业过程、安全检查、职业健康、履约评价等环节实施有效管理。建立承包商表现评估模型，对承包商实行动态管理，建立承包商黑名单库。

2. 技术架构

项目遵循集团总体技术架构设计，依托集团统建的工业互联网平台，将物联网、大数据、云计算、移动、人工智能等新一代信息技术进行汇聚，综合各种底层新技术，对上层应用提供整合技术支撑能力，使风险防控更加可靠。

3. 实施过程

（1）实施开展情况。项目实施范围涉及集团及 6 家子分公司（化工公司、焦化公司、宁煤公司、英力特化工、新疆公司、准能集团）及下属 31 家化工企业。项目先后进行了业务调研与需求分析、生产单位数据信息收集、用户角色权限配置、分批多次开展线上线下系统培训，以及组织多场专家现场答疑会，辅助用户在系统试运行期间的数据录入工作、项目正式上线运行、项目验收、移交运维。

（2）系统使用业务量统计。通过实施应用，截止到 2024 年 6 月共收集企业基础数据 375468 条；分配企业用户账号 16570 个，人员角色权限分配 14998 条。企业功能模块应用数据量统计 21 个功能模块数据量共计 353597 条。在企业双重预防数字化建设中，共实现风险分析对象 474 个，风险分析单元 1837 个，重大危险源 168 个，安全风险事件 21298 个，制定安全管控措施 15058 条。

4. 取得的成效

项目采用现代化管理方法，加强对重大危险源和隐患的监测、预测和预警，显著提升了安全监管和隐患整改效率。具体成效包括：重特大事故发生率降至零；纸质台账消减率达 60%；安全管控现场数据获取率达 80%；隐患整改率提升 30%；风险辨识覆盖率达 100%；风险削减措施落实率 100%。

二、项目创新性

1. 应用管理

（1）提出基于人工智能的生产环境智能监测模型、安全行为识别模型。借助工业大脑算法平台与知识图谱技术建立大数据分析平台，实现更高质量、更有效率、更可持续、更为安全的发展模式。

（2）制定了智慧化工生产安全管控系统智能装备数据上传标准，并实现了14类智能装备数据采集服务系统。采用微服务+边缘计算技术，实现了智能装备在安全管控系统的智能化集成、智能化管理和智能化监控。

（3）研发了工艺风险评估模型、系统风险评估模型、事故风险评估模型、业务数据评估模型，将Dow、Mond、JHA、FTA、ETA、BOW－TIE多种安全评价方法与安全管理业务融合，提供专业的在线计算分析，通过“双重预防”和“包保责任制”实现主体责任层层压实，对承包商实施“三一行动”“九个一样”的管理；对特殊作业实施全流程标准化管理；建立静态风险与动态风险相结合的防控预警机制。

2. 知识产权

（1）申请发明专利3项：重大危险源的双重管理方法和系统、基于风险评估的安全管理系统及办法、基于智能装备的安全管控方法及系统。

（2）申请软件著作权7项：危险化学品企业安全管控系统、危险化学品企业安全基础管理系统、危险化学品企业安全培训教育管理系统、危险化学品企业承包商管理系统、危险化学品企业双重预防机制系统、危险化学品企业特殊作业管理系统、危险化学品企业重大危险源安全管理系统。

三、项目可靠性

（1）系统稳定性。系统稳定性是构建高可用、高弹性系统的关键。项目采用如下技术确保系统架构的稳定性：熔断机制、限流和降级策略、超时后重试机制、服务定期健康自检、分布式缓存、收集日志与监控、容灾与备份等技术。

（2）系统安全性。确保系统的安全性是一个多维度的任务，涉及从物理层到应用层的多个层面。项目采用如下安全措施保护系统免受各种威胁：身份验证与授权、加密、防火墙与入侵检测系统、安全审计与日志记录、软件更新与补丁管理、安全编码实践、数据备份与恢复计划、灾难恢复计划。

四、应用效益

（1）经济价值。通过项目建设，借助工业互联网赋能，创新化工行业企业安全管理新模式、新路径，有效促进企业资源集约化利用、高效化配置，为煤制油化工各生产单位安全生产长效发展机制提供支撑，能够及时有效地预警各类生产安全事故，减少事故灾难带来的损失。

（2）社会效益。通过项目建设，将工业互联网、大数据、人工智能（AI）等新一代信息技术与安全管理深度融合，实现智慧化管理。实现业务流程线上操作，表单台账智能归档，有效消减纸质单据达60%，对于推进危险化学品安全管理数字化、网络化、智能化，高效推动质量变革、效率变革、动力变革，具有十分积极的意义。

五、展望

项目的智能化水平还不够深入，主要体现在人员定位功能和智能视频监控系统应用上。需要实现多功能、多模块与这些功能兼容，同时加强与不安全行为监控报警的整合，例如烟感报警、气体泄漏报警和违规操作报警等功能。

未来将持续完善“工业互联网＋危化安全生产”技术体系和应用生态系统，深化大数据分析和智能化成果应用，提升安全生产监测预警和综合态势分析能力，实现精准预警、精准监管、精准决策和精准治理，推动国家能源集团安全生产工作再上新台阶。

煤化工工厂设备预测性维修管理系统

国能数智科技开发（北京）有限公司

通过建立化工工厂设备预测性维修系统，监测设备的实际运行状态。通过健康评估模型、故障诊断模型和预测性维修模型，监控设备的健康运行状态，并对故障进行智能诊断，确定故障原因和故障部位，并提出对应的解决方案。系统根据诊断结论安排维护工作，实现对设备故障的提前干预，对有效降低设备故障率和减少非计划停机时间起到了较大作用。

一、项目实施方案

1. 项目内容

项目实现的一级功能模块有动设备状态监测、预测性维修；二级功能模块为动设备状态监测，包含健康评级、预报警中心、状态监测和故障案例库。预测性维修包含预警处置、缺陷处理确认、计划管理、联络单管理、作业票管理和检维修策略包。

2. 技术指标

（1）模型诊断准确率：85% 以上。

（2）实现动设备的状态监控、故障诊断和状态修理。

3. 实施过程

系统于 2022 年 4 月首批在 2 家试点企业部署实施，成功试运行后其余 13 家生产企业推广。系统在 2022 年 11 月正式上线，2023 年 2 月完成验收。

4. 取得的成效

系统自 2023 年 2 月上线以来，运行稳定，共诊断出设备预警二级 2315 台次，预警三级 633 台次，固定高报 16599 台次、10791 台次。经过与现场设备运行情况及检修情况比对，预警准确率达到 85% 以上，报警准确率达到 90% 以上。

二、项目创新性

项目采用实时数据库打通控制层和执行层的信息通道；采用工业机理模型和大数据模

型双轮驱动方式集成开发。在项目建设过程中，存在以下技术关键。

1. 基于大数据的设备健康评估技术

应用工业互联网思维，基于设备的振动、温度、位移、偏转、抖动等多种信息，结合专家经验和关键设备故障事故案例，利用多源信息融合与机器学习技术，充分利用在线、多维度和细微尺度的特征信息描述装备的健康程度，构建基于大数据的设备健康评估模型。基于大数据的设备健康评估技术，如何实现针对突发性、严重威胁设备运行安全故障的实时预警，以及渐变式设备失效模式的提前预警，完成对于关键设备运行状态的评估并进行预防性运维，满足基于设备工况数据和智能传感数据的精准故障定位的需要，是项目建设的技术关键。

2. 基于实时工况的故障诊断技术

化工生产工厂关键设备数据存在数据源多样、部件厂家繁杂、数据类型多样等问题，通过项目研究实现关键设备工况的实时采集。在研究关键设备故障预警模型建立及数字化实现过程中，重点研究关键设备故障预警模型的建模和实现，以及基于关键设备机理分析和数据驱动融合建模。在设备故障预警模型建立过程中，如何融入机理知识并加入基于机理的数据预处理、特征计算，如何通过重采样、欠采样或其他方式平衡健康与故障状态的数据，从而增强模型的准确度和泛化能力是技术关键。

3. 融合策略模型的预防维护技术

在研究设备完整性时会涉及相关专业评估形式，创建信息化设计开发平台需要围绕多种策略完成抽象建模。引入信息化预防维护技术应结合完整性评估内容，创建维修策略模型。通过预防维护技术在完整性业务平台中创建维护策略模型，并在维修策略库内存储完整性评估系统结论。在开发完整性业务流程时，技术关键在于通过增加维修策略的执行结构，实现对设备维修的实例化，在一定周期内完成维修计划的自动落实，完善设备预防维修计划，保障完整性评估的执行和落实。

4. 基于设备状态的预测维护技术

预测维护技术的基础是设备状态监测，在开发设计信息化完整性管理平台阶段，科学地利用监测数据进行设备完整性检验。例如依托化工主要设备的开关机信号、计算器关键工作数值，及时对其剩余的寿命完成指示和报警，创建完善的设备维护预防清单。依托监测数据动态汇报化工设备腐蚀速率和薄厚，展示数据实际变化情况。通过监测设备状态自动形成相关运转台账，明确其运行状态，是项目的技术关键之一。此外，通过对比技术指标，集成 ERP、MES、状态监测、HSE、LIMS 等系统信息资源，将设备作为主体加强设备信息化完整性管理，为工作人员提供精准且全面的数据管理平台，突出数据综合优势，增加技术方案在设备管理层面的优势。

5. 基于实时数据的智能采集与处理技术

设备工况数据包括静态数据和动态数据，静态数据收集与导入的范围包括装置信息、关键机组信息、设备点巡检标准、维修施工定额表、动/静密封点台账等。静态数据既要考虑集团管控要求，同时要兼顾各二级单位管理的需要。动态数据收集与导入的范围包括点巡检设备/线路、维修计划配置信息、设备在线监测配置信息、缺陷故障体系增强配置信息、设备风险分析基础信息、机组特护方案信息等。

静态数据和动态数据种类多、数量大，且均为系统各功能模块的基础支撑数据，其数据质量对于系统的运行效果和用户价值有重大影响。在设备工况动态数据采集过程中，时常存在关键设备长期连续状态监测数据保存无法收敛的问题。因此，基于实时工况数据的智能数据采集与处理技术，关键在于无损保留设备动态数据，智能识别设备关键数据，在实时监测中对异常数据进行自动判断与关注，针对突发类故障的特征信息进行智能识别与连续完整无损保留，是实时工况数据采集的技术关键。

三、项目可靠性

系统自2023年2月上线以来，运行稳定，在各个生产企业得到充分应用，对设备管理起到较大的促进作用。

四、经济合理性

项目投资成本3671.22万元，包含系统建设费用和15家企业实施费用。项目提高了企业设备管理信息化水平，促进向智能工厂转变，有效降低了关键设备故障率，实现了企业关键设备的本质安全和长效安稳运行。

煤化工智能能耗管控系统

国能数智科技开发（北京）有限公司

一、项目实施方案

1. 项目内容

基于集团智慧化工规划建设要求，通过对水、电、气、风等能源介质进行生产和消耗的计量、追踪及平衡管理，实现化工企业能源综合利用。建立科学、合理的能源与生产管理体系，将能源监视和管理有机结合在一起，深化能源管理的精细程度，提升公司的能源管理水平，实现节能降耗、降低成本、可持续发展的目标。

2. 技术路线

采用Spring Cloud微服务架构，采用Vue实现前端展现，以B/S的模式为用户提供服务。

操作系统采用开源的CentOS 7.8。数据库按照集团要求采用国产达梦数据库（云平台和达梦数据库均为集团现有应用产品），所需应用中间件和数据库遵循集团统一要求，原则上由集团平台底座提供。服务器和网络硬件基于集团云网底座分配使用。

3. 实施过程

（1）启动。项目于2022年2月启动。

（2）需求分析和业务设计。统一梳理各生产单位业务流程和业务需求，2022年5月完成业务标准和需求规格说明书的编制和评审工作，基于业务标准进行统一设计和统一开发，形成统一的系统功能架构和标准化的实施模板。

（3）开发。完成智能能耗管控平台软件系统的研发。

（4）实施。在标准化模板的基础上，从2022年6月开始，在国家能源集团15家生产单位分步开展现场实施工作。

4. 取得的成效

智能能耗管控平台提供了能源供产输转耗的全过程闭环管理，建立了完善的能源计量数据采集平台，完成能源消耗基础数据的采集和计算，针对各种能源介质建立平衡模型，完成平衡组、分摊规则的配置，实现实物量的供耗平衡。通过对能源数据的自动采集、集中监视、对比分析、报警等功能，对能源运行过程进行动态监管，协助能源管理人员掌握企业关键设备的能源消耗状况、能源介质的产耗情况及能源管网的运行工况，保证生产稳定性，提高整体能源利用效率。智能能耗管控平台的建设实施，实现了数据治理、流程优化、系统迭代、技术方法变革。

二、项目创新性

1. 技术创新

（1）建立高效的能源监控预警系统，实现质量与能量双平衡。能源管理系统创新性提供全厂能量平衡管理，提升企业能源管理层次，实现能源质量与能量在线智能平衡。通过质量平衡及能量平衡波动异常预警分析功能对不平衡量进行定位查找和分析，协助生产管理人员、工艺管理人员利用不平衡量查找系统中存在的问题和能源优化潜在机会。

（2）以蒸汽供需平衡为基础进行蒸汽系统优化，合理规划主要设备产气和用气量。系统自主开发了蒸汽系统优化功能，以蒸汽供需平衡为基础，将蒸汽系统划分为供给侧、输送侧和需求侧，通过蒸汽系统优化模型计算，提供以目标为导向的优化方案，辅助管理人员科学调度、适时调整网输送方案，减少蒸汽损耗。

（3）企业能量平衡帮助发现生产过程中的能量使用异常项，提高能源利用率。系统建立可扩展能量平衡模型适配不同企业生产工艺需求，按照能源流向依次划分为购入存储、加工转化、输送分配和终端使用4个环节。通过能源的输入量、输出量、损失量来体现厂侧能源利用效率，针对损失异常情况提供及时报警支持，减少能源浪费，提高能源利用效率。

（4）实时获取DCS物流、LIMS化验等数据，计算能源介质折标系数，真实反映企业实际能耗情况。计算实测折标系数的数据模型与计算模型均可根据企业实际业务进行动态扩展，实测折标系数填补了企业采用缺省折标系数计算能耗情况的漏洞，通过调度任务自动完成折标系数计算任务，减少人工干预。融合各个物料量单位综合计算企业能耗，实现能耗指标单位归一化标准化。

2. 管理创新

智能能耗管控平台实现能源供产输转耗全环节全要素能耗数据自动采集、计量、统计、分析和可视化监测。将能源管理业务与信息技术深度融合，实现能源仪表计量、节点计算、管网平衡、指标核算、能耗统计、报表等业务全流程精细化、智能化、自动化管理，实现全厂三级计量数据的实时在线监测及能源运行过程动态监管，实现能源计划、平衡、监控、统计、分析、评价的用能优化一体化，从单纯依靠仪表转变为仪表＋经验＋模型的智能化管理方式，准确掌握能源构成、指标和产耗状况，提升公司的能源管理水平，减少能源管理人员的工作量，提高能源使用效率。

三、项目可靠性

系统部署力争满足高负载、提供更好的用户体验及快速问题恢复的需求。因此采用分布式缓存、应用集群相结合的部署模式。

（1）可用性：系统 7 ×24 h 持续可用，可在每日特定时间段内对系统进行维护。要求数据存取服务准确，不能丢失数据。

（2）可扩展性：系统功能扩充或使用单位增加时应不影响现有系统功能和结构，能够方便后续其他系统模块的扩展。当系统数据量和访问量增大而导致系统配置不能满足要求时，可以通过仅增加服务器等硬件进行解决，而不是在软件上进行修改。

（3）可管理性：用户角色与权限设置支持分级授权管理；能够对数据的取值范围进行设定，可对数据进行校验和审计。

（4）隔离性：本系统的投运不应影响现有系统和设备的正常运行。

（5）可恢复性：WEB 查询、报表、统计分析服务等恢复在 4 h 内；数据库恢复在 24 h 内，不能丢失数据；如果硬件损坏，应提供应急和替代方案。

（6）安全性：采取有效的安全策略和技术手段，从硬件网络、操作系统、数据库、应用软件等各个层面保证系统安全稳定运行。

四、经济合理性

1. 投资成本

项目投资成本 3377.76 万元。

2. 经济社会效益

（1）系统提高了能源管理的信息自动化度，通过对能源仪表计量、节点计算、管网平衡、指标核算、能耗统计等业务过程、异常预警进行智能化、自动化管理，减少了装置、车间人员的工作量，实现了供、产、输、转、耗全能源业务流程范围内能源数据的收集、确认，以及对日常能源产耗过程的监控和管理。将能源数据在平台集中展示、分析、异常报警，提高能源使用效率，降低能源消耗约 2% 。

（2）系统提高了能源精细化管理程度，从区域粒度装置、时间粒度班组出发，实现了能源仪表计量情况的跟踪，为企业提供仪表改善的依据，促进企业计量系统的渐进式改善。通过质量平衡数据分析和能源计量分析等功能，协助企业发现问题仪表、校准能源计量数据平均占比 5%，提高能源计量数据准确度。

（3）系统提升了能源管理的分析优化能力，通过产耗分析、指标评价、能源运行监控，实现对能源生产消耗情况的事中跟踪、事后分析，使企业管理者对企业的能源消耗比重、发展趋势有准确掌握，提高能源管理的效率。

（4）系统改变了以往统计结算工作由财务部多人共同参与的模式，通过对全厂能源全流程进行平衡分摊、指标核算和统计，自动形成能源统计报表，单人在结算日期就可以快速完成全厂统计结算及分摊工作，提升了能源月结效率。

3. 节能减排、绿色环保、资源有效利用等

（1）建立了蒸汽系统模拟优化模型，提供蒸汽系统的优化调度和分配方案，定量指导操作人员根据优化结果调节现场操作，提高能源管理管控能力和能源综合利用效率，实

现节能减排增效目标。

(2) 提高了各单位整体能源管理水平，协助开展能源信息的在线监控、能源结构的合理调整、能源利用率的有效提高等节能减排工作，践行国家绿色低碳发展战略，树立了与社会、环境和谐发展的高度负责任、高度受尊敬、资源节约型和环境友好型的企业良好形象，为国家绿色低碳事业作出重要的贡献。

五、存在问题和今后打算

智能能耗管控平台实现了数据治理、流程优化、系统迭代、技术方法变革。虽然该系统目前仅在国能集团内部推广，但所积累的技术经验和管理经验具备向外甚至跨行业分享推广的条件，期待能在能源行业发挥更多的价值，与业内能源管理系统软件单位，共同担当为能源管理业务提供优秀工具的重任。

目前，影响智能能耗管控平台应用效果的主要原因是化工生产单位设备仪表配备参差不齐，想要实现较高的数字化、智能化、自动化，就需要较高的设备仪表配备及数采率，为系统智能化管理提供数据支持。公司将利用智能能耗管控平台的成功案例及建设经验，结合生产一线的业务管理经验，推动建立行业标准，进一步提高能源行业智能化管理水平，推进国家能耗管控。

中国煤炭科工集团有限公司

井工煤矿辅助运输自动驾驶技术研究
天地（常州）自动化股份有限公司（71）
矿用监测监控高可靠传感器及自动标校装置
天地（常州）自动化股份有限公司（73）
煤科卫士大模型 ChinamjGPT
中煤科工集团上海有限公司（76）
Alpha90——露天矿无驾驶室运输机器人
中煤科工集团信息技术有限公司（79）
大型露天煤矿连续采煤机研制与示范应用
中煤科工集团信息技术有限公司（82）
煤矿井下水力化高效增渗促抽技术
中煤科工集团重庆研究院有限公司（85）
煤矿井下自动控制钻机
中煤科工集团重庆研究院有限公司（87）
露天矿移动设备集群调度系统
中煤科工集团沈阳设计研究院有限公司（91）
煤矿井下 10000 N · m 系列化智能钻机平台
中煤科工西安研究院（集团）有限公司（95）
薄煤层复杂地质条件高效智能开采装备关键技术与应用
天地上海采掘装备科技有限公司（100）
三河口智能化选煤厂“选煤大脑”示范工程
北京华宇平顶山中选自控系统有限公司（103）
李家壕煤矿智能矿山关键技术研究与示范工程
中煤科工集团北京华宇工程有限公司（105）
露天煤矿极寒条件采选排一体化示范项目
中煤科工集团北京华宇工程有限公司（109）
6 kV 1600 kW 永磁同步电机用隔爆兼本质安全型高压变频装置的研制
中煤科工集团上海有限公司（112）
红柳煤矿智能化网络建设
天地（常州）自动化股份有限公司（118）

井工煤矿辅助运输自动驾驶技术研究

天地（常州）自动化股份有限公司

一、项目实施方案

（一）项目内容

煤矿井下辅助运输巷道系统复杂、转运环节多、卫星拒止、人车共行、运输道路条件恶劣，加上高湿、高粉尘爆炸性环境对车载智能设备的限制，井工煤矿辅运车辆自动驾驶面临巨大的技术挑战。针对辅助运输智能化建设，提出了基于车联网的井工煤矿自动驾驶系统架构。该系统主要由地面远程管控平台、井下蜂窝车联网系统（C－V2X）、矿用智能路侧单元（MRSU）、车载智能感知系统和车载决策控制系统等组成。

主要研究内容包括：①井下蜂窝车联网 C－V2X 技术研究；②矿用智能路侧单元研制及巷道环境布设优化研究；③矿用无轨胶轮车的线控改造技术研究；④矿用本安型车载感知与决策控制装备研制；⑤煤矿井下高精度自动驾驶地图研究；⑥井下复杂工况环境下冗余感知技术研究；⑦卫星拒止条件下动目标高精度定位技术研究；⑧面向现场安全应用要求的横纵向运动控制技术研究；⑨基于车路协同的远程监控技术研究。

（二）技术指标

（1）井下 C－V2X 运行环境的通信带宽大于或等于 50 Mbps、传输时延小于或等于 10 ms。

（2）井下静态定位精度小于或等于 30 cm，动态定位精度小于或等于 50 cm，定位响应时延小于或等于 100 ms。

（3）井下正负障碍物识别阈值小于或等于 30 cm，识别准确率大于或等于 90%，最小识别距离 10 cm，超视距感知距离大于或等于 400 m。

（4）横纵向控制精度小于或等于 50 cm。

（三）实施过程

1. 现场需求及自动驾驶技术调研

2020 年初成立了自动驾驶项目调研组，开展了路面自动驾驶、露天自动驾驶调研工作，分析了井工煤矿辅助运输现场情况，论证了实现井工煤矿辅助运输车辆自动驾驶的可行性，成立了专门研究团体，开展了井工煤矿辅助运输车辆自动驾驶技术研究。

2. 技术研究与积累

（1）开展激光雷达、毫米波雷达等车载感知传感设备的本安化改造技术研究，研制了矿用本安型区域控制、井下智能路侧单元等，通过逐步开发本安型感知控制装备，丰富了井工煤矿自动驾驶设备库。

（2）在“十二五”实验室项目建成的井下受限空间模拟系统中进行模拟巷道条件下的自动驾驶技术研究，通过模拟环境对井下 5G 通信技术、卫星拒止条件下的动态定位技术、照度不均环境下的感知技术等进行了研究。

(3) 进行无轨胶轮车线控改造研究，并在常州科试公司的环形试验场、中国煤科太原研究院对改造车辆的爬坡、驻坡能力、线控精度、稳定可靠性等进行测试验证。

(4) 在曹家滩煤矿地面工业广场路段、北京煤展现场向客户进行自动驾驶效果展示。

3. 现场工程示范

2021 年在曹家滩煤矿完成“井下车联网和无人驾驶技术研究”示范项目，实现一辆 5 座无轨胶轮指挥车从地面到副斜井井口再到井底中央变电所全长 4.3 km 的自动驾驶。2023 年在红柳煤矿完成“井下辅助运输无人化关键技术研究”示范项目，实现一辆 5 座无轨胶轮指挥车在 I01 采区 2 煤辅运巷全长 3 km 的自动驾驶运行。通过示范项目一步步夯实井工煤矿辅助运输自动驾驶系统。

(四) 取得的成效

(1) 以新技术、新应用推动井工煤矿辅助运输智能化建设，引领行业发展，提升了企业的品牌效益，相关技术荣获中国煤炭工业协会一等奖。

(2) 通过智能化装备研发、技术研究，培养了一批技术研发骨干，为煤矿智能化发展奠定基础。

(3) 新技术、新装备助推企业走上高质量发展“快车道”。

(4) 通过示范应用，降低了辅助运输司机的劳动强度，并在一定程度上减少了因人为因素造成的安全事故，提升了煤炭企业的品牌效益。

二、项目创新性

1. 技术创新

(1) 研发了煤矿井下基于蜂窝车联网 (C－V2X) 和边缘计算 (MEC) 的井下车路协同技术，构建低延时、高宽带、高可靠性的井下 C－V2X 运行环境，实现辅助运输车辆的井下及地面的全景交互和应急干预。

(2) 首创了我国煤矿井下基于车端 UWB 直接位置解算＋LiDAR－IMU－UWB 多源融合定位的“类 GNSS”定位导航系统，提高井下车辆定位的实时性和动态定位精度。

(3) 研制了煤矿井下车端多传感融合与车联网信息结合的一体化感知系统，实现井下全场景下障碍物的精准识别和车辆的盲区监测与超视距感知。

(4) 自主研发了行业首套车载全系列矿用本安型感知与决策控制装备，填补我国煤矿井下车载智能感知与决策控制装备的空白。

2. 应用创新

率先将新技术、新装备应用于井工煤矿，推动井工煤矿辅助运输智能化建设的发展。

3. 知识产权

共申请专利 30 余项，其中已获授权发明专利 9 项，实用新型 8 项。

三、项目可靠性

1. 在技术上采用了安全冗余的方案

通过车路协同技术降低单车智能的安全风险，在感知和定位采用多源融合的冗余解决方案，在运动控制方面通过远程控制降低自动控制故障影响。

2. 通过应用实践验证了井工煤矿辅助运输自动驾驶系统安全可靠

（1）在曹家滩煤矿，自动驾驶从地面到副斜井井口再到井底中央变电所，全长 4.3 km，包含 2 处岔路口和 4 处转弯路口，行驶路段最大坡度达 7%，在井下对多种工况进行了测试验证，2021 年 12 月完成矿方验收。该自动驾驶车辆被常态化用于井下送餐。截至 2022 年 6 月，累计安全运行里程超 2000 km。

（2）在红柳煤矿，自动驾驶车辆运行于 I01 采区 2 煤辅运巷，全长 3 km，自动驾驶路段具有 8 个 180°转弯，包含 28 个硐室、12 处复杂场景（相邻岔口、三岔口、十字路口等）、7 条封闭巷道、6 条开放联络巷、5 处湿滑路面、3 处水幕、多处坑洼、起伏路段等，自动驾驶道路环境较为恶劣。2023 年 12 月完成矿方验收，累计安全运行里程超 1000 km。

四、经济合理性

在示范应用过程中切实起到了降低辅助运输司机劳动强度，并在一定程度上减少了因人为因素造成的安全事故。随着自动驾驶技术的大批量使用，能够大幅度减少辅助运输环节的用工量，降低人力成本，解决招工难、用工难的问题。随着辅助运输的智能化，实现辅助运输的智能管控，提高辅助运输效率，从而提升煤矿开采效率，为煤炭企业生产带来巨大的经济效益和品牌效益。

五、存在问题和今后打算

（1）井工煤矿自动驾驶技术仍处于初级发展阶段，有许多技术需要解决。例如安全可靠的井工煤矿自动驾驶离不开通信和定位基础，但缺乏完全针对井工煤矿的通信架构，以及卫星拒止条件下基于 UWB 的定位也存在动目标定位精度差的问题，并且高质量的 UWB 定位芯片来自国外，因此需要加强与不同单位的合作，共同推进井工煤矿自动化技术的发展。

（2）当前井工煤矿自动驾驶实际落地较少，未形成规模化应用，导致车辆线控改造、智能化本安型装备及技术等成本较高。一方面通过技术改进降低成本，另一方面通过多方面宣传及批量化降低成本。

（3）当前井工煤矿自动驾驶集中在单车或少量车自动驾驶，多车自动驾驶的跟驰、会车，以及与其他设备的协同是研究方向。

矿用监测监控高可靠传感器及自动标校装置

天地（常州）自动化股份有限公司

一、项目实施方案

1. 项目内容

目前，煤矿井下甲烷传感器主要采用催化燃烧、热导和红外光谱吸收等检测原理，存在使用寿命较短、功耗大、抗振动性差、标校周期短和易交叉干扰等缺点，易导致传感器使用时产品误报警等问题，影响煤矿安全生产，极大地增加了煤矿的使用及维护成本。激光气体检测技术具有测量准确、功耗低、抗气体交叉干扰和长期稳定性好等优点。通过对煤矿客户需求调研，需要研发低浓度激光甲烷传感器，以解决煤矿目前行业内传统甲烷传感器存在的适应性差的问题，用技术保障煤矿安全生产。

（1）激光光谱气体浓度检测研究。通过研究高灵敏度光谱气体吸收技术，提高甲烷、一氧化碳、二氧化碳传感器的工作稳定性，降低传感器功耗，解决传统元件易受外界影响带来的弊端，实现传感器在井下监测的稳定可靠、低功耗、易用好用。

（2）光学精准氧气检测技术研究。传统的电化学氧气检测方式寿命短，受环境变化影响大并且对环境有害，光学检测原理具有精度高、响应快、寿命长等优点，研究适用于检测煤矿氧气的光学技术，以及光源下特定波长的光通过吸收后衰减时间与氧气浓度的比例关系，并应用于煤矿氧气检测，解决目前煤炭行业电化学氧气检测带来的问题。

（3）低功耗易维护光学粉尘传感技术研究。现有粉尘浓度传感器通过主动采样方式进行监测，水汽与煤尘等进入内部易导致转动机构堵塞，影响监测效果。传感器功耗偏高，整机功耗 100 mA（@12VDC），带载距离偏近。研究低功耗易维护光学粉尘浓度传感器，提高现场适应性。

（4）传感器伪数据诊断技术研究。挖掘传感器相关数字化信息，研究传感器状态识别、故障判断、检测元件状态判断。研究传感器的温度、压力、电压等运行期间的工况状态，提升传感器的易用性和智能化水平，降低矿工的维护难度和工作量。

（5）自动标校技术及装备开发。针对传感器标校流程复杂，操作烦琐问题，开发自动标校装备和配套程序，实现传感器自动进标、流量自动输出、传感器自动标校、传感器自动退标等功能。

2. 技术指标

（1）基于激光技术实现了甲烷气体、一氧化碳气体、二氧化碳气体的覆盖，工作更稳定，免标校时间由 15 天提升到 180 天。

（2）基于光学技术实现了氧气浓度监测，将氧气传感器的寿命从 1 年提升到 3 年，提升了传感器的现场运行寿命。

（3）新型光学粉尘传感器实现了低功耗和易维护，实现了 6 km 远距离传输，较传统传感器提升 1 倍。

（4）高精度通风传感器和流量传感器具备校准比对和诊断功能，降低人工下井手动校准传感器的工作量。

（5）基于流量控制器实现气体传感器一键自动标校，相比传统标校模式减少 80% 的操作步骤。

3. 实施过程

为了验证项目中产品所列出的功能、特性及性能指标是否达到要求，找出产品在现场应用过程中存在的缺陷和不足，分别在海石湾煤矿、金河煤矿、窑街三矿、何家塔煤矿、大屯煤电、姚桥煤矿、转龙湾煤矿、新桥煤矿和延长矿业进行演示和现场工业性试验。在现场测试过程中，产品运行稳定、测量准确、精度高、连续工作时间长，在高湿、高粉尘等煤矿复杂环境中使用稳定，客户对新设备表现出浓厚的兴趣。

4. 取得的成效

产品采用分体式、模块化思路进行设计，形成5款光学类传感器产品和1款标校装置，含激光甲烷传感器、激光一氧化碳传感器、激光二氧化碳传感器、光学氧气传感器、光学粉尘传感器和气体传感器标校装置，实现了关键传感器的光学化监测。传感器稳定性更好、功耗更低，调校周期更长，更换和维护更经济、更简单。气体传感器标校实现了由手动向自动的转变，适用于煤矿安全监控系统，提升系统的感知能力。

二、项目创新性

1. 技术创新

（1）突破了矿用激光和光学传感技术，基于先进的光学传感技术实现对甲烷、一氧化碳、二氧化碳、氧气、粉尘等主要矿井参量的全光学化监测。研发了一整套新型光学传感器，解决了传统传感器标校周期短、交叉干扰多、工作不稳定、使用寿命短等问题。

（2）针对煤矿井下高温、高湿、高粉尘等恶劣环境进行适应性开发，研究了复合式超强防护壳体、气室扩散响应模型、粉尘虚拟仿真、风场阴影分析等技术，提升了传感装备性能和可靠性。

（3）矿用本安型流量控制器基于PID的原理，内置微型比例阀根据环境温度、压力自动补偿流量。实现了自动通零气、自动通标气、自动切换气路、自动通气计时、自动清除管路等功能，专为煤矿井下气体微流量控制设计开发。

（4）传感器自动标校属于国内首创。相比传统标校模式减少80%的操作步骤。通过“不进标校，不通气”的校验模式，从源头上杜绝标校误报警问题。提升标校的合规性，方便监察部门监管。

2. 应用创新

新型传感器和标校装置经中国煤炭工业协会鉴定，评价为国际领先水平。

3. 知识产权

共申请专利22项，其中已获授权发明专利10项，受理12项。

三、项目可靠性

（1）采用激光光谱检测技术、光学氧气检测技术和激光粉尘颗粒检测技术实现了甲烷浓度、一氧化碳浓度、二氧化碳浓度、氧气浓度和粉尘浓度的检测，传感器工作更稳定。

（2）采用高质量器件和先进的控制算法实现了气体浓度自动控制，减少人工操作，增加传感器标校准确性。

（3）基于蓝牙模块建立标校装置与气体传感器的信息交互通道，便携式标校装置简化了气体传感器的标校流程，实现了标校信息交互，为标校的全流程管理和标校数据诊断提供了基础和保障。

四、经济合理性

通过研究，传感器具备区域物联等功能，实现了与周围设备的交互融合。将相关研究成果应用在煤矿井下现场，相关装置稳定可靠，实现了传感器的远距离传输、长时间免标校和自动通气标校，大幅度降低矿工的维护难度和工作量，显著提高了煤矿安全监控系统运行的稳定性。

自动标校装置实现了传感器井下一键自动标校，极大地简化了标校流程，有效避免标校误报警问题。标校装置作为标校信息管理终端，实现了标校全流程管控，大幅度提升了标校的合规性，便于监管部门监管。

五、存在问题和今后打算

1. *存在问题*

（1）煤炭企业在传感器日常使用中，存在检测元件易耗不可控、数据单一、超期使用等问题，需要具备元件寿命管控功能和设备全生命周期管理的系统产品。

（2）标校装置整机体积偏差、重量偏重，便携性仍需进一步优化。标校适配软件功能不全，需要进一步提高人机交互性能。

2. *今后打算*

（1）研究元件在工控环境下的运行规律和衰减规律，对工况环境、用户操作进行捕捉，研究不同类型传感器的技术特性，丰富提升传感器的智能诊断功能，研究传感器寿命评判规则，进行生命周期管控。

（2）标校装置需小型化、轻量化迭代，提升便携性，减轻矿工携带负担。标校适配软件仍需进一步开发，实现手机、控制器、传感器三机联动，开发标校工单自动派发、历史标校数据自动存储与传感器自诊断功能。

煤科卫士大模型 ChinamjGPT

中煤科工集团上海有限公司

一、项目实施方案

煤科卫士大模型 ChinamjGPT 项目旨在通过构建一个融合大模型、知识图谱、大数据技术的智能运维平台，实现设备故障的精准预测、快速响应与智能决策，全面提升煤炭开采的安全性、效率和经济性。

1. *数据底座构建与知识图谱搭建*

（1）数据底座构建：首先构建了以煤科卫士大模型 ChinamjGPT 为核心的数据底座，通过集成大数据平台，实现对采煤机运行数据、工况参数、环境变量等多源异构数据的实时采集与整合。

（2）知识图谱搭建：结合煤炭开采工艺流程、设备运行原理及专家经验，构建了煤矿开采知识图谱，涵盖了设备故障模式、维修案例、专家建议等内容。

2. *智能运维系统开发*

（1）故障诊断与预警模型：基于大模型的学习推理能力和知识图谱的结构化知识，

开发了故障诊断大数据专用模型和性能评估与预测大数据专用模型，能够根据故障机理和性能规划机理，建立时序数据节点与知识图谱的关联关系，实现设备运行状态的智能分析、故障智能定位。

（2）智能运维问答系统：结合知识图谱、数据推理和大语言模型，开发了智能运维问答系统，通过人机交互，为运维人员提供故障定位、运行决策支持和运维智能问答等服务，提升运维效率和决策质量。

3. 系统集成与实地部署

（1）系统集成：将智能运维系统与煤矿现有的生产管理系统进行深度集成，确保了数据流、控制流无缝对接。

（2）实地部署：通过在多个煤矿进行实地部署，收集了大量实战数据，对系统进行了反复测试与优化，确保了系统的稳定性和实用性。此外，还对煤矿技术人员进行了系统操作与维护的专项培训，确保了运维人员能够熟练掌握智能运维系统的使用技巧。

4. 关键技术与实施难点

（1）动态传感数据融合与处理：实时处理与分析来自设备的大量动态传感数据，确保模型的准确性与时效性，这需要强大的数据处理能力和算法优化。

（2）知识图谱构建与更新：建立与维护涵盖设备运行全生命周期的知识图谱，确保信息的完整性和时效性，涉及知识抽取、实体识别、关系挖掘等自然语言处理技术。

（3）模型泛化能力提升：提升模型在不同煤矿、不同设备类型之间的泛化能力，以适应多样化的工作环境，这要求模型具有高度的灵活性和适应性。

（4）数据安全与隐私保护：在数据收集、传输与存储过程中，严格遵守国家相关法律法规，确保数据安全与用户隐私，涉及数据加密、访问控制等技术。

二、项目创新性

煤科卫士大模型 ChinamjGPT 是首个煤炭资源开采设备运维专用大模型，填补了行业空白。项目不仅提升了采煤机运维效率，降低了故障率和运维成本，还增强了煤炭资源开采的智能化水平。在技术创新层面，采用知识图谱增强的大模型，结合动态传感数据，实现高实时性决策生成，引入实时监控、故障预警智能化，以及基于知识图谱的智能决策支持，极大地提高了故障诊断的准确性和响应速度。

在管理创新上，优化了设备全生命周期管理，通过智能供应链支持，实现了备件调拨的快速响应，减少了非计划停机时间，提高了整体运营效率。本地化部署大语言模型，提升行业适应性。

三、项目可靠性

1. 系统稳定性和安全性

在系统稳定性方面，煤科卫士大模型 ChinamjGPT 项目通过深度集成与优化，确保了智能运维平台的高可用性和低延迟性。大模型和知识图谱的结合，不仅增强了故障诊断的准确性，还通过实时数据监控和预测分析，有效预防了设备故障的发生，减少了非计划停机时间，提升了煤炭开采的连续性和稳定性。在安全性方面，严格遵循国家信息安全标准，实施了多层次的数据安全防护措施。数据传输过程中采用加密技术，确保数据在传输过程中的安全；在数据存储环节，采用了防火墙、入侵检测系统和数据备份恢复机制，以防止数据被非法访问或遭受意外损失。此外，还定期进行安全审计和漏洞扫描，及时发现并修复潜在的安全隐患，保障了系统的整体安全性和数据的隐私性。

2. 设备运行的稳定性和安全性

项目实施后，通过故障预警和预防性维护指导，显著降低了设备故障率，提升了设备运行的稳定性和安全性。基于知识图谱和故障推理技术，系统能够对设备的健康状况进行实时监测，提前预测可能出现的故障，从而及时采取措施，避免因设备故障导致的生产中断。

智能运维问答系统和人机交互辅助故障定位等功能的引入，极大地提升了运维人员的工作效率和决策质量，同时也增强了用户对系统的信任度。运维人员能够通过自然语言与系统进行互动，获取故障定位、运行决策支持等服务，提升了用户体验。

3. 持续改进与优化

为了确保系统的长期稳定性和安全性，制定了详细的持续改进计划。包括定期对系统进行性能评估，根据评估结果调整优化策略；持续收集用户反馈，及时修正系统中的缺陷和不足；跟踪最新技术发展，适时引入新技术，以增强系统的实时处理能力和智能性。通过这些措施，不断提升系统的可靠性和安全性，为用户提供更加稳定、安全的服务体验。

四、经济合理性

1. 投资成本分析

在投资成本方面，项目的初始投入主要包括大模型的开发、知识图谱的构建、硬件基础设施的采购与部署，以及人员培训等费用。考虑到大模型的长期收益和其在煤炭行业智能化转型中的关键作用，这部分投入被视为必要的资本性支出，旨在构建煤炭开采技术保障与产业服务的核心竞争力。

运行维护成本包括日常的系统维护、数据更新、技术支持及可能的硬件升级费用。由于项目采用了先进的云计算技术和大数据处理平台，能够实现资源的弹性伸缩，因此在正常运行状态下，运维成本相对较低。

2. 经济效益分析

（1）设备利用率提升：通过故障预警和预防性维护，设备停机时间显著减少，平均故障停机时间降低了30%，设备利用率提升了15%。

（2）维修成本降低：智能运维系统能够准确预测设备故障，提前进行维护，从而避免了高昂的紧急维修费用。

（3）备件调拨优化：智能选品查询系统使备件调拨时间缩短至1 min以内，减少了因备件短缺造成的等待时间，避免了因设备闲置产生的机会成本。

（4）煤炭开采效率提升：智能运维系统提升了煤炭开采的安全性和效率，平均煤炭开采效率提升了5%。

3. 社会效益分析

煤科卫士大模型ChinamjGPT项目在经济合理性方面表现突出，不仅显著降低了企业的运营成本，提高了经济效益，还通过节能减排和绿色环保举措，为社会创造了积极的价值。项目的成功实施充分证明了智能化转型对于提升煤炭行业竞争力、推动行业可持续发展的关键作用。

五、存在问题和今后打算

1. 存在问题

当前面临的挑战主要集中在数据隐私保护与网络安全、模型泛化能力和适应性上。

2. 今后打算

未来计划持续优化模型，提高其在复杂工况下的表现，并探索更多煤炭开采的智能化场景，进一步扩大应用范围，引入更多的前沿技术，进一步提升模型的实时性和智能性。借鉴国外先进经验，推动煤炭行业智能化转型的国际化进程。

Alpha90——露天矿无驾驶室运输机器人

中煤科工集团信息技术有限公司

一、项目实施方案

1. 项目内容

国内首台露天矿无驾驶室运输机器人 Alpha90 基于北斗高精度定位系统、5G 车联网、云计算等技术，首次用设备舱取代传统驾驶舱，实现了露天矿作业现场“真无人”状态下的采运排自主作业、远程接管与无人驾驶编组协同作业，完成了国内露天矿山无人驾驶技术装备领域的最新重大突破。国内首台露天矿无驾驶室运输机器人 Alpha90 的成功研制，验证了现有技术下无人驾驶车体控制的绝对稳定性，正向设计的无驾驶室运输机器人 Alpha90 相对于改进后的有人驾驶矿卡，最大的技术优势在于：解决了车辆控制单元与动力系统不匹配问题，极大地提高了对车辆的控制精度。

无驾驶室运输机器人 Alpha90 采用徐工集团 XGA90 车桥、车架及动力驱动系统，采用无驾驶室设计，是一款全线控化、全无人化、全模块化的机器人，其机械和控制完全解耦，由无人驾驶系统控制，消除了机械磨损导致的控制偏差。相比传统驾驶室，无驾驶室运输机器人与无人驾驶部件完美匹配，显著提高了传感器的使用效率和精度，升级了前保险杠和顶部支架及防震装置，增加了雷达灰尘抑制设备，优化了空间，减轻了车重，形成了以无人驾驶为核心的域集中式电气架构，以 VCU - ACU - SCU 构成设备与设备控制，形成安全闭环。底盘线控化和安全冗余，从感知、定位、通信和 EE 架构到车控部件均采用安全流程正向设计，且冗余控制和监控接口均独立于主控系统，可在运输机器人异常的情况下满足运输需求。

（1）无驾驶室运输机器人结构匹配设计方法。无驾驶室运输机器人机械机构设计适配无人驾驶需求，结构匹配度优于传统改制的无人驾驶车辆，针对影响激光雷达感知和寿命的震动抑制措施，使低频震动降低 50% 左右，高频抑制达到 100%。

（2）无驾驶室运输机器人安全保障系统。无驾驶室运输机器人 Alpha90 安全控制上优于传统无人驾驶宽体车，解决了设备安全闭环问题，设计的冗余刹车相比安全失效下安全员踩刹车的响应时间提升 18% 以上。

（3）5G 融合远程唤醒与遥控驾驶技术。系统提供融合网络唤醒功能，可以通过寻呼机制来寻找处于待机状态的无驾驶室运输机器人终端，并在必要时提供远程控制。通过近场遥控进行车辆低速移动控制；在运营场景下，远程遥控通过遥控座舱对车辆进行超视距控制，在无人驾驶无法应对的极特殊工况下提供远程接管能力。

（4）露天矿卡无人驾驶采运排自主作业技术。利用高精度地图和定位技术，精确地进行导航和路径规划，实现车辆自动驾驶；通过车载激光雷达、摄像头、毫米波雷达和其他传感器，实时获取车辆周围的环境信息，动态调整行驶路径及行驶速度，实现避障与绕障。捕捉停靠点环境信息，动态调整车辆位姿与停靠速度，实现精准停靠，高效完成装载与排土作业。

2. 项目实施过程

根据露天矿采运排工程作业的作业环境、作业流程及作业特点，并基于对露天矿智能运输系统的理解，设计大南湖二矿智能运输系统总体试验方案，并在大南湖二矿内部构建相应的试验环境，完成无人驾驶技术和系统在大南湖二矿的实际部署和技术验证。在此基础上，进一步研发无驾驶室运输机器人，彻底验证了在无安全员条件下露天矿运输设备自主运输的可行性。基于第一性原理正向研发适用于无人运输系统的运输设备，打破了在原有宽体车及矿卡上进行后装改造的研发模式，实现了产品创新和模式创新。

3. 技术指标

无驾驶室运输机器人 Alpha90 对比传统无人矿卡，人工驾驶提升 80%、故障率减少 5%、减轻车重 1.5 t、提升单车有效运载比 10%、减少低频震动 50% 以上、高频抑制达到 100% 等。设备现场调试完毕后投入单车和编组试运营，投入生产且稳定运行一年以上，总计完成运输 1160 车次，总运距 2088 km，完成土方运输 34800 m^3，其中单次运输方量约 30 m^3，单次运距 1.7～2 km；累计完成土方剥离量 13.7 万 m^3，作业效率达到人工作业效率的 80%，现场“0”安全事故发生。

4. 技术成效

无驾驶室运输机器人 Alpha90 解决了安全控制无法由设备形成闭环的问题，现有无人驾驶车辆在原人工驾驶车辆的基础上进行研制和开发，人工驾驶车辆设计之初采用人工介入方式完成应急安全控制，正向设计无驾驶室运输机器人实现控制机械解耦，完全由多控制器实现安全控制和监控，真正满足全无人的要求。通过正向设计优化控制反馈采集方式和采集点位置，消除了机械磨损导致的控制偏差。

通过采用一体化减震顶部支架、一体化减震前保险杠总成，减弱了车辆运行过程的震动强度，大幅度提升了感知部件及控制部件的测量精度和使用寿命，降低了使用成本。结合雷达灰尘抑制设备，拓宽了无驾驶室运输机器人的环境适应能力，增加了运行时长。同时优化了空间设计，减轻了车重，提升了单车有效运载比。

因此，全正向设计的无驾驶室运输机器人具有全新的安全控制模式和更高的安全性，控制准确性优于人工驾驶改造车辆。

二、项目创新性

无驾驶室运输机器人 Alpha90 是国内首次应用于大南湖二矿的露天矿用无驾驶室运输机器人，使用设备舱取代了传统的驾驶舱，将所有硬件统一集成，取消了驾驶员相关操控。针对采场颠簸、扬尘大的作业特点，优化传感器设备，构建了全新的运维逻辑和人机交互机制，实现了调试、遥控、无人驾驶模式的按需切换，并可通过 APP 实现部分功能的远程操控。

项目已完成 3 篇学术论文和 3 项专利申请及 3 项软件著作权的申请。

三、项目可靠性

无驾驶室运输机器人 Alpha90 针对矿山复杂环境采用无驾驶室设计和安全冗余系统、智能温控系统等设计，确保其在作业过程中具有高度稳定性和安全可靠性。智能温控系统降低了由于复杂地形环境和温度异常引起的设备故障风险，降低了设备在高温生产作业中的故障风险。完全自动化的控制系统，保证了 Alpha90 在复杂矿区地形中高精度操作的准确执行，规避了人为操作失误的事故风险。安全冗余系统保证在主系统发生故障时，备用系统能迅速接管控制，突发情况下设备依旧能够稳定运行。自 2023 年 5 月以来 Alpha90 在地形条件复杂的生产作业过程中，面对极端的高温、扬尘气候变化和不规则地形环境条件，设备运行无异常损耗，更未发生任何安全事故，土方剥离作业量达 13.7 万 m^3，其间作业效率达到人工作业的 80%，展现了高度的稳定性与可靠性。

四、经济合理性

1. 投资成本及运行维护成本

单车投资成本约 170 万元，年维护成本首年约 5 万元，第二年为 10 万元，从第三年开始约 20 万元。

2. 经济社会效益

现场对 Alpha90、传统无人驾驶矿卡、有人驾驶矿卡在同等场景下分别进行测试，在设定运距 1.2 km 场景下对 30 天内 3 种车辆进行装载、卸载、运输时间统计，时速设定为 15 km/h，结果见表 1。

表 1　3 种类型车辆平均单次对比数据

项　目	Alpha90	无人驾驶矿卡	有人驾驶矿卡
装载时间/min	3.9	4.0	3.5
运输时间/min	8.0	8.2	7.5
排土时间/min	4.9	4.9	4.5
总时长/min	16.8	17.1	15.5

对比 3 种车型数据可知，Alpha90 的装载、运输、排土总时间优于传统无人驾驶矿卡，略低于有人驾驶矿卡，原因是无人驾驶在装载过程中会依据驾驶员经验有所调整。综合对比，Alpha90 整体效率与传统无人驾驶矿卡持平且略好，且达到有人驾驶矿卡水平的 89%。

Alpha90 的进一步应用将降低露天矿山的运输成本，在露天矿山卡车司机短缺的背景下，实现现场司机向远程驾驶员身份转变，降低工作强度，改善作业环境，提升薪资待遇。

3. 节能减排、绿色环保和资源有效利用

Alpha90 相比于大南湖二矿同载重宽体车，减轻车重 1.5 t，提升单车有效运载比 10%，降低了单千米柴油消耗，实现了露天矿山的节能减排，推动了大南湖二矿绿色开采与资源高效利用。

五、存在问题和今后打算

当前 Alpha90 的应用数量还较少，经过大量现场验证后，将逐步增加应用台数、编组数量及承担的生产能力。

大型露天煤矿连续采煤机研制与示范应用

中煤科工集团信息技术有限公司

一、项目实施方案

项目采用理论研究、仿真分析、试验证、示范应用相结合的研究方法，将“智能、安全、高效、绿色”贯穿于研究的全过程，采取“由表及里，逐层深入，单点突破，创建体系”的研究思路，破解关键技术难题。

1. 大型露天煤矿全连续开采工艺技术研究

研究面向作业任务的开采、破碎、转运、运输等工作原理和运行机制，根据可拓学理论，对连采、破碎、转运、运输等任务进行基元划分，提出“采－碎－转－运”子系统的最优任务匹配方法。建立基于开采、破碎、转运、运输等全连续作业任务驱动的全时空工艺设计方法与动态优化模型，实现大型露天煤矿全连续开采的最优工艺设计。

2. 大型露天煤矿全连续开采成套装备及可靠性研究

研究面向作业任务的开采、破碎、转运、运输等作业任务，基于影响因素分析法，提出基于任务驱动的子系统结构演化设计方法。基于全连续工艺模型，提出基于任务和工艺驱动的大型露天煤矿全连续开采成套装备，以及其子系统的结构、功能和布局的多参数优化设计方法。基于虚拟样机技术，结合大采高、大采宽、大煤量作业特点，构建基于参数优化的连续采煤机与运输装备可靠性分析模型。

3. 大型露天煤矿全连续开采成套装备智能控制技术

研究露天煤矿全连续开采装备智能控制模型，构建表征多工艺参数的露天煤矿全连续开采成套装备及其子系统物理模型，揭示露天煤矿全连续开采成套装备间协同作业机制。分析露采机的开采量、破碎能力、运力之间的内在联系，构建基于作业需求的自适应匹配方法，对开采、破碎、转运、运输实现智能控制。基于历史统计数据、时空关联数据、隐性知识数据等，通过智能算法、CPS技术等，构建大型露天煤矿全连续开采成套装备数字孪生控制体系。基于虚拟现实技术，构建虚拟远程智能监控系统，动态显示露天煤矿全连续开采装备真实运行状态，实现系统远程监控与交互。

4. 大型露天煤矿全连续开采成套装备安全监测与预警技术

研究开采工作区域环境安全分析模型，实现工作区域气体、粉尘、烟雾等参数的实时感知和分析，及时对开采工作区域火灾、瓦斯灾害、粉尘灾害进行预警、报警。研究连采工作面作业风险特征，建立基于人、机、环的连采工作区域安全保障体系，保障区域人员与环境、人员与设备、环境与设备之间的安全协同生产过程。建立基于多源异构数据语义建模的状态监测描述模型，结合数据挖掘算法，构建大型露天煤矿全连续开采成套装备故障诊断与预警技术。

二、项目创新性

露天煤矿厚煤层连续开采技术与装备对厚煤层采高和硬度进行特定研究，研究内容包括采煤工艺、装备制造、系统协同控制、安全预警，属于国内首次研究应用。技术与装备的创新点主要包括：

(1) 针对硬质煤层采煤的露天煤矿全连续开采工艺，通过研制适应硬质煤层露天连续采煤机及配套相关设备，采用协同控制技术，实现露天采煤、运输环节的全连续生产工艺。

(2) 露天煤矿连续采煤机设计，克服了露天条件的冬冷夏热、煤层厚度、采场条件开放、产能需求等。

(3) 研究基于机器学习的设备间自适应跟随控制系统，利用先进的人工智能算法，进行多设备传感器选型、动态姿态感知、自适应跟随、对中系统研究。

三、项目可靠性

项目相继申报了发明专利6项，其中授权1项，受理5项。

项目完成了全连续生产、运输工艺的设计、设备布置、供电、供水方案，配套制作了作业循环过程三维仿真动画，并完成了露天矿用连续采煤机、自移式转载机、半固定自移式带式输送机的设备选型、关键参数确定、关键技术初步解决方案。同时搭建了全连续开采协同控制系统的Demo实验室，用于全连续开采智能控制系统的研究。

四、经济合理性

项目研究内容包括采煤工艺、装备制造、生产系统协同控制，属于国内首次研究与应用。项目工业性试验成功之后，可在露天煤矿进行全连续生产工艺推广，并进行方案总承包设计。中煤科工集团信息技术有限公司可进行EPC总承包，根据不同地质条件，对露天煤矿全连续开采模式进行设计。

全连续方案在技术及经济上较优于半连续方案，选采效果好，原煤含矸率低，生产成本低，矿石块度均匀，具有更高的生产效率。吨煤成本节省约 3.09 元，一年节省成本约 3712 万元，有效提升了生产效率。经济效益见表 1。

表1 项目经济效益

内容	方案	
	全连续（2 台连续采煤机 + 带式输送机）	半连续（2 台电铲 +10 台矿卡）
产能/($Mt \cdot a^{-1}$)	12	12
人员需求/人	30	54
年均生产被干扰天数/天	30	50
生产时间/天	325	330
总投资/亿元	3.77	4.2
资金成本/亿元	0.34	0.38
产出平稳性	高	中
环保影响	低	中
吨煤成本/元	25.91	29.00
矿石块度	均匀	不均
创新性	高	中
路面维护要求	低	高
车辆管理复杂度	低	高
人员招聘难度（司机）	中	高

五、存在问题和今后打算

1. *存在问题*

项目是露天煤矿开采技术的一次全面革新，主要生产设备需要定制开发，前期研发、样机试制及后期配套工业性实验需要投入大量人员，且项目周期较长。全连续开采、运输工艺对煤层赋存、气候条件有一定的要求，后期需要不断更新升级产品性能。

2. *今后打算*

未来可进行露天煤矿全连续开采模式的咨询与管理、全连续工艺设计、设备租赁、整体运营托管、专利技术转让，由单纯地卖设备向卖服务转型。整套生产协同控制系统是根据露天煤矿全连续生产工艺定制开发的，可对现有的以斗轮机为基础的露天煤矿开采工艺，通过增加传感器、精确定位系统等进行控制系统改造，把控制系统产业化。通过运维服务系统的开发向已有的露天矿区提供运维服务，把整个产业链进行延伸。

煤矿井下水力化高效增渗促抽技术

中煤科工集团重庆研究院有限公司

我国高瓦斯突出矿井占比较大，矿井瓦斯动力灾害形势越发严峻。中煤科工集团重庆研究院有限公司（简称重庆研究院）紧密围绕煤炭开发安全保障重大科技需求，依托“十三五”国家科技重大专项、重点研发、“十四五”重点研发项目等国家、省部级项目，开展了煤矿井下水力化高效增渗促抽技术研究项目攻关。重庆研究院实现了新理论－新技术－新方法－新效果－新应用－新标准全过程闭环创新，逐步形成超高压水力割缝、水力压裂、割压联合等完善的工艺技术及装备，目前已在安徽、山西、河南、贵州、陕西等10省市70余对矿井不同场景下应用，为煤岩动力灾害防治提供了安全高效的技术途径，为煤矿安全科技进步作出了突出贡献。

一、项目实施方案

1. 项目内容

（1）分析影响超高压水射流割缝效果的主控因素，研究超高压水力割缝－压裂应力场、瓦斯场演化规律；研发适用中硬煤层的超高压（100 MPa）水力割缝卸压增透装备。

（2）研究软煤水力压裂增渗机理，揭示含水煤岩裂纹发育演化及力学响应特征，确定损伤变量与等效塑性应变、渗透率之间的关系，建立煤岩损伤本构－渗流模型；揭示煤岩水力压裂“应力－裂隙”响应及耦合机制，形成软煤水力压裂循环致裂增渗机理。

（3）研究不同煤岩力学性质和不同煤层赋存的压裂工艺，解决现有顺煤层封孔难的问题；研究多次重复水力压裂工艺，解决单次压裂压入水力少，压裂范围小的问题；研究超深定向长钻孔分段裂隙扩展规律，形成裸眼分段压裂工艺及定向长钻孔工艺参数设计体系，建立水力压裂效果评价方法。

（4）揭示割压联合卸压增透机制，确定割缝、压裂联合模式及煤层卸压工艺，提出不同条件下优化组合卸压方法，确定割缝、压裂联合的合理工艺技术参数，形成煤矿井下水力化高效增渗促抽技术体系。

2. 技术指标

（1）超高压水力割缝装备1套，割缝压力100 MPa，流量大于或等于200 L/min，中硬煤层割缝半径大于2.5 m。

（2）成套压裂工具和管柱承压70 MPa，钻孔作业深度大于500 m，单孔作业10分段以上。

（3）水力压裂半径大于50 m，水力压裂增透影响区内渗透率提高1倍以上，抽采纯量提高50%以上。

3. 实施过程

（1）研制超高压水力割缝关键装备。研制高低压转换控制阀，具有低压钻进、高压割缝功能，实现钻割一体化；研制超高压耐磨水尾，对新型超高压耐磨水尾开展耐高压测试，承受压力120 MPa以上，实现高压旋转动密封。

（2）开展含水煤岩损伤破裂模型、流体微尺度运移特征、应力－裂隙演化等机理研究，为压裂工艺优化、装备研发及效果考察指标提供了理论基础；研发适用于深部低渗煤层水力压裂大流量泵组，发明裸眼分段压裂工具串等装置，开发大流量中低压压裂、穿层重复压裂和顺层分段压裂等工艺。

（3）形成深部煤层割压联合卸压增透工艺。分析不同煤岩层条件下割缝、压裂技术的适用性，提出不同条件优化组合卸压方法，在开展井下割压联合试验，对比考察水力化高效增透效果的瓦斯浓度、瓦斯流量、抽采半径、煤层透气性系数及表征煤层卸压效果的煤体变形量、煤层含水率等参数变化特征的关键参数，构建煤矿井下水力化高效增渗促抽技术体系。

4. 取得的成效

（1）超高压水力钻割一体化卸压增透技术及装备经鉴定达到国际领先水平（目前行业压力最高，安全可靠），在安徽、山西、河南、贵州、陕西等10省市70余对矿井推广应用。钻孔工程量减少40%以上，抽采达标时间缩短30%以上，近3年取得直接经济效益20.38亿元，项目研究成果为煤矿瓦斯抽采领域科技进步作出了突出贡献。

（2）创新了超深定向长钻孔分段水力压裂技术及装备，能够实现5段以上协同压裂，深度突破900 m，突破了构造区压裂增渗技术，研发泵组压力可达到70 MPa，满足煤矿井下1200 m深井压裂需求。水力压裂半径大于50 m，水力压裂增透影响区内渗透率提高3倍以上，抽采纯量平均提高3倍以上，在钻孔工程量缩减1/3的前提下，抽采达标时间缩短1/3。

（3）取得水力压裂装备安标5套、水力割缝成套装备安标2套，发布行业标准6项，编制著作4本，登记软件著作权9项，形成专利60余件，发表学术论文80余篇，获得各级别科技奖励19项。项目培养博士研究生9名、硕士研究生7名，集团首席科学家2人，研究院首席专家4人，荣获重庆英才·创新创业示范团队、集团公司创新团队荣誉称号，造就了一支高水平人才队伍。

（4）建成了占地面积约500 m^2 的全国规模最大的国家级水力增透装备安全准入实验室，配套有先进的检测检验设备20余套，集成了水力压裂/割缝泵组性能、电功率、环境适应性、射流打击力等成套水力化装备检验项目，填补了国内空白。水力压裂/割缝泵的最大检测压力达到100 MPa，最大流量达到360 m^3/h，高压管汇承压试验压力达到400 MPa。

二、项目创新性

（1）研发了安全可靠、操作简便的超高压（100 MPa）水力割缝成套装置，首创了动力源头、传输通道、传输连接、割缝操作四重安全防护技术及装置。

（2）研发了适用于井下受限空间系列化压裂泵组、远程操控系统、宽孔径分段压裂封隔器、小曲率超深长钻孔裸眼防阻卡柔性封孔工具串等系列化成套水力压裂装备，创造了煤层裸眼小曲率860 m孔深18个分段压裂的行业纪录。

（3）研发了井下定向长钻孔“长分段短间隔”错位式分段均匀压裂、“一孔三用”分段压裂模式，瓦斯抽采、顶板卸压、顶煤冒放，避免了非均匀压裂留下未致裂孤岛安全隐患，实现了煤岩层区域整体均匀致裂。

（4）研发了环形精准导向割缝、固液两相流协调排渣、递进式往复压裂等关键增透工艺技术，提出了割压联合工艺评价方法，形成了井下区域割压联合强化卸压抽采防突技术体系。

三、项目可靠性

研究完成了新理论 - 新技术 - 新方法 - 新效果 - 新应用 - 新标准全过程闭环创新，研发了超高压水力割缝装备、水力压裂装备，并制定相应安全准入行业标准及安全操作规范。进行了水射流破煤机制、塑性致裂理论研究，验证了依据该理论建立的水力割缝及压裂工艺参数和效果评价参数模型的可靠性。形成了完善的应用评价体系，针对不同煤层条件，优选合理的施工参数，有效解决煤层瓦斯治理难题。

四、经济合理性

1. 经济效益

煤矿井下水力化高效增渗促抽技术在安徽、山西、河南、贵州、陕西等10省市70余对矿井推广应用，近3年取得直接经济效益20.38亿元。

2. 社会效益

煤矿井下水力化高效增渗促抽技术丰富了瓦斯灾害治理手段，推动了煤矿安全瓦斯灾害治理领域的技术进步，为提高煤矿井下煤层气（瓦斯）产量提供了保证，有效缓解了矿井因瓦斯问题而造成采掘接替紧张的局面。

五、存在问题及今后打算

1. 煤矿井下大区域水力化集群作业及模块化调控技术与装备

研发大流量变频调控泵组和控制系统，研发模块化调控的超大流量智能化压裂集群工厂。研发钻割系统控制装置及系统，实现自动化钻孔及水力割缝作业，逐步实现煤矿井下水力化“少人化、无人化”智能装备。

2. 井上下联合压裂长钻孔高效抽采技术及装备

研究井上下联合煤层气区域高效抽采技术模式；研究井上下联合分段压裂模块化装备及工厂化作业技术；开发井上下协同作业远程控制及安全保障系统。

3. 井下连续油管水力化作业技术及装备

研发煤矿井下连续油管作业机，突破连续油管小直径缠绕和捋直技术，研发井下小体积裸眼长钻孔连续油管分段射孔压裂一体化智能增渗装备。实现井下连续油管下放500 m以上，作业人数较使用钻机减少50%，作业时间减少50%。

煤矿井下自动控制钻机

中煤科工集团重庆研究院有限公司

煤矿井下自动控制钻机是中煤科工集团重庆研究院有限公司（简称重庆研究院）研发的具有完全自主知识产权的新一代钻探装备，自2020年正式推广以来，在淮南矿业、淮北矿业、山东能源、河南平煤、国能集团等国内煤企下属的40余对矿井实施应用，取得良好效果。

一、项目实施方案

1. 项目内容

近年来，煤炭行业自动化、智能化的需求日益迫切。钻机作为煤矿井下防治瓦斯、水害、冲击地压等灾害及地质勘探的重要装备，其自动化趋势已成必然。

针对传统钻机施工过程中存在的钻进人工操作多、装卸钻杆和钻孔调姿劳动强度大、施工全过程现场用工多、近孔口及近机身操作安全性差等突出问题，重庆研究院突破钻进参数自适应钻进、双机械手协同自动装卸钻杆、钻孔姿态智能调节等关键技术，开发了煤矿井下自动控制钻机系列产品，牵头制定了能源行业标准——《煤矿井下自动控制钻机》（NB/T 11130—2023）。截至目前，重庆研究院自动钻机已累计销售250余台套，取得销售额约5.3亿元，市场占有率约90%。

2. 技术指标

煤矿井下自动控制钻机具备“一键”全自动钻进、钻杆自动装卸、钻孔姿态自动调节及井下地面双模式远程操控功能，解决了采用传统煤矿钻机钻孔施工下井人员多、劳动强度大、效率较低及安全性较差等问题。

装备主要技术参数见表1。

表1 自动钻机主要参数

<table>
<tr><th>项 目</th><th>ZYWL－4000Y</th><th>ZYWL－4000SY</th><th>ZYWL－6000Y</th></tr>
<tr><td>最大理论钻孔深度/m</td><td colspan="2">400</td><td>600</td></tr>
<tr><td>终孔直径/m</td><td colspan="2">94/113</td><td>133</td></tr>
<tr><td>钻杆规格/m</td><td>$\phi73\times1000$</td><td>$\phi73\times800$</td><td>$\phi89\times1000$</td></tr>
<tr><td>钻孔倾角/(°)</td><td colspan="3">－40～＋90</td></tr>
<tr><td>钻孔方位角/(°)</td><td colspan="3">－90～＋90</td></tr>
<tr><td>额定输出转速/($r\cdot min^{-1}$)</td><td colspan="2">50～240</td><td>70～230</td></tr>
<tr><td>额定输出转矩/N·m</td><td colspan="2">4000～1050</td><td>6000～1050</td></tr>
<tr><td>给进力/kN</td><td colspan="2">100</td><td>140</td></tr>
<tr><td>起拔力/kN</td><td colspan="2">120</td><td>200</td></tr>
<tr><td>给进行程/m</td><td>1160</td><td>960</td><td>1180</td></tr>
<tr><td>控制距离/m</td><td colspan="3">井下50 m无线遥控、数百米远控、地面控制</td></tr>
<tr><td>钻杆箱容量/根</td><td colspan="2">基本款70、升级款120</td><td>100</td></tr>
<tr><td>行走速度/($m\cdot min^{-1}$)</td><td colspan="3">15</td></tr>
</table>

表1（续）

项　　目	ZYWL－4000Y	ZYWL－4000SY	ZYWL－6000Y
爬坡能力/(°)	＜20		
电动机功率/kW	55		75
外形尺寸（长×宽×高）/(m×m×m)	4750×2600×2050	主车：3800×2300×1950 副车：2700×950×1600	5350×2800×2150
钻机质量/kg	9500	主车：6500 副车：3360	11500

3. 实施过程

由于我国煤矿井下钻场断面较小，钻孔施工循环快，对钻机体积、重量、移动和安装锚固等方面有较高的要求。根据不同煤矿井下条件，设计了整体履带式和双履带式两种自动钻机布局结构，区别仅在于履带搭载方式、液压管路与电缆的具体连接等方面。

钻进系统是钻孔执行机构，主要包括机架、动力头等，提供钻进所需的输出转速和给进力及退钻所需的起拔力。

钻杆自动装卸系统是钻杆存储、输送及螺纹接卸的执行机构，主要由主机械手、副机械手、钻杆箱、转运器和双夹持器组成，实现钻杆在钻杆箱和钻进系统之间的输送。

姿态调节装置是钻孔倾角、方位角、高度的调节机构，用于实现钻孔姿态的实时调节。

自动控制系统是控制中枢和人机交互平台，主要包括电控箱、无线遥控器、地面远控站、机载传感器、本安网络摄像仪等，用于实现钻机的远程控制及现场工况实时监测。

液压系统是钻机动力源，主要包括动力总成、油箱、液压操作台等，实现执行机构动作的精确控制。

4. 取得的成效

煤矿井下自动控制钻机采用全自动程序控制钻机执行钻进、退钻、上下钻杆等流程，可快速自动化地调整方位角、倾角，减少了钻孔过程中的人工作业量，大幅度减轻了钻孔施工劳动强度，减少了现场人员需求。远距离控制技术时施工人员可在数十米外甚至地面控制、监视钻机施工，远离孔口与钻机，从而免受粉尘、落石、机械伤害等职业危害，有效改善了员工职业健康状况，提高了施工现场安全保障。全自动施工方式避免了人员因疲劳或误操作产生的安全隐患，间接促进了施工效率的提高。

淮南矿业谢桥煤矿应用该自动钻机后，每班减少1～2人下井，钻进效率较传统钻机提高约10%，综合台效提高20%以上；此外，陆续组建了三台一组的自动钻机集群作业线，每班现场只需4～5人即可维持3台钻机正常运行，钻场安全性得到极大提升，减少效果明显。截至目前，以谢桥矿为示范点，已在张北、顾桥、顾北、丁集等煤矿建立了16条自动钻机集群作业线，为瓦斯抽采钻孔施工减人增效、保驾护航作出了突出贡献。

在防冲卸压孔和探放水孔施工等方面，煤矿井下自动控制钻机每班只需1～2人，钻杆装卸、钻进控制、姿态调节等环节均为自动控制，综合台效较传统钻机提高约25%，劳动强度显著降低，大幅度提升了现场安全性。

二、项目创新性

1. 技术创新

（1）首次提出自适应钻进控制机理，首创钻进参数自适应控制技术和全自动钻进技术。

（2）首创双机械手协同自动装卸钻杆系统，大幅度提升钻杆自动装卸效率和钻杆存储容量。

（3）首创矿用钻机钻孔姿态智能调节技术，大幅度减轻了姿态调节劳动强度，提高了施工效率。

（4）首创具有地面远控和井下遥控双模式操作的钻机远程控制技术，开发了自动钻机故障自动诊断技术。

2. 管理创新

（1）组织架构：建立了以产品经理＋研发为核心的矩阵式组织架构，组件 PDT（产品开发）团队，实现研发、工艺、生产、采购、物流、市场、工程服务协同工作。

（2）生产精益管理：依据生产精益管理理念，优化产线布局，建立精益生产线，实现产品的高效模块化、标准化生产；建成了国内首条连续流钻具自动化生产线，产能 30 万根/a；提升自动钻机产品 200%，降低生产制造成本 32%。

（3）质量控制：利用鱼骨分析法，围绕自动钻机零部件尺寸偏差的人、机、料、法、环等环节，梳理并优化零部件加工工艺、材料选型、装配工艺等，严格质量控制。

3. 知识产权

取得授权发明专利 16 项、实用新型专利 14 项、软件著作权 5 项，制定行业标准 1 项。

三、项目可靠性

1. 运行稳定性

目前已在安徽、河南、山西、内蒙古、黑龙江等地的 40 余对矿井批量应用 250 余台套，广泛应用于瓦斯抽放孔、防冲卸压孔、探放水孔等煤矿井下工程孔的施工。

2. 安全可靠性

具备钻杆自动装卸功能，完全替代人工输送钻杆，减少下井人员，提高了现场安全性；具备姿态自动调节功能，调节准确，节省大量人力和时间；具备井下地面双模式远程操控，使操作者远离孔口危险区域，保障煤矿安全生产。

四、经济合理性

1. 投资成本及运行维护成本

与传统液压钻机相比，煤矿井下自动控制钻机的一次性装备购置成本较高，但在长期使用过程中，可为煤矿现场带来显著的减人、增效、强安的效果。

以淮南矿业为例，1 台 ZYWL－4000SY 自动钻机的购置成本约 200 万元，单班配置需 8 人，按照 15 万元/(a · 人）的人员薪酬、钻机使用年限 3 年计算，综合成本为 560 万元；而1台传统液压钻机的购置成本约40万元，单班配置需13人，综合成本约625万元。通过对比可知，煤矿井下自动控制钻机的购置加人工总成本可节省65万元，且自动钻机可提高综合台效20%以上，具备较高的投资回报。

2. 经济社会效益

2020年至今，重庆研究院煤矿井下自动控制钻机已累计销售250余台套，取得销售额约5.3亿元，市场占有率约90%，创造了巨大的直接经济效益；三台一组的自动钻机集群作业线模式，减少施工人员55%以上，间接经济效益显著。

煤矿井下自动控制钻机是重庆研究院首创的具有国际领先水平的钻探装备，解决了煤矿井下复杂受限环境下的自动钻探难题，是对"机械化换人、自动化减人"、《关于加快煤矿智能化发展的指导意见》等矿山智能化升级政策的积极响应，可推动煤矿灾害防治工程由劳动密集型向技术密集型转变，有助于实现煤矿安全、智能、高效生产。

3. 绿色环保

该自动钻机提升了煤矿灾害防治用钻探装备的技术水平和智能化程度，助力煤矿实现安全、智能、高效生产，促进了煤矿瓦斯高效抽采利用，减少了温室气体排放，具有保护生命、保护资源、保护环境等多重效益。

五、存在问题和今后打算

自主研发的电液比例多路阀的控制精度难以满足后续研发的钻孔机器人控制精度需要，下一步拟针对电液比例阀的控制精度与稳定性展开研究。

露天矿移动设备集群调度系统

中煤科工集团沈阳设计研究院有限公司

一、项目简介

受限于露天矿道路的复杂性，现有调度系统只实现调度而非优化，碰撞检测误报率高。中煤科工集团沈阳设计研究院有限公司（简称沈阳研究院）以有效提高露天矿卡车通行效率与预测精度、提升安全性为目标，采用随机森林算法构建单元预测模型，构建基于速度场的露天矿卡车多路段行程时间组合预测模型，相较于传统方法，在复杂路段上误差下降8%以上，并成功应用于移动设备集群调度系统。

针对大量设备数据难以用于调度模型及模型求解维度爆炸的难题，沈阳研究院提出了融合多源数据的设备集群多目标智能调度方法，构建了以设备等待时间和运输成本最小为目标的多目标设备集群智能调度模型，开发了多目标优化快速求解方法，使采剥设备作业效率提升8%以上。

针对不同台阶卡车接近时误报率高、碰撞估计计算效率低的问题，提出了基于道路匹配与密度聚类的组合碰撞预警方法，典型路段上误报率降低75%以上，普通台式机上可实现10万级设备的行车密度估计。

露天矿集群调度系统可显著提升设备的运营效率与安全性。项目研究成果于2022年5月至2024年5月在疆纳兴盛露天煤矿成功落地应用，覆盖了卡车、挖掘机、前装机、推土机、平路机、洒水车、指挥车等9种共800余台设备。

二、项目实施方案

根据国家能源局验收办法和内蒙古、新疆等地方政策文件的要求，结合露天煤矿生产实际现状，建立云边协同的露天矿人员－车辆集群调度系统，主要包括卡车智能调度、卡车防碰撞预警、驾驶员防疲劳预警、卡车超速报警、驾驶员健康监测、安全隐患信息管理等六大模块。

1. 卡车智能调度模块

卡车智能调度模块包括基础档案、设备历史回放、设备实时显示、设备运行状态监测、自动计量、统计报表、调度管理等功能。

（1）基础档案。建立卡车、挖掘机和辅助设备档案，矿山司机档案，月计划档案，班时间计划档案，故障档案等基础档案，为设备历史回放、实时显示、运行状态监测、自动计量和统计报表提供完善的档案信息，有利于矿山精细化管理。

（2）设备历史回放。通过设备历史回放可再现过去任意时刻、任意设备的生产运行，任意或全部设备的状态、位置、运行等，对设备所经过的线路进行重放。可以人为设定回放的时间、间隔和回放速度，回放时可以显示设备的状态，包括停车、就绪、备用、延误、故障、运行速度等。这对于分析矿山生产过程、优化矿山生产计划、挖掘生产潜力、追查事故原因、统计查询历史数据等起到重要作用。

（3）设备实时显示。设备实时显示称为二维显示，集中显示整个露天矿的生产道路网信息、采剥排台阶信息、关键点信息，如液压挖掘机、排卸点、加油站、机修厂、停车场等。以动态图专用模型库集中展示坑下作业设备，包括挖掘机、卡车、平路机、洒水车、加油车等，根据设备运行的位置、状态，进行实时动态显示，包括实时位置显示、运行状态显示、运行速度查询显示、分设备型号显示、分车号显示、分空重车显示、分运输物料类型显示等多种显示方式。可在图形上对指定设备或装卸点进行实时查询，如卡车的车号、司机、状态、产量、调度目标等查询，可实时观察某一路段的车流大小，可测量路网中任意节点之间的距离。

（4）设备运行状态监测。移动车载终端系统由移动车载终端和通信终端构成。通信终端通过无线通信模块接入无线通信系统，通过无线通信系统实现了车辆和调度中心的通信。移动车载终端接收GPS信息实时解算自己的坐标位置。调度中心根据需要以竞争或轮询方式采集每台移动车载终端的信息，当移动车载终端收到对其轮询指令后将自己的IP号、位置、状态等信息发向调度中心。当设备需要向调度中心报告情况时（如设备故障等），终端竞争向调度中心发送这些信息，并同时报告自己的位置、状态等，实现了车辆管理的智能化，便于司机操作，提高了司机的作业效率。

（5）自动计量。建立卡车、挖掘机、辅助设备自动计量功能，实现矿山设备精准自动计量，降低管理人员工作强度。

（6）统计报表。根据矿山实际需求定制化设计设备运行信息统计功能，建立设备运距、运量等统计功能。

（7）调度管理。利用最短路径算法等建立优化调度模型，配合人工调度、固定配车算法等多种调度方法独立运行和有机结合。

2. 卡车防碰撞预警模块

基于广角摄像头、毫米波雷达等传感器，利用 GNSS 定位模块判断车与车、车与人、车与障碍物等相对位置关系，系统具有提前预警、语音提示等功能，能够及时提醒设备人员注意观察周围环境，严格遵守安全操作规程，注意安全。

3. 驾驶员防疲劳预警模块

在卡车司机驾驶室安装高清摄像头和承载 AI 算法的终端设备，实现车辆行驶过程中，人脸摄像头可以检测司机异常的面部状态，如闭眼、打哈欠、姿态异常、抽烟、打电话及未检测到司机等，并提供声音预警，系统检测到异常事件时，会触发图片或短视频，并通过 4G 网络传输至服务端系统，实现对矿山车辆驾驶员的可视化管理。

4. 卡车超速报警模块

移动车载终端通过实时采集设备的位置（三维坐标及当前所处位置）、速度、方向等信息，如各设备相互之间彼此实时掌握相互的位置、速度、方向等信息，按一定的逻辑进行预警判断，在预警范围内进行报警则可以有效防止事故发生，也可由信息中心进行信息集中采集、预警分析和预警发布。

（1）防超速预警。系统提供简便快捷的方法对速度进行限定，自动实时监测设备行驶速度，当设备运行超速时，车载终端向司机报警并向调度中心报告，对安全行驶起到促进作用。

（2）误操作报警。系统对无故停车、超时延误自动监测、记录和报警。系统实现偏离路线报警、偏离停车报警、偏离卸车报警。系统对卡车运行偏离进行报警，实现生产的安全管理，并可预防丢煤、丢油事件的发生。

5. 驾驶员健康监测模块

系统利用智能手表实时监测驾驶员的心率、体温、血压、血氧饱和度等健康信息，与驾驶员疲劳监测系统实现系统联动，以 AI 算法融合视频信息与人员健康信息，自动判别驾驶员异常行为。当系统检测到异常行为时，终端提供声音预警，同时系统会自动进行拍照或录像，通过 5G 专网传输至服务端系统，实现对矿山车辆驾驶员的健康可视化管理。

6. 安全隐患管理信息模块

及时发现矿山生产设备、辅助设备的事故隐患问题，并实现问题自动或人工上传、基于深度学习算法构建问题处理模型，实现问题自动处理和追踪，建立矿山设备人员规范化作业的考核机制，真正实现问题发现 - 上传 - 处理 - 跟踪 - 考核闭环管理，提升矿山整体安全生产水平。

三、项目创新性

项目的创新点如下：

（1）针对露天矿驾驶人员疲劳监测误报率高的问题，提出了基于证据理论的融合多模态信息的露天矿驾驶员疲劳检测方法。针对疲劳驾驶监测系统误报率过高的问题，以证据理论融合司机体温、血压、血氧等隐性疲劳信息与面部姿态等显性疲劳两类信息，通过网格寻优获得最优 mass 函数，基于决策树构建疲劳状态识别模型，在保证运算效率的前提下驾驶员疲劳监测的准确率提升15%。该方法解决了露天矿卡车司机疲劳监视监测误报率过高的问题。

（2）提出并实现了高并发条件下车辆防撞分级预警方法。在宏观层面，针对露天矿车流密度监测延迟过大的问题，以DBSCAN聚类算法为基础，简化计算流程，实现了对数千台以上卡车进行实时车流密度监测。在微观层面，针对传统防碰撞系统不同平盘卡车接近时存在误报的顽疾，以道路匹配对车辆高程进行实时校正，并将卡车注册到每一条虚拟道路上，以虚拟道路为主体进行卡车碰撞检测，保证不同工作面上的卡车在接近时，不发生误报现象。

（3）首先提出了一种基于速度场的卡车行程时间预测方法，并成功应用于卡车调度系统。针对卡车调度行程时间预测不准确的问题，提出了一种以速度场为表征工具，解耦复杂路段行程时间预测问题的策略，显著提升了行程时间预测的准确率，保障了卡车调度决策的有效性。

四、项目可靠性

针对露天开采中依靠数百至千辆卡车运输，司机数千人，安全管理成为重大难题，系统采用云边协同技术架构，以露天矿生产实时数据驱动AI模型，集成了卡车防碰撞、驾驶员疲劳监测、车辆防超速功能，彻底解决了露天煤矿在集群管理中的卡点和堵点问题，确保大规模卡车集群运输作业的安全、高效、协同运行。系统已应用于新疆疆纳兴盛等露天煤矿，已经签订合同9项，降低了露天煤矿的运营成本，提高了经济效益，获得了用户的一致好评。

五、经济合理性

2021年11月，国家能源局发布《智能化煤矿验收管理办法（试行）》，要求露天煤矿建立卡车防碰撞、疲劳监测、防超速、胎压监测、能耗监测和智能调度管理系统。然而，这些系统独立运行，导致多终端性能冗余，安全管理难以统一。为解决上述问题，开发了人员－车辆集群调度系统。露天煤矿人员车辆集群调度系统采用云边协同技术架构，以露天煤矿生产实时数据驱动AI模型，集成了卡车防碰撞、驾驶员疲劳监测、车辆防超速功能，彻底解决了露天煤矿在集群管理中的卡点和堵点问题，确保大规模卡车集群运输作业的安全、高效、协同运行。相较于传统终端产品，价格下降50%以上。

六、存在问题和今后打算

1. 存在问题

（1）人员定位手环待机时间太短，不适用现场需要；需要开发一种超长待机且轻便易携带的定位解决方案。

（2）通用型车载终端硬件成本高昂，成本控制困难；需要设计并研制不同类型的低成本车载终端来降低成本。

（3）车载终端美观性差、安装复杂；需要一种外形美观、安装方便的新型终端。

（4）调度方式单一，只针对挖掘机－单斗卡车工艺；需要实现辅助设备作业自动调度。

2. 今后打算

（1）针对高中低端市场形成硬件产品序列，满足高中低端功能配置的差异化需求。

（2）提升终端美观度，降低生产成本与安装难度。

（3）研制具备超长待机特点的人员定位单兵装备。

（4）构架科学合理的集群调度策略，支持各类辅助设备的调度业务。

煤矿井下10000 N·m系列化智能钻机平台

中煤科工西安研究院（集团）有限公司

煤矿井下坑道钻机是煤矿地质保障领域的重要装备之一，在瓦斯治理、水害防治、地质探查、大直径卸压等方面发挥着重要作用。整体而言，目前井下钻探领域装备水平相对落后，工人劳动强度大，施工任务量大，作业安全保障性相对较低。中煤科工西安研究院（集团）有限公司于2023年研制了“煤矿井下10000 N·m系列化智能钻机平台”，该平台具备自动装卸钻杆、一键全自动钻进等功能，钻机能力大、尺寸紧凑，可实现全方位全倾角施工，满足煤矿井下各类钻孔施工要求。同时钻机具备传感器故障精确自诊断、一键标定功能等，解决了全自动电控钻机规模化推广难、对工人素质要求高等痛点问题。研发了基于无线网络技术的控制程序，具备OTA升级功能，可通过防爆移动终端进行程序升级、参数配置、数据传输，实现了人机智能化交互。系列化钻机平台采用模块化设计，可快速衍生出4500 N·m、6500 N·m、8500 N·m、10000 N·m等机型，其中，ZDY6500LFK型智能钻机于2024年4月在淮南矿业（集团）有限责任公司潘三矿推广应用，钻机采用单人单机模式，单月最大进尺达到3040.5 m，人均台效是常规普通钻机的1.5倍以上，为煤矿企业的“减人提效增安”提供了强力保障。

一、项目实施方案

1. 项目研究内容

本项目主要通过结构创新、集成创新、施工工艺创新等方式，使煤矿井下瓦斯防治、水害防治以及地质勘探钻孔施工过程中实现了无人化全自动智能钻进。钻机杆仓容量大、自动化程度高、可维护性好，真正减少了井下作业工人数量。项目主要研究内容包括：

（1）具有10000 N·m能力的自动钻机平台研制。

（2）满足全倾角全方位角施工要求的自动钻杆装卸系统研制。

（3）电液控制系统软硬件优化与基于云技术的智能钻机控制系统研究，故障精确定位及传感器自动标定技术研究。

2. 技术指标

（1）关键技术指标：

① 钻机倾角调节范围 -90° ~ +90°，方位角调节范围 -90° ~ +90°；

② 杆仓容量不小于110根（钻杆长0.75 m）；

③ 控制时延不超过500 ms；

④ 程序故障自诊断精准定位成功率高于95%。

(2) 整体指标：

① 钻机宽度≤1.1 mm，车体不可拆卸长度≤3.65 m；

② 全自动钻进无故障稳定施工进尺不小于1000 m。

3. 实施过程

在深入分析市场上现有自动钻机在实际推广过程中存在的问题，项目团队将与钻机能力相关的电机、泵、马达、动力头、夹持器、杆仓和给进装置等进行模块化设计（图1），将通用部分做了冗余设计，拓宽了更多功能通道，增大了共享零部件比例，保证了钻机的质量，可通过极少部件更换快速形成新的机型，以适应市场需求。

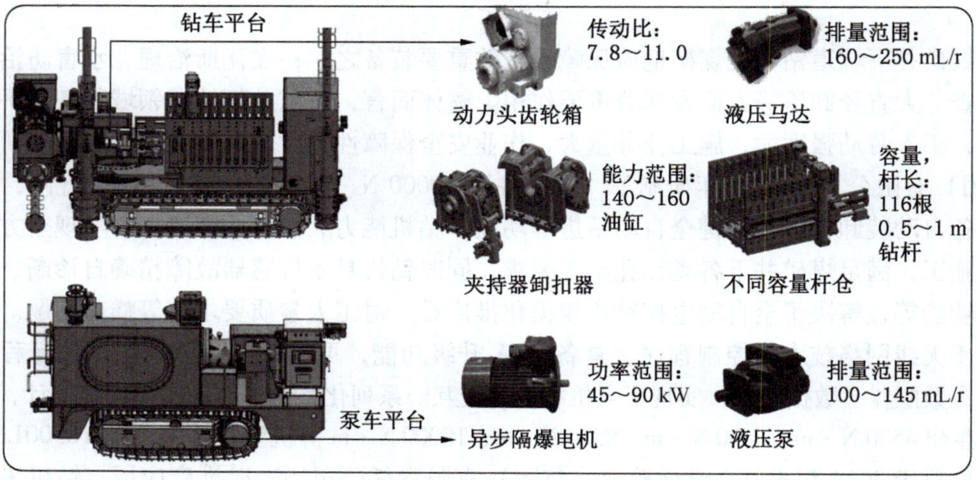

图1　钻机平台化、模块化布局示意

开发了大倾角和全方位自动钻杆装卸系统（图2），采用双转盘式变幅装置，机身横置于车体前端，在一侧回转减速机的驱动下调节倾角。变幅装置避免了倾角调节时给进机身与钻机车体干涉的问题，能够实现更大的钻孔倾角调节范围。递杆机械臂安装于立柱的另一侧，采用小型回转减速机独立驱动。递杆机械臂下方安装有转运器，转运器可对钻杆进行二次定位，并带动钻杆沿给进方向滑移，用于弥补杆仓中钻杆和机身目标位置沿给进方向的位置差。转运器后端安装有自动杆仓，杆仓侧面设计有两自由度取杆机械臂，用于从杆仓中取放钻杆。钻机的主机和杆仓均安装于底部的回转减速机上，可以在其驱动下同时调节方位角。输入钻孔倾角和方位角后，钻机可自动调整到位。倾角、方位角实时显示在遥控器上。钻机倾角调节范围 -90° ~ +90°，自动杆仓携杆量116根。

开发了基于云技术的智能控制系统（图3），对电液系统、传感器系统、运行程序、“智钻探”手机APP等软、硬件进行优化。将控制主体从原KXJ127向用本安平板和边缘计算单元转移，并基于CAN总线数字阀和边缘计算网关，在原KXJ127控制系统架构上，实现钻机施工数据的采集与多方监管，并通过井下环网实时上传云端。具备钻进参数、设备运行参数的自动采集和监测，系统故障提醒、故障辅助分析和维护保养的提醒功能。还可与地面远程交互系统、基于机器视觉的智能环境感知与人员预警和声光报警等施工状态安全监控模块无缝对接。实现钻机施工状态的多方远程监测、钻机集群的远程控制和钻机

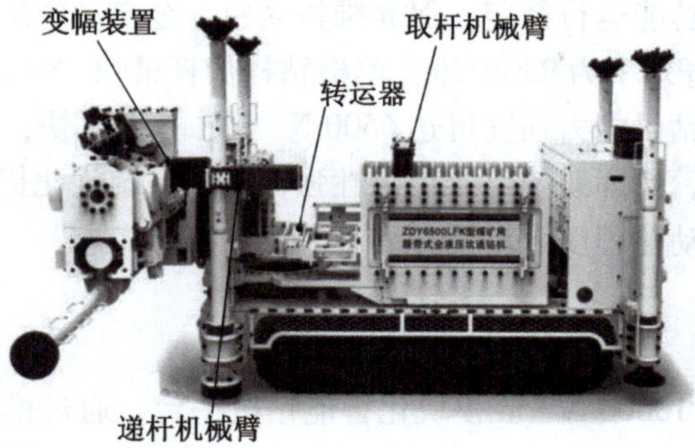

图 2　大倾角和全方位自动钻杆装卸系统

工作数据的实时存储，从而达成“人机分离”的目的，进一步减少井下作业工人数量，提高人均钻孔施工效率，推动施工模式向“一人多机”迈进。

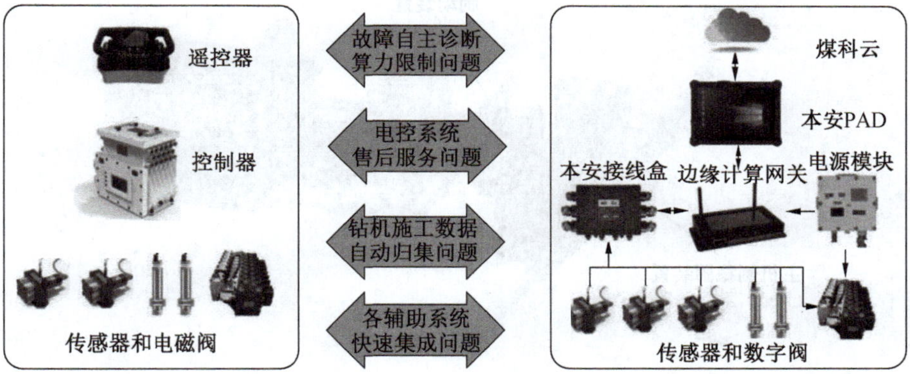

图 3　基于云技术的智能控制系统

4. 项目成效

“煤矿井下 10000 N · m 系列化智能机平台”于 2024 年 4 月在钻机研制成功后在淮南矿业（集团）有限责任公司潘三煤矿 2341（1）运顺瓦斯治理巷进行了现场应用，助力解决穿层孔瓦斯抽采钻孔施工难题。截至 2024 年 7 月 10 日，现场累计施负角度穿层瓦斯抽采孔 125 个，最大倾角 −53°，累计总进尺 8352 m。现场试验中，全面测试了智能化钻机的结构设计及电控程序方面的稳定性；在工况环境运行过程中，核心电控部件故障率低，自动程序贴合工况钻孔施工使用需求；钻机单动、半自动和全自动等功能可操作性强，遥控器安全互锁和防误操作功能齐全；电池容量大，待机时间长；可实现远距离操作，满足井下智能化钻孔作业要求，很好地达到了各项预期试验指标。

钻机最大杆仓容量 116 根，具备智能化寻杆功能，无须人工干预；可实现一键抓杆和一键全自动钻进/卸钻 87 m，极大地减轻了工人的劳动强度，达到了“增安减员”的效果，成功将钻孔工程从 2 人施工减少到仅由 1 人值守；值守的同时还能处理钻渣和钻场的其他工作，大幅提升了人均钻孔施工效率。

钻机试验期间各项功能运行稳定，保养维护简单，全自动施工可靠性高；最高钻进效率为 85 m/班，最高卸杆效率为 93 m/班，单根钻杆加杆最快 38 s，卸杆最快 43 s。

整个应用过程中，钻机能力强度可达 6500 N · m，打钻更快，可实现全方位大角度施工，夹持器夹紧能力大，稳固系统组合稳定性强，电液系统优化提升后更高效，各项性能指标优异，井下施工自动化程度大幅提升。

二、项目创新性

（1）该案例开发了 10000 N · m 模块化智能钻机平台，通过模块化架构设计快速衍生 4500 N · m、6500 N · m、8500 N · m、10000 N · m 系列化产品，实现了关键零部件的模块化互换和无缝连接，大大降低了钻机制造成本，缩短了其加工周期。

（2）研制出倾角制动系统（图 4），由回转支撑内置式液力制动装置、主机侧稳固装置组成。解决了目前施工过程中主机晃动的问题，提高了钻机钻进施工质量和施工安全性，延长了设备的维护保养周期与综合寿命。

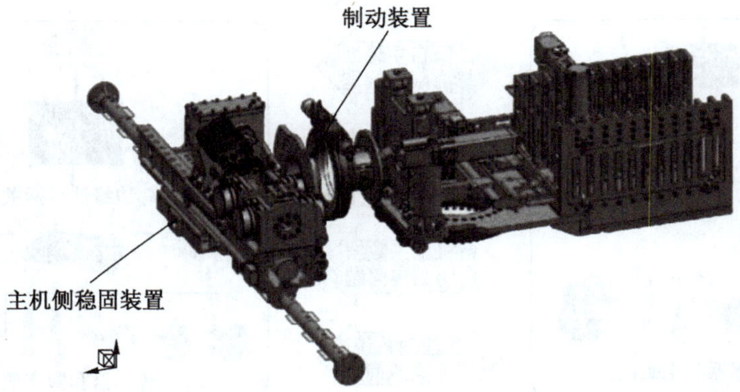

图 4　钻机倾角制动系统示意图

（3）利用多传感器及多边界条件复合判断的方式，实现系统中关键传感器工作状态及全流程钻进施工状态的监测，以及异常状态精确报警，辅助施工人员排查异常问题。

（4）研发出符合自动钻机的智能控制系统，该系统集机、电、液、云技术为一体，可作为智慧矿山的边缘节点，具备 5G 无线接入功能。电液控制系统采用总线架构，可采集施工过程中设备的参数以及施工工艺参数，可对钻机进行故障智能诊断；具备 OTA 升级功能，可通过本安手机或平板专用 APP 软件对钻机进行程序升级、施工工艺参数编制等。

目前拥有的智能化钻机相关专利及软著 20 余项，论文 20 余篇，形成企业标准 7 项。

三、项目可靠性

“煤矿井下 10000 N · m 系列化智能机平台”在现场已连续运行 4 个月以上，智能钻机的关键零件——主动钻杆平均寿命超 15 d，钻机最高无故障连续运行进尺 1895. 5 m，月进尺最大 3040. 5 m。根据现场应用得出如下结论：

（1）ZDY6500LFK 钻机施工能力大，性能稳定，满足施工要求。钻机移动灵活、调角方便，全自动钻进模式工作稳定，施工效率高，最高钻进效率为85 m/班。

(2) 钻机智能控制系统稳定可靠，操作遥控器方便灵活，使施工人员远离孔口，大大改善了作业环境。在保证工人安全性的同时，也便于多方位观察孔口情况。

(3) 钻机全自动、半自动操作方法简单易学，故障自诊断功能准确，方便施工人员快速排查问题。施工现场全自动故障均在20 min内找到原因，大大提高了维修效率。

(4) 钻机稳固系统可靠性高，液力制动锁紧装置可有效稳固主机倾角，对施工完成的钻孔进行抽查测斜，施工角度与设计角度合格率百分之百。

(5) 主动钻杆平均寿命超2000 m，结构设计合理，与同类型厂家产品相比，更换维修方便，使用寿命长。

(6) 智能钻机采用的传感器工作可靠，识别精度高。专用的防水快速连接器及传感器防护装置结构设计合理，密封性较强。

四、经济合理性

ZDY6500LFK型煤矿用履带式全液压坑道钻机是一种低转速、大转矩、适于中深孔钻进的全液压动力头式坑道钻机。该钻机除具有遥控及自动钻进功能外，还具有技术性能先进、工艺适应性强、安全可靠、移动搬迁方便等优点，主要适用于煤矿井下大直径中深瓦斯抽放孔及其他工程孔的施工。

1. 企业经济效益

目前，模块化、平台化智能钻机市场上占比较少，价位较普通全液压钻机要高，售价在190~210万元/台，计入材料和管理成本86万元/台，利润为104~124万元/台。2023年，全自动钻机带来合同增长3151.74万元，利润约1406万元。

该项目的开展为后续系列化智能钻探装备的开发提供了技术基础，在项目开展的过程中也培养了一批创新人才。项目在实施的过程中带动了配套产品的开发，例如防爆手持终端、传感器标定分析仪等，同样带来了利润的增长点。

2. 社会经济效益

响应“机械化替人，自动化减人”的号召，通过双机械臂施工代替人工加杆，有效减轻了施工强度；通过远距离遥控操作，使施工人员远离孔口，保障了施工人员的人身安全，改善了施工环境；通过智能控制程序一键全自动施工，提高了施工可靠性，降低了人工学习成本；井下集控中心及地面远控中心监控设备运行情况，分级显示矿业公司和所有下属矿区的钻孔施工情况；可远程管理当班人员、钻机施工地点、进尺、钻机的运行状态、孔深等信息，有效提升了矿井钻探施工的智能化程度。

2020年12月，国家发布了首批智能化示范煤矿建设名单，名单共涉及71座煤矿、数百个智能化工作面，电控自动化钻机每年的市场需求超百台套，以200万每台套来计算，年市场规模超2亿元。另外，根据2025年大型煤矿和灾害严重煤矿要基本实现智能化、2035年各类煤矿基本实现智能化的要求，智能化矿井建设必要装备的电控自动化钻机市场容量特别巨大。

五、总结及展望

“煤矿井下10000 N·m系列化智能机平台”案例通过模块化的设计思路，实现了

4500～10000 N·m能力钻机的系列化开发，实现了钻机的自动化施工功能、故障精确自诊断功能、防爆移动终端无线OTA升级功能等。在该案例的基础上将进一步拓展性研究以下内容：

（1）进一步提升施工效率，适配1 m钻杆，降低钻杆装卸频次，在同工作次数下钻进尺寸更远。

（2）优化结构，延迟易损件使用寿命，降低维修及更换元件的难度。

（3）基于回转钻进、煤岩识别技术的自适应控制系统开发，自动匹配现场地层及钻进速度，对于不同钻孔类型、各类施工工艺提出解决方案。

（4）围绕钻渣转运、封孔等辅助工序进行钻机周边产品的自动化、智能化装备配套开发。

薄煤层复杂地质条件高效智能开采装备关键技术与应用

天地上海采掘装备科技有限公司

我国薄煤层资源储量丰富，已探明的薄煤层可采储量约为61.5亿t，在西南、东北以及中部地区均有分布，随着易于开采的厚煤层资源逐渐减少，部分矿区薄煤层已成为主采煤层。薄煤层对开采设备的要求是既要具备大功率的工作能力，又要具备小尺寸的适应性。由于空间狭小、煤层赋存条件复杂，装备功率和性能难以提升，工作面自动化控制技术发展也受到不同程度的限制，整体智能化程度低，人工作业劳动强度大，生产效率低，已经成为制约煤炭企业发展的技术瓶颈。

智能化开采装备是解决薄煤层开采困境的关键。鉴于此，天地上海采掘装备科技有限公司开展技术攻关，成功研制了适应复杂地质条件薄煤层开采的高效智能采煤机。本项目成果于2023年6月在山东能源兖矿集团杨村煤矿、枣矿集团滨湖煤矿应用，协同刮板输送机、液压支架等厂家，助力山东能源建设薄煤层智能化示范工作面。

一、项目实施方案

（一）项目内容及技术指标

（1）薄煤层高效智能高可靠采煤机整机。创新半悬机身＋全悬摇臂整机技术，研制适应复杂薄煤层高效智能高可靠采煤机MG550/1270－WD，有效解决了机面高度、过煤空间、装机功率、整机适应性和稳定性之间的矛盾，可满足平均1.2 m复杂煤层年产150万t的生产需求。

（2）小直径高效装载金刚石截齿滚筒。构建了高可信度滚筒分析模型，分析复杂地质条件对小直径滚筒截割、装载性能的影响规律，开发小直径高效装载金刚石截齿滚筒，解决了$f6\sim f8$硬质煤岩开采难题，提升小直径滚筒装载率至80%以上，实现薄煤层的高产、高效开采，保障了薄煤层工作面的正常推进。

（3）基于惯性导航的采煤机找直系统。研制基于国产惯导的采煤机导航与定位技术，结合采煤机里程计数据，实现采煤机三位空间定位与沿刮板输送机运行轨迹检测，通过对每个液压支架推移行程单独闭环控制达成直线度控制目标，以保证薄煤层综采工作面连续生产过程中不需要人工调架，提高了生产效率和安全性。实现在300 m工作面或1 h连续测量采煤机定位精度10 cm，自动找直系统精度典型值优于±270 mm。

（4）基于多源数据融合的采煤机规划截割技术。研发融合多源数据的薄煤层采煤机智能控制系统，结合智能化平台的规划开采工艺、地质模型接口数据、工作面回采历史数据等多源数据，实现采煤机截割路径远程规划和实时控制，满足薄煤层工作面无人开采需求。

（二）实施过程

1. 整机设计

通过创新半悬机身+全悬摇臂整机设计方法，在有限空间内有效增大截割电机功率、牵引电机功率，而不影响机面高度和过煤空间，赋予采煤机更大的截割能力、更强的牵引能力。

建立整机稳定性技术路径，构建整机受力模型，得到各点三向力，研究整机动态稳定性，实现采煤机适应20°俯采、15°仰采，确保采煤机稳定运行。

开发CrNiMo系高性能壳体材料和制造工艺，成品壳体硬度260～300 HB，小体积壳体综合机械性能大幅提升，满足复杂地质条件薄煤层高强度开采要求。基于先进传动系统仿真技术，研制了小体积、大扭矩、高可靠传动系统，截割扭矩达到88.6 kN·m，适应截割矸石最大硬度$f8$；牵引力达到680 kN，满载牵引速度13 m/min。

2. 小直径高效滚筒开发

发明基于金刚石复合材料的截齿，通过优化截齿结构参数、切削参数，改善截齿受载特性，满足截割$f6$～$f8$硬岩需求。开发新型材料的高强度齿座，采用齿座后喷雾的形式，增加齿座数量，同时可有效减小截齿的热疲劳磨损，增强截齿使用寿命。

探究滚筒截割过程中煤层赋存条件、滚筒结构及采煤机运动参数对滚筒装载率的影响，得到复杂地质条件对小直径滚筒装载性能的影响规律，小直径滚筒装载率由不足50%提高到80%以上。

3. 采煤机找直系统开发

采用捷联型高精度惯导安装在采煤机电控箱内部，通过惯性导航装置内部的三轴陀螺仪与加速度计测量采煤机的横滚角、俯仰角、偏航角，结合采煤机里程计数据，实现采煤机在综采工作面的三维空间定位。

利用采煤机电控箱内部惯性元件测量出刮板输送机的三维位置来实现工作面沿推进方向的轮廓线，从而生成支架电液控制系统推移千斤顶用于推移刮板输送机的校正信号。将惯性导航系统与采煤机电控系统深度融合，开发与惯导系统兼容的电控模块，确保惯性导航系统在采煤机上的应用和采煤机控制系统与惯性导航系统间数据的传输。

4. 规划截割功能开发

研究采煤机电控系统与采煤工作面三维地质模型主机的数据接口对接方法，规划截割控制接口协议，通过采煤机地质模型数据传输接口协议，与工作面三维地质模型主机通信交互，获取地质模型数据集对应当前顶底板数据。

根据地质模型与历史截割提供的模型数据，研究制定和输出控制规划截割路径的方法，并开发配套规划技术提供界面操作功能与系统配置支持。

采煤机系统控制软件结合智能化平台的规划开采工艺、地质模型接口数据、工作面回采历史数据，包括历史数据变化、人工干预数据、工作面俯仰角、工作面倾角数据等多源数据采集，研究多源数据融合的调控策略和智能截割控制方法，提高采煤机规划截割的有效性、适应性，进一步降低过程干预，提高采煤机自动化运行效率。

（三）取得的成效

本项目成果采煤机自推出以来，销售20台套。在山东能源杨村煤矿，实际采高1.3 m，工作面分布硫化铁结核，原薄煤层采煤机进刀截深550 mm，割煤速度5 m/min，使用本项目成果采煤机后，进刀截深800 mm，割煤速度7 m/min，生产效率提升103%，提效显著。在山东能源滨湖煤矿，实现了智能化采煤机截割路径预规划和运行速度自动匹配，提高了采煤机智能截割的适应性与准确性，根据用户习惯和开采工艺，智能生成典型控制曲线，大幅降低人工干预操作强度，极大地提高了薄煤层智能化综采工作面的推进速度，提升了资源回收率。上述两矿已实现正常生产条件下面内常态化无人作业，效率和安全得到了双提升。

二、项目创新性

（1）采用半悬机身+全悬摇臂整机技术，研制适应复杂薄煤层高效智能高可靠采煤机，有效解决了机面高度、过煤空间、装机功率、整机适应性和稳定性之间的矛盾。

（2）开发小直径高效装载金刚石截齿滚筒，提升小直径滚筒装载率。

（3）研制基于国产惯导的采煤机导航与定位技术，结合采煤机里程计数据，实现采煤机三位空间定位。

（4）研发融合多源数据的薄煤层采煤机智能控制系统，实现采煤机截割路径远程规划和实时控制，满足薄煤层工作面无人开采需求。

三、项目可靠性

本项目研制的高效智能采煤机创新了半悬机身+全悬摇臂整机技术，开发了小体积大扭矩传动系统，生产效率显著提升；研制的小直径高效装载金刚石截齿滚筒，截割$f6 \sim f8$硬岩，落煤装载率≥80%，为薄煤层工作面高效开采提供了有力保障；惯导找直系统保证薄煤层工作面自动生产过程中不需要人工调架，智能截割系统实现截割路径远程规划和实时控制，满足薄煤层工作面无人、安全、高效开采需求。

四、经济合理性

（一）推广前景

本项目研发的大功率薄煤层采煤机能够满足坚硬煤层及复杂地质构造工作面开采需求，适应能力强，可靠性高，预计每年可在全国约15个工作面推广，应用前景广阔。

（二）社会经济效益

山东能源杨村煤矿、滨湖煤矿长期以来受限于薄煤层开采，矿井经济效益差，一度经营困难，随着本项目高效智能采煤机的成功应用，两座煤矿均具备单面年产100万t以上的生产能力，并实现盈利。

五、存在的问题和今后打算

薄煤层工作面智能化开采涉及多个领域的技术，其中通信技术尤为关键，通信故障将直接导致系统无法正常运行，复杂地质条件下，单一通信链路无法满足薄煤层智能化开采需求。研制载波－光纤－无线多链路冗余通信系统，实现多链路自主切换，是提高采煤机远程控制网络可靠性的途径之一。

三河口智能化选煤厂“选煤大脑”示范工程

北京华宇平顶山中选自控系统有限公司

三河口智能化选煤厂“选煤大脑”示范工程项目由平顶山中选自控系统有限公司统筹规划，分四期实施，以提高生产效率、稳定产品质量、降低工人劳动强度为目标，将物联网、大数据、人工智能、移动互联网技术和智能装备等与选煤厂生产经营活动深度融合，实现选煤厂提质增效，实现生产经营全过程的智能控制与精细化管理，全力打造安全、绿色、简洁、优质、高效、无人值守、专人巡视的智能高效选煤厂。

一、项目实施方案

2019 年实施密度自动控制、智能浓缩、智能压滤、智能配电等内容。

2021 年实施重介分选及浮选系统模型预测控制等内容。

2023 年实施设备预测性维护、智能视频分析、管理与决策平台等内容。

2024 年实施智能起停车诊断、智能停机捕获及故障处理系统、智能检修编排、经营情况分析与经济效益预测等内容。

部分主要功能模块实施方案如下：

（1）MPC 模型预测控制技术。采集重介分选中原煤灰分、原煤入洗量、洗选密度、磁性物含量、重介精煤灰分，以及浮选系统入浮浓度、流量、浮精灰分和尾矿灰分等不同工况下的历史数据，建立主洗合介密度系统与精煤灰分的辨识模型以及浮选加药量辨识模型，利用模型预测控制算法实现对重介分选系统及浮选加药系统的预测控制，以保证精煤灰分。

（2）智能配电。在低压配电柜断路器配置电动操作机构用于断路器远程分合闸。针对刮板输送机、破碎机等高危设备，增加电动抽出装置，实现抽屉柜一次回路的物理隔断。通过 PLC 实现远程停送电控制。同时配套网管式停送电管理流程，实现停送电审批的在线授权、操作、挂牌等功能，保障停送电的可靠性和安全性。

（3）设备预测性维护。在关键设备上安装温振一体传感器，实时采集其温度、振动数据，结合设备运行及检修情况的多源数据，利用先进数字信号处理算法、人工智能算法、专家知识库方法等，对设备进行实时监测、故障分析和故障溯源。

（4）智能视频分析。在选煤厂关键位置安装摄像机，利用视频分析技术对人员未戴安全帽、越界、入侵等异常行为，以及下料溜槽堵塞、煤泥水外溢、输送带异物及粒度超限、刮板输送机斜链、断链等设备故障进行检测分析，实现对人员异常行为、设备异常状态的智能识别、语音报警、视频联动、消息推送。

（5）智能停机捕捉与检修编排。通过对控制系统、智能视频分析、各类保护报警、设备预测性维护系统等数据的采集，智能分析设备故障严重程度，结合生产情况及生产任务判断是否可持续生产，预计检修时间，停车时机安排。定期检修任务与生产突发情况根据权重等级自动生成检修编排列表，列表包含相关负责人、相关专业检修人、提前准备材料及工具等信息，帮忙管理人员制定有计划、有秩序、有效率的生产检修。

（6）智能管理决策平台。将选煤厂的生产控制系统数据、管理业务数据进行采集、清洗、存储，建立生产管理、调度管理、机电管理、生产情况分析、工艺效果评价、产品结构优化、设备健康评价等子模块，实现设备智能运维、状态智能监测、过程智能控制、参数智能设定、管理智能精细、决策智能调节等功能。

二、案例创新性

（1）MPC 模型预测控制技术。首次在选煤行业将 MPC 模型预测控制技术应用于重介分选、浮选控制过程，利用先进控制算法进行预测控制、自动修正、滚动优化，实现重介、浮选精煤灰分的稳定控制，代替传统重介分选、浮选人工控制或 PID 控制方式，较传统控制方式精煤产品回收率提高 0.98%。

（2）设备预测性维护。设备异常情况的表象不仅是温度、振动的变化趋势，还需要深入结合设备运行电流、累计运行时间、检修情况、润滑情况等相关数据，项目的设备预测性维护系统建立了基于多源参数的预测诊断模型，极大地提高了设备故障预测的准确性，并及时推送故障原因及维修建议，该技术处于同行业领先地位。

（3）智能停机捕捉与检修编排。通过对控制系统、智能视频分析、各类保护报警、设备预测性维护系统等数据的采集，智能分析设备故障严重程度，结合生产情况及生产任务合理编排检修计划。根据故障类型自动生成检修工单、人员配备及所需材料。本项技术行业内一直处于理论研究阶段，公司在三河口选煤厂进行了实际开发应用，是首套将停机问题的故障分析与检修计划的组织实施相结合的管理决策系统。

（4）经济效益预测。将选煤过程中的各种工艺作业独立封装，构建专属于各类工艺作业的参数以及计算规则，通过拖拽的方式构建工艺流程图，按照工艺流程的先后顺序计算各个作业的产率、灰分和硫分等指标，结合产品价格体系，计算产品市场销售价值。减掉各种能耗、备件消耗、人员工资、摊销费用等成本，预测生产经济效益。行业内只有为数不多的厂商掌握该技术，以可视化方式展示、计算的厂家就更是微乎其微了。

三、项目可靠性

MPC 模型预测控制技术精度达到 99% 以上，产品指标稳定性优于人工控制或自动控制，提高产品回收率 0.98%。智能配电执行准确率 100%，停送电工作效率提高 85%。设备预测性维护及视频分析等设备故障判断平均准确率大于 90%。智能停机捕获及故障处理系统能够较为准确地生成维修工单，合理制定检修安排。智能管理决策平均无故障运行时间 365 d，覆盖二十余个子模块。多次获得枣矿集团智能化选煤厂常态化运行比武第一名。

四、经济合理性

1. 经济效益

通过智能照明、节能控制、设备预测性维护等系统减少选煤厂日常用电量，降低非计划停机时间，吨煤电耗由6.95 kW·h降低到6.75 kW·h，每年节约用电 14×10^4 kW·h，节约电费11.2万元。

模型预测控制系统提高重介精煤回收率0.98%，全年提高精煤回收量5292 t，精煤价格按1800元/t计算，每年总计创效952.56万元。

建立浮选智能加药系统，自主调节浮选药剂使用量，浮选药剂消耗由0.14 kg/t降低到0.12 kg/t，每年节约浮选用药剂成本8.4万元。

建立设备预测性维护系统，在设备故障初期给出预警，防止事故扩大，材料消耗由4.37元/t降低到4.1元/t，每年节约材料成本18.9万元。

选煤厂通过智能化建设取消固定岗位，实现无人值守，较同期人员减少10人，节约人工成本100万元。

智能化项目建设为选煤厂实现年总创效1091.06万元。智能化四期项目总投资1833万元，投资回收期为1.6年。

2. 社会效益

以巡岗制代替定岗制，将职工从脏苦累险的环境中解放出来，保障了职工的身心健康。

利用生产管理APP，各岗位可即时通信，提高了工作效率。

实现了岗位管理由“专人值守”到“无人值守、专人巡视”的集约化转变。解决了选煤厂人员自然减员和安全生产的矛盾，优化了人力资源。

三河口选煤厂智能化建设树立起新标杆，起到了引领示范作用。

五、存在的问题

分选过程智能控制技术尚不能满足无人控制、自主决策的高级智能化建设需要，在过程数据监测的可靠性方面尚存在不足。

生产组织、产品方案制定与煤质变化、市场变化的融合度不足。需要以产品结构优化平台做技术支撑，构建煤炭分选全过程仿真分析模型，搭建起真正意义上的数字孪生工厂模型，为生产方案制定、生产控制提供支撑。

李家壕煤矿智能矿山关键技术研究与示范工程

中煤科工集团北京华宇工程有限公司

国能包头能源有限责任公司李家壕煤矿智能矿山关键技术研究与示范工程，依托李家壕煤矿智能化建设项目进行示范应用，形成煤矿开拓设计、地质保障、生产、安全等主要环节的信息化传输、自动化运行技术体系，实现掘进工作面减人提效、综采工作面内少人或无人操作、井下固定岗位的无人值守与远程监控；实现开拓设计、地质保障、采掘、运输、通风、供电、排水等系统的智能化决策和自动化协同运行，实现安全、生产智能一体化综合管控并形成优质的数据资源。通过项目实施，能够切实降低职工劳动强度，提升企业智能化水平，同时在煤炭行业内形成智能化建设及升级改造的工程示范效应。

本项目的研发及实施单位为中煤科工集团北京华宇工程有限公司，项目于2021年5月启动实施，于2024年6月完成建设。实施地点在内蒙古自治区鄂尔多斯市东胜区罕台镇查干村李家壕煤矿。

一、项目实施方案

本项目共8个课题，分别为智能综采工作面关键技术研究、智能快速掘进工作面关键技术研究、主运输系统智能化关键技术研究、辅助运输系统和辅助生产装备智能化技术研究、智能矿井通风系统技术研究、供排水智能化关键技术研究、煤矿井上井下供电系统优化研究、生产安全综合智能化管控平台关键技术研究。各课题主要实施方案如下。

（1）智能综采工作面关键技术研究包括：适用于综采工作面的自动化系统，综采工作面采煤机智能割煤技术，采煤机与围岩自适应控制技术，支架电液控系统，刮板输送设备控制系统，井下智能视频识别关键技术，综采工作面超前支架等设备优化改造，综采工作面设备润滑及故障诊断系统，研发智能喷雾降尘子系统。

（2）智能快速掘进工作面关键技术研究主要包括：智能快速掘进工作面集成控制平台，狭长巷道空间掘锚机自主定位与姿态测量技术，顶板压力监测与智能超前临时支护技术，掘锚机智能超前探测设备，掘进后配套设备，掘进工作面智能降尘技术，自动锚固、自动检测作业技术，掘进设备防入侵系统。

（3）主运输系统智能化关键技术研究主要包括：主运输智能无人值守系统；综合联动控制系统；带式输送机智能识别系统；设备集中润滑及油样在线检测系统，实现设备智能润滑及油样检测功能；适用于各运输巷的火灾监测预警系统。

（4）辅助运输系统和辅助生产装备智能化技术研究主要包括：井下人员及车辆精确定位系统，研发智能车载终端，研发智能化辅助运输管控系统，研究辅助驾驶功能，研究斜巷内车辆失速自动拦截技术，研发煤矿智能物流系统。

（5）智能矿井通风系统技术研究主要包括：井下风门、风窗自动控制系统，局部通风机远程控制系统，主通风智能监控系统，通风参数自动测定与在线监测系统，智能通风管控平台，瓦斯巡检管理系统。

（6）供排水智能化关键技术研究主要包括：研究主排水系统。开发压力、液位、流量、温度等监测传感器和电子阀的智能排水系统；研究基于电力通信技术的分散排水设备监控系统，实现水泵远程集中控制、数据监测、记录和智能分析、故障保护、运行状态模拟显示、运行状态记忆、一键启动、编组控制、移动终端操作等功能。

（7）煤矿井上、井下供电系统优化研究主要包括：变电所无人值守关键技术；防越级跳闸、“五遥”功能的高低压供电系统；选择性漏电保护及远程一键漏电试验功能；电网能耗监测数据，实现能耗智能优化，动态调节大型用电设备供电方案，降低整体能耗水平；电网智能决策技术，实现供电系统报警及故障分析功能，再现电力系统故障，实现故障处理智能决策；地面与井下变电所主辅设备统一集中控制系统；高压电网在线智能运行管理系统；地面10 kV系统自动停送电、10 kV开关柜弧光保护功能，地面高压开关柜实现“五防”一体化和电子票系统；变电所环境、安防、消防一体化监控系统。

（8）生产安全综合智能化管控平台关键技术研究主要包括：

① 研究煤矿智能化基础设施升级。改造现有机房、建设云数据中心、升级调度中心；建设视频监控系统与信息发布系统，实现井下地面全范围视频监控，安全生产信息及时发布。

② 研究一体化生产安全综合管控平台。升级完善生产集中控制系统，对煤矿各生产及辅助系统的现场自动化控制系统进行集成，接入煤矿智能控制系统及智能装备，组态应用场景监控画面，构建逻辑控制模型库，实现生产系统集中监控、分级预警和联动控制，并与生产执行管理系统实现业务协同。完善安全监控系统，使瓦斯、水、火、顶板、人员位置、车辆防碰撞等各专业监测系统实时在线监控，实现分级报警，提升报警精准度，实现有效业务联动，并与生产执行管理系统实现业务协同。

③ 研发 VR 培训系统。结合拟现实和增强现实技术，实现生产流程、灾害重现与逃生、特种作业等实训，实现模拟仿真操作。

④ 研发“GIS + BIM”系统，实现全矿井范围地面建筑及设备、地质、井巷工程、井下设备信息的有效融合及高精度建模。

二、项目创新性

1. 智能综采工作面关键技术研究创新点

（1）利用高度检测、姿态感知、人工智能技术、实现煤壁片帮预测、伸缩梁（护帮板）防碰撞。

（2）通过采煤机精确定位以及行业领先的工作面智能找直技术，实现自动移架过程中支架同刮板输送机间隙自动调整。

（3）通过人员精确定位技术，实现危险区域划分，实现与液压支架精准定位的联动控制。

2. 智能快速掘进工作面关键技术研究创新点

（1）通过研究自动锚固、自动检测作业技术，以现有掘锚一体机锚固装置为基础，分析支护作业多工序联动性，改进锚固设备机械装置和电液控制技术，具备定位、钻孔、锚固等环节电液操控以及锚固质量自检验功能，实现装卸钻杆、装载锚杆、铺网、锚索和药卷的自动操作。

（2）研究顶板压力监测与智能超前临时支护技术。基于智能传感技术构建掘进系统顶板压力远程智能监测系统，实现支护装备与顶板压力数据的联动，达到临时支护载荷自适应控制，保证支护质量，达到同行业领先水平。

3. 主运输系统智能化关键技术研究创新点

（1）基于视频分析系统，实现煤流量监测，通过煤流调速机理，煤流系统智能调速。

（2）通过与人员定位、安全监测、IP 广播、调度通信、电力监控、大型故障诊断系统、防灭火系统等联动控制，创新实现煤流协同运行。

（3）基于视频分析系统，实现异物识别和自动变频速度调节功能；实现输送带空载、大块煤、人员违规穿越输送带、输送带坐人等特征信息识别功能，同行业领先。

4. 辅助运输系统和辅助生产装备智能化技术研究创新点

（1）基于高感光性图像传感器的低照度摄像头、红外补光灯，研发无轨胶轮车智能辅助驾驶系统。实现倒车影像、车厢可视、行车记录、语音对讲功能。

（2）基于物资编码体系，研发智能辅助运输物资管控系统。实现物资集装化，并能和矿井仓储系统无缝对接；实现物资运送全过程信息环管控和运输过程的智能物流管控，达到行业领先水平。

（3）实现车辆智能调度、井下人员智能派车功能。

（4）实现受限区域内智能限员（车）功能。

5. 智能矿井通风系统技术研究创新点

依托需风量、配风量等相关数据，首创了通风预警指标模型及通风网络动态模型，借助实测及解算风量对全巷道风量、风压、风速实时动态解算、模拟井下风流按需分配并在三维通风模型一体化动态展示，对通风隐患自动识别预警，为智能决策调控提供决策支持。与矿井安全监控系统、风机在线监测系统、束管监测、光纤测温等系统融合，实现灾变通风隐患识别，智能生成调控决策建议方案，通过网络解算模型验证结果，结合智能决策算法，对决策方案递归优化，生成最优决策调控方案。

6. 供排水智能化关键技术研究创新点

（1）创新性地实现了排水系统与水文系统联动，通过水仓内水位传感器监测单位时间内的涌水上涨速度，测算出水仓的涌水量并结合水文监测确定控制动作。

（2）分散排水点配置瓦斯传感器，实现瓦斯电闭锁功能，当周边瓦斯超标时，禁止启动水泵。

7. 煤矿井上、井下供电系统优化研究创新点

建立了全矿井各变电所电气主设备和辅助设备的统一集中调控平台和信息联动系统，在行业内较好地解决了高压电网的越级跳闸故障和供电线缆的漏电监测问题，实现了变电所同环境监测、消防、门禁系统的联动控制以及无人值守。

8. 生产安全综合智能化管控平台关键技术研究创新点

（1）安全生产决策中心通过隐患预治、安全预控的模型建立基于三维状态下的动态分析。

（2）安全生产运营管控平台的基础，实现煤矿安全生产过程中相关自动化环节在地面控制中心实现“远程控制、协同控制、无人值守”的要求。

（3）应用GIS技术、物联网技术、数据库技术、云计算技术、专家系统等开展煤矿井下水、火、瓦斯、顶板等重大危险源检测、识别及预测预警，将煤矿井下各类危险源数据集成于同一平台，基于WebGIS统一展示，实现重大危险的早期预测预警，达到行业领先水平。

通过本项目研究，1篇核心论文已发表，4篇核心论文已录用，4项发明专利已受理，2项计算机软件著作权已发表。

三、项目可靠性

项目建成以来，李家壕煤矿采、掘、机、运、通各智能化系统运行稳定，其中供电、排水无人值守系统稳定运行超750 d，采煤、掘进系统自动化率超90%，综采面、掘进面单班作业人员数量显著降低，大大提高了生产的安全性。

四、经济合理性

以李家壕煤矿智能化采掘为核心，以“智能综采控制－智能快速掘进－矿井通风智能调节－主运输平衡控制－辅助运输智能物流－供排水综合管控－井上下电力监控－生产安全综合智能化平台－工程示范”为主线，将采矿学、机械工程、电力工程、软件工程、信息工程、人工智能等学科有机结合，围绕关键科学问题，集成各课题的关键技术及装备研究成果，在万利一矿中厚煤层条件下进行工程示范，结合装备配套、安全保障技术研究成果，对智能矿山的各项技术和装备进行应用和检验，测试生产安全智能化管控平台的适用性，同时为技术和装备的改进提供依据。

通过智能化建设可以提高煤矿设备的寿命，提高智能化系统的自动化水平，降低工人的巡检强度，提高职工的幸福感。设备工作效率得到较大提升，其中，综采工作面跟进率达到80%，开机率在90%以上，工作面人员减为5人，综掘工作面实现自主导航、自主截割，工作人员减少到7人，通风机、主运输等固定设备实现了无人值守、有人巡检，通过变频技术应用，主运输系统节能10%以上，主排水同供电系统联动，实现了波峰填谷运行，每年节约电费15%，促进了煤矿实现节能减排目标。部分技术填补了国内空白，符合我国坚持自主创新的政策，提升了我国相关领域的科技实力；技术研究完成后可直接服务于煤矿安全生产，而且相关技术的研究和应用能够保障煤矿系统安全运行，市场需求庞大。

该项目的实施为其他煤矿提供了智能化升级改造的建设经验，为煤矿智能化建设推进提供了示范，可形成对行业的辐射效应，对提升企业整体竞争力和社会形象具有重要意义。

五、存在的问题和今后打算

由于矿山整体系统的复杂性，对一些问题研究不够深入，还有待进一步研究。

(1) 针对各类安全隐患数据，下一阶段目标是设计出更为有效的识别模型，一是提高模型的正确率，二是降低模型的大小，提升模型的检测速度。争取使用单模型也能够获得融合模型的检测效果。设计出更为真实的数据生成模型，从而提升模型的训练效果。

(2) 提升灾害精准感知技术及装备。研究高精度、大范围的监测装备，实现“点－线－面”的全面监测，为灾害精准预警提供更多数据支撑。

(3) 开展多场耦合致灾机理研究。智能灾害预警必然是从单一灾害预警到多灾害智能预警发展，而多场耦合的灾害致灾机理是研究多灾害智能预警的核心问题。

露天煤矿极寒条件采选排一体化示范项目

中煤科工集团北京华宇工程有限公司

随着国家对新时代生态发展提出的要求，绿色、安全、节能、高效将是每个露天矿企业追求的目标。露天矿地质构造复杂，煤层赋存条件千差万别，目前对薄煤层及多层夹矸煤层的深度选采存在一定的技术难度。针对上述问题，中煤科工集团北京华宇工程有限公司在胜利一号露天矿形成了采选排一体化的工程实践探索，开辟了清洁、低碳、绿色的资源回收新模式。在胜利一号露天矿实现了对低变质程度褐煤资源的有效回收。

一、项目实施方案

目前，中煤科工集团北京华宇工程有限公司在千万吨级露天破碎系统、低阶煤分质利用、煤炭分选系统工艺设计等方面，拥有多项国际领先的核心技术；在智能化、采选排一体化等多个领域，取得了多项技术突破。

1. 项目内容

国能北电胜利能源公司胜利一号露天煤矿位于蒙东高寒缺水地区，煤种为褐煤。其中，5 上煤岩混杂，平均煤层层数 5，平均矸石层数 6，纯煤平均厚度 2. 3 m，矸石平均厚度 2. 48 m，含矸率 52% 。发热量 1900 ~ 2200 kcal/kg，灰分 43. 10% ，而且夹矸层与煤层混杂。煤层顶板岩性以泥岩为主，局部为炭质泥岩、砂质泥岩、粉砂岩。生产规模为 3. 00 Mt/a。因设备条件限制，仅能对 0. 5 m 以上煤层进行有效选采。标志层上部煤层煤岩混杂，0. 5 m 厚度以下煤层选采效率差，效果也十分不理想。在实际生产过程中，多数废弃或选采后运输至地面与 6 煤掺配生产。

首次整合现有露天矿采选设备移动方式，设计开发出一种适用于坑下的移动式模块化分选单元。

首次针对露天矿低阶煤开发出智能干法分选关键技术。根据露天矿的低阶煤煤质特征，经过对比射线识别技术、图像识别技术等多项干选识别技术，研发出适用于低阶煤的分选系统，通过优化算法程序，并采用 OPC UA 协议通信，使生产系统工艺过程无人智能控制系统交互数据，实时指导生产。

首次在高寒地区研制出通过热循环保障智能干法分选装备正常运行，这样不仅可以有效节约能源，还可以降低二氧化碳排放，达到节能减碳的目的。

露天煤矿极寒条件采选排一体化示范项目主要包含破碎模块、筛分模块、智能分选模块、配电智能化、辅助供气模块等。

5 上煤由 60 ~ 70 t 矿车卸料至一套破碎站，破碎站由一台刮板输送机和一台双齿辊破碎机组成，通过破碎站将原料煤破碎至 - 300 mm，破碎后原煤经转载输送带运至两套移动筛分模块进行 50 mm 筛分，筛下 - 50 mm 末煤转载至露天堆场，预留后期末煤风选系统；筛上 300 ~ 50 mm 粒度级进入两台块煤智能干选机进行分选，精煤经输送带运输至产品堆场，矸石经输送带直接排至矸石堆场。

2. 技术指标

（1）具有自动识别功能的移动式智能分选设备，输送带速度达到 3. 2 ~ 3. 6 m/s 时，对精煤、矸石检测识别准确率≥95% 。

（2）控制系统：实现设备集中启停，集控/就地转换；输送机保护的状态上传；设有温度检测设备的温度故障问题上传至其所在的 PLC 站，并上传至集控室，可及时检修或更换设备。

采用一类防爆安全配置，目前同等带宽的智能干选机处理能力最大达到 200 ~ 240 t/h。在高寒地区，将智能干选机布置在集装箱内，通过压风机产生的余热循环利用，达到低碳节能的目的。处理能力增大的同时，分选精度依然能实现对褐煤的精煤、矸石检测识别准确率≥95%。

3. 实施过程及成效

现场实施与工程调试（2022年3—6月）。

2022年5月12日，神华北电胜利一号露天煤矿6 kV动力电源接入坑下干选项目的高压电气集装箱，用于工艺设备、电气设备调试。

5月20日至6月5日，完成了设备操作培训、单机调试及系统联合试运转工作，6月8日顺利完成第一次带煤调试。

2022年8月，国能北电胜利能源有限公司胜利一号露天煤矿坑下移动式智能干法分选系统全负荷带煤成功，并进入生产试运行，技术指标首次实现在高寒缺水地区复杂煤岩结构、低变质程度的褐煤及带速3.2 m/s运行状态下，对精煤、矸石检测识别准确率≥95%，有效回收了煤炭资源。成功实现替代传统人工选采作业的科技创新工程。经济效益方面，可有效回收175万t粒度在300~50 mm的块精煤，块精煤较原煤发热量提高500 kcal/kg，每年可降低生产成本2655万元，增加收入600万元。企业提高效益约3255万元。由此开创了我国在极寒条件下露天矿坑进行低阶煤高效分选并有效回收煤炭资源的先河。

二、项目创新性

1. 技术创新性

（1）研发了智能干法分选设备耐寒性零部件及空压机余热循环利用技术，实现了极寒条件下露天矿坑智能干法分选设备的高效运行。

（2）研发了基于虚拟+现实双线的人工智能煤矸图像识别技术，以及褐煤大处理能力智能干选机。

（3）开发了滑撬式破碎站、模块式筛分单元、吊装移动式智能干选设备、轮胎移动式智能干选辅助供气设备及配电装备，研发了坑下原位可移动式智能干法分选系统。

2. 知识产权

申请发明专利两项：

（1）一种带温控机构的煤矿产分选机，申请号为202211060564.5。

（2）一种干式选煤机，申请号为202211116039.0。

三、社会效益与经济效益

1. 环境效益

传统露天矿的采煤、剥离、运输均依赖于矿车，矿车将煤炭运输至地面，地面分选后再通过矿车运输至坑下回填，矿车在运输过程中消耗了大量柴油。同时通过人工选采，不仅效率低下且资源回收效率低。通过对国能北电胜利能源胜利一号露天矿坑下组装可移动式智能干法分选设备能耗数据的统计，节能减排效果十分明显，与汽车运输至地面生产系统相比每年节约78.68万t标准煤，减少二氧化碳排放211.54万t；与输送带运输至地面生产系统相比每年节约94.40万t标准煤，减少二氧化碳排放253.80万t。

2. 经济效益

通过在坑下增设智能干法分选装备，有效替代了人工选采，生产方式由现场作业转变为系统无人值守，有人巡视。极大降低了工人的劳动强度，提高了工人的劳动效率。人员由18人减至5人，减少13名生产人员，按照人均工资15000元/月（含社保）估算，每年可以降低人工成本234万元。符合煤炭行业"减人、提效、增安"的高质量发展理念。

通过在坑下增设智能干法分选装备，可有效回收175万t粒度在300~50 mm的块精煤，块精煤较原煤发热量提高500 kcal/kg，每年可以增加收入600万元。

通过在坑下增设智能干法分选装备，按照生产规模估算，生产成本可降低2421万元。

综上，该系统的成功研制每年可降低生产成本2655万元，增加收入600万元。企业提高效益约3255万元。

四、存在的问题及未来的思考

1. *存在的问题*

"采、选、排"一体化依托于露天矿生产计划。移设的频率与露天矿生产息息相关，建议在露天矿技改或者项目立项前期统筹考虑，以便最大限度地发挥经济效益。

2. *未来的思考*

"采、选、排"一体化除了煤炭行业外，还可应用于选矿、环保等行业，如高岭土分选、镍矿分选、垃圾分选等行业。对于矿物的有效分离行业应用场景广阔。

6 kV 1600 kW 永磁同步电机用隔爆兼本质安全型高压变频装置的研制

中煤科工集团上海有限公司

一、项目实施方案

（一）项目内容

（1）永磁同步电机用高压变频控制软件的研发。

（2）高压变频器主回路的设计。

（3）高压变频冷却系统的设计。

（二）技术指标

功率：1600 kW；额定电压：6 kV；电机极数：40极；额定频率：40 Hz，额定电机频率可以接受40~60 Hz；绝缘等级：F级；冷却方式：水冷。

（三）实施过程

1. *总体思路*

本项目通过广泛的调研论证，选取适合煤矿井下供电系统要求的高压变频器主回路结构，定型功率器件，并结合本单位在矿用隔爆兼本安型电气设备壳体设计和大型顺槽带式输送机对驱动装置的软启/制动、调速性能要求等方面所积累的丰富经验，完成矿用高压变频装置内部核心控制单元开发、电气元器件布局设计、隔爆型壳体设计制造以及散热系统的设计制造，最终形成了6 kV 1600 kW永磁电机用隔爆兼本质安全型高压变频装置的新成果。

按照主拓扑结构，构建永磁同步变频系统控制模式，选择合适的功率元件，DC 充电浪涌抑制、逆变器件及谐波抑制处理，通过矢量坐标变换等效为直流电机模型，实现电磁转矩和转子磁链的解耦。进行 d/q 坐标变换及 3/2 变换，静止坐标估算得到的磁链环、速度环、转子磁链坐标系下的 d 轴、q 轴给定，比较控制 SVPWM 移相调制驱动输出功率冗余、散热冗余、系统保护，并以此为基础制定了以下技术路线（图 1）。

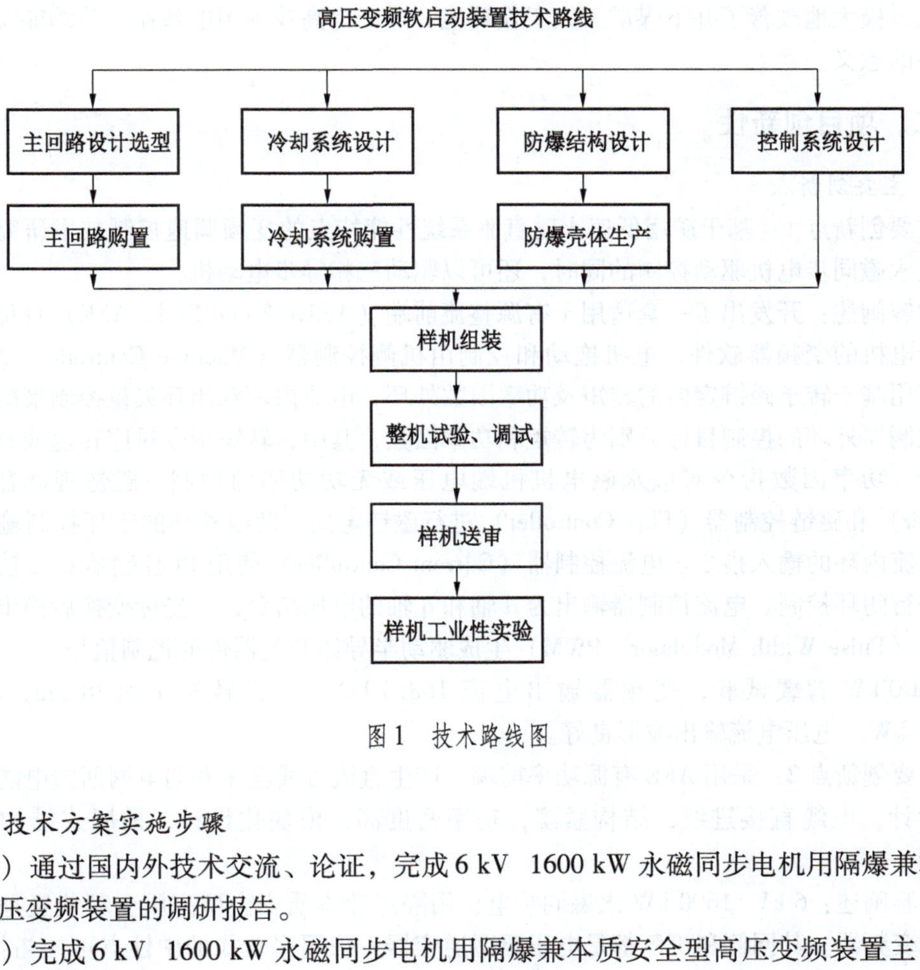

图 1　技术路线图

2. 技术方案实施步骤

（1）通过国内外技术交流、论证，完成 6 kV　1600 kW 永磁同步电机用隔爆兼本质安全型高压变频装置的调研报告。

（2）完成 6 kV　1600 kW 永磁同步电机用隔爆兼本质安全型高压变频装置主回路结构、电磁兼容设计。

（3）完成 6 kV　1600 kW 永磁同步电机用隔爆兼本质安全型高压变频装置散热系统、控制策略设计。

（4）完成 6 kV　1600 kW 永磁同步电机用隔爆兼本质安全型高压变频装置防爆壳体设计。

（5）完成 6 kV　1600 kW 永磁同步电机用隔爆兼本质安全型高压变频装置样机的试制、出厂试验，并取得防爆合格证、安全标志证书。

（6）完成项目组织鉴定验收，并进行市场推广。

3. 取得的成效

6 kV 1600 kW 永磁同步电机用隔爆兼本质安全型高压变频装置的研制项目完成后，带式输送机和刮板输送机系统总体传动效率由原来的75% ~85% 提高到90% ~95%，降低吨煤成本5% 以上，而且能提高输送机整机使用寿命20%，将大幅度提高运输效率，提高煤矿运输的机械化和自动化水平，带式输送机和刮板输送机总体技术将达到国内领先、国际先进水平，对煤矿和煤机行业都将产生明显的经济效益和社会效益。

矿用带式输送机采用永磁直驱技术，可以提高驱动系统效率，系统总体传动效率由原来的75% ~85% 提高到90% ~95%；减小了用户使用、维护成本；驱动部发出的噪声大大降低，极大地改善了井下煤矿工人工作环境。对于提高我国用电效益、节约能源具有非常重要的意义。

二、项目创新性

1. 主要创新点

主要创新点1：基于矿用低速永磁直驱系统性能特点的变频调速控制技术研究，装置在满足永磁同步电机驱动控制的同时，还可以驱动三相异步电动机。

内容阐述：开发出了一套适用于有源整流前端（Active Frond End，AFE）且负载为永磁同步电机的变频器软件，电机拖动和控制由机侧控制器（Machine Controller，MC）完成。采用基于转子磁链定向的转矩及功率因数外环，电流内环双闭环矢量控制策略。

控制器外环的控制目标分别为转矩和功率因数，其中，转矩指令对应转速或有功功率的维持，功率因数指令对应永磁电机机端电压或无功功率的控制。磁链观测器（Flux Observer）和磁链控制器（Flux Controller）进行磁链定向。两组外环的闭环控制输出即为两组电流内环的输入指令。电流控制器（Current Controller）使用PI控制器对d轴和q轴电流进行闭环控制。电流控制器输出为d轴和q轴的电压指令，经坐标变换后输出到脉宽调制器（Pulse Width Modulator，PWM）生成驱动半导体开关器件的控制信号。

1600 kW满载试验，变频器输出电流168.79 A，电机转矩145028 nm，轴功率1609.1 kW。电压电流输出波形良好。

主要创新点2：采用AFE有源功率前端，产生直流母线电压并向电网回馈电能；无变压器设计，电缆直接进线，结构紧凑，功率密度高；模块化设计，抽屉式结构，便于维护。

内容阐述：6 kV 1600 kW 永磁同步电机用隔爆兼本质安全型高压变频装置是水冷型的中压变频器。其网侧和机侧都是电压源型逆变器，采用嵌套式的中性点可控拓扑结构，使用脉宽调制技术来产生五电平的输出电压。它使用基于新一代模块化的绝缘栅双极晶体管作为开关器件。

6 kV 1600 kW 永磁同步电机用隔爆兼本质安全型高压变频装置由若干个安装在同一个框架上的柜体组成。它是在工厂预先装配好并完成相关测试，然后作为一个整体发货，以便于在现场快速完成变频器安装。

主要创新点3：采用功率单元嵌套式NPP结构、五电平PWM输出的高压隔爆兼本质安全型变频器。国内现有的电压源型隔爆兼本质安全型变频器多为二电平和三电平输出，本装置功率单元采用嵌套式的中性点可控拓扑结构来产生五电平的输出电压；同样采用低压IGBT串联技术，降低了元器件的成本，减小了体积。

内容阐述：结合矿用隔爆型产品要求和井下供配电条件进行设计选型。其中，多功率单元直接串联模式主回路功率器件少，模块化设计，整机体积小，无熔断器设计可避免因电网冲击或负载变化引起的跳闸，有源前端整流、集成输入电容器以及输入端增设的电抗器可有效降低对电网的谐波污染，从而可直接联入电网。同时该变频器可为电机提供接近正弦的电流和电压波形，不会额外产生显著的热应力或绝缘应力，集成输出电容器消除高次谐波，因此可直接连接普通交流异步电动机，而且连接电缆长度最远可达 15 km。最重要的一点是此种模式下电源输入端无须多绕组变压器，摆脱了对外部设备的依赖，同时能满足国内煤矿井下供电三相不接地的供电条件。嵌套式 NPP 模式，五电平 PWM 输出，输出侧提供友好的电机接口；无变压器设计，结构紧凑，功率密度高；模块化设计，抽屉式结构，便于维护。课题组经过比对，最终选择嵌套式 NPP 模式。

主要创新点 4：水水 + 水空一体式散热冷却系统，比其他变频器只采用一种散热方式更灵活。本装置正常情况下使用水水散热方式，在没有外部循环水的情况下，切换为水空散热方式进行散热。

内容阐述：温度是严重影响一切电器元件使用寿命的关键因素，半导体器件对温度更是敏感，其所有参数定额都是以某一规定温度为前提条件的。不同于多数受损过程缓慢且受破坏时温度亦不准确的设备，在变频器逆变电路中，温度超过某一极限值，会立即导致逆变管的损坏，并且该温度极限值往往很准确。因此变频器的故障率随温度的升高而呈指数级上升，使用寿命随温度升高而呈指数级下降。10 ℃法则表明，环境温度升高 10 ℃，变频器平均使用寿命减半（其失效率增加一倍）。

防爆型高压变频器容量比较大，热耗也很大，热量聚集在一个固定密闭的空间内，如何处理变频器的散热，降低温升，提高器件的可靠性，从而延长设备的使用寿命显得更为迫切、重要。变频器中主回路功率元件散热问题需要从多方面加以解决。对其发热原理进行分析、建模、仿真，得到数学模型。根据模型设计相应的散热结构。根据散热结构对散热效果进行仿真、样机实验、优化，最终得到符合标准和技术要求的散热装置。

2. 知识产权

申请专利 3 项，其中实用新型专利 2 项，发明专利 1 项，获得用新型专利授权 2 项；发表论文 3 篇。SCI、EI 发表学术论文 1 篇，核心期刊发表学术论文 2 篇。

实用新型专利“隔爆兼本质安全型变频器及设备”授权号：ZL201921121068. X。

实用新型专利“变频设备”授权号：ZL201921120563. 9。

软件著作权：隔爆兼本质安全型高压变频器人机界面软件 V1. 0，登记号：2022SR1508767。

软件著作权：永磁同步电机用高压变频控制器软件 1. 0，登记号：2022SR1486646。

EI 检索论文：Application of Fault Diagnosis of High Voltage Inverter with BP Neural Network，发表于 International Conference on Artificial Intelligence and Big Data（ICAIBD），ISBN 为 978 – 1 – 7281 – 9740 – 1。

核心期刊论文：变频器在电力系统工程应用中的干扰及解决方法，发表于《科学与财富》2020 年第十二卷，刊号为 CN51 – 1672/N。

核心期刊论文：矿用永磁变频器电磁兼容分析和设计，发表于《电力电子技术》2020 年第 55 卷，刊号为 ISSN 1000 – 100X。

三、项目可靠性

（1）晋能控股集团塔山煤矿是晋能控股集团主力矿井，2006 年 7 月正式试产出煤，现年产量接近 3000 万 t。

晋能控股集团塔山煤矿井下 1070 西翼大巷带式输送机成功配套使用上海煤科 BPJV－1600/6K 矿用隔爆间本质安全型变频器，头部驱动，4 台变频器，3 用 1 备。

由原有驱动系统改为防爆高压变频＋永磁电机的驱动方式，大大提高了驱动系统效率，系统总体传动效率由原来的 75%～85% 提高到 90%～95%，吨煤成本降低 5%，带式输送机整体寿命提高 20%，大幅度提高了运输效率，同时也提高了塔山煤矿运输的机械化和自动化水平。

塔山煤矿是晋能控股集团的主力矿井，年产量近 3000 万 t，而 1070 西翼大巷带式输送机又是该矿的一条主运输送带，承担着巨大的生产任务。该项目在 2022 年 2 月下旬顺利完成了项目的实施验收，之后设备状况良好，运转稳定，带式输送机最大运量可达到 7000 t/h，产生了良好的示范作用。塔山煤矿项目变频器应用现场如图 2 所示。

图 2　塔山煤矿项目变频器应用现场

（2）晋能控股马道头煤矿是晋能控股集团主力矿井，2017 年 1 月正式试产出煤，现年产量接近 2000 万 t。

晋能控股马道头煤矿大巷带式输送机、北一盘曲带式输送机变频驱动系统改造，井下大巷带式输送机成功配套使用上海煤科 BPJV－1600/6K 矿用隔爆间本质安全型变频器，头部驱动＋中部驱动，头部驱动 4 台，3 用 1 备，中部驱动 1 台；北一盘区带式输送机井下成功配套使用上海煤科 BPJV－1600/6K 矿用隔爆间本质安全型变频器，头部驱动，4 台变频器，3 用 1 备。

由原有驱动系统改为防爆高压变频＋永磁电机的驱动方式，大大提高了驱动系统效率，系统总体传动效率由原来的 75%～85% 提高到 90%～95%，吨煤成本降低 5%，带式输送机整体寿命提高 20%，大幅度提高运输效率，同时也提高了马道头煤矿运输的机械化和自动化水平。马道头煤矿项目变频器应用现场如图 3 所示。

马道头煤矿是晋能控股集团的主力矿井，年产 2000 多万 t，且大巷带式输送机是该矿井的主运大皮带，北一盘曲带式输送机也承担着一个工作面出煤的生产任务。

该项目在 2022 年 10 月 15 日初步完成了改造任务，设备开始运转，经过后期的完善与维护后，设备状况良好，运转稳定，带式输送机最大运量可达到 6000 t/h。

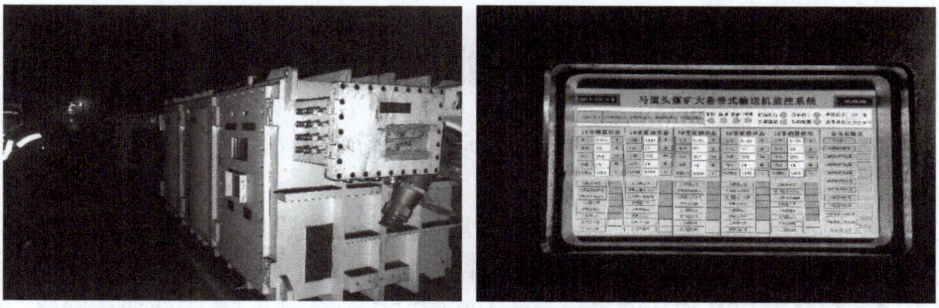

图3 马道头煤矿项目变频器应用现场

四、经济合理性

该项目总投资额233.31万元，项目完成后1年完成成本回收。其中，2021年销售4台、2022年销售4台、2023年销售5台，分别实现新增销售额1235.39万元、1385.84万元、1720.92万元，新增利润330.84万元、529万元、448.53万元。

本项目以高压大动率永磁直驱为研究目标，通过对矿用高压变频软启动装置的主回路拓扑结构、核心控制算法研究、散热结构以及电磁兼容技术（EMC）的研究设计，开发出满足6 kV 1600 kW永磁同步电机驱动并拥有自主知识产权的大功率隔爆兼本安型高压变频装置，促进行业标准的制定，填补了国内空白。

项目完成后，带式输送机和刮板输送机系统总体传动效率由原来的75% ~85%提高到90% ~95%，降低吨煤成本5%以上，而且能提高输送机整机使用寿命20%，将大幅度提高运输效率，提高煤矿运输的机械化和自动化水平，带式输送机和刮板输送机总体技术将达到国内领先、国际先进水平，对煤矿和煤机行业都将产生明显的经济效益和社会效益。

项目成果具有自主知识产权，将使中煤科工集团在带式输送机和刮板输送机技术上实现一次大的飞跃。同时，利用同源技术可以开发应用煤矿、非煤矿山、非开挖工程等不同领域的系列化产品，实现技术的综合应用，并逐步进入国外市场，提高国产高端装备的国际竞争力。

五、存在的问题和今后打算

1. 存在的问题

本项目成功研制了BPJV－1600/6K矿用隔爆兼本质安全型高压变频器，并在此产品基础上研发了10 kV高压防爆变频器系列产品和6 kV两象限高压防爆变频器系列产品。但是目前主要是针对高压大功率防爆变频驱动系统，对于低压防爆变频系列和变频永磁一体机并没有涉足。低压防爆变频系统也具备一定的市场前景和应用领域，而变频永磁一体机则可能会成为未来发展的一个方向。

2. 今后打算

结合当前国内外防爆变频领域的技术发展方向和市场的反馈情况，计划后期开展研制1140 V两象限和四象限高压防爆变频器、3.3 kV两象限高压防爆变频器以及高压防爆变频永磁一体机。

红柳煤矿智能化网络建设

天地（常州）自动化股份有限公司

红柳煤矿智能化网络建设项目由天地（常州）自动化股份有限公司于2023年3月3日现场开工，2023年9月20完成项目竣工并在11月17日通过项目验收。此项目在红柳煤矿建立了一套基于SPN切片网络技术的100 GE 5G承载网及5G无线通信网络，实现了各个子系统如高清视频、工业控制、辅助运输、通信联络等网络设备的接入，满足各系统低时延、高可靠的数据传输。通过项目的建设，实现了煤矿安全、生产、监测监控子系统海量异构数据的高速、稳定、可靠的采集、治理、处理及存储。包括矿山环境监测、人员定位、“掘、采、运、通、选、排”等生产监测监控，具备独立低延迟的控制指令下发机制、灵活可配的业务工作流驱动机制，在同一平台中实现了数据融合、多业务协同控制与联动。

一、项目实施方案

（一）项目内容

本项目在红柳煤矿构建一张高可靠性的5G通信网络，通过5G无线网络实现生产区域高速率、低延时的数据传输。利用5G网络“大带宽、低时延、广连接”的特性，助力红柳煤矿智能化的建设。

建设内容包括：地面5G核心网；采煤面、掘进面、胶轮车辅助驾驶试验区覆盖5G信号；配备矿用本安型无线信号转换器，支持各种网络终端接入5G网络；红柳煤矿矿用5G无线通信系统主要由5G核心网、网管服务器、交换机、基带处理单元（BBU）、KT28E(5G)－K矿用隔爆型基站控制器、KT28E(5G)－F2矿用隔爆兼本安型无线基站、KT28E(5G)－Z矿用本安型信号转换器等构成。井下采用KT28E(5G)－F2基站实现井下覆盖，井下基站通过矿用基站控制器进行汇聚后，与BBU相连。

本项目建设内容主要包含以下两部分：

（1）5G核心网建设部分。在矿上中心机房部署i5GC小型化核心网（5G核心网服务器2台、网管服务器1台）、交换机2台，基带处理单元1台。上述设备均置于标准网络机柜内。

（2）无线网络建设部分。井下无线网络覆盖范围主要包括采煤工作面、掘进工作面以及01采区胶轮车辅助运输试验区。

本次方案井下共设置矿用隔爆型控制器8台、矿用隔爆兼本安型基站28台（采煤面和掘进面16台，01采区胶轮车辅助试验区22台）。

（二）技术指标

本项目新建了一个井下5G传输网络，实现1个采煤工作面、1个掘进工作面和01采区辅运巷（约3000 m）的覆盖。结合01采区辅运巷条件，共建设22台矿用5G基站；试验区的采煤工作面和掘进工作面共建设16台矿用5G基站，实现采区辅运巷及采掘工作面的5G无线信号覆盖，满足相关区域通信数据及工业控制系统数据的传输需要。

基站及天线满足大巷、工作面等不同场所的信号覆盖。5G 基站覆盖半径 100 m（可视范围内）。终端满足 256QAM 要求下，上行峰值 200 M，下行峰值速率 1 G。

（三）实施过程

1. 5G 核心网方面

当前核心网整体方案分为 UPF/MEC 下沉和独立专网建设两种方案。UPF/MEC 下沉依托于运营商网络，通过运营商 UPF/MEC 下沉到矿区部署的方式实现数据不出园区、报文转发低时延的 5G 虚拟专网，此方案核心网依托于运营商，系统的管理、维护、放号等均依赖运营商，难以针对现场需求开发行业应用，灵活性较差。5G 独立专网是在矿区独立建设的支持 4G 和 5G 终端接入的矿区专用独立核心网，其只为矿区专网用户和终端设备提供网络接入服务，系统的管理、维护、放号等均自主可控，灵活性较好；系统与运营商公网可物理隔离，安全性较高；使用中无须支付运营商套餐费，应用成本较低；对移动语音调度等行业应用支持度较高。本项目采用 5G 独立专网方案建设核心网。

2. 无线接入网方面

采用基带处理单元 + 基站控制器 + 5G 基站的网络架构，其中，基带处理单元安装于地面机房，通过光纤与井下基站控制器、5G 基站相连，基站控制器、5G 基站通过矿用化设计后取得矿用产品安标证，安装于煤矿井下实现 5G 无线信号的覆盖。根据安标国家矿用产品安全标志中心发布的《煤矿 5G 通信系统安全技术要求（试行）》，无线设备的发射阈功率应满足 GB 3836. 1—2010《爆炸性环境 第 1 部分：设备通用要求》中的规定，基站阈功率应不大于 6 W。项目重点解决 5G 基站的多路射频输出与配套天线的增益引起的基站阈功率过大的问题，通过优化设计后使其满足相关标准要求。

（四）取得的成效

自 2023 年 3 月项目施工以来，通过在红柳煤矿部署 5G 专网核心网，构建 31 个 5G 基站，可支持 1 万会话及 4. 5 Gbps 数据吞吐量，上行速率最大可达 690 Mbps/s，空口时延 <15 ms。整体 5G 地面核心网已完成和矿方工业环网的对接，并在 I01 采区辅运大巷及 I040201（东）工作面完成 5G 信号覆盖，除基本的大带宽、低时延的数据交互外，还可满足无人驾驶、视频监控、远程控制的性能需求。

红柳煤矿井下通过 5G 通信技术的应用实现煤矿基于 5G 技术的工作面智能化、超高清视频、远程实时控制、远程协同运维及井下巡检等井下应用场景，满足了智能化采掘工作面网络传输需求和低延迟视频与控制需要，取得了良好的应用效果。

二、项目创新性

本项目针对红柳煤矿井下巷道特点，研究井下 5G 通信技术网络架构、井下 5G 无线网络覆盖技术以及 5G 基站、天线矿用化技术，研制矿用小型化 SA 核心网、基站控制器、5G 基站等设备构建 SA 架构矿用 5G 通信网络，满足矿井井下 5G 网络覆盖要求，为矿井提供高带宽、低时延无线通信网络。

（一）技术创新

（1）开发了小型化、适合煤矿行业应用的 5G 专网平台。5G 专网核心网主要研究包括基站、回程链路以及核心网组成的独立组网方式。

（2）开发了支持有线和无线融合的多功能 5G 融合通信系统业务平台。

（3）研制出适合矿用的5G基站，使其射频功率及天线增益满足煤矿防爆要求。

（二）取得知识产权

本项目已获授权专利15项（其中发明专利3项，PCT发明专利2项）、发表论文10篇（其中SCI收录论文1篇，EI收录论文1篇）、授权软件著作权4项。

三、项目可靠性

5G核心网本身可实现注册管理、移动性管理、会话管理、连接管理、用户鉴权、策略控制、用户地址分配、5GQoS、网络切片等功能。5G核心网与工业环网的互联互通，可通过地面网管平台对相关业务进行远程控制、参数配置、设备状态监测及远程升级。

从网络架构上，5G独立核心网的部署保证了相关数据不出矿区，实现物理隔离和数据隔离；同时提供确定性的QoS保障，保证了数据的本地QoS签约和优先级调度；UPF下沉则实现了降低数据时延，提高了传输的稳定性。系统同时提供黑白名单和安全加固功能，为数据安全加固了一道“防火墙”。

系统中所涉及的矿用设备均通过了国家安标中心测试审核，相关证件及证明材料齐全。同时对部分设备进行了板卡冗余配置，做到数据备份，实时切换。

总体来说，红柳煤矿通过建设5G通信系统，在I01采区胶轮车辅助试验区、I040201工作面及实现相关应用的5G网络信号的覆盖。对视频信号及各类控制信号通过5G进行回传，并在地面与现有环网进行对接。通过建设的5G网络，分别针对高清视频回传的大带宽应用及控制信号的低延时应用以及井下无人驾驶提供技术保障，将5G网络的大带宽、低延时、广接入的技术特点得到充分体现。

四、经济合理性

本项目成果“矿用5G通信”支持超宽带、大连接、高可靠/低时延等应用功能，能够很好地解决井下移动通信及大样本数据感知问题，加快矿山物联网、智能矿山的建设步伐；后期，可将相关成果拓展到矿工智能穿戴装备、生产协同控制、辅助运输、智慧矿山建设等多个应用领域，具有较好的市场前景及经济效益。

红柳煤矿实现了井下1个采煤工作面、1个掘进工作面和01采区辅运巷（约3000 m）的5G信号覆盖。基站覆盖半径：100 m（可视范围内）；终端满足256QAM要求下，上行峰值200 M，下行峰值速率1 G；通过5G通信技术的应用实现煤矿基于5G技术的工作面智能化、超高清视频、远程实时控制、远程协同运维及井下巡检等煤矿井下应用场景，满足了智能化采掘工作面网络传输需求和低延迟视频与控制需要，取得了良好的应用效果。

本项目为智慧矿山建设提供了超宽带、大链接、高可靠、低时延通信平台，可提高煤矿安全管理水平，促进煤矿信息化、智能化发展，完善矿山物联网技术在矿井不同生产环节的应用模式，对进一步在矿山安全生产领域推广新的矿山物联网技术应用具有重要意义。

五、存在的问题和今后打算

（1）进一步完善系统构架，根据煤矿井下智能化建设要求及实际应用场景，丰富产品类型，例如SPN节点交换机、SPN CPE；真正实现整个网络系统，由核心网到最底层终端的端到端切片。

（2）针对隔爆类设备功耗较大、使用过程中热量较高的问题，需要在5G设备散热问题上进行不断改进和创新。

（3）根据实际应用场景，针对性进行5G无线信号覆盖，实现多频点融合。

（4）矿用5G模组进一步持续创新。

中国华能集团有限公司

高寒环境下零碳排放智能换电无人驾驶运输系统关键技术与应用
华能伊敏煤电有限责任公司露天矿（125）
伊敏露天矿生态修复实践
华能伊敏煤电有限责任公司露天矿（127）
伊敏露天矿循环经济一体化采矿
华能伊敏煤电有限责任公司露天矿（130）
砚北煤矿冲击地压风险智能判识与多参量监测预警平台
甘肃华亭煤电股份有限公司砚北煤矿（131）
砚北煤矿 250203 下 5G + 智能化综放工作面
甘肃华亭煤电股份有限公司砚北煤矿（134）
砚北煤矿采空区煤自燃风险预警系统
甘肃华亭煤电股份有限公司砚北煤矿（142）

高寒环境下零碳排放智能换电无人驾驶运输系统关键技术与应用

华能伊敏煤电有限责任公司露天矿

项目依托于全国最大露天矿之一的华能伊敏露天矿，所研发的取消驾驶室无人纯电动矿卡将用于替代部分传统燃油卡车进行土方剥离运输作业，在无人电车规模化运行后，可全面替代外委剥离运输环节约 1 亿 m^3 剥离量。该部分剥离量运输将全部采用电力驱动，并利用 3 ~5 a 的时间实现伊敏露天矿运输环节无人化，运营成本大幅下降，安全管控能力大幅度提升，切实保证我国能源战略安全。

一、项目实施方案

1. 案例内容

本案例所研发的整套系统由无人驾驶卡车、移动式换电站、电池转运车和充电站组成。无人驾驶卡车采用纯电驱动，作业过程中亏电时自动驾驶至移动式换电站更换电池，保障无人驾驶卡车的有效作业时间，同时电池转运车将更换下来的亏电电池转运至充电站充电，确保移动式换电站电池保持满电状态。

2. 技术指标

为加快推进运输环节无人化及再电气化进程，本案例采用现场验收、成果鉴定等方式对定制化制造的取消驾驶室的无人驾驶纯电动卡车及配套充换电设施进行验收，实现定制化的高密度电池、快速移设的换电站、集成异构分布式车辆底盘控制系统、国产激光雷达感知系统融合应用等研究，无人驾驶作业效率达到人工 100%，作业成功率 99. 99%，整体上形成能够推广的成果。

3. 实施过程和取得的成效

本案例自 2023 年 1 月开始投产，根据其技术特点，创新性分为车体、无人驾驶系统、电池及智能充换电系统、基础理论 4 个标段，合作开发取消驾驶室的无人电动矿卡、充换电系统及无人驾驶系统。2023 年 3 月，首台取消驾驶室无人换电宽体卡车到达伊敏露天矿，工作人员在 3 天内完成了车体的安装及各系统的基础调试工作。同年 4 月，首台取消驾驶室无人换电宽体卡车完成联合验收，无人驾驶作业效率达到人工效率的 81. 99%。同年 9 月完成 9 台无人驾驶纯电动矿卡的研发落地，能够 24 h 不间断作业，作业效率达到人工效率的 100%，真正实现了无人化运输。同年 12 月，进行了 72 h −40 ~ −35 ℃的冬季极寒天气极限编组测试，共编组运行 253 个循环，剥离土方 10246. 5 m^3，充分验证冬季低温环境下系统运行的可靠性。2024 年 4 月，作业效率达人工效率 120%，累计无人驾驶运输 14000 余公里，剥离 35 万 m^3。4 月 26 日，委托中国煤炭工业协会组织专家完成了项目鉴定，鉴定技术成果达到国际领先水平。

二、项目创新性

（一）技术创新

1. 无人驾驶技术

创新地通过车—云—网协同技术，研发了具备全天候动态环境融合感知和规划控制能力的系统，研发了运输道路、装卸载区高精地图的高效率众包更新技术，支持作业面地图的分钟级更新，形成了动态路权管理、精细化路径引导、速度规划策略的控制方法，单车综合运输效能超过人工驾驶。

2. 智能换电技术

率先研发了高寒环境下智能充换电的无人驾驶高效运输系统。创新地采用充换分离、移动模块组合方式，实现了就近设置充电和换电场所，使整体系统的灵活部署得以实现，并满足更换作业工作面的换电迁移需求，节省了土建、电力施工成本。此外研发了电池热管理系统，并在电池箱内部增加了保温隔热材料，确保电池在－40 ℃环境中正常运行。

3. 取消驾驶室车体技术

研制了无驾驶室的新型宽体自卸车，车身采用6×4纯电驱动型式，实现了目前最大吨位宽体电动无人驾驶矿卡，矿卡载重自重比达到1∶89。驱动系统创新前置了双高速高效率驱动电机，双电机交替换挡，满足了矿卡重载高爬坡需求车型对大功率、高扭矩的需求。该车型在取消驾驶室的前提下，采用了车头位置电池安装方式，实现了电池包快速更换，具备卸载过程平衡车辆重心的优势。

（二）知识产权情况

案例实施初期，各标段提前进行专利布局，将所涉及的技术难点及创新点进行覆盖。截至2024年7月完成发明专利受理75项、授权4项；实用新型专利受理81项、授权67项，发布《露天矿区智能驾驶导航电子地图数据采集要求》等9项标准，印发《无人驾驶矿用自卸车安全员操作标准》等4项规章制度。

三、项目可靠性

本案例在取消驾驶室纯电矿卡的设计上，采用全油气悬架和多重冗余设计的转向系统，进一步确保了车辆在复杂矿山环境中的安全运行；采用先进的感知系统，以及深度学习模型的应用，使车辆能够全方位、高精度地感知环境，有效应对风沙和复杂天气条件，大幅提升了行驶安全性；此外智能调度和规划控制系统通过高精度众包地图和动态路权管理，实现了车辆的高效率运行和路网冲突的智能消除，进一步保障了作业过程中的安全性和效率。这些技术创新和系统设计不仅提升了该案例的运行稳定性，还显著增强了在恶劣环境下的安全可靠性，为矿山运输领域的自动化和无人化发展树立了新的标杆。

四、经济合理性

（一）经济效益

1. 单车能耗经济效益

按照年度单车运输24.5万 m^3 货物，单程重载运距1.2 km计算，对比同吨位燃油卡车，单车每年节约能耗费用15.85万元。

2. 剥离成本效益

采用无人电动矿卡运输系统，运距为5.7 km情况下，每年完成2450万 m^3 剥离任务的总成本为15989.97万元，合6.53元/m^3，对标当前河南富顺7.17元/m^3。

3. 碳排放效益

无人电车规模化运行后，可全面替代外委剥离运输环节约1亿 m^3 剥离量。该部分剥离量运输将全部采用电力驱动，减少柴油用量4.7万t，减少二氧化碳排放14.9万t。

（二）社会效益

本案例是推动战新产业发展的重要实践，同时也具备工业示范批量应用的条件，案例实施后将逐步替代外委剥离运输队伍，降低安全管控压力，实现运输工作面本质安全。同时规模化应用将实现剥离队伍的部分电气化替代，燃料成本显著降低，打造国内首个零碳智能化无人工作面。

（三）绿色环保

当前露天矿山生产运输环节多采用自卸卡车运输工艺，经统计国内正在运行的100~400 t级卡车约有1700台，每年消耗柴油约100万t，排放二氧化碳346.62千克。该案例所生产的纯电动矿车，通过电机进行驱动，满足国家倡导的绿色能源大方向，并在后续实现光伏、风力发电、蓄电池储能后进一步降低生产成本的同时，提升整体的环保效益。

五、未来计划

依托创新联合体、国家矿山安全监察局重点实验室科技创新优势及华能伊敏露天矿无人驾驶、电动卡车等关键技术研究基础和高寒、软岩、富水等优质工况实验场地，催化取消驾驶室无人换电宽体自卸卡车产品落地，支撑华能伊敏露天矿2025年构建完成国内首个100台无人电车常态化运行工作面，为产业化布局奠定基础。

伊敏露天矿生态修复实践

华能伊敏煤电有限责任公司露天矿

一、项目实施方案

1. 系统布局，全局性谋划，整体推进

深入调研全国各大矿区生态修复状态、各大展馆布局意义，分析当前生态修复的紧迫性、责任性，总结调研考察经验，结合伊敏煤电公司自身实际情况，根据确定的目标寻求最优的生态修复路径。积极立项、公开招标采购，在全国范围内寻求顶级设计团队，开展伊敏矿区生态修复示范区建设规划设计。

2. 规划先行，统筹人力、管理、技术保障

在绿色矿山建设过程中重大项目启动之前，进行可行性研究、整体的设计规划，通过

党委决策成立专业的组织机构、申请专项费用，依托制度开展生态修复、节能、环保、新工艺、绿化等绿色矿山建设工作。一是成立重点项目组织机构，并从各个专业抽调专人重点开展工作。二是不断完善制度、办法、细则、标准，明确管理、技术措施，并严格按照计划、办法、标准开展。三是建立完善的保障措施，各部门紧密沟通协调，保证在最佳季节快速开展相关工作；针对多年来企业内部公司在生态修复工程中积累的经验，将种草、植树、修路等常规施工以单一来源的方式委托给本企业内部公司开展，针对专业、大型项目、设备通过招标、单一来源等方式引进顶级团队开展工作，伊敏露天矿专班成员对预算、质量、进度、安全进行把控管理。

3. 专项投入，战略性、系统实施

根据《内蒙古自治区矿山地质环境治理恢复基金管理办法》（试行），按照上一年煤炭产量，吨煤提取11元用于矿山地质环境保护，伊敏露天矿累计投入超18亿元，用于地貌重塑、边坡及地下水治理、土壤改良、植被种植、生态环境设施建设等矿山地质环境保护工作。

根据生态修复设计的整体内容（23 km^2 范围内的植被复绿、企业及生态文化展示、人与自然和谐相处环境的营造、功能区及厂区亮化提升等）、设计位置的区块（位置涉及矿山大面积排土场、核心景观建设区、矿山周边厂区及绿地等）、设计内容的专业性（专业涉及施工基础与土方、绿化、生态建筑与广场、生态道路、栈桥与长廊等），将伊敏矿区生态修复示范区建设内容分解为生态修复及提升区、生态修复核心区、生态修复毗邻区，再针对子项目的特殊性开展工作。

二、项目创新性

从生态重构、土壤改良、地貌重塑等方面做到了珍惜资源、尊重自然、因地制宜，达到了矿区和谐、恢复景观融入自然的效果。进行了草原生态、草原湿地生态、水生动植物、草原动植物结合的生态景观升级。

1. 地下水恢复

排土时模拟原有土层结构，在排土场依次排弃泥岩、沙子、腐殖土，为植被后期生长提供透水、透气环境。同时，地表以下形成泥岩隔水层，将采坑与伊敏河完全阻隔，目前伊敏河与采坑之间的水位已恢复至原始水位6 m左右。实现了系统的、深层的环境治理。

2. 地貌重塑

经过多年实践，结合伊敏地区草原自然坡度，将排土场放坡至12°到15°后，再覆土绿化，使排土场最终成为缓坡小丘与自然地貌融为一体，像二十大报告指出的“尊重自然、顺应自然、保护自然”，显现了植被的生态和谐。

3. 土壤改良

在剥离过程中，对地表厚度只有5～20 cm的腐殖土进行单独回收和存放，作为绿化覆土，即使腐殖土回收成本远远高于常规剥离，也仍然坚持腐殖土回收，在排土场绿化前覆盖腐殖土。为了给绿化植被提供根系生长环境，与中国矿业大学（北京）、华能清洁能源研究院共同开展土壤改良研究，探索腐殖土不足时的最优土壤改良方案。在排土场表面排弃泥岩位置覆盖0.5～1.0 m的沙子后，再覆盖0.3 m的腐殖土。沙层为植被后期生长提供透水、透气环境，有利于植被对水分和养分的吸收。利用农家肥对腐殖土进行改良后再种植植被。

4. 植被选择

植被恢复过程中不断探索适宜矿山修复的本土植被，最终筛选出适应性强、抗土壤贫瘠、耐寒耐旱、具有固氮作用的沙棘、锦鸡儿、苜蓿等先锋植被进行改良土壤，混种披碱草、羊草、早熟禾等复绿植被进行大面积复绿，再混播委菱菜、苦麻菜、蒲公英等本土多年生植被增加植被恢复持续性效果。同时在矿山道路旁栽植银中杨、樟子松、水曲柳、糖槭等乔木抑尘降碳隔音，改善环境。

5. 生态重构

排土场及采坑周边进行分层次的生态再造，形成采坑、正在排弃的排土场、已恢复植被的排土场、乔灌草等绿化植被带、主干道路等层层相连的景观。为动植物提供完美的栖息环境的同时，在保证为生物留足空间的前提下，给观赏者提供亲近自然、亲近野生动物、亲近矿山的环境，唤醒人类保护环境、爱护生态、珍惜资源的内心本能。

三、项目可靠性

伊敏露天矿的“酷寒草原区露天开采系统性生态减损与修复关键技术”被列为自然资源部“矿产资源节约和综合利用先进适用技术”。在2021—2023年期间投资2亿元，开展的伊敏矿区生态修复示范区建设，完成了70 hm^2 的核心区建设和300余公顷湿地景观区建设：重现了矿区原始湖泊——伊和诺尔湖，湖泊面积26 hm^2，水位最深处4 m，已经吸引鸥鹭、麻鸭、鱼类等多种野生动物在这里“安家落户”；建成了高质量绿化植被恢复生态区34 hm^2，内设4.4 km沥青道路，7.1 km塑胶路面，一处圆形观景平台和两处广场（共10360 m^2），11600棵生态景观树木，1200 m^2 明珠馆。生态修复示范区建成后免费对外开放，累计接待游客超5000人次，向社会展现着人文、科普、生态相结合的大型煤电基地生态修复效果，展现国企担当，取得了显著的社会效益。

四、经济合理性

在助力矿山企业生态固碳方面，在公司范围内栽植乔灌木超106万株（丛），在矿区形成植被恢复区1069 hm^2（其中生态修复示范湿地景观区239 hm^2，乔灌木68万株），利用乔灌草结合的方式在改善生态环境的同时，吸收二氧化碳超15万t，充分诠释了“人不负青山，青山不负人”。在泥岩隔水层阻隔水系方面，有效阻隔了地表潜水的流失，在保持周边水系水位同时，大幅降低露天矿坑出水，减少地下水的抽排。

五、存在问题及今后打算

在开发中保护，是矿山企业开采活动必由之路，伊敏露天矿计划在核心区成功经验的基础上，对毗邻区进行提升建设，将这种不仅要还原地貌，还要丰富绿化效果的良好做法长期坚持，以外排土场复垦绿化区和水体为载体，进行北排湿地公园和矿山工业印记展示基地示范区建设，并在今后的每一年扩大景观区建设规模，破坏一片草地，还原一个公园。

伊敏露天矿循环经济一体化采矿

华能伊敏煤电有限责任公司露天矿

循环经济一体化采矿，是伊敏露天矿依托伊敏煤电公司所特有的煤电一体化经营萌发出的一种新质生产力，伊敏露天矿自1976年开发建设以来，担负着伊敏煤电公司包括电厂燃煤、冷却水供应、外销煤炭生产、灰渣回填等多项业务，与伊敏电厂形成了煤、电、水、灰、土、热紧密联系的立体循环、绿色环保发展模式。

一、项目实施方案

（1）伊敏循环经济内容。煤炭资源和电力资源作为工业生产最重要的两类资源，是国民经济发展的重要支柱。传统煤炭企业多位于偏远地区，与工业发达城市距离较远，煤炭的开采与运输过程需要消耗大量的电力和柴油，而燃煤电厂具有产品运输成本低、市场稳定的优点，但也有燃料（煤炭）采购和运输成本较大的缺点，将电厂建在露天矿坑口上，是伊敏循环经济的核心，保障了企业各类资源的二次利用，更提高了煤电公司应对市场价格冲击的能力。

（2）煤的循环。露天矿作为坑口电厂的巨型燃料基地，从产出到发电，整体运输距离不超过10 km，且一半以上的运输都是带式输送机输送，实现了煤炭从采出即发电的清洁运输模式，相比普通电厂大幅减少能源消耗。

（3）电的循环。一方面将电厂发电作为矿用电，驱动巨型电铲、轮斗挖掘机、破碎机、胶带输送机、电动卡车等设备用于煤炭的开采和运输，相比内燃机驱动设备，大幅减少了化石燃料消耗；另一方面，公司利用露天矿大量的内排土场建设光伏，充分利用闲置土地资源来发电，发出的绿电再回用到煤矿开采过程。因此，伊敏露天矿充分发挥循环用电得天独厚优势，大量引进包括半连续、全连续、电动卡车等电动化生产设备，大量建设排土场光伏，光伏装机超 1.1×10^5 kW。

（4）水的循环。伊敏露天矿开采之前需对采区煤层含水进行疏干，地区夏季多雨的特征也需要露天矿夏季大量抽排坑下的雨水。在充分利用疏干水绿化、清洁、生产洒水基础上，公司充分发挥煤电联营优势，将疏干水和夏季防洪雨水经处理后输送至电厂作为循环冷却用水，电厂循环水浓缩后再输送给煤矿坑下加水站，用于坑下洒水降尘，实现了水资源的循环利用。

（5）热的循环。作为资源型的小城镇，又地处全国最严寒的区域，伊敏煤电公司发挥电厂发电蒸汽余热，为矿区、厂区和周边居民区提供暖气，实现了资源的集约利用。同时，2021年建设完成供热总长70.22 km的供热管路，开创了高寒地区超长距离供热先例，2022年全年向海拉尔地区供热 6.33×10^6 GJ，比传统的热水锅炉及小型热电厂减少标煤消耗约18万t，减少炭排放量约40万t。

（6）灰渣的循环。坐落于坑口的燃煤电厂，发电产生的炉灰、灰渣不需要像传统电厂一样，破坏土地，建设灰场，而是通过将灰渣回填到露天矿排土场的方式，杜绝了再次占用土地、遗留大量灰场的问题。同时，露天矿也在积极探索灰渣用于增加道路硬度、提高绿化用土肥力等方面的应用，进一步提高灰渣的循环利用水平。

二、项目创新性

循环经济一体化采矿，将电气化和再电气化结合，旨在减少化石资源开采过程的消耗，短距离的煤炭运输大幅减少运输消耗，产煤发电再用于产煤，这种自产自销、内部循环的可持续生产模式，大幅提高了抵抗电力、煤炭市场价格波动能力。同时，发挥电、水、热、灰渣等要素的循环使用和处置优势，大幅减少了资源重复利用和土地占用。

三、项目可靠性

自 1987 年建矿、建厂以来截至 2023 年，依托循环经济模式，生产煤炭超 4.2 亿 t，企业累计发电超 2900 亿 kW·h，上缴各种税费 248.74 亿元。纯电动化卡车经过 4 a 生产实践论证，矿用电车电池充换电次数已超 5000 次，仍可持续长时间运行，验证了电动卡车作为绿色储能装备的可靠性。煤矿可采期和电厂服务期均超 20 a，能够长期为东北及蒙东地区输送优质清洁电力和煤炭资源。

四、经济合理性

2007 年引进亚洲第一套双履带自移式破碎机采煤工艺系统，以电带油，半连续工艺比单斗卡车工艺节省 1.84 元/t；2019 年引进一套剥离量 1100 万 m^3/a 的剥离全连续系统，较传统的单斗卡车工艺成本降低 7.4 元/m^3。以 2022 年为例，全连续及半连续系统共产出 1565 万 t，相比较传统单斗卡车工艺节约柴油超 5000 t。2020 年 8 月投入使用纯电动矿用宽体重卡车用于剥离运输，采用纯电力驱动，每立方米剥离物运输仅需 0.5 kW·h，节约柴油消耗 0.5 kg，2020—2022 年剥离总量 1300 万 m^3，减少二氧化碳排放 1.46 万 t。矿坑每年容纳灰渣超 100 万 m^3，节约征占土地超 2 hm^2。

五、存在问题及今后打算

伊敏露天矿计划 2025 年无人电动卡车于增加到 100 台，电车作为储能资源将具备 5 万 kW·h 的储能规模，将矿山生产运输与绿电综合利用深度融合，实现新型绿色采矿应用场景。同时，将进一步尝试节能降碳先进技术、装备的应用，推动形成绿色低碳的生产方式，积极响应党中央号召，实现高端化、智能化、绿色化发展。

砚北煤矿冲击地压风险智能判识与多参量监测预警平台

甘肃华亭煤电股份有限公司砚北煤矿

针对冲击地压灾害对矿井安全生产的威胁，砚北煤矿长期注重冲击地压灾害的研究与防治，经过多次迭代，2021 年 12 月—2022 年 8 月与中国矿业大学合作，在 SOS 微震、ARES 地音、煤岩应力在线监测等冲击地压监测系统的基础上建成新一代冲击地压多参量综合预警云平台，实现了对井下冲击危险区域的综合监测预警，提升了冲击地压预警水平，促进矿井冲击地压防治理论和实践的总结与改进，使能及时采取冲击地压防治措施，达到冲击零事故，有效避免冲击地压灾害带来的人员伤害，保证了煤矿生产的安全运行，使产能稳步提升，为产业协同、煤炭保供起到了重大支撑作用。冲击地压多参量综合预警准确性达到 80% 以上，达到国内领先水平。

一、项目实施方案

根据冲击地压发生机理，冲击地压的监测预警必须从应力场、震动场、能量场三方面进行，单一监测方法难以实现对冲击地压的精确预测。联合多种方法涵盖应力场、震动场和能量场的多参量综合监测预警技术，能够有效提高冲击地压预警的准确性。为实现冲击地压危险的真正预警，砚北煤矿冲击地压防治办公室依托矿井智能化建设工程引进了冲击地压多参量综合监测预警云平台，对井下冲击危险区域进行综合监测预警。

（1）砚北煤矿冲击地压监测预警关键理论。分析砚北煤矿诱发冲击地压的主控因素，建立砚北煤矿复杂应力环境作用下冲击地压发生过程的顶板 - 煤层 - 底板复合结构模型，研究顶板、底板、煤层弹性能积聚、转移、耗散作用过程及其诱冲机理；设计砚北煤矿不同冲击类型工况对应的复杂应力路径，开展砚北煤矿复合煤岩结构灾变冲击过程的真三轴加卸载动静组合实验与数值试验研究，再现冲击地压全过程，揭示砚北煤矿冲击地压机理。

（2）矿震辅助自动分析与语音报警系统。针对矿震信号在时域、频域和幅值上的特点，采用多时窗口算法，并建立响应的度量标准和阈值设定标准，实现 P 波信号的自动识别，另外基于台站位置和定位原理，对识别的到时有效性进行校准，并对低 P 值、高 S 值引起的误标记进行改进，从而实现矿震信号的自动识别、智能定位和能量计算。

采用研发的矿震 P 波自动识别技术实现对微震监测系统记录信号的实时监测分析。对记录的矿震信号进行分区、分能量级别语音报警。除语音报警外，同时显示自动分析后的震源坐标、能量、识别通道数等信息。震源位置将显示在采掘工程平面图上。

（3）开发适于砚北煤矿使用的冲击危险分级分区判识的震动波 CT 反演系统。基于微震监测数据，研发适于砚北煤矿分析人员使用的震动波 CT 反演系统，用于大范围、高分辨率判识冲击危险区域分布；基于砚北煤矿开采与地质条件，进一步完善基于震动波波速的反演流程。

（4）砚北煤矿冲击地压灾源的微震 - 应力 - 能量多参量空间识别与定量表征。根据砚北煤矿的高精度微震监测数据，建立基于微震损伤重构的冲击变形能空间定量化表征技术，开展砚北煤矿潜在冲击地压灾源的实时探测与识别。根据砚北煤矿建设的双震源一体化 CT 反演装备，建立基于纵波速度构建的波速异常、波速梯度异常与应力集中等空间定量化表征参量，开展高冲击危险区域的主被动 CT 反演探测，重点补充冲击变形能无法捕捉的隐蔽潜在的冲击地压灾源。根据砚北煤矿建设的围岩高精度应力监测预警设备，开展基于应力环境条件的冲击地压灾源识别，最终建立砚北煤矿冲击地压灾源的微震（强矿震自动分析与语音报警）- 应力（CT 应力反演、围岩高精度应力监测）- 能量（冲击变形能）多参量空间识别与定量表征技术。

（5）砚北煤矿冲击地压危险的微震 - 应力 - 能量多参量综合时序智能预警系统。研究煤岩冲击失稳的微震－应力－能量判别和应力应变、变形能与微破裂之间的转换关系，开展砚北煤矿冲击地压危险的微震－应力－能量多参量综合监测理论研究，建立包括活动性多维信息、周围环境介质特性信息、变形能孕育过程信息、非线性混沌分形信息和震源机制－波形信息五类前兆指标体系；发展模糊综合智能预测模型，包括多参量前兆指标输入、模糊智能处理分析和智能预测结果输出，建立砚北煤矿冲击地压多参量综合监测预警技术。将上述研究获取的成果用计算机语言表达，集成为综合分析软件包，提供一套针对砚北煤矿的冲击地压智能综合时空预警软件。

（6）砚北煤矿冲击地压远程在线综合监测预警平台。为联合微震监测、应力监测和双震源一体化 CT 监测，实现多参量远程在线综合预警，在保障各类信息准确、快速传输基础上，平台开展的研究内容与关键技术包括：研究建立砚北煤矿 WEB 端的采掘工程平面图 GIS 显示平台；研究实现 CT 反演、冲击变形能等空间预警结果的 WEB 端云图显示；由于预警还要与开采、地质条件相关联，因此还应针对砚北煤矿研究卸压措施、钻屑量、应力与矿震监测等结果在 WEB 端的生成和表达方式，并实现监测预警与卸压解危之间的监防互馈；依据微震－应力－能量多参量预警模型，研究建立 WEB 端的自动预警方法，实现砚北煤矿冲击地压的远程在线自动预警。依托以上关键内容的研究，为砚北煤矿建设真正多参量预警的冲击地压远程在线监测平台，具备 GIS 一张图管理和监防互馈的独特优势，能够极大满足砚北煤矿对冲击地压灾害监测预警和治理的需求。

二、项目创新性

（1）具有强兼容性、强扩展性。微震、应力在线、支架阻力、地音、钻屑监测、大直径钻孔等多种监测和防治信息，可以统一接入平台，也可以根据需要进行个性化的持续开发，满足矿井在未来新增其他监测手段、监测信息和数据的扩展、接入。

（2）近、远场冲击地压危险震动波 CT 反演预警，可通过反演云图直观显示高应力区及潜在冲击危险区。

（3）具有独有的冲击变形能指数时序预警，可通过云图直观显示冲击能量场分布。

（4）具有专业的监测预警指标体系及其权重自适应动态调整功能。

（5）基于云平台数据处理技术，可实现异地访问、数据信息查询、预警提示，大幅提高管理效率，提高矿井冲击地压信息化、智能化管理水平。

三、项目可靠性

砚北煤矿冲击地压风险智能判识与多参量监测预警平台自 2022 年 8 月 15 日正式进入运行阶段，自运行以来数据采集、传输正常。平台集成了微震、地音、应力及采煤工作面液压支架工作阻力等监测系统数据。在微震监测方面，原来的分析软件无法直观清晰地显示震源分布情况，多参量平台可以直观显示各采掘工作面震源分布情况，可以根据进尺录入信息显示当天工作面推进位置，能够进行震动波 CT 反演和冲击变形能分析，以云图的方式显示高应力集中区域，还可以在三维空间显示震源纵向分布，方便技术人员制定合理防治方案。在地音监测方面，优化了显示界面，增加了趋势分析工作，较以往单一的柱状分布图更加直观，便于监测人员分析。在应力监测方面，按照各采掘工作应力监测范围，实时生成应力分布云图，并提供深、浅孔应力变化趋势及变化率趋势，为技术人员提供了防治方案制定依据。在支架阻力监测方面，以采煤工作面液压支架工作阻力数据为基础，建立模型，分2D、3D展示工作面整体压力分布情况，提供周期来压分析结论。监测预警平台具有监防互馈优势，利用监测分析结论指导冲击地压防治措施制定，在冲击危险区域实施卸压后，再通过平台算法分析，检验防治效果，以此为依据不断优化防治措施，使得防治措施科学合理，形成冲击地压防治的“监测－预警－防治－检验”的闭环管理。此外平台还提供了时序集中度、能量信息熵等13个预警指标的趋势图、比例图、雷达图等对冲击危险进行分析，大大提高了冲击风险判别的准确率。在平台运行期间有效指导技术人员对存在风险的区域进行针对性卸压，保证了矿井的安全生产。

四、经济合理性

1. 经济效益

砚北煤冲击地压风险智能判识与多参量监测预警平台建成应用后，大大提高了冲击危险预测预报准确率，有效遏制了矿井冲击地压发生，减少了矿井因冲击显现造成的人身伤害、设备损坏、巷道破坏及无计划停产，大量节约了设备维修及巷道修复成本，保障了矿井有效生产时间，具体创造经济效益如下：

（1）对照砚北煤矿过去每年情况，平均每年因冲击地压显现无计划停产大约为6 d，每天原煤产量15000 t，共计节省吨煤利润300.69万元。

（2）每班需安排9人对巷道变形进行修复，共计人工成本 $6\times9\times0.054=2.916$（万元）。

（3）每次因冲击地压显现造成的设备损坏可造成损失约50万元。

综上所述，本项目成功应用每年可创造效益约353.6万元。

2. 社会效益

砚北煤冲击地压风险智能判识与多参量监测预警平台的建立，对煤矿井下冲击地压的监测防治提供了参考价值，具有普遍的推广应用的价值，对类似条件下矿井冲击地压的防治工作具有一定的指导意义。

五、存在问题和今后打算

建议在同一个集团或一个主体企业内建设区域级冲击地压矿井联合监测平台，实现区域级综合监测预警。

砚北煤矿250203下5G＋智能化综放工作面

甘肃华亭煤电股份有限公司砚北煤矿

本项目为砚北煤矿250203下5G＋智能化综放工作面，主要建设内容为：5G融合调度平台、地面核心网及传输设备、250203下综采工作面5G部署设备等3部分。总体工程量为：建设调度平台部分调度服务器1台、语音通信服务器1台、一机三屏智能调度台1

台、4K视频服务器1台，实现5G无线融合通信调度及4K高清设备传输；建设地面核心网及传输设备部分传输核心交换机1台、核心网1套、物联网卡30张、传输线缆1批，实现地面及井下5G信号的有效传输。建设250203下综采工作面5G部署设备部分：井下PTN设备1台、井下BBU设备1台、数据传输分站2台、5G无线基站5台、矿用本安手机30台、矿用4K摄像仪10台，实现250203下综采工作面5G无线数据传输。

一、项目实施方案

（一）技术方案

1. 建设内容

建设5G无线通信系统，实现井下5G移动网络覆盖及5G应用，本次建设内容：

（1）建设地面通信调度平台；

（2）建设地面5G核心层设备和5G移动无线网络；

（3）部署砚北煤矿250203下工作面重要场所处5G信号覆盖

（4）部署井下5G应用：5G手机，支持高清视频通话及移动办公；矿用隔爆型无线转发器，支持各种终端接入5G网络；4K高清摄像仪，实现现场画面的细节和层次更加精准的展示。

2. 建设目标

在砚北煤矿250203下工作面布置5台无线基站：

（1）利用5G+4G双模基站，建设一套5G+4G超融合通信系统；

（2）建设的5G无线信号具有3∶1的超高上行带宽，上行实时速率700 Mbps；

（3）建设一套5G核心网设备，实现数据不出矿；

（4）5G+4G融合通信系统通过数字中继实现与公网的语音通话功能。

3. 建设原则

（1）安全性。充分考虑系统和数据的安全性。系统应具有较强的身份认证、授权、加密等机制，完善全面的事件日志以及数据备份和病毒防护功能。

（2）先进性。充分利用飞速发展的计算机和自动化网络技术，全面准确地体现用户的管理思想及操作方式，建立一个符合标准的、开放的、易管理的自动控制网络系统。

（3）开放性。要在符合通用标准的前提下，兼通多种自动化控制系统，也就是要提供各种层次的、尽可能多的符合国际标准的接口，实现系统最大限度地信息共享。系统结构合理，便于系统的扩展。

（4）实用性。系统具有灵活、可靠的控制功能，简单实用，易于掌握，人机界面友好，程序参数可以方便修改；具有自诊断功能，并具有语音、图像以及报警功能；具有实时数据采集、处理及显示功能；采集到的数据存在数据库中，可以方便地查询。利用信息融合技术、故障诊断技术等对数据进行处理，对设备故障进行早期预报，提供故障诊断信息，提高生产率，保障设备安全运行。

（5）可靠性。在硬件选型、网络设计、支撑环境、应用系统的建设过程中，充分体现这一原则，保证整个系统运行可靠、故障率低、维护方便、修改灵活。

（6）经济性。在一定的资金资源下，尽量有效地利用，以适当的投入建立一个高水平的、完善的自动化控制网络系统，所有设备的选型配置坚持性价比最优的原则。

4. 煤矿信息化现状

2011 年 9 月砚北煤矿和常州自动化研究所合作研发一套 TD - KT28C(3G) 矿用无线通信系统，可实现具有和有线电话相当的语音通信质量的语音业务、可互传多媒体信息的可视电话业务、支持点对点短信、群发短信和与公网用户短消息互发的短信业务，以及拥有调度群发，调度监听，调度录音，调度会议，调度呼叫、保持、转接等诸多功能。无线通信系统手机除了可以通话之外，系统还支持通过手机定位功能，可以定位手机在井下具体哪个基站覆盖范围内，精度控制在 100 m 范围内，最终实现在地面系统界面中显示持手机的人员位置，并且可以查询人员轨迹等。目前该系统由于网络技术的提升，相关设备已经停产，大部分业务已经停用，现需建设一套 5G 无线通信系统，满足智能化矿山物联网建设。

5. 预期主要成果

5G 无线网络传输是利用蜂窝数字移动通信技术，既可用于广域高速移动通信，又可用于室内无线上网，具有传输速率高、时延小、并发能力强等优点，可以将各自动化控制数据和高清视频数据稳定传输。

项目采用国内自主知识产权的独立组网技术、基于 5G 的物联网技术、融合通信调度系统、终端管控系统和工控信息安全网络监控平台技术，实现井下的 5G 物联网组网、井下自动化系统和信息化系统数据的无线融合接入、统一调度功能、终端管控和网络安全监控等功能。系统可实现无缝、平滑升级，并终身免费提供系统国标数据标准接口及数据点表，有利于后期建设 4G 与 WiFi6 系统全矿井覆盖。

项目研究成果将助力智能矿山建设。通过现有资源的融合优化，建立信息化、自动化、智能化的井下通信平台，对煤矿开采全过程进行监控管理，特别是矿区无人化应用落地，无人作业的稳定性、精准性、作业效率得以提升，减少现有通信系统在带宽及时延上的不足，提高矿井安全生产率和生产水平，为矿井将来在大数据、人工智能和无人化开采提供技术支撑，最终达到信息化、自动化、智能化保安全、减人增效的目的。

6. 系统技术要求

（1）矿用隔爆兼本安型 PRRU 基站 5G 信号覆盖半径为 100 ~ 150 m。

（2）井下 5G 上行带宽可达 700 M，下行带宽可达 300 M，地面 5G 上行带宽可达 300 M，下行带宽可达 700 M，时延不大于 20 ms。

（3）矿用隔爆兼本安型 PRRU 基站是 4G、5G 双模基站，支持同时发射 4G 及 5G 无线信号的功能。

（4）4K 高清摄像仪满足 800 万像素，内置 5G 模组，同时支持 5G 及 WiFi6 信号接入。

（5）传输设备需与移动等运营商传输网络兼容，BBU、RHUB、PRRU 主体 5G 通信设备生产厂家必须选用国内知名品牌的。

（二）组网方案

1. 地面核心网设计

机房内配置一套 5G 核心设备及调度平台，为矿上提供更高的安全保障：核心网用户面下沉到煤矿基础设施，实现业务数据不出站点。同时可以节省传输资源，尤其针对视频类存在大量数据传输需求的应用，能够实现数据在站点内的本地存储和运算，节省边缘到核心网和 Internet 的传输资源开销和商业成本；兼容 4G 无线通信、WiFi6 无线网络、IOT 物联网传输。

配置 1 台数字中继媒体网关提供 E1 接口，与调度电话和行政电话（PSTN 网络）进行会接，实现矿用无线手机与固话之间互联互通；配备 1 台综合网管服务器，进行统一管理与配置，具备系统管理、分组管理、账号管理、权限管理等功能。

2. 井下 5G 基站设计

在 250203 下工作面布置 5 台无线基站，主要对工作面内的设备数据实现高速无线数传和扩展应用，5G 无线融合通信调度系统可以实现视频通话调度。

3. 设备部署位置图（图 1）

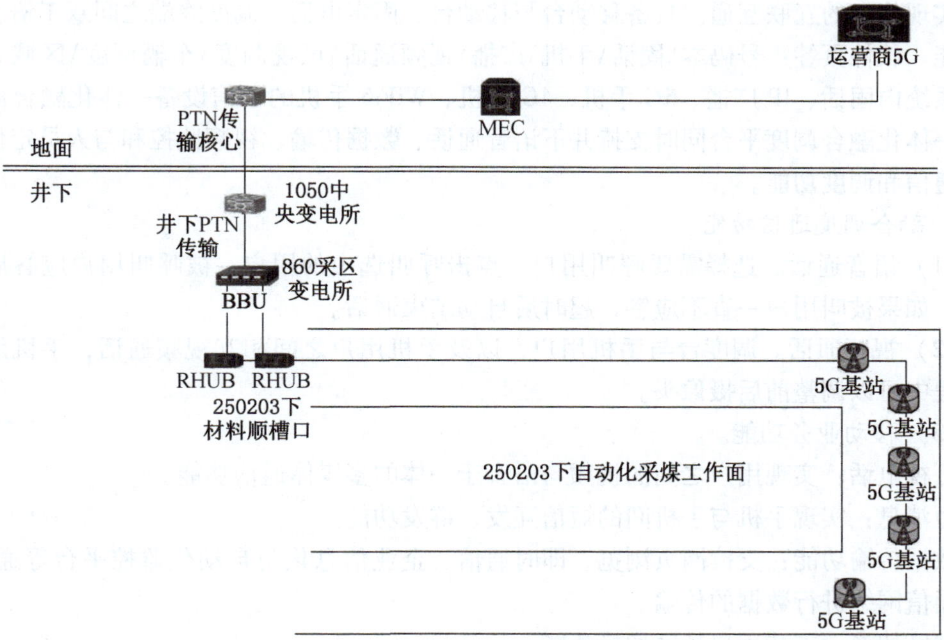

图 1 砚北煤矿 5G 无线通信系统网络拓扑图

4. 设备部署位置表（表 1）

表1 基站部署位置表

序号	项目名称	巷道长度	PTN	BBU	RHUB	pRRU	备注
1	1050 中央变电所		1				
2	860 采区变电所			1			
3	250203 下工作面顺槽口				2	0	
4	250203 下工作面	320				5	

（三）融合应用方案

1. 高带宽传输

根据未来煤矿信息化的建设，做到全矿井可视化监控，井下将大量安装有线、无线高清摄像仪，庞大的监控点就需要有高速、高带宽的传输网络，5G 的自身具有的特点，就能很好地解决煤矿井下视频传输问题。井下高清摄像仪可以通过光纤网络有线方式接入井下 5G 无线基站，也可通过无线方式与井下 5G 无线基站进行通信，将视频数据传输至地面和智能终端上显示。基站必须支持上/下行时隙配调整；传输速率：上/下行时隙配 3∶1，单用户上行峰值速率最高可达 700 Mbps。

2. 一张网功能

具备 5G 无线通信系统同有线调度系统、应急广播系统、WiFi 无线系统的融合通信功能，实现信息的互联互通。具备移动台与移动台、固定电话、调度终端之间双工语音通信的功能。软件页签：号码本\固话\手机\广播\视频通话\可视调度\车辆调度\区域\会议。支持系统内固话、IP 广播、5G 手机、4G 手机、WiFi6 手机的通信设备一体化融合调度功能。一体化融合调度平台同时支持井下语音通话、数据传输、视频监控和与人员定位系统融合通信和调度功能。

3. 融合调度通信功能

（1）语音通话。选择需要呼叫用户，点击呼叫选中的用户，被呼叫用户应答后开始通话。如果被叫用户一直不应答，超时后自动结束通话。

（2）视频通话。调度台与手机用户，以及手机用户之间相互视频通话，手机用户通话过程中可以调整前后摄像头。

（3）移动业务功能。

可视电话：实现用户之间的视频与语音于一体的多媒体通信功能。

短消息：实现手机与手机间的短信互发、群发功能。

数据传输功能：支持网页浏览、即时通信、企业信息化与自动化监控平台等通过 5G 无线通信网络进行数据的传输。

越区切换：支持用户越区切换功能。

切换：支持用户 CS/PS 切换功能。

漫游：支持用户 CS/PS 漫游功能。

（4）组呼。选中一个群组后，点击群呼按钮，被选中群组中所有用户都会接到接受群呼通知。会议呼叫主持人退出（即调度员），群呼结束。

（5）全呼。点击调度界面全呼按钮，系统中所有注册用户都会接到接受呼叫通知。会议呼叫主持人退出（即调度员），全呼结束。

（6）转接。当某用户与调度员在通话，此时输入另外一个号码并点击转接按钮，可以把调度员的当前通话转接给另外一个用户，调度员与之前用户的通话立即结束（无论转接成功与否）。

（7）监听。选中正在通话用户，点击监听按钮，可以听到被选中用户通话内容，被监听用户不能听到监听者的声音。低级别调度员不能对高级别用户或调度员使用该功能。

（8）强挂。调度员可以对正在通话中的两个用户进行强挂操作，选中其中任意一个用户，或者输入任意一个用户的号码，点击强挂按钮，通话双方立刻结束通话。

（9）强拆。选中正在通话用户，点击强拆按钮，可以直接与选中用户开始通话，原来与被选中用户的通话方被拆出通话。可对空闲、漫游、未知等状态的用户进行强拆操作，建立调度员与用户之间的通话。低级别调度员不能对高级别用户或调度员使用该功能。

（10）强插。选中正在通话用户后，点击强插按钮，可以插入到选中用户的通话中，形成三方通话。可对空闲、漫游、未知等状态的用户进行强插操作，建立调度员与用户之间的通话。低级别调度员不能对高级别用户或调度员使用该功能。

（11）代答。选中正在振铃时的用户，点击代答按钮，可以代替被选中用户应答来电。

（12）紧急呼叫。分机在紧急情况下拨打紧急呼叫号码（SOS 号码），手柄空闲时自动分发紧急来电且自动录音。

（13）夜服。点击控制台—夜服，进入夜服号码设置页面，输入夜服号码，点击确认，成功进入夜服模式。启动夜服模式，其他用户拨打调度号码，自动转呼夜服号码。退出夜服模式需要输入登录密码。

4. 会议功能

调度员切换到群组管理界面，选择将要举行会议的群组，点击会议呼叫，当前群组中所有用户都会接到接受会议呼叫，调度员可以临时添加会议成员、踢出会议成员，同时还可以进行禁言/解除禁言、隔离/解除隔离操作。

5. 中继汇接功能

系统提供多种中继接口，中继信令齐全，如 PRI，SIP，SS7，NO.1 等信令，支持信令间相互转换。可为用户提供多种组网。汇接方式多样，包括实现数字中继和 SIP 中继的中继汇接、中继分组、中继局向管理等功能。

（四）安全技术方案

（1）根据砚北煤矿的网络安全现状，基于 5G 的无线通信网络提供电信级网络安全保障，确保：只有可信任的设备，才能接入 5G 网络系统；只有可信任的消息，才能在 5G 网络上传输；只有可信任的软件，才允许在云数据中心被执行。在矿级调度控制中心部署安全运维管理系统。安全运维管理系统可以解决如下问题：①集中账号管理。建立基于唯一身份标识的全局实名制管理，支持统一账号管理策略，实现与各服务器、网络设备、安全设备、数据库服务器等无缝连接。②集中访问控制。通过集中访问控制和细粒度的命令级授权策略，基于最小权限原则，实现集中有序的运维操作管理，让正确的人做正确的事。③集中安全审计。基于唯一身份标识，通过对用户从登录到退出的全程操作行为进行审计，监控用户对目标设备的所有敏感操作，聚焦关键事件，实现对安全事件的实时发现与预警。

（2）边缘云（MEC）系统架构。采用 UPF + MEC 一体机与运营商对接，实现 5G 低延迟和提升带宽速率等的关键技术之一，同时 MEC 为应用程序和服务打开了网络边缘，包括来自第三方的应用程序和服务，使得通信网络可以转变成为煤矿行业的多功能服务平台（煤矿边缘云）。

根据欧洲电信标准协会（ETSI）的定义，MEC 系统分主机级和系统级两个层次，其中 MEC 系统级网管包含 MEC 编排器 MEO、OSS、应用生命周期管理代理，主机级包含 MEC 主机和 MEC 主机级网管。

MEC 主机由虚拟化基础设施 VI、MEC 平台 MEP、MEC 应用组成，其中 MEC 平台为 MEC 应用发现和使用提供内部或外部服务的环境，并通过对第三方 MEC 应用的开放，加强网络与业务的深度融合，从而确保了数据不出矿，保障了数据的安全性。

（3）建立网络安全防护体系。在 5G 专网与工业环网之间部署了网闸和防火墙，实现 5G 专网与工业环网隔离。网络防火墙具备网络入侵监测功能，针对主要系统，满足网络安全等级保护二级要求；针对重要的三级系统，具备主动防御、可信验证、攻击检测功能。

二、项目创新性

1. 技术创新

（1）语音、视频通信。在地面及井下配置矿用本安型手机，通过 5G 无线网络，实现系统无线覆盖范围内的语音、视频、短信、彩信等多种业务的通信，同时通过网关与公网固话中继服务器对接，实现矿用本安型手机与公网电话互通。

（2）融合通信调度系统。融合通信调度平台系统实现融合通信调度与视频会诊。系统基于 SIP 协议开放交换平台设计。系统具有容量大、多网融合、多业务融合、跨地域分布部署、音视频综合调度等众多技术优势，具有对讲、单呼、组呼、会议、广播、录音、监听、强插、强拆、禁言、禁听、代接、转接、紧急呼叫、呼叫队列、热线、无人值守、视频监控、视频会议、视频录制、视频转发等功能。

（3）互联互通。通过移动物联网卡，实现手机及设备的数据在公网、企业办公网和工业网络的互联互通。

（4）矿井各子系统数据接入及应用。采用 5G 本安型数据转换器实现第三方数据的接入，终端具有 RJ45、RS485/232、WiFi 等接口。

2. 产品创新

（1）一机三屏智能调度台 KTDCMC PLUS。智能调度台采用三屏显示模式，分别作为调度操作及联动数据显示使用；采用精确定位系统及动态区域模式等技术实现智能调度功能。实现对所有调度终端的呼叫、强插、强拆、代接、禁话、监听、组播、通播、会议、对讲、夜服等一系列调度操作；对人员定位的实时监控等定位操作；对车辆的视频监控等操作。

（2）矿用隔爆型中继器（井下 PTN 设备）KJJ127(B)。矿用隔爆型设计符合煤安要求；业务槽位有 8 个，可提供 GE、10GE、25GE、50GE、100GE 等 Ethernet 接口来支持 Ethernet 业务的接入和传送。支持自组环网，可下挂万兆、千兆、百兆环网交换机以及各类以太网设备。

（3）矿用隔爆型数据传输分站（井下 BBU 设备）KT154 - F9(A)。基站的基带处理单元，提供对外接口，完成系统的资源管理、操作维护和环境监测功能等。

（4）矿用隔爆兼本安型无线基站（PRRU 基站）KT635(5G) - F1。KT635(5G) - F1 井下隔爆兼本安型 PRRU 基站为射频远端处理单元，主要包括：高速接口模块、信号处理单元、功放单元、双工器单元、扩展接口和电源模块接收 RHUB 发送的下行基带数据，并向 RHUB 发送上行基带数据，实现与 BBU 的通信。

（5）矿用隔爆兼本安型电源 KDW660/48B。矿用隔爆兼本安型电源适用于有瓦斯、煤尘爆炸危险的煤矿井下、露天煤矿、选煤厂等工作场所，给电源相关联的设备供电。

（6）5G矿用本安型手机KT680（5G）-S。屏幕：6.53英寸；屏幕刷新率：60 Hz；CPU：8核，紫光展锐；存储：8G+256G存储；网络支持：4G/5G全网通。

（7）矿用本安型5G摄像仪KBA12(G)。KBA12(G)矿用本安型摄像仪（以下简称摄像仪）是集成了视音频采集、智能编码压缩及网络传输等多种功能的数字监控产品。采用嵌入式操作系统和高性能硬件处理平台，具有较高稳定性和可靠性。

（8）矿用隔爆兼本安型无线转发器KT154-F15。矿用隔爆兼本安型无线转发器，利用WiFi5/WiFi6、4G/5G等无线网络，为用户提供转发传输功能。将现有设备的WiFi、以太网、RS232等通信协议转换成5G空口通信协议，实现5G的信号接入及高速上传。

3. 模式创新

（1）首次采用UPF+MEC一体化企业核心网，确保了企业网与公网的相互独立及数据的安全。组建了50GE独立组网的大带宽承载网，为大带宽数据传输及今后的业务扩展提供了支撑。

（2）首次采用新一代大容量、大带宽、业务智能具有PTN切片技术的分组传送核心设备OptiX PTN 7900E，支持40GE/50GE/100GE/400GE大端口，业务智能，流量可视，质量可评，容量可预测，采用全新SDN架构，有效支撑企业长期演进和多业务承载。

三、经济合理性

1. 安全效益

通过5G+智能化综采工作面、移动办公系统的建设，实现智能化矿山数据传输可靠、稳定，保证了各系统信息传输的安全性和准确性，为井下无人化作业提供技术支撑。

2. 经济效益

为智能化矿山建设提供信息基础支持，保证了系统运行正常、可靠，间接提高矿井经济效益。

四、行业推广前景

煤矿智能化是煤炭工业高质量发展的核心技术支撑，将人工智能、工业物联网、云计算、大数据、机器人、5G通信技术等与现代煤炭开发利用深度融合，形成全面感知、实时互联、分析决策、自主学习、动态预测、协同控制的智能系统，实现煤矿综采、开拓、运输、通风、洗选、安全保障、经营管理等过程的智能化运行，对于提升煤矿安全生产水平、保障煤炭稳定供应具有重要意义。

5G+智能化矿山建设需要技术先进、业务全面、功能强大、性能稳定的5G无线通信系统做支撑，无线通信系统的先进性、稳定性及其业务能力直接影响矿山智能化的程度和未来发展潜力。无线物联网5G融合通信调度系统可实现多媒体通信、多媒体调度、设备故障即时诊断处置、应急事件处置、视频监控、业务系统承载接入、设备状态数据及控制信令数据传输等业务，从而实现井下语音、视频、数据、检测数据、控制信令一网承载。井下六大系统及子系统业务汇聚于一个平台，可以逐步实现井下各系统的建设只需接电源，数据无线上传，每个系统不再单独布设光缆的设计方案，减少后期维护成本，提高安全生产保障。

砚北煤矿采空区煤自燃风险预警系统

甘肃华亭煤电股份有限公司砚北煤矿

华亭砚北煤矿位于甘肃省华亭市，是华亭煤业集团的重要煤矿之一。由于该矿区地质条件复杂，煤层厚度大，煤层气含量高，且开采深度不断增加，导致自然发火成为煤矿安全生产中的重大隐患。为此，华亭煤业集团联合中国矿业大学（北京），开展了“复合灾害耦合作用下特厚煤层超长工作面自然发火预防技术研究”项目，旨在通过科学研究和技术创新，有效预防特厚煤层超长工作面的自然发火，确保煤矿生产的安全和高效。

一、项目实施方案

1. 项目内容

新质生产力视角下砚北煤矿采空区煤自燃风险预警研究中，通过对综放工作面煤样的实验分析、采空区多场耦合数值模拟、温度及束管气体系统智能监测、深度学习采空区最高温度预测、多指标融合的煤自燃分级预警等方面的深入研究，逐步建立了一套系统化、科学化的自然发火预防体系。

新质生产力强调创新驱动、高技术、高效率和高质量的发展模式。在煤矿自然发火预防研究中，采用了先进的监测技术和数值模拟及深度学习手段，如束管监测系统、工业分析仪等、采空区多场耦合预警、深度学习下采空区最高温度预测，为传统的煤矿安全管理注入了创新元素（图 1 ~ 图 4）。通过数值模拟与软件开发，将多场耦合自然发火规律和数值模拟结果结合，开发了温度观测集成系统，极大提高了监测的精准度和效率。科学设计的数据及束管监测方案，使得预防系统能够实时高效地捕捉到潜在的自然发火风险，减

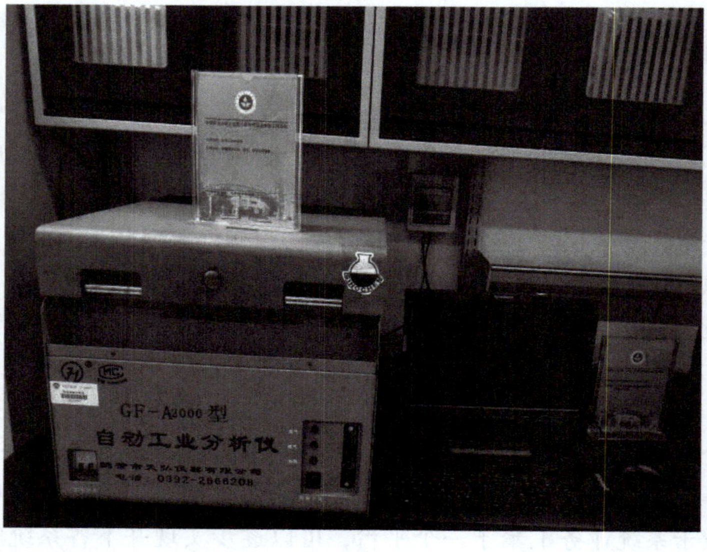

图 1 GF-A2000 型自动工业分析仪

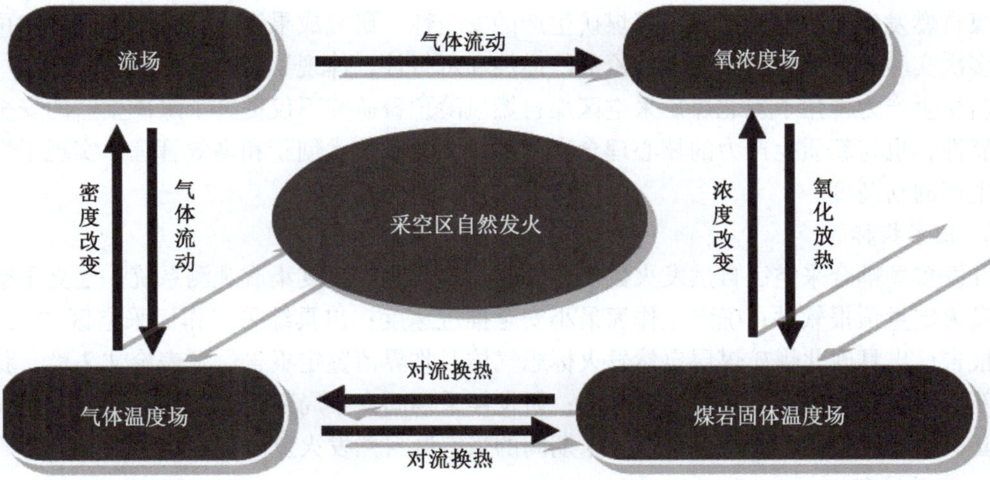

图2　采空区自然发火多场耦合机理

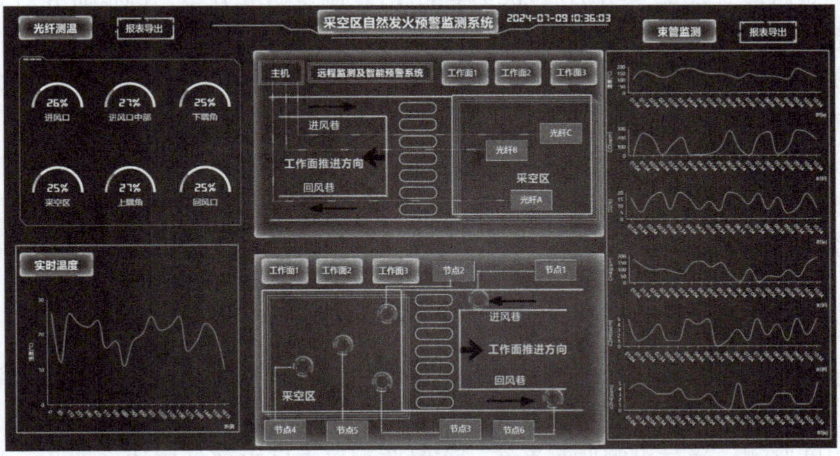

图3　采空区自然发火预警监测系统图

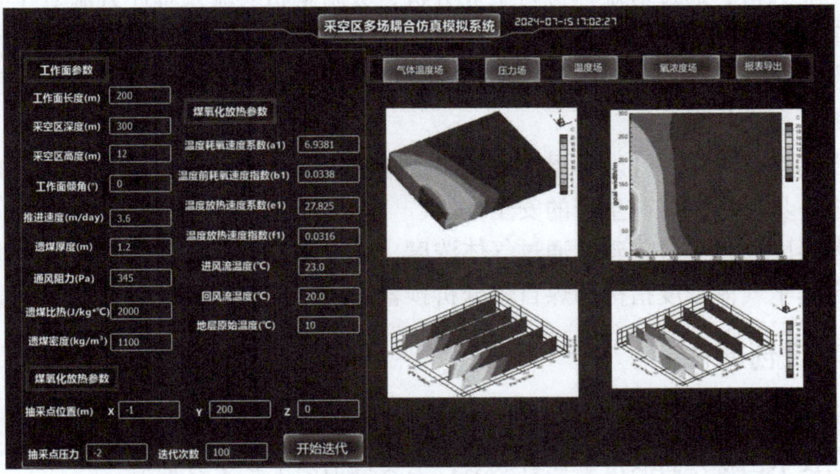

图4　采空区多场耦合模拟图

少了煤自燃发生的可能性，提高了煤矿生产的安全性。研究成果注重数据的准确性和可靠性，多次实验和数据分析确保了结论的严谨性和可行性，体现了高质量的科研水准。

新质生产力视角下砚北煤矿采空区煤自燃风险预警研究不仅提升了煤矿生产的安全性和可靠性，也与新质生产力的核心理念高度契合，通过技术创新和高效管理，实现了煤矿安全生产的新高度。

2. 技术指标

开发多场耦合采空区自然发火数值系统；研制采空区温度集成观测系统；建立采空区自然发火定量预报软件；确定工作面最小安全推进速度；出具综采工作面采空区“三带”测定报告；出具砚北煤矿煤层自然发火标志气体及临界值鉴定报告；发表论文2篇、获得实用新型专利5项，获得发明专利5项；研发停采期间支架局部干冰相变降温及防灭火系统1套；形成一整套工作面推进及停采期间的采空区自然发火监测。

3. 实施过程

项目实施过程分为4个阶段。

前期准备阶段（2022年8月—2023年4月）：制定研究方案，确定研究对象，进行初步调查和数据收集，搭建实验室和测试平台。

中期研究阶段（2023年4月—2023年10月）：进行现场测量和实验室分析，包括气体组成及浓度连续观测、煤样的工业分析及吸附解析实验等。

后期研究阶段（2023年10月—2024年4月）：进行自然发火数值模拟，开发温度观测集成系统，优化和验证预防体系。

总结阶段（2024年4月—2024年7月）：总结研究成果，撰写研究报告，推广应用研究成果。

4. 取得的成效

项目通过科学研究和技术创新，建立了系统化、科学化的自然发火预防体系，有效提高了煤矿的安全性和可靠性。具体成效包括：

气体浓度监测：通过束管监测系统，实时监测采空区内部气体浓度变化，特别是O_2、CO、CO_2等气体的变化，提前预警自燃火灾的征兆。

煤样工业分析：通过对煤样进行工业分析、吸附解析实验及程序升温氧化实验，深入了解煤的工业组成和氧化特性，为自然发火的预防提供理论依据。

自然发火数值模拟：通过数值模拟技术，准确预测自然发火的可能性和位置，为采取预防措施提供科学依据。

温度观测集成系统：开发了温度观测集成系统，提高了对工作面温度变化的监测精度和效率，进一步保障了煤矿生产的安全性。

煤自燃温度预警平台构建：通过气体浓度、温度监测系统，实时对井下数据开展综合分析，确定基于气体浓度指标的煤自燃分析预警体系，实现实时监测及智能预警。

二、项目创新性

1. 技术创新

项目在技术创新方面取得了显著成效，主要包括以下3个方面。

监测技术创新：采用先进的束管监测系统，实现了采空区气体浓度的实时监测，提高了监测的灵敏度和准确性。

实验方法创新：通过工业分析仪、吸附解析实验装置及程序升温氧化实验装置，深入研究煤的工业组成和氧化特性，为自然发火预防提供了新的实验方法和技术手段。

数值模拟技术创新：结合多场耦合自然发火规律和数值模拟结果，开发了自然发火数值模拟技术，准确预测自然发火的可能性和位置。

2. 管理创新

项目在管理创新方面也取得了显著成效，主要包括以下 3 个方面。

（1）科学设计预防方案：通过科学设计监测和预防方案，确保了数据的准确性和可靠性。

（2）实时高效的预防系统：通过束管监测系统和温度观测集成系统，建立了实时高效的预防系统，能够提前发现自燃火灾的征兆，及时采取预防措施。

（3）多学科交叉合作：项目联合了中国矿业大学（北京）和砚北煤矿，充分发挥了各自的学科优势，形成了多学科交叉合作的创新模式。

3. 知识产权

项目在实施过程中，开发了具有自主知识产权的温度观测集成系统，并申请了相关专利，为项目的推广应用奠定了基础。

三、项目可靠性

项目通过多次实验和数据分析，确保了结论的严谨性和可行性。温度观测集成系统和束管监测系统的使用，提高了监测的精准度和系统的稳定性，保证了运行的安全可靠性。

运行稳定性：通过数值模拟和实际测量验证，项目建立的自然发火预防体系具有较高的运行稳定性，能够在不同的环境条件下稳定运行。

安全可靠性：项目采用的监测技术和预防措施，提高了煤矿生产的安全性，减少了自然发火事故的发生，保证了煤矿的安全生产。

四、经济合理性

1. 投资成本

项目初期投入资本较高，主要用于购买先进的监测设备和实验仪器，通过技术创新和高效管理，减少了自然发火事故的发生，降低了长期运行和维护成本。

2. 经济社会效益

项目提高了煤矿生产的安全性和连续性，减少了因火灾导致的经济损失和社会影响，具有显著的经济效益和社会效益。

节能减排、绿色环保：项目通过科学监测和预防措施，实现了资源的有效利用，减少了煤矿开采过程中的环境污染，具有较好的节能减排和绿色环保效果。

五、存在问题和今后打算

1. 存在问题

目前的预防体系虽然有效，但仍需不断完善和优化，特别是在极端环境下的适应性和灵敏度方面。

2. 今后打算

继续深化研究，提升技术水平，加强对新质生产力理念的应用，进一步完善自然发火预防体系，确保煤矿生产的高效、安全和可持续发展。同时，项目团队计划加强与其他科研机构和企业的合作，推广应用研究成果，为更多煤矿提供自然发火预防技术支持，推动整个煤炭行业的安全生产和高质量发展。

华电煤业集团有限公司

打通跨行业信息壁垒 构建大物流营销体系

华电煤业集团运销有限公司（149）

“两面四柱”合同全生命周期管理体系构建与实践

华电煤业集团有限公司（152）

煤矿 700 MHz & 2600 MHz 双频融合组网 5G 无线通信系统

华电煤业集团数智技术有限公司（155）

打通跨行业信息壁垒 构建大物流营销体系

华电煤业集团运销有限公司

在全球数字化转型浪潮中，煤炭行业正在经历深刻变革。随着市场竞争的加剧和消费者对高效、透明服务需求的不断增加，打破信息孤岛、实现跨行业数据共享成为推动行业高质量发展的关键。作为华电煤业的全资子公司，华电煤业集团运销有限公司（以下简称“运销公司”）深刻认识到信息壁垒对运营效率、成本控制及市场响应速度的制约。为此，运销公司积极推进与供应链合作伙伴的战略合作，共同探索数据互通共享的新路径，构建具有新质生产力的大物流营销体系。

通过与11家供应链企业的紧密协作，运销公司不仅实现企业内部业务的全面线上化，还成功打通数据壁垒，建立高效协同的信息共享平台。这一突破不仅极大地增强数据的及时性和准确性，更实现从煤炭采掘到终端销售的全产业链贯通，树立行业数字化转型的新标杆。

一、背景与现状

在全球化竞争日益激烈的背景下，煤炭行业迎来前所未有的挑战与机遇。通过自主构建的煤炭供应链系统，已实现内部业务的全面线上化，有效提升运营效率。然而，与外部合作单位的数据壁垒依然存在，严重制约企业在销售、物流等关键环节的精细化管理能力，导致市场响应速度减缓，成本控制困难，决策支持乏力，影响整体竞争力。

为应对这些挑战，深度践行“新质生产力”理念，探索跨行业数据共享的新模式，通过多方数据共享，构建更加开放、透明、高效的大物流营销体系，全面提升市场竞争力和盈利能力，推动行业迈向高质量发展。

二、主要内涵和主要做法

1. 主要内涵

在煤炭全产业链的运营背景下，积极应对数据壁垒挑战，通过打通跨行业信息壁垒，致力于构建高效的大物流营销体系。这一举措的核心内涵在于，不仅深化内部11家供应链企业的数据互通共享，更关键的是还实现了与外部合作单位的数据全面对接，彻底打破信息孤岛。这一转变不仅极大提升数据的及时性与准确性，还促使煤炭从采掘、洗选到销售、运输的每一个环节都紧密相连，形成真正意义上的全产业链贯通。

在此过程中，新质生产力的引入成为推动这一变革的重要引擎。通过采用云计算、大数据、人工智能等前沿技术，不仅大幅提升数据处理能力和信息系统的智能化水平，还实现对生产、物流、销售各环节的精准管理和高效协同。新质生产力的应用，使得数据共享与业务联动变得更加高效、透明，从而大大提高企业的市场响应速度和资源配置效率，为煤炭行业树立数字化转型和新质生产力应用的新标杆，提供可借鉴、可复制的成功案例。

2. 主要做法

（1）深化战略合作，建立数据共享机制。主动与外部10余家企业，包括全国及地方煤炭交易中心、多个铁路集运站台，建立紧密战略合作关系。通过签订数据共享协议，明确数据提供、使用、保护等方面的权利义务，确保数据在合法合规的前提下高效互通。

（2）优化信息系统，提升数据处理能力。对现有煤炭供应链系统进行全面优化，引入云计算、大数据、人工智能等技术，增强系统的数据采集、存储、分析和应用能力。

（3）完善业务流程，促进数据驱动决策。通过跨部门、跨企业的数据协同机制，定期召开数据共享会议，设立数据专员，加强对数据共享过程的监督管理。鼓励员工树立数据思维，将数据作为业务决策的重要依据。通过实际案例分享、模拟演练等方式，让员工深刻体会到数据驱动决策的重要性和优势力。

（4）强化物流协同，提升运输效率。物流作为煤炭供应链的重要环节，通过多方数据共享，实现对物流过程的全面监控和优化。与物流公司、铁路部门、港口等外部合作单位建立紧密协作关系，通过实时共享运输信息、优化运输路线、协调运输资源，提升物流运输的效率和可靠性。

（5）推动销售创新，拓展市场空间。利用数据共享的优势，创新销售模式和营销策略。打造多个创新模型，包括量质价模型优化产品结构、煤炭销售竞价体检模型保障公平竞价、账款回收模型提高资金回笼效率、公平客户评价模型提升服务质量、煤炭掺配模型开发适应市场的产品、供应链大数据同盟拓展销售渠道、高效煤炭盘库模型优化调运管理，从而全面提升企业的市场竞争力、运营效率和盈利能力，助力企业在激烈市场竞争中取得优势。

（6）加强风险防控，确保稳健运营。充分认识到风险防控的重要性，创新构建《煤炭供应链销售合规智能监管平台》，强化事前、事中、事后全过程合规管理，一体推进业务监督、职能监督、执纪监督“三道防线”有效融合。通过大数据、人工智能技术的应用，实现由“机”代“人”的全天候监管，提升合规管理效率，成为合规风险防控的关键手段。突破违规问题“发查改”周期率（表1）。

表1　风　险　防　控

风险点名称	防　控　指　令	智能识别
发运数据录入不及时	铁路和下水发运数据录入不及时，发货时间到录入时间超出48 h	将业务部门防控指令转化为可计算机识别的公式算法，从业务数据中计算分辨出风险，并做出“自动预警、自动终止”操作
合同审核超出规定时间	合同生效时间早已合同审核时间超出24小时	
应结算超期未结算	市场煤销售中，根据周期，设定不同风险级别。7～14 d警示，14～30 d低风险，30～60 d中风险，60～90 d高风险，90 d以上督查风险	
超出核定运输损耗	汽运损耗率＝[（汽运矿发量－到站（港）验收量）/矿发量]×100%；铁路运损率＝[（铁路矿发量－到站（厂）验收量）/矿发量]×100%损耗超出约定或规定百分比，告警	
虚假贸易（含融资性贸易）	市场煤贸易（系统外）以对方数据结算为依据，且缺少依据文件（水尺或磅单、货物交割单、完整货权转移单）。系统首先判断是否市场贸易，并以对方量、质结算，然后调取附件，判断是否包含上述附件，如果没有，则疑似虚假贸易，告警	

表1（续）

风险点名称	防 控 指 令	智能识别
客户分类不符合客户管理办法规定	长协客户必须年度合同超过10万、战略客户必须是央企或国企（根据企查查企业性质央企和国企）、股东关联客户在煤业核定清单（煤业定）、新客户直接变为长协客户报警	将业务部门防控指令转化为可计算机识别的公式算法，从业务数据中计算分辨出风险，并做出“自动预警、自动终止”操作
……	……	
超出核定存储库存	1. 矿场损耗率=[（矿场实际库存数－矿场账面库存数）/当月日平均库存数]×100%； 2. 站台损耗率=[（站台实际库存数－站台账面库存数）/（站台期初实际库存＋站台调入量）]×100%； 3. 港口损耗率=[（港口实际库存数－港口账面库存数）/（港口期初实际库存＋港口调入量）]×100%；损耗超出约定或规定百分比，告警	

三、建设成效

1. 提高运营效率

通过数据共享和信息系统优化，实现煤炭销售全业务流程的全面线上化和自动化管理，有效提升运营效率。各环节数据的实时传输和共享，大大减少信息滞后和传递错误的风险，降低运营成本，提高工作效率。自2021年系统上线以来，完成煤炭销售12896万t，保供9185万t。保供任务完成时间进度98%。曹妃甸港口为下游电厂提供20万t联储联备库存，拓展电厂库存，保障电厂发电安全。

2. 提升市场竞争力

通过创新销售模式和拓展市场渠道，扩大市场份额，提高品牌影响力。成功打造自产煤与市场煤营销平台、多元物流发运平台、煤炭联储掺配平台“三个平台”，提升服务煤矿安全稳定生产、服务产业链价值提升、服务下游企业降本增效“三个服务”，建设真诚、实干、攻坚、创新、清廉、幸福的一流新型专业化煤炭运销企业，服务能源安全保障供应。经过17年来的砥砺奋斗，形成产、运、储、配、销、送一站式产业协同、服务高效、品牌卓越的一流专业化煤炭运销企业。作为连接煤矿与终端电厂的桥梁，在保障能源供应的同时，快速响应客户需求，制定精准的营销策略，提升市场竞争力。以调结构、降成本、强服务为核心策略，全面凝聚创效合力。2023年1月—2024年6月通过与呼和浩特铁路局、西安铁路局展开多轮深度协商洽谈，成功与多家铁路局签订量价互保的优惠合同，锁定具有市场竞争力的“一口价”政策，并将争取到的优惠政策全部转移给集团公司系统内下游电厂，为下游电厂节省物流运输成本达2807万元，销售营业额2.3亿元，实现盈利1.5亿元。

3. 优化资源配置

积极整合各环节资源，开辟最具优势的新物流通道，先后启动牛家梁站台发运、山西孝南站试发运。在站台一线建立班组，同步启用新能源汽车上站和兴旺露天矿至包头河西电厂氢能重卡煤炭运输（12万t），降低20%汽车运输成本，通过科学的资源配置，实现各环节资源的最优利用，进一步降低运营成本，提升企业盈利能力。全面贯通煤矿—运销—铁路—港口—客户的大物流体系，实现煤炭全生命周期管理、客户信息互通共享，进一步打通运销公司南下、东出、北上3个物流通道，使华电自产煤形成“通江、达海、抵陆”的运输格局。

4. 加强风险管理

智能监管平台运行一年多以来，合规风险累计预警2088次（提醒级651个、低级935个、中级105个、高级346个）；保障国家能源保供政策的落实，中长期合同价格全部在限价范围内，中长期合同履约率95%；存量问题得到彻底解决，未发生重复性问题；保障竞价机制合规高效运行，竞价增收超过9亿元。

四、总结与展望

通过深化战略合作、优化信息系统、完善业务流程、强化物流协同、推动销售创新以及加强风险防控，运销公司成功打通跨行业信息壁垒，构建高效协同的大物流营销体系。未来，运销公司将继续秉持开放合作、创新驱动的发展理念，充分发挥新质生产力的潜力，推动企业持续发展，为煤炭行业的繁荣进步做出更大贡献。

“两面四柱”合同全生命周期管理体系构建与实践

华电煤业集团有限公司

合同是民事主体之间设立、变更、终止民事法律关系的协议，是企业经营活动的主要管理载体。企业的经营活动就是对合同进行履约的过程，企业的法律风险主要来源于合同风险。高水平的合同管理不但可以预防和降低企业法律风险，还能防范财务风险，维护企业信誉，降低企业经营成本，规范市场秩序，为公司创建稳健的运营环境，为企业创造价值。

一、当前企业合同管理中普遍存在的问题

目前，在企业管理实际中，合同管理普遍存在责任不清晰、流程不规范、履行不到位、合同承办人业务能力不强等问题。企业发生的法律纠纷案件中，合同纠纷占比高、涉案金额大、负面影响多，合同管理体制机制急需优化。

1. 责任不清晰

合同管理中责任不清晰的问题在合同履行阶段尤为突出。企业的合同履行过程较之企业的合同订立过程及生产过程更为分散，合同的生命周期需要企业内部多个部门分别经受，在不同部门或岗位之间流转时容易出现梗阻或卡壳的现象，在履行中出现问题易引发互相推诿。

2. 流程不规范

出于部门或岗位的本位主义，各人自扫门前雪，合同管理流程在企业管理实际中易出

现环节冗余和执行僵化的问题。

3. 履行不到位

合同履行失控是合同法学界和企业管理实际中公认的难题。实践中，因合同引发的法律纠纷多出现在合同履行阶段。

4. 合同承办人能力不强

合同承办人能力不强是上述合同管理问题存在的深层次原因。合同承办人的能力不强主要表现在显性的业务能力不强和隐性的责任意识不足。

以问题为导向，本文创新建立以合同全生命周期流程和合同承办人客户理念为一体两面的合同管理平台，以不断优化的合同全生命周期流程为“面”，以合同承办人作为服务对象的客户理念为“底”，紧紧牵住合同承办人这个牛鼻子，以“底”托“面”，合同管理中责任不清、流程不畅的问题迎刃而解。为了解决合同履行难题，本文创建了合同承办人实名制、资格制、亲历制、责任制等四种保障制度，与合同管理平台共同构建起“两面四柱”合同管理体系，在企业管理实践中起到了良好的效果。

二、“两面四柱”合同全生命周期管理体系的构建与实践

1. 合同平台一体两面，一面以流程为中心，一面以承办人为对象

合同管理必须始终坚持以合同全生命周期管理流程为中心。本文将合同全生命周期流程划分为合同准备、合同订立、合同履行和合同关闭等四大环节，又在合同全生命周期流程中确定了合同立项、相对方审查、合同谈判、合同起草与审核会签、审批签约、特殊合同的备案与审核管理、合同履约管理及履约中的风险应对、合同变更转让解除及终止、合同违约处理、合同归档清理和后评价管理等十个关键节点，在所有关键环节、节点坚持以合同承办人为服务对象的客户理念，为合同承办人提供切实可行的风险控制措施。企业应将合同管理流程为中心与合同承办人为服务对象作为合同管理平台的一体两面，以合同全生命周期流程为“面”，以服务合同承办人的客户理念为“底”，以“底”托“面”，切实抓好合同全生命周期流程管理，确保合同管理纵到底、横到边，实现全口径、全过程、全覆盖。

本文笔者在企业合同管理实践中高度重视合同管理平台的信息化建设，将合同全生命周期管理融入企业 ERP 管理系统与供应链系统，实现合同全生命周期管理与业务风险合规管控的深度融合。

2. 合同承办人实名制，推动合同承办工作“名实相符”

实践中，企业业务部门为了提高合同签订审批效率，往往在合同业务部门专设若干合同岗，专司办理合同准备与审批签订环节，人为割裂了合同签订和履行环节，使得合同履行阶段的承办人不知晓合同起草文本以及审批环节法审与其他审批人员意图中的关键点，合同岗的专职人员不能跟踪合同履行的具体情况。针对此种问题，笔者在合同管理中创新制定《合同全生命周期管理办法》，在制度中明确坚持贯彻业务合同“谁实际履行，谁是承办人”的原则，推行合同承办人在合同全生命周期中一贯到底的理念。同时，要求合同归口管理部门严格把关，对冒名合同承办人发起的合同不予审核通过，对其耐心做好制度解释工作，积极指导帮助实际合同承办人学习掌握合同管理系统操作知识，取得合同办理权限；人力资源管理部门在调动人员工作交接清单中，增加合同移交情况审核项，多部

门协作共同推动合同承办人实名制落实到位，为合同全生命周期管理落实落地打下坚实基础。

3. 合同承办人资格制，促进合同管理工作“规范高效”

针对合同承办人能力不足的问题，企业合同管理中应要求合同承办人必须熟悉相关专业知识和法律知识。其中，专业知识包括专业技术知识和商业交易知识。承办合同前，必须经过所在单位合同归口管理部门组织的培训及资格考试，考试合格，取得合同承办人资格后方能开始承办合同。

本文笔者在就职的企业制定印发《合同全生命周期管理办法》后大力在企业系统内组织制度宣贯。通过现场与视频相结合的方式，组织合同管理知识培训千余人次，针对合同管理关键用户、ERP 合同系统、供应链系统等不同用户编制 3 套题库，在协同办公系统中开发随机抽题考试功能，组织合同承办人资格考试，截至 2023 年底，组织系统内 1123 人通过考试取得合同承办人资格，企业系统内的合同管理规范化水平明显提升。

4. 合同承办人亲历制，实现合同履行风险“可控在控”

合同履行环节失控是造成法律纠纷案件的最主要原因，企业应要求合同承办人在所有合同管理流程的重要环节、节点均坚持“身体力行”“亲力亲为”原则，掌握第一手合同履行信息，收集第一手合同履行资料，同时规范合同承办转委托行为，严禁二次以上的多次转托。在法律风险较高的煤炭贸易领域，特别要求合同承办人盯紧收货验货环节，仔细核对货票、单证一致，确保港航、货转手续衔接无误，切实降低贸易风险。

实践中，笔者在合同管理中要求所有合同承办人至少亲力亲为两个合同履行中的关键点，一是收付款，二是合同标的交付接收环节的确认、验收及其他权益转移手续。例如，对于采用分期付款模式的支出类合同，合同承办人员应按照企业会计准则要求识别合同中相对方的单项履约义务，将合同交易价格分摊至各单项履约义务，并在确认相对方履行各单项履约义务后再办理支付对应价款手续。

5. 合同承办人责任制，确保合同业务管理“合法合规”

本文笔者在合同管理实践中归纳合同违规行为“二十条”，为合同业务有关行为划出“红线”。组织多轮制度宣贯，将虚假贸易等二十条具体违规行为纳入合同承办人考试内容，使得“违规即问责”的理念深入人心。对造成重大经济损失或其他严重不良后果的合同违规行为，企业纪检部门一经查实即严肃处理，真正使合同违规“红线”成为带电的“高压线”，有效防范合同法律风险。

三、发展展望与下一步建议

实践证明，“两面四柱”合同全生命周期管理体系的构建对解决当前合同管理中的主要问题切实有效，企业应坚持以合同管理流程为中心，紧紧牵住合同承办人这个“牛鼻子”，持续深化落实合同承办人实名制、资格制、亲历制、责任制等四支柱体系，推进合同全生命周期管理走深走实，不断增强企业的抗风险能力。

毋庸讳言，国有企业管理存在一放就乱、一抓就死的难题，对合同管理而言，当前主要矛盾在于过度管控。在实践中，应在加强规范化管理的同时，适当对管理做做减法，明确各级管理主体，制定权责清单，切实增强对业务一线的服务意识。

煤矿 700 MHz & 2600 MHz 双频融合组网 5G 无线通信系统

华电煤业集团数智技术有限公司

一、项目实施方案

1. 项目内容

案例充分利用5G技术的大带宽、低时延、广连接等特性，推动矿山智能化建设，实现安全生产运营水平的提升，进而通过5G系统实现风险预控隐患整改更及时、更完善，大大降低机电事故，提升矿井响应能力和应急处置能力，提高生产能力和生产力。该案例的方法和举措在煤炭行业具有广泛的应用前景。随着煤矿智能化建设的推进，对5G通信系统的需求将不断增加。700 MHz & 2600 MHz 综合组网5G无线通信系统能够满足煤矿井下复杂环境的需求，为煤矿的安全生产、智能化开采、自动化控制等提供可靠的网络支持。同时，该系统的应用也将促进煤炭行业的数字化转型和升级，提高煤炭企业的竞争力和可持续发展能力。

2. 技术指标

（1）5G 核心网：为轻量级专用核心网，包括 AMF（接入和移动管理功能）、SMF（会话管理功能）、UPF（用户平面功能）、AUSF（鉴权服务器功能）、UDM（统一数据管理功能）、NRF（NF 储存功能）、PCF（策略控制）、NSSF（切片管理）、IMS（语音网关）等网元，同时支持5G LAN、VONR、5G 高清视频通话等功能。支持 gNodeB（基站）连接数≤100个，支持附着用户数≤10000个（UE），支持 PDU 会话连接数≤20000个，单台吞吐量≤30 Gbps，支持并发 VONR≤200路，平均故障间隔时间 MTBF≥200000 h，平均故障修复时间 MTTR≤0.5 h。

（2）矿用隔爆型基站控制器（井下核心网）：隔爆型，127 V 供电，4个万兆光口，最大支持用户数为1000，最大 BBU 连接数为10，最大吞吐量为5 Gbps。

（3）矿用隔爆型控制器（MEC）：隔爆型，最大吞吐量≥5 Gbps，最大并发用户数≥4000，时延≤10 ms（32 B）。

（4）矿用隔爆型数据传输分站（BBU）：隔爆型，SA 模式组网；TDD NR 制式；支持2载波；用户数：激活态400/载波；时延：≤10 ms（32 B）；2T2R 峰值速率：时隙 DSU-UU，80 M 工作带宽，上行峰值550 M，下行278.7 M。

（5）矿用本安型双频一体化无线基站：万兆光口4个；传输速率：10 Gbps；最大通信距离：10 km；定向天线标称增益：（6±1）dBi（698~960 MHz）；（11±1）dBi（2300~2700 MHz），支持6级级联；支持上下行带宽调整功能，支持3U1D 大上行配置；采用 DC12V4 路供电；体积不大于500 mm×500 mm×44 mm，质量不大于10 kg。2.6 G 提供理论740 M 上行大带宽数据传输服务，在条件好的普通大巷，700 M 可提供1.4 km 长距离覆盖；在综采面的复杂环境，更适合采用2.6 G 频段覆盖，达到产品开发设计的同时兼顾大带宽及远覆盖的目标。井下测试2.6 G 总覆盖距离1000 m，末点覆盖场强 -110 dbm，最大上传速率为543 Mbps，平均上传速率为185 Mbps，边缘上传速率为40 Mbps，最大下载速率为374 Mbps，平均下载速率为209 Mbps，边缘下载速率为1459 Mbps，时延值为25 ms左右，抖动值为6 ms左右；700 M总覆盖距离1400 m，末点覆盖场强 -110 dbm，最大下载速率为206 Mbps，平均下载速率为103 Mbps，边缘下载速率为5 Mbps，最大上传速率为112 Mbps，平均上传速率为50 Mbps，边缘上传速率为39 Mbps，时延值为25 ms左右，抖动值为6 ms左右。

（6）矿用隔爆型锂离子蓄电池后备电源：三款矿用5G后备电源，具备高功率（功率为100 ~4000 W）、宽电压输入输出（输入电压为80 ~800 V，输入电压为12 ~127 V）。

3. 实施过程

（1）设备部署。采用700 MHz & 2600 MHz融合基站进行混合组网，地面部署矿用5G核心网，井下设备通过光纤连接到BBU，接入到地面核心网；下沉矿用边缘计算器（MEC）和核心网至矿井下，地面机房部署核心交换机，与井下防爆传输设备组成5G承载环网，形成地面核心网和井下核心网双备份。

（2）网络设计。5G网络采用独立的物理专网组网方式，基站全部采用SA方式开通；井下采用700 MHz & 2600 MHz融合基站，2.6 G工作于2515 ~2675 MHz，采用30 kHz子载波间隔，700 M采用上下行各30 M为载波带宽；设备及配套严格按照井工煤矿防爆要求进行选型和部署；针对井下视频监控等业务需求，配置3U1D专属上行帧结构，满足上行大带宽需求。

（3）与大网对接。开展MEC +5G大网核心网代理情况下矿用5GC的互联互通研究，以及矿用5GC +互联网/专线 +基站注册在5GC下的互联互通研究。

（4）5G核心网功能研究。基于现有5G公网构建满足煤矿业务及安全需求的5G核心网，向行业用户提供部分网络管理、监测、独立运维运营等服务，使5G UPF&MEC下沉到矿区，甚至5G核心网全部下沉到矿区。明确UPF支持煤矿数据分流等功能要求，以及煤矿内接入MEC的同时在线会话数不低于1万等性能要求。

（5）基站设计及试制。与IT商联合开发双流一体化5G基站，研究基站等隔爆腔内散热与隔爆设计，开展井下射频技术与最大通信距离参数研究，以及矿用5G通信模组研究。

（6）MEC、智能网关的研究与应用。开发井下MEC硬件及API、SDK应用软件，选取有代表性的井下机电设备、环境监测的传感器进行升级改造，实现传感器5G通信并开发接入安全的口令、密码管理功能模块。研究与隔爆设计、安标认证5G AI智能网关，该智能网关集成多种通信方式，支持实时处理多路视频的采集、分析和煤矿业务判别，便于用户实现自动化、智慧化应用。

4. 重要成效

通过在不连沟煤矿建设煤矿700 MHz & 2600 MHz综合组网5G无线通信系统，通过轻量化5G核心网系统、本安基站系统、轻量化MEC、智能网关应用，对矿井信息基础设施进行升级，规划建设以5G或5G -A网络为基础的矿井工业互联网，改善矿井的安全、经营状况，提升矿井的安全管理水平、提升设备管理水平，提升生产效率，降低经营成本等。

二、项目创新性

（1）井下5G系统的MEC边缘计算。MEC产品研发包括矿用5G系统井下边缘计算控制器和井下具体安全生产应用场景的MEC。当井上网络故障或井下井上传输中断时，井下无线业务可通过边缘计算控制器可靠稳定运行至少4 h。目前，国内井下5G系统大多不具备地面轻量化5G核心网实现井下MEC备份功能，该项目在这方面实现了突破，达到地面5G设备出现故障后，实现容灾备份、保障业务不中断的要求。

（2）5G+物联网及平台。传感器、动作设备的接口更多样化，可采用有线或无线连接，只与上级接入设备（智能网关设备+MEC）关联，大大简化井下复杂网络结构，减少系统人工维护成本。动作设备可接受感知设备、MEC设备信息或地面平台等指令进行动作，打破了跨系统的限制，实现跨系统的联动与信息深度融合，大大促进矿井安全管理、提升矿井自动化管理水平。标准化、开放的MQTT、CoAP协议，大大降低数据治理、跨系统数据采集难度，实现传感器的即插即用。

（3）具有云计算、大数据分析的智能化大功率锂离子蓄电池隔爆型不间断电源。带有标识解析、虚拟物联网码、支持IPv6、故障自诊断的大功率锂离子蓄电池隔爆型不间断电源，数据直接上云，建有电源管理、BI、AI、大数据分析平台，具有远程放电管理功能。

（4）700 MHz频段井下5G应用。700 MHz具有信号传播损耗低、覆盖广、穿透力强、组网成本低等优势；采用2.6 GHz一体化设计，在确保矿井原有投资的前提条件下，逐步迁移到井下700 MHz的5G网络覆盖，具有非常大市场前景。

（5）兼容5G-A RedCap的5G轻量化独立专网。矿用5G专网对5G RedCap特性的兼容，使矿用5G专网不断地演进，5G RedCap网络建设成本低，模组价格低、功耗低，便于规模化的推广，不断拓展5G的应用场景，使矿用5G更好地为煤矿数字化和智能化服务。

三、项目可靠性

（1）安全管理水平提升。风险预控隐患整改更及时、更完善，如隐患单可变成音视频文件，随时检查随时分发到责任单位；大大降低机电事故，结合传输层便捷、传感器AI芯片应用、MEC下沉等有利条件，建立各模型能极大程度指导生产、提高机电管理水平、降低机电设备事故、保障生产连续化；矿井响应能力更敏捷，能够连接云端，传输时延低，信号处理时延低，随着矿井传感器布置密度提高、AI视频增加、机器人增加，矿井安全动态感知能力显著提高，反应更敏捷，能快捷推送电子围栏监视结果，及时发现机电设备红外、视频AI分析的异常结果，自动将测量机器人上传数据绘制成地图等；大幅提升应急处置能力，应急救援各子系统功能更强大，传输网络更可靠，矿井应急处置能力得到显著提高，也最大限度地保障了员工生命财产安全，比如远控局部通风机按需送风、基于CH_4浓度自动化排放瓦斯，排水系统可以根据涌水量实现多泵联合排水、阶梯排水系统组网等等。

（2）生产力提升。由于智能化掘进工作面、智能化采煤工作面的特点，大量无线信号的接入、大量音频信号接入、大量视频信号的覆盖、大量现场级数据的就地处理，需要采用5G技术，实现自动化系统、智能化系统，智能化系统带来矿井的生产能力更大的提升。生产力提升，5G系统赋能煤矿智能化建设，会带来更多的变革，如利用5G处理大量点云数据，辅助BIM数字设计更加精确；采煤工作面的远控可以结合地质条件进行生产编排，产品可以根据市场进行配煤等，以5G打通生产销售价值链，借助5G促进煤矿转型升级，大大提高了煤矿生产力。

四、经济合理性

（1）经营管理方面。为人财物、产运销全价值链的信息传输、数据交互提供传输、接入；通过切片技术，提供了端到端通道建立服务、云到端响应通道建立服务；通过优化网络、整合到5G传输网、无线接入网，给人财物、产运销、智慧园区建设、生产安全管理提供了云化、统一、安全隔离、可扩展的网络；打通了互联互通的传输层；5G＋煤矿工业互联网，实现生产、经营、管理数据上云，基于供应链协同、生产厂家远程技术支持与运维得以实现，包括后期新型能力建设；5G＋区块链会大大提高采购、收付款合同管理、销售的效率。

（2）成本方面。综合比较成本增加因素、成本降低因素，5G项目实施将降低吨原煤制造成本8~9元。每年带来间接经济效益亿元以上，效益非常可观。具体成本增加因素包括设备投资、税费、运输安装调试费用、运维人工成本以及配件费用等；成本降低因素包括井下采掘工作面网络简化、传输系统更加稳健，以及5G网络建设降低了掘进工作面和采煤工作面的故障率，提高了生产效率，从而带来经济效益的提升。

五、存在问题和下一步打算

1. 存在问题

（1）5G网络独享（SA模式）建设成本高昂，运营商将5G核心网的部分网元设备下沉到煤矿企业中，导致5G网络部署费用高。

（2）当前的5G定位技术精度低，不能应用在井下精确定位。

2. 下一步打算

（1）按照国家能源局矿用5G无线通信系统及5G基站相关标准对系统进行完善。

（2）将5G－A相关技术应用于矿用5G网络，一方面降低矿用5G的网络建设成本；另一方面提升网络的确定性和可靠性，使5G网络真正赋能矿井设备控制。

（3）加强对员工的培训，提高员工对5G技术的理解和应用能力，确保系统能够正常运行和维护。

（4）建立行业标准和规范，确保5G通信系统在矿山的应用符合安全和质量要求，促进不同矿山之间的经验交流和共享。

中国大唐集团能源投资有限责任公司

龙王沟煤矿特厚煤层智能高效综放工作面研究与应用
鄂尔多斯市国源矿业开发有限责任公司（161）
智能仓储立体库在煤矿中的应用
鄂尔多斯市国源矿业开发有限责任公司（165）
胜利东二号露天煤矿车辆安全管控平台
内蒙古大唐国际锡林浩特矿业有限公司（168）
胜利东二号露天煤矿复眼全景视频融合技术的应用
内蒙古大唐国际锡林浩特矿业有限公司（171）
胜利东二号露天煤矿堆取料机智能无人值守系统
内蒙古大唐国际锡林浩特矿业有限公司（174）
胜利东二号露天煤矿自动快速定量智能装车系统
内蒙古大唐国际锡林浩特矿业有限公司（178）

龙王沟煤矿特厚煤层智能高效综放工作面研究与应用

鄂尔多斯市国源矿业开发有限责任公司

一、项目简介

1. 建设情况

鄂尔多斯市国源矿业开发有限责任公司为了加快推进智能综放工作面建设，实现工作面安全、高效、智能开采，形成一套适用于准格尔煤田智能化开采技术体系，自主研究和应用了特厚煤层智能高效综放工作面智能化成套装备，突破了智能化控制技术、智能化技术管理等12项智能化关键技术，实现特厚煤层智能化开采方面的技术效益、环境效益、经济效益和社会效益最大化，为煤炭行业智能化建设提供了经验。

2. 项目实施内容

特厚煤层智能高效综放工作面应用了上海天地MG900/2245-GWD型采煤机，中煤张家口SGZ1000/2×1000型前部运输机以及SGZ1200/2×1200型后部运输机、SZZ1350/700型转载机、PCM700型破碎机、ZY3000型自移机尾，郑煤机ZFY18000/28/53D型掩护式液压支架等主要设备，通过智能化技术攻关和智能化装备升级改造建成了国内首个20 m以上特厚煤层智能综放工作面，多项智能化关键技术达到国内先进水平，通过研究和应用外置射频定位、惯性导航调直、煤流负荷调控、三角煤智能截割、时序自动放煤、远程智能供液、工作面移变远程集控、超前支架自移、采矿协同设计、矿压大数据分析等关键技术，实现了工作面全部设备的自主协同控制和智能开采的目标。

通过超前谋划、系统融合，提前植入各类智能传感器，构建一体化采煤协同控制平台。以Marco公司的VisTwo智能工控平台为依托，将工作面所有设备数据全部汇集，实现数据的融合共享、系统分析和统一管理，消除各子系统间信息孤岛，实现工作面设备的远程集中控制、智能综合协同控制、设备参数在线调整、工况实时在线监测、数据超限动态预警、设备故障自动诊断、设备动态自主调节等功能。

二、项目实施方案

（1）建成内蒙古自治区首个20 m以上特厚煤层智能综放工作面。在国内首次使用两柱掩护式特厚煤层大采高综放液压支架（ZFY18000/28/53D），其支护宽度（2.05 m）、支护高度（2.8~5.3 m）、工作阻力（18000 kN）均为全国领先。智能综放工作面如图1所示。

（2）国内煤矿智能采煤工作面主要采用单一的编码器定位或射频定位，在实际应用中发生过信号传输中断、干扰，采煤机位置漂移、跳架等情况。龙王沟煤矿首次突破了采煤机外置射频（图2）精准定位技术瓶颈，实现了采煤机精准定位和包括三角煤区域的全

图1　智能综放工作面

工作面自动跟机拉架、自动收打护帮板、自动喷雾等功能，应用采煤机高级自动化割煤逻辑控制程序和D齿轮行程编码器，实现采煤机、液压支架、超前支架及前后部刮板输送机的智能协同联动开采控制。如图2所示。

图2　采煤机外置射频定位

（3）采用LASC惯性导航自动调直技术，在采煤机机身中部安装了高精度光纤陀螺仪，实时测量采煤机的三维坐标，根据煤机行走轨迹，基于调直基准线对推移曲线进行动态监测和三次直线度校准，并控制液压支架修正推移行程，实现了工作面的自动矫正调直功能。

（4）特厚煤层开采，放顶煤工序占整个生产用时的60%以上。人工放煤作业强度大且存在煤量控制不均衡的问题。龙王沟煤矿首次利用放顶煤支架插板倾角、行程传感器变化量与放煤量之间的关系实现了自主控制+人工末端干预的智能放煤技术，从

61601 到 61607 工作面，经过前期 39 多万组放煤数据的对比分析，初步摸索出了适用于准格尔地区特厚煤层的放顶煤经验参数，根据现场放煤需求，将放煤参数进行灵活设置，放煤架数设定为 40 架，放煤尾梁循环设定为 12 次，放煤时间设定 65 s，放煤预警设定为 3 s，尾梁摆动幅度设定为 200 ~ 350 mm，按照预先设置参数进行智能放煤，并根据现场煤层变化随时进行调整，最终实现了前两轮次放煤作业的智能化。同时研制的“一种特厚煤层联合放顶的间隔等量放煤工艺”已取得国家发明专利。智能放煤工艺流程如图 3 所示。

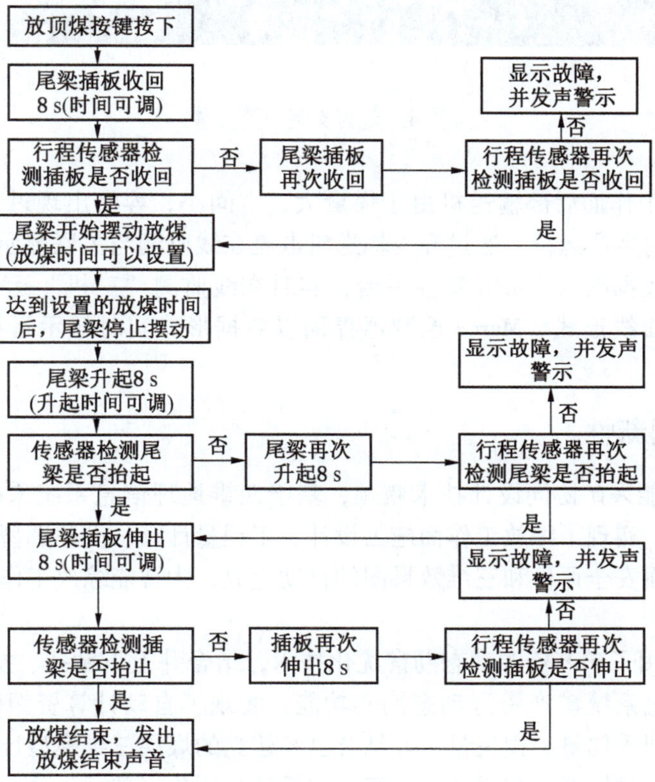

图 3 智能放煤工艺流程

(5) 生产过程中，受片帮、漏煤等影响，输送机负荷呈不均衡状态，严重时会发生卡堵、淤煤甚至过载跳电，影响系统的稳定性。

(6) 工作面移变设备具备了远程集控、远程整定和分合闸控制等功能，工作面移变数据电流、电压数据实现在线监测和远程参数配置，各类供电设备实现了故障自动报警、远程故障诊断、监控等功能。

(7) 工作面超前支架手动控制操作工序复杂，每次迁移支架需要操作 4 次，效率低，超前支护用时较长，通过建立超前支架各部位动作逻辑控制模型，使用 Marco 遥控器一键启动移架程序，实现内外侧护板、前梁、立柱、推移、平衡油缸的自动顺序动作。超前支架一键自移如图 4 所示。

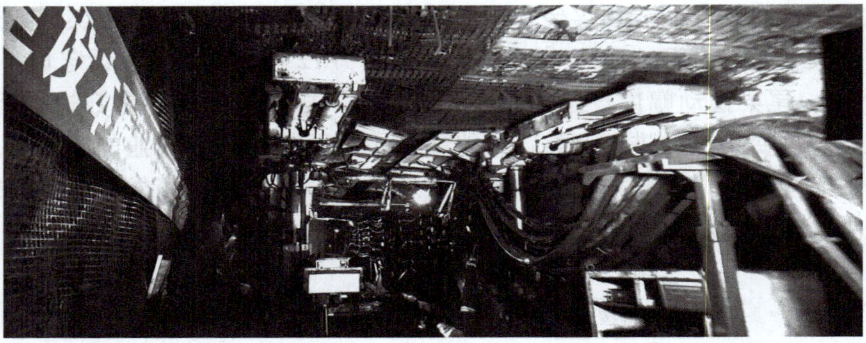

图4 超前支架一键自移

（8）放顶煤工作面后部输送机由于煤量大、空间小，容易出现过载甚至压停设备的情况，影响正常的生产运行。通过开发输送机电流在线监测与关联显示功能，将“三机”集控、恒洋监测数据融入 Marco 集控平台，实时在线监测“三机”运行工况，并在集控主机界面以数据曲线形式、Marco 控制器界面以数据形式实时显示运行电流，辅以语音报警。

三、项目创新性

（1）突破智能采矿协同设计技术瓶颈，基于四维地理信息系统采矿协同设计和输配电供电计算功能，实现了综放工作面施工设计、工程量计算、设备选型、电缆设计、供电计算、设备工作面安全评价和三维效果图的自动生成，为智能综放工作面安全高效开采提供了技术保障。

（2）研究应用了矿产资源动态勘察优化技术，结合井上下钻孔、探煤、煤质等数据，基于四维地理信息系统矿产资源动态勘察功能，实现了自动计算资源储量块段、开拓储量、准备储量、回采储量、损失量，并结合已经建立的煤层三维模型计算块段储量自动生成块段资源储量三维模型，实现了矿井资源储量的透明化管理。

（3）研究应用了综放工作面大数据分析技术，构建了大数据矿压分析系统，通过对支架工作阻力、循环末阻力、最大初撑力等历史数据和矿压显现规律分析，结合矿压云图及典型工作面来压特征，应用回归分析算法、均化循环拟合方法等对典型顶板条件工作面循环增阻特征进行分析，实现了工作面来压步距、来压强度的超前预判，对工作面安全推采、保障现场人员及设备安全起到重要作用。

四、项目可靠性

通过积极探索和实践准格尔煤田特厚煤层智能化成套装备研究与应用，实现了特厚煤层综放工作面常态化智能采煤和智能放煤，通过研究工作面智能控制技术，达到了多机协同管控，实现了智能综放工作面本质安全运行，通过研究智能化技术管理体系，构建了本源－全息－模态为核心的四维地理信息系统，实现了工作面所有对象的透明化管控和智能决策分析，龙王沟煤矿通过不断探索实践特厚煤层综放智能高效开采技术，为煤炭行业特厚煤层智能化开采技术提供了经验和示范。

五、经济合理性

通过龙王沟煤矿特厚煤层智能高效综放工作面研究与应用，实现了工作面全部设备的自主协同控制和智能化放煤，工作面直接生产人数由原来的 12 人降至 5 人。先后建成了智慧机电、智慧运输、智慧通防、智慧安监、智慧运销等，劳动定员由初步设计的 2134 人减少至 956 人，年节约人工成本 1.8 亿元；采煤效率提高了 3 倍，吨煤人工成本 11.66 元；综合吨煤电耗降到 8 度以下，能源消耗率降低了 30% 以上，每年节约费用超过 1000 万元，实现了精益管理，践行了绿色发展。

六、存在的问题及解决方案

特厚煤层智能高效综放工作面技术在煤矿生产中面临着不同程度挑战，受地质条件、环境、设备、人员等情况约束较多，实施过程需进行不断磨合优化，通过数据的矫正和改进，将有效地解决应用过程中的各类难点痛点问题，为特厚煤层防煤提供了有力的技术支持。

智能仓储立体库在煤矿中的应用

鄂尔多斯市国源矿业开发有限责任公司

中国大唐国源矿业开发有限责任公司龙王沟煤矿是全国首批智能化示范煤矿，先后获评国家安全生产标准化管理体系一级矿井、全国安全文化示范企业、内蒙古自治区绿色矿山等称号，为煤炭行业高质量发展起到了引领和示范作用。

在新一轮科技和产业革命背景下，国源公司积极探索智慧矿山新质生产力孵化场景，以“减人提效、安全可靠”为根本目标，努力打造少人、无人智慧矿井。矿井生产期间，因能源保供及战略储备需求，矿井产能扩增至 1500 万 t/年，随之而来的生产问题也相继出现，物资库升级改造迫在眉睫。物资库面积共计 2160 m^2，以往采用“人找货”仓库管理模式，出库效率低，库存数据更新不及时，数据不准确，货品位置不易寻找，盘库数据对库管依赖较大，存在专人专柜的管理漏洞。为解决上述问题，国源公司成立专班调研组，对行业内智能仓储优秀案例进行学习研究，结合企业特点搭建具有国源特色的智能仓储立体库应用场景。项目于 2022 年 6 月开始筹建，8 月全面投入使用，目前运行正常。建成后的智能立体仓库如图 1 所示。

一、项目实施方案

在原有仓库面积的基础上，将 4 号仓库改造为智能仓储立体库，占地面积 630 m^2（含库前出入库输送线），规划功能区包括自动化立体仓储库区、出入库暂存区、入库待检区和装卸区等。立体库货位规模约 2800 个，采用托盘堆垛机和料箱堆垛机存取物资，配置 3 台托盘堆垛机、1 台料箱堆垛机、2 台潜伏式 AGV、2 台背负辊筒式 AGV、托盘平面输

图1　智能立体仓库

送系统、料箱平面输送系统、视频监控系统、数字孪生系统、人脸识别系统等。智能仓储立体库项目主要存储模式为托盘、料箱、仓储笼及周转箱，货物经人工叉车搬运至仓储立体库入库暂存区，根据车间需求和职工订单进行出库分拣和运输，保证 24 h 满足出入库需求。

二、项目创新性

（一）厂房变智仓、创新发展强

在单位空间内，通过采用立体式托盘货架，最大限度地保证了仓储空间的合理化利用，经现场工作人员测量，改造后的智能仓储空间占地仅为630 m^2，结合前期对各生产区队领用物资的需求统计和调研分析，创新性设计了多个类型的托盘货架，累计完成了2800 个有效仓位的建设，对比同等空间的传统仓库，物资存储容量提高了近 2 倍，厂房占用率降低了80%，高密度立体库的建设为智能仓储提供了有力的技术支持。

（二）人管变机管、模式新转变

在传统仓库中，工作人员需要花费大量时间寻找和搬运货物，效率低、耗时长，安全系数无法得到保障。应用智能仓储立体库后，打通了物资仓储系统和智能设备的联动运行，能够实时掌握货物的位置和状态，实现订单的自动分配和货物的自动搬运。当接到订单时，系统会自动发出指令，快速找到对应物资并运送至指定位置，实现全流程无人搬运出库，降低了安全风险，提高了供应效率，实现了从“人找货”到“货找人”的本质转变。

（三）自动变智动、全息可透明

在仓储物流领域，实现从“自动”到“智动”的跨越，构建全息可透明的库存管理系统是现代物流管理的重要趋势。这一转变不仅提升了库存管理的精细度和严谨性，还极大地优化了物资供应流程，降低了库存成本，提高了整体运营效率。通过引入智能盘点、人脸识别、数字孪生等先进 AI 技术，掌握库存管理、作业调度等系统，提高库存管理精细度与严谨度，实现库存可视化、办公无纸化，完善的库存预警机制，保证物资充足供应，降低库存积压，将传统的经验转变为精准数据，为智慧仓储稳定运行提供了技术依据。

（四）成果可转化、产权有追溯

专利情况：2023 年 8 月 30 日，一种立体仓库取货装置获得国家实用新型专利，专利号为 ZL 202322347519. 4。

获奖情况：2023 年 12 月获得中国水利电力质量管理协会评选的 2023 年电力行业质量管理创新成果三等奖。

三、项目可靠性

智能立体仓库充分利用了仓库的垂直空间，单位面积的存储量远大于传统仓库。传统仓库必须将物品归类存放，造成大量空间闲置，自动化立体仓库可以随机存储，货物可存放于任意空仓内，由系统自动记录位置，大大提高了空间的利用率。一般来说，自动化高架仓库的空间利用率为普通平库的 2 ~ 5 倍。当前仓库如果按照平库隔板货架存放，只能存放 806 个料箱，建设智能料箱库后，能够满足 2864 个料箱的存储，充分利用了仓库的高度空间。

通过全景式的三维虚拟库区，实时查看、统计与查询库存情况；以图表形式对库存数据进行统计展示，直观反映库存变化情况，协助库管员及时了解库存动态情况。通过数据对接，对设备监控模块进行整理和数据统计并提供前端实时监控信息、前端可查询信息和查看统计报表。同时，展示前端采用三维模式结合 WCS 系统信息标注设备点位，报警状态等信息通过点位画面一目了然，点击点位信息即可查看该设备的详细信息。

四、经济合理性

智能仓储立体库项目投资共计 691. 88 万元，立体库实现自动化上架领用出库，提高了物资流转发放效率；根据不同物料的管理需求，梳理管理颗粒度，实现效率和准确度的平衡，保证数据准确；作业过程可视化监控，业务数据可支撑分析，灵活的报表展现供业务梳理分析，支持产品质量追溯；构建现代化的智能仓储物流平台：实现了条码化、无纸化、可视化、智能化；解决目前多数传统企业面临的物资管理杂乱的问题，具有研究必要性和实用性，也是落实国家能源革命、智慧矿山的重要环节，从实用性分析，有效利用了仓库的立体空间，包括 168 个 2 t 货位、512 个 1 t 货位以及 2184 个 100 kg 料箱共计 2864 个货位，全自动化替代人工，节省 2 名仓库管理员，目前仅 2 名仓库管理员即可管理物资 5727 种，82 万余件。从企业发展战略分析，也是迈向信息化、智能化的必经之路。2023 年智能立体仓库实现物资吞吐 91. 57 万项共计 1. 1 亿元物资，全年运行 10328 次，日均 28. 3 次。

五、存在的问题及解决方案

在物资领用发放过程中，经现场库管员反馈得知，同类型货架托盘件在同时取货发放过程中存在排队等待情况，有较多时间用于任务执行过程中。经过与技术人员充分沟通调研后，预采取多台AGV同时执行任务算法进行优化，可有效解决排队的问题，极大地提高了物资领用发放的效率。

胜利东二号露天煤矿车辆安全管控平台

内蒙古大唐国际锡林浩特矿业有限公司

内蒙古大唐国际锡林浩特矿业有限公司胜利东二号矿生产作业区辅助设备、特种设备数量众多，坑下路况复杂，交叉路口较多。为确保矿区人员、车辆作业安全，依据国家能源局和自治区关于智能化矿山建设的相关标准，围绕“安全、少人、高效、智慧”四条主线，从2023年9月，联合北京中矿华沃科技股份有限公司建设车辆安全管控平台，2024年6月完成建设，实现了对公司车辆、设备的全方位管控，全面促进了锡矿公司高质量发展。

一、项目实施方案

（一）技术指标

车辆安全管控平台由车辆安全管控平台、矿用卡车射频防碰撞预警系统、驾驶员行为管理、超速超车管控和电子围栏五大核心板块支撑，以人车合一的全景视图，深度融合了19项常用管理功能，构建了一个全方位、立体化、多层次的车辆安全管理体系，旨在成为运输调度领域的“智慧中枢”，解决胜利东二号矿驾驶人员众多、车辆视野盲区广泛、路况错综复杂及集中监管难度高等长期存在的痛点与难题。

（二）项目完成内容

1. 车辆安全管控平台

通过集成先进的数字化、智能化技术，如车辆定位、GIS地图、大数据分析等，而非单纯依赖传统或已显落后的算法，车辆安全管控平台能够实现对车辆和人员的全方位、实时监控与智能调度，从而优化资源分配，促进煤矿的安全高效运营。高度集成车辆定位管理、人员行为监控、工业视频、安全生产监管的各类系统信息，建成了一个各自动化子系统集中操作、集中监控和统一调度的煤矿综合交通安全管控平台。系统具备数据共享、多源数据融合、生产过程监控、决策分析管理、故障联动报警、信息引导发布等功能，实现煤矿多源数据展示的标准化、规范化表达与管理信息的无缝共享与协作；为煤矿安全生产、动态监控、经营决策等提供多维数据支持，全方位为管理者洞察数据、应用数据驱动业务决策和数据化运营提供支持。

2. 矿用卡车射频防碰撞预警系统

露天矿重型卡车车体庞大，最大盲区达80 m。受道路挡墙、弯道、三角体的遮挡和盲区影响，极易造成交通事故，是胜利东二号露天矿作业运输时最大的安全隐患。针对以上问题，研发了车体屏蔽和岩体遮挡等恶劣条件下具有强绕射性和穿透性的无线射频数据传输模块；基于双无线射频和卫星定位技术，实现车辆之间经度、维度和高程等定位信息实时互传，获取车辆实时位置；设备采用卫星定位和区域射频网络技术，在大型设备和辅助车辆之间建立360度全方位防撞预警机制。

3. 驾驶员行为管理

矿区驾驶员行为管理基于机器视觉与人工智能技术，实现对驾驶员疲劳驾驶、张嘴打哈欠、开车接打电话、遮挡摄像头等监测功能，当主机检测到驾驶员疲劳或不专心状态时，通过语音报警提示，同时无线传输将司机相关精神状态信息传输到调度室。

防疲劳的高度智能化，能够根据司机面部情况分析出司机是否真的进入睡眠状态；卫星定位测速、卫星定位技术能够分辨出车辆处于静止还是行驶状态，而且能够对车辆速度进行监测，车辆启动系统自动工作，车辆停止系统自动关闭，避免打扰司机的正常休息。

另外，驾驶员身份识别，采用人脸识别、指纹识别、工号输入结合方式实现身份识别，精确识别到驾驶员身份，从原来的只能针对车辆管理，精确到每班每人管理。

4. 超速、超车管控

在驾驶员超速行驶时，车内及时报警提示，并记录超速的时间、地点、司机等相关信息，通过4G或5G网络将车辆超速记录传输到超速管理系统，实现对矿区内车辆超速信息的汇总统计。

基于双RF射频技术和卫星定位技术，当两车跟随间距小于30 m（动态值）时，本地终端报“跟车过近，请注意”，车距小于8 m时终端向平台推送报警信息，平台可查询跟车过近的回放轨迹。

卫星定位测速能准确识别到作业车辆之间同向行驶且速度均大于10 km/h、横向距离小于4 m且后车从左侧或右侧超越前方车辆时的情况，本地终端报“违规超车”，终端向平台发送违章超车报警信息。违章信息查询界面如图1所示。

一级：○违规违章●行为分析●紧急呼救●隐患报警●交规报警 多选

二级(违规违章)：○超速报警●超速预警●超时停车●坡道停车●违规超车●合规超车●不规范停车报警● 违规下车
●违规卸载●跟车过近●闯入报警●排卸过近●交接班未熄火●超时驾驶●通勤车无引领●钩机间距过近●坐飞机报警
●未避让车辆●钩机欠压车报警 多选

■	车辆编号	详情	操作
■	矿卡7019	超速报警2023-05-1016:30:02速度27 km/h持续12 s[确认][作废]	➔ ⬇
■	蒙G806H9	超速报警2023-05-1016:28:36速度21 km/h持续3 s[确认][作废]	➔ ⬇
■	矿卡8027	超速报警2023-05-1016:27:01速度18 km/h持续1 s[确认][作废]	➔ ⬇
■	矿卡8027	超速报警2023-05-1016:26:49速度29 km/h持续7 s[确认][作废]	➔ ⬇
■	矿卡9009	超速报警2023-05-1016:21:48速度20 km/h持续1 s[确认][作废]	➔ ⬇
■	矿卡9009	超速报警2023-05-1016:21:28速度19 km/h持续2 s[确认][作废]	➔ ⬇

图1 违章信息查询

5. 电子围栏

电子围栏技术精准实现对区域的控制，实时掌握车辆的行驶状态、位置、速度，设置不同属性电子围栏（矿区围栏、路况提示围栏、限速围栏、禁入围栏、隐患围栏、应急广播围栏等），可将不同区域划分为不同种类的电子围栏。电子围栏为胜利东二号露天煤矿数量众多的特种作业设备提供了有效的管理口径，实现了对不同种类设备的精细化管理。

（三）取得的成效

系统采用了高精定位、AI 图像识别、人工智能、大数据、RF433 无线通信等先进技术，实现了矿山三维实景一张图管控，构建车辆间防撞预警、高精定位、车辆及人员实时监控、轨迹播放、超速报警、驾驶员行为分析、视频调阅、应急广播、智能隐患上报等功能于一体的安全管控系统。

车辆安全管控平台在大唐锡林浩特矿业公司的成功研发应用，有效解决了胜利东二矿设备联合作业、运输线路相对集中等交通安全隐患，构建了大型露天矿区“人－机－环－管”四位一体安全管理模式。通过项目实施，有效避免了车辆相撞事故发生，对驾驶员超速驾驶、疲劳驾驶、开车接打电话等违章行为及时预警，依托技术手段大幅提升了安全管理水平。

二、项目创新性

（一）链路稳定、数据安全

关键链路采用双链路设计，提高了线路的稳定性。数据库服务器采用双机互备方式，使系统具有可靠性、稳定性、可维护性。终端数据上传网络采用 4G 或 5G 公网下的 APN 专网，即在物联网专网的大网中建设一条单独的通道，仅支持指定物联网卡到指定 APN 的数据传输，数据通过就近基站就近落地，从技术上实现通道隔离，保证了数据的安全性。

（二）数据共享、统一管理

为避免多个传感器之间可能存在的信号干扰问题，采用了多种先进的信号处理技术。一方面，通过引入频率分配与信道管理技术，确保不同传感器工作在互不干扰的频率段，减少同频干扰的发生；另一方面，采用智能信号识别与过滤算法，能够自动区分并滤除噪声与干扰信号。

利用中间件与服务总线实现了多系统融合与协同，促进数据共享与统一管理。通过信号处理技术消除干扰，确保数据安全高效流通，全面提升了车辆安全管控水平。

（三）安全辅助、联动报警

在集成安全辅助驾驶系统的基础上，平台设计了一套高效的联动报警软件算法。该算法的核心在于综合评估安全预警级别，并统筹制定预警报警规则。算法首先会根据各安全辅助驾驶系统提供的预警信息，结合车辆当前的速度、行驶轨迹等动态参数，进行多维度的风险评估。然后，基于预设的风险阈值与优先级规则，算法会快速判断并确定当前的安全预警级别。最后，根据预警级别的高低，算法会触发相应的报警机制，如声音提示、视觉警示等，最大限度地保障车辆与驾驶员的安全。

三、项目可靠性

19 项常用管理功能的深度融合，进一步提升了系统的综合效能与响应速度，使车辆安全管理体系更加立体、多层次，有效应对了胜利东二号矿复杂多变的运输环境，为矿区运输提供了强有力的安全保障。

四、经济合理性

通过整合车辆安全管控平台、射频防碰撞预警、驾驶员行为管理、超速超车管控及电子围栏等核心板块，平台实现了资源的高效配置与风险的有效防控，大幅降低了因事故频发导致的直接经济损失和间接成本（如维修、停工、法律纠纷等）。

五、存在的问题及今后打算

采区及排土场地形复杂，大型机械设备密集，致使无线信号难以有效穿透和均匀分布，导致部分终端功能受限，严重影响了信息的实时传输和接收，无法充分发挥其应有的安全保障作用。针对这一问题，公司积极推进基站建设，同时协调电信、移动公司持续推进网络优化，确保平台数据传输的稳定。

胜利东二号露天煤矿复眼全景视频融合技术的应用

内蒙古大唐国际锡林浩特矿业有限公司

内蒙古大唐国际锡林浩特矿业有限公司为了实现采场精细化、可视化安全生产管理，联合北京拙河科技有限公司在采场北侧非工作帮安装了两台基于复眼全景视频融合技术的亿像素摄像机，直对主采区，实时监测人车活动。这些视频数据通过微波基站接入矿山网络，经服务器处理生成高清视频界面及AI分析结果，实现智能监控与预警。系统由全景视频感知和爆破面监控子系统构成，前者负责视频采集、重建与存储，后者负责进行AI分析，提供全景监控、电子围栏、车辆跟踪等功能，确保采场精细化、可视化安全生产管理。项目于2023年3月开始实施，2023年9月建设完成。

一、项目实施方案

1. 项目内容

复眼全景视频分析预警系统是由复眼全景视频感知系统和爆破面监控监管子系统组成，其中复眼全景视频感知系统由部署在前端的复眼感知器（含细节甄别球机）和部署在模块化机房的复眼视频重建存储一体化服务器及复眼全景可视化综合管理平台（软件）组成。爆破面监控监管子系统是由部署在模块化机房的爆破面监控监管业务可视化管理端服务器及数据分析处理平台（软件）等部分组成。其基本原理如图1所示。

（1）全景监控兼顾多目标识别。全景超高清视频流由36个细节镜头通过融合算法拼接而成，监控范围广、监测细节多，视频拼接后画面水平视场角达到90°，整体画面超过3亿像素，框选任意区域均可预览4K清晰画质，可同时清晰观察1.5 km之内所有设备的动作及人员活动情况。可实现多目标同时检测跟踪（支持人员和车辆的算法识别）。复眼全景相机实现了大场景视频成像，解决了传统低点视频画幅凌乱、无法快速确认的问题，监控目标在空间中相对位置关系明显，多目标一目了然，便于查找。

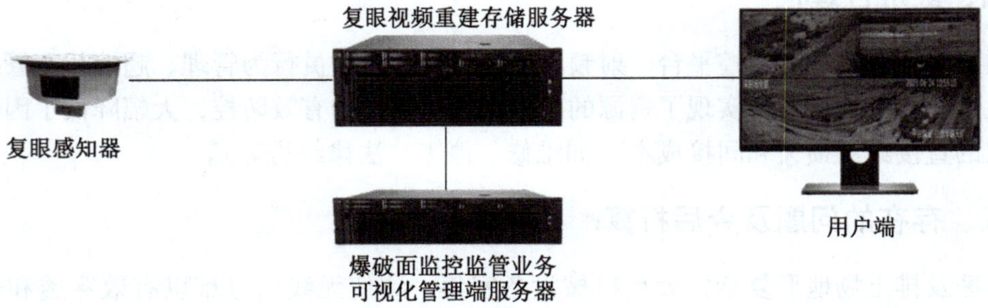

图 1　复眼全景视频分析预警技术基本原理图

（2）爆破面监控监管子系统。该系统是从复眼视频重建存储一体化服务器取流后，对视频流进行 AI 分析处理，输出一个完整的露天矿生产现场全景视频监控图像，具备电子围栏、车辆跟踪、摄像机联动、危险行为预警等监控监管功能。全景视频监控图像具有超大范围、超高分辨率、基本无畸变等特点，具备整体性、连续性等属性。拼接输出的视频监控图像可覆盖 5 km^2 作业区域，水平视场角可达 100°，对画面放大后视频图像依然清晰，可清晰地显示各个细节。管理人员可多人同时动态缩放全景视频监控图像，做到对整个生产现场安全生产情况的实时掌握及对安全生产态势的宏观掌控。

（3）低点位接入和全景视频联动球机进行细节监控。全景系统支持多路低点位接入（球机，枪机等），实现全景相机与低点位相机（移动式球机）的联动，在全景系统中框选区域后，球机可快速定位至选定区域，解决了传统球机无法快速定位的问题。在亿像素阵列计算摄像机的全景画面上发现目标后，可自动联动低点位相机（移动式球机）对局部区域或具体目标进一步特写放大，实现对动态目标的快速跟踪定位，做到对违章或高风险作业行为的快速确认，为生产现场安全管控提供了重要保障。

2. 技术指标

胜利东二号露天煤矿亿像素阵列相机全景相机部分由 2 台亿像素阵列相机拼接和后端融合服务器、AI 智能服务器组建成一套针对矿区大场景的监控系统。前端亿像素阵列相机部署于北帮立杆，视频场景由 2 台亿像素阵列相机拼接而成，覆盖采矿区 80% 区域，主要功能包括全景监控兼顾多目标识别、多细节框放大、低点位接入和全景视频联动球机进行细节监控、车辆可控范围跟踪、管控区域车辆闯入报警 5 项功能，双机视频拼接后形成水平视场 90°、垂直视场 14°的超大水平监控范围。

3. 取得成就

胜利东二号露天矿采用复眼视频全景融合技术，其核心优势在于对采区细节的精准把控，利用其拍摄范围广、画面清晰度高等优势，使胜利东二号矿管理者可以快速定位、查看监控区域。通过多个高清摄像头的协同工作，实现了对视频画面全方位、无死角监控，确保矿区内的每一个细节都在监管之下，大大降低了安全事故的发生概率。全景与细节监控的巧妙结合，为管理者提供了全面、细致的现场信息。管理者可自主在监控区域内划设电子围栏，实现爆破区域及危险区域的 AI 自动预警，一旦人员、车辆进入管控区域，平台自动弹出预警信息，管理者可及时采取干预措施，保障人员设备安全。

二、项目创新性

（1）仿生学设计与超高空间分辨率。复眼感知器借鉴蜻蜓复眼结构，结合鹰眼级别的光学镜头，创造出独特的成像阵列。这种设计不仅模仿了自然界的精妙构造，还显著提升了成像系统的视野广度和细节捕捉能力。通过复眼阵列和长短焦镜头的结合，系统能够同时捕捉到广角视野和特写细节，为安全监控提供了更加全面和精细的信息。

（2）实时视频分析与机器学习应用。采用先进的图像处理和机器学习算法，系统能够实时分析视频内容，快速识别并响应异常情况，大大提高了监控的效率和准确性。结合AI分析，系统能够自动识别和预警潜在的安全风险，如电子围栏入侵、车辆违规行驶、危险行为等，为管理人员提供及时的决策支持。

（3）高效视频存储与重建技术。复眼视频存储重建一体化服务器集成了视频编码、重建、融合、存储等多种功能，实现了视频数据的统一管理和高效处理。通过像素级融合和多种备份策略，确保视频数据的完整性和高质量。同时，支持循环覆盖和冗余备份，有效防止数据丢失，保障数据的安全性和可追溯性。

（4）全景视频监控与宏观掌控。系统能够输出全景视频监控图像，覆盖露天矿生产现场的广泛区域，实现无死角监控。全景图像的超大范围和超高分辨率，使管理人员能够清晰地看到生产现场的每一个细节。支持多人同时动态缩放图像，方便管理人员从不同角度和层次观察分析生产现场的安全情况，实现对安全生产情况的实时掌握和宏观掌控。

（5）多功能集成与智能化管理系统集成了电子围栏、车辆跟踪、摄像机联动等多种功能，形成了一套完整的监控管理解决方案。这些功能的协同作用，进一步提升了系统的智能化水平和综合管理能力。通过AI分析和自动化处理，系统能够自动完成大量烦琐的监控任务，减轻管理人员的工作负担，提高管理效率。同时，智能化的预警和响应机制，能够迅速应对突发事件，保障生产安全。

三、项目可靠性

实现了对矿区超大面积（覆盖采矿区80%区域）的高精度、全景式监控，为矿区安全管理提供了视觉保障。系统内置的多目标识别、多细节框放大等功能，使得管理人员能够迅速捕捉并追踪关键目标。低点位接入与全景视频联动球机的设计，实现了从全局到局部的灵活切换，确保了对重点区域或突发事件的即时响应与细致监控。相机经过公安部一所检测，在严寒天气（−40～70℃）、雨雪天气均可以正常运行，提升了矿区的管理效率与应急响应能力。

四、经济合理性

胜利东二号露天煤矿引入的亿像素阵列相机全景监控系统通过2台亿像素阵列相机的拼接，实现了对采矿区大部分区域的超大全景监控，显著提升了监控覆盖率和精度，有效减少了监控盲区，从而降低了因盲区导致的事故风险和经济损失。另外，该系统集多目标识别、多细节框放大等功能于一体，能够迅速捕捉并处理关键信息，提高了应急响应速度和决策效率，进一步保障了生产安全，减少了因事故处理不当而产生的额外成本。

五、存在问题及今后打算

面对沙尘暴、灰尘等恶劣环境时，相机的清晰度和稳定性可能受到影响，需增强设备的环境适应性。后续积极调研市场，引入先进的清洁与防护技术，以保障在沙尘暴、灰尘等恶劣环境下的清晰度和稳定性，通过综合改进措施，全面提升该监控系统的性能与可靠性，为矿区提供更加高效、稳定的监控解决方案。

胜利东二号露天煤矿堆取料机智能无人值守系统

内蒙古大唐国际锡林浩特矿业有限公司

内蒙古大唐国际锡林浩特矿业有限公司7/8号堆取料机为人工手动操作进行堆取料作业，堆料/取料作业受粉尘影响不能同时进行，生产效率较低；设备状态监测依赖人工检查，易造成设备出现问题无法启动再检修的情况，影响生产；所需岗位人员较多，人员工作环境恶劣。基于上述问题，2023年12月通过增加软、硬件系统，对现有7/8号堆取料机进行智能化无人值守系统改造。改造于2023年12月实施，2024年5月结束。

一、项目实施方案

无人值守系统包括：自动定位系统、安全防护系统、激光扫描系统、安全监测系统、智能化生产系统、网络安全设计等6个部分。其中自动定位可保证设备堆/取料区域的准确性；安全防护可保护设备生产作业的使用安全性；激光扫描可管控仓内进出料的科学性；安全监测可报警并记录仓内有毒有害气体的危害性；智能化生产可主导智能生产运行的合理性；网络安全可保障各系统协调运行的稳定性。

1. 自动定位系统

对堆取料机行走/回转机构行程测量及校准，即取料臂位置测量、堆料臂位置测量，能够协助操作人员在上位机操作界面准确判断堆料臂及取料臂的位置，随后按照生产调度指令启动设备进行堆取料作业。原理是通过编码器及RFID校准装置进行自动定位，测量一般选择高精度编码器，校准一般选择RFID无源射频方式。

（1）编码器。编码器定位装置内置以太网总线通讯、绝对值编码器及机械连接附件。取料行走编码器安装于取料回转轨道轮处并随车轮一同行走。堆料回转编码器安装在堆料回转齿轮与之啮合。通过堆料、取料编码器测量数据比例转换，可以得到堆料臂、取料臂实时位置，数据如图1所示。

（2）RFID校准。RFID校准由读写装置与射频卡组成，读写装置装在仓内电气室平台中心立柱旁侧壁；射频卡共计18台，360°均布装在中心立柱上，约20°提供一个校准地址数据；当编码器随堆料臂/取料臂回转至RFID校准点位，即可进行记录并校准，从而实现大机的自动定位。

2. 安全防护系统

图1　取料行走编码器

安全防护系统主要分为取料防护、堆料防护、整机防护等3个部分。可以防止堆/取料臂在进行生产作业时与煤堆发生碰撞而造成设备损坏，保护入仓作业人员，避免因设备启机而造成的机械伤害。堆/取料臂是生产的主要机械部件，通过高精度、高灵敏度雷达检测装置反馈的实时的数据，后台系统进行分析处理后下发指令，从而保障设备在生产中的使用安全；整机防护中的电源远程分合闸及紧急急停按钮有效保障突发状况时的设备及入仓作业人员安全。

（1）取料防护。取料刮板两侧前后方各布置1套超声波雷达防撞装置，实时检测刮板两侧在水平方向上与料堆或其他障碍物的距离（图2）。其中防撞距离可调，确保取料刮板在作业中不与料堆及其他障碍物发生碰撞事件；取料刮板中部位置各布置1套超声波雷达防撞装置，实时检测刮板在垂直方向上与两侧及底部料堆的距离。其中防撞距离可调，防止在取料作业中取料臂下俯过大，出现取料过载情况。

（2）堆料防护。堆料臂前部安装1套料位计传感器，用于检测堆料机下方物体间的距离，堆取料机在堆料过程中及运动过程中，需要实时检测堆料高度。料高检传感器采用雷达料位计，雷达料位计相比超声波料位计，检测精度更高，响应速度更快，且对于粉尘等干扰因素处理能力更强，用于堆料高度实时检测。

（3）整机防护。无人值守操作室的上位机画面设置紧急停止按钮与远程分合闸按钮，用突发状况下的紧急停车和报备人员入仓作业主动分闸动力电源两方面措施来保障整机安全与入仓作业人员安全。

3. 激光扫描系统

圆形堆取料机上配置激光扫描设备对下方料堆进行扫描，配合与堆取料机控制系统建立数据接口，采集堆取料机位置信息，为激光扫描设备获取的云数据建立空间坐标，获取

图2 取料防护系统

煤场内料堆表面轮廓点云数据。通过检测物料的轮廓、建立料堆三维模型、提取特征点，并计算出料堆的存量数据，将特征点录入数据库保存，实现对料堆表面轮廓进行分析计算，得出空场坐标及料堆充实坐标，为堆取料无人值守作业提供目标区域及切入点。

4. 安全监测系统

安全监测系统已集成红外扫描测温、有毒可燃气体监测、粉尘浓度监测、设备温度监测等功能，系统部署在集控室，通过现场传感器实现了圆形煤场内的全自动、全天候监测，智能数据管理和数据分析，实时、精确定位自燃位置，自燃趋势分析，煤场环境数据生产以及报表自动生成等功能。

5. 智能化生产系统

自动堆煤：将堆料方案发送至PLC控制系统，PLC控制系统接收信息后执行任务工作。堆取料机实现与输煤程控系统联动，启动输煤皮带将来煤堆放至指定位置。自动堆料可选择定点堆料或回转堆料两种方式，堆料高度采用料高检测装置实时检测。堆料高度应可自行设定，系统自动调节，全过程无需人工干预。

自动取煤：将取煤方案发送至PLC控制系统，控制系统接收信息后执行任务工作。堆取料机实现与输煤程控系统联动，输煤程控皮带启动后，堆取料机设备再启动，取料刮板前往取料目标区域进行作业。作业过程中，系统通过自动控制取料回转及俯仰角度完成取料流程。取料机控制系统根据取煤量设定值自动调节，全过程无需人工干预，如图3所示。

6. 网络安全设计

堆取料机无人值守系统按照网络结构分为应用层、管控层、设备层，其中各层之间通信网络采用工业以太网和现场总线通信技术，实现数据的采集和设备的自动控制。在系统

图3　智能化生产系统

中建立视频监控网络，实现堆取料机工作状态视频监控以及煤场情况视频监控，视频监控网络与3D自动化料场管控平台系统及堆取料自动控制系统通信网络分开组网，防止视频网络数据对控制网络数据产生干扰。业务人员或其他系统访问3D自动化料场管控平台将通过网闸、防火墙，保证系统的数据及控制安全，如图4所示。

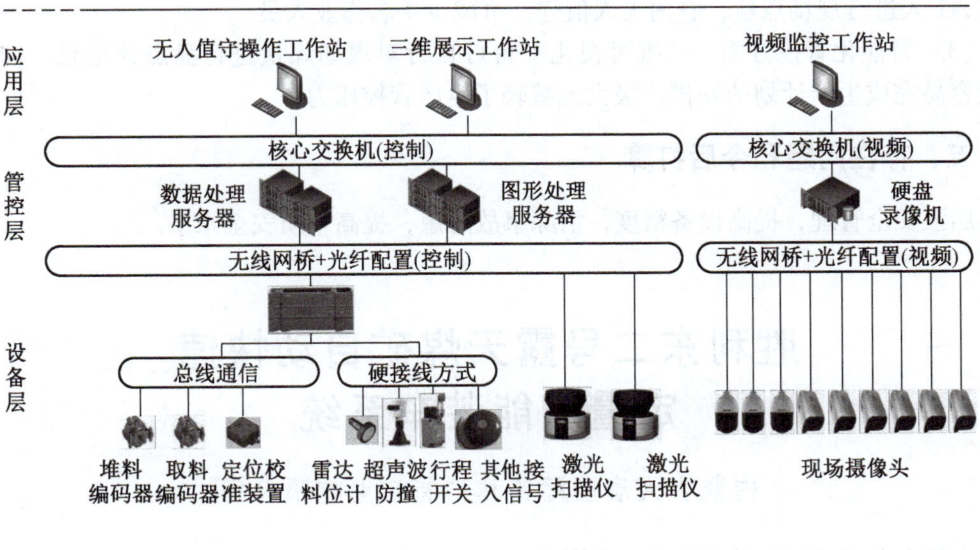

图4　网络安全设计

二、项目创新性

通过高精度定位、智能防护、可靠性控制系统、三维可视化料场管控等先进性技术，实现智能化无人值守代替人工。

三、项目可靠性

（1）高精度定位技术。采用精度高、响应时间短、定位稳定的检测装置，实现对堆取料机俯仰、回转各机构的角度及位置的精确测量和对料场位置的精确定位。定位系统还通过工业网络协议通信，将响应时间缩短至小于 10 ms。建立出完整的料场、料堆三维空间坐标系。

（2）智能防护技术。堆取料机安全防护系统包括料高检测传感器、超声波雷达检测传感器等，可以实现堆取料机在无人值守情况下，对其各部件运行情况实时检测，保证设备在运行过程中的安全、稳定。

（3）先进控制技术。系统内部、驱动系统等重要的机构和零部件具有自诊断功能，实时向本机控制系统传送运行日志和故障记录，便于检修维护。

（4）三维数字化料场管控技术。堆取料机无人值守平台是料场的信息处理中心，同时承载三维料场可视化和作业任务管控任务。工作人员在集控室利用整套系统便可对料场料堆及设备状态进行全程掌控，并进行堆取料作业管理，实现对料场堆取料机的无人值守功能。

四、经济合理性

（1）生产效率方面。改造后实现堆料、取料可以同步作业，上煤作业计划不受火车影响，提高生产效率。

（2）人员方面。原系统需要 2 名人员常驻仓内，改造后只需 1 人即可操作两台堆取料机，1 人进行现场点检，仓内无人值守，可减少 4 名作业人员。

（3）智能化管控方面。三维可视化平台可自行对煤场煤量进行盘点并记录，辅助人员较容易完成生产计划的安排，极大地减轻了生产管控压力。

五、存在问题和今后打算

加强安全管理，提高设备精度，消除事故隐患，提高本质安全水平。

胜利东二号露天煤矿自动快速定量智能装车系统

内蒙古大唐国际锡林浩特矿业有限公司

内蒙古大唐国际锡林浩特矿业有限公司现有 2 套自动快速定量装车站，均为人工操作装车。公司自 2023 年 9 月起通过增加软件系统和硬件装备，对 2 套装车站实施智能化改造。于 2023 年 9 月实施，2024 年 7 月结束。

锡矿公司自动快速定量装车站智能化改造项目属于煤炭散装物料火车装车系统的智能化领域。本研究项目范围包括：智能车型识别、无人化定量装车、装车质量检测、智能设备状态在线检测等功能。

一、项目实施方案

1. 智能车号车型识别

车号识别将以 RFID 车号识别系统为主，视频识别为辅，双源识别，互为补充，互相验证，保证车号及车型识别准确率。现场部署高清相机进行车号图像识别，利用机器视觉技术，获取车厢表面喷涂字符，从而识别车号车型。识别结果将 RFID 判断车型，确保装车任务及模型调用的准确性。

2. 全自动装车控制

车厢定位是装车系统最关键的技术，是实现精准装车的基本条件，过大的定位偏差将造成溜槽与车厢的磕碰或撒煤。通过磁致伸缩传感器、光幕信标定位装置实时精准检测火车车厢的位置及火车行驶速度，系统自动完成溜槽升降、闸板开关等设备控制动作，自动完成整列车厢的装车动作，无需人员操作。该控制系统可对来煤不足进行提前预判，系统能够对煤质变化、车速变化、下煤不畅、冬季起雾等状况进行智能调整。

3. 装车质量自动检验

通过相关检测装置实现对装车质量的实时检测。系统能够实现对装车后车厢内的物料轮廓进行三维建模和计算，实现对前后偏载、超限的自动检测判断，同时还具备车厢冻煤检测功能。

4. 辅助装车系统

智能装车系统与现有的抑尘剂、防冻液喷洒装置控制系统相联通，实现对抑尘剂/防冻液喷洒设备的自动启停控制。通过安装光电定位装置识别车辆与喷洒臂相对位置，同时根据车号识别的结果，自动选择对应车型的控制参数。当车厢行驶到位后自动控制摆臂、升降、喷洒开关等动作，当车厢驶离时自动关闭喷洒。

5. 设备状态检测

利用物联网技术，依托多维的信息采集及精准的传感器检测技术，开发设备智能监测与诊断系统。对装车流程上的皮带机增加振动、温度传感器，实现设备振动、温度等信号的采集，并将数据上传至现场服务器，通过专业系统软件进行处理和状态监测，监测内容包括优化振动和温度的在线监测，通过把监测数据接入智能化系统，实现对设备的实时监控，生成监测数据图表，实现主要设备运行状态数据在线定时采集，设备异常时产生报警通知信息，并在设备前端展示。

二、项目创新性

在保留现有装车站人工集控、手动装车功能的基础上，进行智能化改造。改造集控系统、液压系统、检测系统以及附属设施，通过增加自由切换按钮，使自动控制及手动控制可以自由切换，同时人工控制权限大于自动控制，在有突发情况下人工可以随时介入控制现场所有设备。

三、项目可靠性

1. 高精度定位技术

本系统采用精度高、响应时间短、系统稳定的激光雷达技术，采集车型数据和装车模型，实现对火车精确定位。装车过程自动精准配煤，自动控制溜槽伸缩。

2. 设备自动联锁启停技术

系统具备自动启动条件后，在无人操作情况下，按照“顺煤流启动、逆煤流停机”规律，实现对应装车系统的带式输送机、采样装置、给煤机、给煤机液压闸板、起车预告以及附属设施等的自动联锁流程启停。

3. 智能给料供给技术

根据装车站缓冲仓料位情况以及装车当前速度，智能控制给煤机启停以及给煤机液压闸板开度，为装车站提供稳定可靠的煤炭供给，保证装车站缓冲仓不溢料、不空仓，满足定量仓配煤需要和装车速度需求，保证装车作业连贯性。

四、经济合理性性

装车站智能化升级改造，实现了自动化装车，减轻了装车操作人员的劳动强度，改造后减少一半操作人员。

1. 发运能力方面

改造前，系统每班仅有 2 名操作人员，2 套装车站不能同步装车作业。改造后，在火车发运量增加的情况下，可实现 2 套装车站同步装车作业，提高发运能力。

2. 人员减少方面

原装车站操作需要 2 名操作人员，劳动强度大，升级改造后，仅需 1 名操作人员进行监护，共可减少操作人员 4 人。

五、存在问题及今后打算

推动装车站区域内减人增效、消除事故隐患，提高本质安全水平，提高装车质量和效率。

山东能源集团有限公司

百万吨薄煤层智能化无人工作面创新技术应用

山东能源集团兖矿能源杨村煤矿（183）

山东能源渤中海上风电 A、B 场址 90 万千瓦项目

山东能源集团电力集团有限公司（185）

矿山人工智能大模型研发及应用

山东能源集团有限公司　云鼎科技股份有限公司

华为云计算技术有限公司　山东大学（188）

煤矿职工健康管理系统研究及应用

山东能源集团有限公司　北斗天地股份有限公司（191）

安全生产技术综合管控平台

山东能源集团有限公司　云鼎科技股份有限公司（195）

煤矿机械重防腐节能环保粉末涂装应用研究

兖矿东华重工有限公司煤机装备制造分公司（198）

高参数 CFB 机组全燃煤泥燃烧优化分析控制研究

山东兖矿济三电力有限公司（201）

兖矿能源重要电力用户绿电替代分布式光伏项目

山东华聚能源股份有限公司（204）

2 ~3 m 中厚煤层超长工作面年产千万吨智能化高效开采实践研究

鄂尔多斯市转龙湾煤炭有限公司（207）

百万吨薄煤层智能化无人工作面创新技术应用

山东能源集团兖矿能源杨村煤矿

2023年9月，山东能源集团所属云鼎科技、北斗天地与华为公司、天玛智控等单位于兖矿能源杨村煤矿4703综采工作面联合开展了薄煤层百万吨智能化无人工作面的创新技术应用，2023年底，成功实现面内无人化作业、地面远程干预的生产模式，具备年产百万吨以上生产能力。

一、项目实施方案

本案例主要应用数字孪生辅助控制系统、盘古矿山大模型AI服务平台、煤矿GIS公共服务平台、综采工作面国产惯导、班组协同交互通信系统以及多参量耦合模型规划截割开采模式等多个关键技术，旨在通过数字化转型和智能化升级，提升薄煤层开采的安全性和高效性。

（1）技术指标。杨村煤矿4703工作面位于四采区中部，煤层平均厚度1.15 m，走向长度1178 m，倾向长度135 m，煤层倾角2°～11°、平均5°。煤层中含有厚度不均匀的坚硬夹矸及硫化亚铁结核体，普氏系数高达12，破碎困难，采煤机截割阻力大；直接顶为石灰岩，硬度较大，对采煤机割顶控制精度要求高；底板为铝质泥岩，质软，遇水易膨胀。

（2）实施过程。为满足薄煤层工作面安全高效开采需要，实现薄煤层工作面生产面内无人目标，针对薄煤层顶板较好、液压支架结构简单等有利条件，开发应用多项关键技术，实现了智能化生产中基于真数据、多视角的数字孪生辅助控制，通过地面远程自主规划截割，实现面内无人化作业、地面远程干预的生产模式，具备年产百万吨以上生产能力。

（3）取得的成效。通过应用数字孪生辅助控制系统，在集控中心对工作面物理空间进行全息感知，实现了工作面实体与数字矿山孪生体之间的虚实映射与实时交互；结合AI技术对开采作业、设备管理、环境管控进行计算分析，为生产控制提供决策依据，有效提升了工作面的智能化水平，将跟机巡视人员从艰苦繁重的作业中解放出来；通过惯导系统对工作面直线度进行动态调整，同时为数字孪生系统提供数据支撑，提升了工作面连续自动化生产水平，降低了工人劳动强度；生产作业人员使用移动通信终端，通过单兵通信应用程序，可在工作面任意位置，与面内作业人员、地面操作人员即时通信，提升矿井日常工作传达和应急响应能力，为集控中心远程操控、工作面内无人生产提供有力技术支撑。

二、项目创新性

数字孪生辅助控制系统基于工作面设备真实尺寸，结合采煤机IMOSS惯导、液压支架MEMS惯导及倾角、行程等各类传感器数据，能够实时监测设备运行状态，记录采煤机截割曲线，结合工作面GIS地理信息，构建基于设备真实尺寸和地理真实坐标的工作面模型，将采煤机运行数据、刮板输送机起伏状态、支架推移量和现场环境条件进行实时映射，实现了智能化生产中基于真数据、多视角的数字孪生辅助控制。配合支架电液控制系统、采煤机电控系统，操控人员能够身临其境地了解工作面的实时情况、设备运行状态，基于多源数据分析结果辅助远程操作人员完成采煤机、液压支架联动控制。

部署IMOSS系统和MEMS惯导技术，结合自主研发的优化算法和误差补偿技术，实现对煤机设备自主定姿、定位、定向的精准测量，满足液压支架直线度动态调整需求，并为数字孪生系统、规划截割系统提供采煤机位置、截割曲线、液压支架行程、偏移量等实时数据，实现了综采工作面液压支架位置姿态信息实时监测分析、异常状态超限告警提示，进一步提高了综采工作面采煤机、液压支架、刮板输送机位姿监测实时性和系统控制精度。

此外还通过GIS平台基础图形服务，结合工作面素描、巷道素描、等值线、地质构造等地测数据，快速构建工作面高精度地质模型。以地质模型、设备尺寸、惯导、电液控实际截割数据为基础，构建工作面规划截割数字模型，为工作面数字孪生和规划截割开采应用提供数据和图形服务，更好地服务于薄煤层生产。

三、项目可靠性

（1）运行稳定性。工作面以合理的工程设计为支撑，以一体化高可靠、高集成度、高富裕系数综采成套装备为基础，以自适应智能开采控制系统为核心，制定适合杨村煤矿薄煤层安全高效开采的智能化控制系统配置，实现大功率矮机身高可靠性采煤机、重叠侧卸式刮板输送机和薄煤层智能化控制系统等常态化稳定运行，为安全高效开采和面内无人化作业提供基础保障。

（2）安全可靠性。智能化无人工作面的技术成熟度是评估其可靠性的基础。经过长期的研究和实践，当前智能化无人工作面技术已经相对成熟，具备了在实际生产中广泛应用的能力。

以万兆切片网络、WiFi6无线通信为基础，采用云计算、数字孪生、大数据等先进技术，通过建立完善的数据安全保障体系和高效、安全的通信网络，实现重要信息采集全覆盖、数据资源分级全共享、关键数据分析全自动、流程业务管理全透明、人机状态环境全监控、安全生产过程全控制，实现智能化无人工作面远程控制和数据传输的安全高效。

应用数字孪生控制系统，通过毫秒级数据接收和分析计算采煤机滚筒最外侧轮廓线与支架顶梁前端距离，实现基于算法的自动牵引停机和滚筒限高。应用多参量耦合模型规划截割开采模式，输入GIS平台地质模型、IMOSS惯导数据，拟合支架姿态，生成多参量知识库，经过多种算法预处理，持续提高规划截割模型数据精度。通过网络型电液控制系统和采煤机智能控制系统，辅以高精度传感器和执行机构，实现远程操作的安全精准控制。

四、经济合理性

（1）投资成本及运行维护成本。智能化无人工作面创新技术主要是智能化控制系统程序方面的研发和应用，通过视频监控和传感器数据，实现对工作面生产过程的远程控制，投资成本及运行维护成本较低。

（2）经济社会效益。4703 工作面预计开采 11.04 个月，该智能化成果应用后，每班减少用工 9 人次，平均每天减少用工 25.2 人次，每月节约人工费用为 25.2 人次 ×500 元/人次 ×30 天 =37.8 万元，按照回采周期计算，共节约 37.8 万元/月 ×11.04 月 =417.31 万元。通过不断创新适应薄煤层工作面特点的智能化关键技术在薄煤层智能化工作面的良好应用，为薄煤层高效开采提供了可靠的技术理论支撑，在推动本省乃至全国薄煤层智能化高效开采方面提供了宝贵经验，具有深远的社会效益。

（3）绿色环保和资源有效利用。智能化创新技术的应用应兼顾环境保护，减少开采过程中对环境的污染和破坏，符合绿色低碳的开采要求；通过持续提高规划截割模型数据精度，有效提升工作面采出率。

五、存在问题和今后打算

薄煤层百万吨智能化无人工作面创新技术应用虽然取得了一定的进展，但在实际应用中仍面临诸多挑战和问题。

（1）存在问题。薄煤层开采面临的主要问题之一是地质条件的复杂多变，如煤层厚度、倾角、褶皱及断层变化大，而现有的智能化开采技术和装备在这些复杂条件下的适应能力仍然有限。同时在智能化创新技术应用过程中，存在系统融合的问题。

（2）今后打算。由于薄煤层开采的特殊性，需从以下几方面进行改进：开发系统程序间通信协议，实现各系统间的紧密融合和控制交互；增加安设各类传感器，提升数据采集精确度，为辅助控制系统提供有效各类参量，实现孪生系统与现场的一致，确保设备干涉状态下，系统准确发出预警和控制指令。

综上所述，薄煤层智能化开采技术的发展需要在提高技术适应性、完善智能化控制系统、增强安全性以及持续技术创新等方面进行深入探索和实践。

山东能源渤中海上风电 A、B 场址 90 万千瓦项目

山东能源集团电力集团有限公司

山东能源集团积极贯彻“双碳”目标部署、构建清洁低碳安全高效现代能源体系及以清洁能源为主体的新型电力系统，重点建设了渤中海上风电工程。2022 年底实现海上风电 90 万 kW 全容量并网，获得多项行业乃至世界第一的优异成绩，刷新了全球海上风电推进最快速度，全面引领了海上风电平价开发进程。

一、项目实施方案

（1）项目内容。山东能源渤中海上风电A、B场址装机容量90万kW。其中A场址安装60台H220－8350型风机，B场址安装47台单机容量为8.5 MW－230型风机，风电机组所发电能通过35 kV集电海底电缆分别接入各场址的220 kV海上升压站，各自升压后通过2回220 kV海底电缆接入共同的陆上集控中心。

（2）技术指标。渤中海上风电A、B场址代表测风塔126 m高度处年平均风速在7.63～7.73 m/s之间。

A场址年上网发电量为168637万kW·h，年等效满负荷小时数为3366 h；B场址年上网发电量为135469万kW·h，年等效满负荷小时数为3391 h。

（3）实施过程。A场址于2022年4月16日开工建设，进行首桩沉桩。6月21日，实现首台风机吊装。9月10日，完成国内单体规模最大的全国产化海上升压站吊装。10月29日，首批次16台机组并网发电，发出“十四五”国家新规划海上风电项目和山东省首个平价海上风电项目第一度绿电。B场址于2024年7月11日正式开工，进行首桩沉桩。9月8日，完成首台风机吊装。12月30日，A、B场址90万kW项目实现全容量并网发电，成为我国“十四五”重点建设五大海上风电基地最大规模全容量并网发电项目。

（4）取得的成效。山东能源渤中海上风电A、B场址开发建设运营过程中，获得多项行业乃至世界第一的优异成绩，一举创造了当年规划、当年核准、当年开工建设、当年全容量并网、当年达产的海上风电建设奇迹，刷新了全球海上风电推进最快速度。A、B场址每年可提供绿电超过32.5亿kW·h，等效节约标准煤102万t，等效减排二氧化碳235万t。风电场自并网以来，系统运转正常，设备运行良好，单日发电量不断创下历史新高，最高达到1719万kW·h。

二、项目创新性

渤中海上风电A、B场址项目用创新思维、创新模式、创新发展、创新应用，实现海上风电建设成本大幅优化、管控模式智慧提升，助力山东省海上风电发展位于全国前列。

（1）技术、管理创新。推行项目管理“主线节点责任制度”，将项目划分为10条主线149项节点，全体参建成员“以点带线、以线定面、节点到人、全员覆盖”，并行推进桩基、塔筒、风机、海缆、手续办理等各主线进展，做到点在线上、人在线上、严控节点、点线受控。在主线节点责任制度推行下，A风场用时99天取得前期工作核准，一举创下全国海上风电前期工作推进速度最快纪录。坚持高位推进、高效落实，制定“路线图”，排好“时间表”，多措并举提升船机利用率，综合施策增加作业面，同步展开7个沉桩作业面、8个吊装作业面，紧抓可作业施工窗口期，创造了单船单月沉桩10根的全国纪录；锚定工程节点，创新一人一站位、一机一方案、一吊一总结“三个一”施工方式，高标准高质量精细化推进，将单台风机吊装时间从9天缩短至3.5天。创造了当年规划、当年核准、当年开工、当年并网、当年达产的海上风电建设纪录。

（2）创新程度。B场址创新应用的半直驱海神平台EW8.5－230机组在2022（第二届）“风电领跑者”技术创新论坛暨颁奖盛典上，荣获海上8～12 MW级风电机组“最佳海上机组奖”，项目定制化选用的S112叶片、南高齿8.5 MW全集成传动链齿轮箱、禾望

IGCT 中压海上风电变流器，均获得最佳零部件产品奖。同时，国际知名风电行业专项杂志 Windpower Monthly 公布了 2022 年全球最佳海上风电机组，EW8.5－230 机组位列全球第四位。

三、项目可靠性

（1）优选优质产品保质量。严控短名单管理和风机主机配置清单，优选优质产品、厂商参与项目建设。A、B 场址项目分别采用中国海装 H220－8.35 MW 和上海电气 EW8.5－230 海上风电机组，均为平价时代量身定制化开发机型，实行机组性能和发电量保障，以风电主机实行 5 年免费运维、大部件终身质保要求倒逼质量、保障收益。

（2）主动延伸管控保质量。针对海上风电重点工程，采取可研阶段达到初设深度、超前推进风机优选和基础迭代设计、超前开展海上升压站设计等，下好“先手棋”，落好“关键子”，抓好“提前量”。紧盯未经样机长周期验证的风机存在的技术与质量风险，主动深入风机全产业链、做到向前管控。在风机制造过程中，联合主机厂商，深入产业链企业，对齿轮箱、发电机、变压器、叶片等大部件生产和测试过程延伸把控，严抓技术协议，锁定总体目标和性能保障指标，以确保海上风机可靠运行。EW8.5－230 首台风机一天内实现送电、动调、并网发电，就是对全产业链超前管控的最佳实证。

（3）严格监理监造保质量。选择行业内技术能力强、服务质量高、工作业绩优的监理公司华东咨询和设备监造机构必维（法国船级社）开展全过程、多方式、多维度监理、监造工作。规范项目质量管控，从原材料检验、生产环境监控、生产流程监控、中间检验、质量体系监控、施工工艺、隐蔽工程检查、质量验收等方面把好质量关。A、B 风场并网以来，系统运转正常，设备运行良好，单日发电量不断创下历史新高。

四、经济合理性

（1）坚持“精打细算、有保有压”。在优先保障勘察设计、设备选型等资金投入前提下，制定高效的成本管控策略，全力节约工程费用，实现投资效益最优。在项目 EPC 招标工作中，通过建立数学模型对投标最高限价进行模拟分析、科学设定，最终中标价与预测价偏差仅 2.1%。2022 年 5 月，B 场址成为首个实现 EPC 单位千瓦造价破万元的海上风电项目，且中标厂家为拥有国内 70% 业绩的优质央企，引领了区域海上风电工程的竞价变革，为实现平价上网打下基础。

（2）精益筹划融资工作降成本。优选融资对象和融资方式，有效降低公司融资成本。创新实施银团贷款招标融资方式，利用新能源融资优惠政策，促进 10 余家金融机构良性竞争，A、B 场址前期贷、项目贷利率相继刷新全国最低纪录，按照 LPR 利率计算，全贷款周期可节省财务成本费用 10 余亿元。

五、存在问题和今后打算

1. 存在问题

（1）随着可再生能源进入市场交易步伐加快，目前海上风电已部分进入市场化交易。上网电价较保障性收购价格大幅下降，造成项目收益严重下滑。

（2）目前山东省电网规划和建设速度与新能源电站开发速度不匹配、不同步，项目接入困难，制约了新能源产业健康有序发展。渤中海上风电已建成场址弃风率明显大于往年，且当前东营市北部消纳能力不足，对外供电能力受限，网架结构不足以支撑后续海上风电及其他新能源发电并网需求。

2. 今后打算

（1）建议推动建立电力用户绿色电力引导消纳机制，鼓励引导用电企业分配绿色电力消纳比例，并建立奖惩办法，强制高耗能、高污染企业按比例消纳绿色电力，承担绿色电力消纳的社会责任。同时联合各类市场主体，进一步探索市场运行规律，完善交易规则。

（2）建议不断规范行业发展秩序，大力促进煤电与新能源联营，鼓励拥有煤电资源的能源企业开发建设新能源，通过风光火储一体化发展缓解电网压力，有利于电力系统成本疏导。

矿山人工智能大模型研发及应用

山东能源集团有限公司 云鼎科技股份有限公司
华为云计算技术有限公司 山东大学

通过打造“1+4+N”架构的矿山智能化方案，基于“技术研究－试点建设－复制验证－内外部推广”的实施方法，探索大模型在矿山生产领域的落地应用。项目在山东能源集团建成了人工智能训练中心，基于训练中心打造了70多个业务应用场景，当前已在山东能源集团内部兖矿能源、新矿集团等6家二级公司共计32个生产单位进行复制推广。同时，在集团外部国家管网、西部矿业、皖北煤电等20余家单位进行了推广应用。

一、项目实施方案

1. 项目内容

（1）研发面向矿山生产领域的行业大模型。研究分布式预训练和高效微调等基础大模型核心技术，打造业界首个面向矿山行业的人工智能大模型，提供高可靠性的智能感知和精准预测能力。

（2）打造“1+4+N”架构的矿山智能化方案。通过1个AI开发平台和四个矿山大模型能力，开发N个高价值应用场景，支撑人工智能大规模“下井”。

（3）训练中心建设。包括硬件、HCS底座软件、ModelArts平台安装和人工智能大模型平台的部署实施。

（4）验证推广。完成70多个人工智能模型算法开发，在能源集团32对矿井开展矿山人工智能大模型实践，验证大模型精确度、泛化性和规模化应用能力，并在集团外部国家管网、西部矿业、皖北煤电等20余家单位进行了推广应用。

2. 技术指标

大模型与传统AI模型相比，在开发效率、泛化性、精度提升等方面的能力，相关技术指标均已达成项目要求，具体达成情况如下：

（1）开发效率。对比皮带异物识别场景的样本筛选工作量，首 3 h 样本筛选工作量相同，后 33 h 采用模型筛选方式可减少工作量 90%，相较于传统 AI 模型合并提升 85%。

（2）模型优化效率。采用东滩、兴隆庄煤矿五日数据分别进行训练和测试，比较每日模型精度，平均精度值超过传统 AI 模型 10.2%。

（3）泛化适应性。将在兴隆庄煤矿训练的模型直接用于柴里煤矿，识别精度较传统 AI 模型超过 32 个百分点。增加柴里煤矿少量样本（20 张）训练后，识别精度较传统 AI 模型超过 15 个百分点。

3. 实施过程

项目实施过程主要分为业务调研、前期验证、规划设计、人工智能训练中心建设、工作流与应用开发、场景示范建设、复制验证、内外部推广。

2022 年 8 月，验证了大模型的技术路线可解决矿山行业人工智能应用普遍存在的开发门槛高、难以规模化复制的问题，实现中心云训练、边缘侧推理及联动控制的业务全流程管控。

2022 年 12 月，完成了人工智能训练平台的建设，包括如下关键阶段：硬件备货、硬件安装、HCS 底座软件安装、ModelArts 平台安装、人工智能大模型平台的部署实施。

2023 年 3 月，在兴隆庄煤矿、济二煤矿、李楼煤业、鑫泰能源等四家单位完成了防冲卸压施工孔深智能监管、掘进安全质量智能监管、重介选煤分选密度智能控制、焦化智能配煤等首批 21 个智能化场景的建设。

截至 2024 年 7 月，在山东能源集团内部完成 32 家生产单位各应用场景的复制推广，并落地五沟煤矿、满来梁煤矿、红庆河煤矿、文家坝矿业、七台河矿业、华能大柳煤矿、皖北煤电集团等外部煤矿单位。

4. 取得成效

通过该项目的建设，开辟了 AI 大模型技术应用新路径，打造了智慧矿山建设山能新模式，促进了煤矿生产从人工管理到智能化管理、从被动管理到主动管理的“两大跨越”，探索了人工智能大模型技术产学研用深度融合新思路。下一步，在顶层政策及智能化发展的驱动下，结合煤矿生产单位的智能化需求，加大山东能源集团内外部的推广力度。计划将纵向深化矿山领域，横向拓展化工、电力等领域，持续打造跨行业、跨领域的应用场景，探索更多应用可能，进一步助力能源行业智能化水平提升。

二、项目创新性

1. 项目创新性

本项目打造了全球首个自适应、可扩展的矿山人工智能大模型，设计了“云边协同 + 边用边学 + 非正常即异常”人工智能模型迭代优化方法，研制了矿山领域具有完全自主知识产权的成套算力系统，形成了具有智能感知、精准预测、灵活部署及规模化应用等优点的九大专业 70 余个算法模型，实现了模型的规模化复制和快速应用推广，加快了矿山智能化建设进程，为矿山领域高质量发展打造了新质生产力。经中国煤炭工业协会鉴定，在煤矿大模型开发应用方面达到国际领先水平。

2. 知识产权

本项目获授权专利共计 17 件，包括发明型专利 15 件、实用型专利 2 件，在国内外核心期刊已发表论文35篇，已完成软著10项。

三、项目可靠性

本项目涉及的训练中心及AI应用平台稳定安全可靠，已累计完成50多家矿山企业的应用推广，经用户反馈，系统运行稳定、可靠。

四、经济合理性

1. 投资成本

项目投资预计约2亿元，一阶段主要完成山东能源集团人工智能训练中心建设，投资1.49亿元。二阶段将一阶段取得的成果推广至能源集团权属32对矿井，预计投资约5000万元。通过人工智能赋能智慧矿山建设，实现矿井的减人、提效、增安。

2. 经济效益

本项目自2022年12月上线应用以来，针对当前山东能源集团内部复制推广的32个生产单位，根据各个煤矿人工智能场景及应用时长测算，累计增加煤炭销售收入42435万元，利润25817万元，税收6192万元。此外，针对集团外部，当前正在建设的项目包括国家管网AI大模型项目、五沟煤矿AI项目等共计10多个，金额达合同金额近2亿元。同时，随着人工智能场景持续地纵向深化应用并推广至更多的煤矿单位，横向拓展至化工、电力等行业板块，场景将在更多生产单位进行落地应用，并产生更高的直接或间接经济效益。

3. 社会效益

（1）开辟AI大模型技术应用新路径，打造智慧矿山建设山能新模式。建成云边协同、边用边学的架构体系，将大模型技术首次引入煤炭行业并进行大范围推广应用，突破了大模型在工业领域应用精度低、泛化性不足、难以大规模复制推广等难题，打造了可复制、可移植、可扩展的人工智能新模式，搭建了智能矿山从少人向无人的新通道。

（2）开创传统行业管理变革新局面，构建矿山安全高质量发展新格局。基于矿山人工智能大模型技术场景化应用，通过智能预警、智能监管，加快推动矿山安全治理模式向事前预防转型，把风险化解在隐患前、把隐患消除在事故前，降低危险作业场所事故的发生率。促进了煤矿生产从人工管理到智能化管理、从被动管理到主动管理的“两大跨越”，成为新型基础设施建设在煤炭行业应用的重要里程碑，为能源行业管理变革注入了新动力。

五、存在问题和未来计划

1. 存在问题。当前基于矿山人工智能大模型打造的场景以煤矿行业为主，在化工、电力等行业应用较少。

2. 未来计划。下一步，在顶层政策及智能化发展的驱动下，结合煤矿生产单位的智能化需求，加大山东能源集团内外部的推广力度。计划将纵向深化矿山领域，横向拓展化工、电力等领域，持续打造跨行业、跨领域的应用场景，探索更多应用可能，进一步助力能源行业智能化水平提升。

煤矿职工健康管理系统研究及应用

山东能源集团有限公司 北斗天地股份有限公司

山东能源集团北斗天地公司紧跟科技方向，全力攻关职工健康系列产品，完成了以矿用本安型智能穿戴产品为核心的职工健康管理系统（以下简称系统）及配套装备的研发。该系统及配套装备是信息技术、健康管理、数据分析和工业应用等多个科学技术领域交叉融合的成果，是一套集健康数据采集、存储、分析、预警和干预于一体的智能化系统。

一、项目实施方案

（一）项目内容及过程

以穿戴设备为核心，使用多种中继设备进行适配，职工健康管理系统收集体征数据后进行深层的定制开发，建立一套适合煤矿职工的健康模型。具体内容如下。

1. 矿用本安型手表、手机、矿灯防爆电池开发

参考《爆炸性环境 第1部分：设备 通用要求》（GB 3836.1—2021）、《爆炸性环境 第4部分：由本质安全型“i”保护的设备》（GB 3836.4—2021）、《矿灯用锂离子蓄电池》（MT/T 1051—2007）等标准文件要求，结合现场实际实验情况，通过调整锂电池隔膜厚度、电解液的原材料配比等，实现电池通过挤压、热冲击、过充电、强制放电、短路、针刺、重物冲击试验均未发生电芯的起火、爆炸情况，确保防爆电池安全性能。

2. 矿用本安型手表、手机防爆电池本安双重保护电路设计

参考《爆炸性环境 第1部分：设备 通用要求》（GB 3836.1—2021）、《爆炸性环境 第4部分：由本质安全型“i”保护的设备》（GB 3836.4—2021）等标准文件要求，结合产品防爆认证类别等级的技术要求，采用分流短路（急剧短路）保护方案，且故障引起的急剧短路时，瞬间故障能量控制在80 μJ以内，设计出符合本质安全要求的双重保护电路，确保电路的本质安全性能。

3. 基于矿鸿模块化矿灯开发

产品具备蓝牙、WiFi通信模块，兼容定位通信模块，支持矿鸿操作系统的蓝牙中继模块向下可实现对各种软硬件资源接入、控制和管理，即通过蓝牙与其他蓝牙设备互联，获取数据，进行管理；系统向上，可提供开发接口及工具资源等支持，并以工业APP形式提供多样化服务，可通过WiFi与服务平台互联进行数据交互，亦可通过蓝牙与手机APP进行互联。该设备主要由主控MCU（WiFi + 蓝牙SoC模组 + UWB模块）、电压采集模块、供电模块、照明指示灯以及按键组成。主控MCU提供设备控制、用户数据转发等功能，采用蓝牙和WiFi无线传输方式进行数据交互。设备既可以传输人员精准位置信息，亦可以连接设备进行数据的接收与转发，主控MCU通过串口接收到蓝牙设备传来的数据，然后通过WiFi发送出去；主控MCU接收到WiFi发来的数据，解析并做相应的处理工作。

（二）技术指标

1. *研发支持鸿蒙系统的智能穿戴产品*

实现矿用智能手表体征数据接口集成，完成一款矿用智能手表硬件产品开发，并取得安标证书。支持矿用鸿蒙技术矿用本安型手表技术指标：

（1）尺寸：48 mm×49.6 mm×14 mm。

（2）防护等级：IP67。

（3）表盘直径：48 mm。

（4）腕带尺寸：140~210 mm。

（5）屏幕尺寸：1.43 英寸，AMOLED 彩色屏幕，支持全屏触摸操作。

（6）分辨率：466×466，PPI 326。

（7）操作系统：HarmonyOS 2 及以上。

（8）WiFi：2.4 G。

（9）蓝牙：2.4 GHz，支持 BT5.2、BR+BLE。

（10）工作电压：DC 3.7 V。

（11）工作电流：≤50 mA。

（12）待机电流：≤0.2 mA。

2. *研发支持鸿蒙系统的智能手机产品*

包括一款矿用智能手机产品的硬件开发并取得安标证书，以及用于手表数据转发的 APP 软件开发。支持矿用鸿蒙技术矿用本安型手机技术指标：

（1）尺寸：161.5 mm×76.1 mm×7.98 mm。

（2）防护等级：IP67。

（3）屏幕尺寸：6.7 英寸。

（4）屏幕类型：OLED 支持 90 Hz 刷新率，1440 Hz 高频 PWM 调光。

（5）分辨率：FHD+2700×1224 像素。

（6）CPU：八核，1×Cortex-X2@3.2 GHz+3×Cortex-A710@2.75 GHz+4×Cortex-A510@2.0 GHz。

（7）操作系统：鸿蒙操作系统 3.0。

（8）机身内存：8 G+256 G。

（9）后置摄像头：5000 万像素超光变摄像头（F1.4-F4 光圈）1300 万像素超广角摄像头（F2.2 光圈）1200 万像素潜望式长焦摄像头（F3.4 光圈，OIS 光学防抖）。

（10）前置摄像头：1300 万像素超广角摄像头（F2.4 光圈）。

（11）WiFi：802.11 a/b/g/n/ac/ax。

3. *研发支持煤矿鸿蒙模块化矿灯产品*

完成矿鸿模块系统集成，嵌入蓝牙、4G/5G 通信模块，完成整套设备嵌入式程序开发，取得安标证书。支持矿用鸿蒙技术矿用本安型模块化矿灯技术指标：

（1）支持 4G/5G 通信、蓝牙通信、数据传输功能。

（2）支持煤矿鸿蒙技术，通过煤矿鸿蒙技术认证。

（3）防护等级：支持 IP67。

（4）重量：不大于 60 g（以实际重量为准）。

（5）显示屏：支持。

（6）蓝牙通信距离：10 m（空旷无遮挡）。

（7）工作电压：DC 3.7 V。

（8）工作电流：≤300 mA。

（9）待机电流：≤50 mA。

（10）环境温度：适用于 -10 ~ +40 ℃。

（11）相对湿度：≤95% RH（+25 ℃时）。

（12）大气压力：80 ~ 106 kPa。

研发一款职工健康管理系统，旨在通过信息化手段，规划建设面向矿工的健康管理体系，贯彻以人为本的安全生产理念，加强职工职业健康保护。通过煤矿职工健康管理系统进行基础数据的维护及数据报表管理，包括企业管理、设备管理、职工管理、绑定关系管理、数据监测、预警管理、知识库管理和系统管理等管理模块。

（三）实施过程

2022 年 5 月，北斗天地公司完成转龙湾煤矿职工健康管理系统的部署。

2023 年完成山东能源集团对下属 9 对智能化示范矿井包括东滩、鲍店、赵楼、付村、唐口、双欣以及郭屯等煤矿进行了试点建设。

（四）取得成效

在山东能源集团 9 对智能化示范矿井日常监测职工人数大于 1 万人。

在大唐国源矿业有限公司、国家能源集团乌海能源有限责任公司以及国家能源集团宁夏煤业有限责任公司进行了推广应用，产品推广产值 5000 余万元，加之周边配套产品，如手机等其他单兵装备形成整体产值近亿元。

二、项目创新性

（一）项目创新性

（1）基于全矿井人员职工健康管理系统，实现对井下员工的动态体征数据采集，以穿戴设备作为无感采集主要器械，增强了企业对职工健康管理掌控能力。

（2）通过对井下职工体征状况的分钟级动态监测，实现心率、血氧、体温等体征实时告警功能，排查可能存在健康问题的作业人员，降低职工出现生命健康问题的风险。

（3）通过对矿用本安型手表的应用，实现井下员工体征的实时数据监测，基于监测到的海量数据按月输出分析结果，通过构建职工健康管理系统体征数据库，为下一步基于大数据的职工健康管理提供数据底座。

（4）通过对矿用本安型手表的应用，对井下员工心率和血氧进行持续的数据监测。当监测到心率或血氧异常后，进入快速监测模式。通过设备边缘计算功能，调整设备检测频率，快速判断职工体征态势，保障职工被及时抢救。

（5）创新性地将人员精确定位系统与职工健康情况相关联，可以快速地实现井下人员体征信息和位置信息联动展示，便于快速定位身体异常职工所处井下位置情况。

（6）基于统一 GIS 平台进行矿井图纸以及职工位置的统一展示，作为煤矿智能化的统一基础数据和图形平台底座，实现了精细化的数据与图档管理、二三维信息可视化空间分析、数据统一与协同共享。

（7）创新性地将职工健康分析模型纳入职工健康管理系统中，通过风险分析模型，根据职工实时体征，按天输出职工风险状况，方便矿井管理人员进行企业“不放心人”动态筛选。助力企业职工健康管理工作实现精细化、多样化、人性化与高效化。

（二）知识产权

该系统在研发过程共申请了 2 项发明专利（实质审查）、3 项实用新型专利（已取得）、3 项外观专利（已取得）以及 4 项软件著作权（已取得）。

三、项目可靠性

目前职工健康管理系统已在山能集团内、外部超过 15 对煤矿完成部署并在各矿井单位全面上线运行，纳入健康管理并建立健康档案职工超过 1 万人，已采集职工健康数据超过 2 亿条，识别并纳入管理“不放心人”数量超过 30 人，日常在线活跃职工超过 6000 人/天，每天产生各类动态健康数据超过百万条。项目建成后，系统一直保持常态化运行，通过融合矿井现有智能生产系统，实现应急消息下发功能，通过与矿井精确人员定位系统联动，实现井下告警职工详细位置查看，方便及时采取相应措施。

四、经济合理性

2022 年山东能源北斗天地矿用本安型手机及穿戴类本安设备等智能终端产品产值 3250 万元，2023 年产值约 6000 万元，毛利润按照 30% 计算，税收按照 13% 计算。合计创造利润 2775 万元，新增税收 1210 万元，增收节支总额超过 1000 万元。

煤矿职工健康管理系统实现了职工健康数据动态采集、职工健康态势动态查看、职工健康档案动态管理等功能。帮助山东能源旗下的转龙湾煤矿、金鸡滩煤矿等矿井根据《智能化示范煤矿验收标准》要求，完成企业健康管理体系建设。

五、存在问题和今后打算

（一）存在问题

由于煤矿员工健康管理相关专业与生产关联性并不密切，所以没有专业科室，除了全体职工统一的健康查体，各个部门所制定的职工健康相关措施也未站在矿井统一管控的角度来规划，采集到的数据也是五花八门、烦琐无比。这种情况增加了职工健康管理人员的工作难度，降低了企业对职工健康管理的掌控能力，增大了职工因健康信息管理不到位所导致的健康风险。

（二）未来计划

后续系统将继续立足“以人为本”的发展理念，利用 IOT 技术赋能企业职工健康管理，切实提高应急救援响应能力，实现煤矿健康管理从检测到预测，从治疗到预防，从接触式诊断到远程数据判断的转变。持续优化职工组合筛选方案，将健康数据分析融入矿井职工日常工作及生活，多维度识别矿井高风险人群，降低入井工作健康风险，帮助企业在煤矿领域井下职工健康管理方面实现全新的模式创新和技术突破。

安全生产技术综合管控平台

山东能源集团有限公司　云鼎科技股份有限公司

山东能源集团转型重组后，为加快数字化转型，提出转服务体验、转运营模式、转生产方式、转平台能力和转工作方法“五大”转型方向，要求建设覆盖煤炭、化工、电力新能源、高端装备制造、建筑施工等产业板块的安全生产技术综合管控平台，支撑能源集团战略决策、集中管控与资源共享。

一、项目实施方案

（一）项目内容

（1）平台建设架构。以能源集团“十四五”规划为指导，以“业务导向、技术实用、开发高效、部署简便、用户友好、生态开放”为设计理念，采用分层设计模式，规划安全生产技术综合管控平台总体架构，包括数据源层、数据采集层、集团数字底座层、业务应用层。

（2）构建“采存治用”工业大数据应用体系。利用先进理念、先进技术和成熟产品，结合能源集团的实际，采集生产单位数据，建设能源集团统一的数据湖，实现数据资源的统一规范化管理。研究并设计能源集团数据治理体系、数据标准规范，结合业务现状，进行数据治理实施工作，实现数据标准落地，促进数据共享和业务融合。基于数据湖及数据治理实施成果，沉淀能源集团数据资产，助推集团数字化转型落地。

（3）实现安全生产技术一体管控。为满足能源集团、二级公司以及权属三级生产单位安全生产管控需求，建设满足三个管理层级、覆盖核心板块的安全生产技术协同管理系统。系统建设范围覆盖煤炭、化工、电力（新能源）、高端装备、建筑施工五大产业板块，其中煤炭板块包括安全、环保、生产调度、应急管理、采掘、机电、通风、地测、洗选、辅运十个专业，其他非煤板块重点围绕生产调度专业。通过平台建设，实现产业内的业务上下协同和各产业板块的横向互通、数据共享，实现安全生产信息智能化科学共享和一体化管控。

（4）实现应急管理多层分工三级联动。应急管理系统具备应急一张图、应急值守、应急预案、应急资源、应急处置、应急救援决策支持、应急救援培训与演练等功能，对接已有的调度控制平台、呼叫中心、视频监控等系统，通过对接短信、语音电话等各种方式实现消息推送。整体提升应急工作质量和效率，推进应急救援智能化，科学、高效、有序应对处置各类事故。

（5）打造安全环保全流程管控智能感知。安全管理业务以风险分级管控和隐患排查治理双重预防体系为主线，开展安全风险管控、隐患排查治理、特殊风险作业监管、网格化管理、安全考核管理等安全监管工作，并对生产单位安全管理重点实现分类分级处理。

环境保护管理督导环保重点治理项目实施推进、建设项目环境影响评价、环保“三同时”措施的落实情况，负责考核区队（车间）环保绩效，开展清洁生产、环境监测等工作，对突发环境事件进行应急处置及调查。

（二）技术指标

1. SaaS 应用

（1）正常业务平均执行时间不超过 2 s、非统计性查询平均响应时间不超过 2 s、统计性查询平均响应时间小于 4 s、领导决策分析类报表平均响应时间不超过 5 s。

（2）可满足 10000 人以上同时在线应用，访问请求支持每秒 200 以上并发。

（3）系统保证 7×24 h 不间断运行，根据系统使用情况，自动扩缩容，保证服务最低资源消耗情况下正常运行。

2. 存储及计算

（1）存储性能。实现存储海量数据，提供并行计算和非结构化数据存储能力，实现低成本存储和低时延、高并发的查询能力，存储读写速度达到 1 GB/s 以上。

（2）计算性能。充分考虑计算任务时效性，确保单台可以处理的数据体量不少于 500 MB/s。使用多进程、多线程等并行处理技术，加快批量处理速度。

（3）响应性能。1 万用户同时在线，页面加载平均响应时间小于 3 s，最大响应时间小于 5 s。事务处理平均响应时间小于 5 s，最大响应时间小于 8 s。批次处理时，日终批次平均处理时间不超过 2 h，日终批次最长处理时间不超过 3 h。

（4）并发性能。支持海量数据、大规模用户并发，复杂网络环境下具有优异的性能，支持快速响应万级以上用户同时在线业务需求，最大并发任务数不低于 1000，并发处理数据量不低于 1 GB/s。

3. 数据湖

（1）响应性能。页面加载平均响应时间小于 3 s，高峰期最大平均响应时间小于 5 s。事务处理平均响应时间小于 5 s，高峰期最大平均响应时间小于 8 s。即席查询支持单表每秒 1000 万条数据的统计分析类查询。

（2）并发性能。支持海量数据、大规模用户并发，复杂网络环境下具有优异的性能表现，支持 1000 个用户同时在线业务需求。支持超过 500 个工作流并行执行。数据共享 API 支持超过 500 QPS（每秒查询率）。

（3）应用性能。支持日均并行执行的数据作业（任务节点）在 500 条以上，支持日均执行作业在 1000 个以上。

（三）实施过程

平台实施按照“统一规划、先急后缓、分步实施、迭代推进”的实施步骤。项目自 2023 年 4 月 14 日开始，分别在能源集团权属 7 家二级公司推广上线，截至 2023 年 7 月 28 日实现全面上线。目前平台运行稳定，效果显著。

（四）取得成效

（1）助力数据应用与管理革新。一是消除信息孤岛，通过能源集团数据湖实现标准化应用，达到“一数一源、一源多用”的目的。二是推动标准化进程，形成能源集团统一的数据标准，为能源集团信息化应用提供数据服务。三是提升管理水平，实现数据资源集中管理，使能源集团安全、生产、经营管理决策更加客观高效。

（2）规范业务工作流程和标准。规范企业的日常工作事务，让流程规范化、系统化。相关流程管理可以推送给责任人，加强团队之间的协作性，避免流程的每个节点出现互相推诿现象，提高工作效率。

(3) 实现业务集中管控和高效协同。按照三级管控、多专业、多板块协同的要求进行设计和开发，从源头上解决重复报数，业务无法协同的问题，实现“一数一源、一源多用”，以及业务的纵向贯通、横向协同。

二、项目创新性

(1) 按照能源集团“一个平台、三级管控”要求，首次实现全集团安全生产技术管理“一盘棋”，实现安全生产业务管理的统一化、标准化、信息化、精益化。

(2) 国内首家完成《智能化矿山数据融合共享规范》落地实施工作，实现矿山安全、生产、经营、管理等环节的数据融合、共享应用，满足矿山技术装备成套化、智能化、协同作业需求。

(3) 实现能源集团经营与生产的融合。建立数据治理和实施体系，实现能源集团对经营数据和生产数据统一管理，构建数字化管理体系，提升数字化对能源集团战略发展的驱动能力。

三、项目可靠性

平台涵盖能源集团总部、18 家二级公司及 177 家生产单位，业务范围涉及煤矿、化工、电力、建筑施工、装备制造。用户日均登录系统 2000 余次，业务功能日均访问 4000 余次，目前系统整体运行稳定。

系统采用了源代码审计、渗透测试、漏洞扫描和配置核查等网络安全服务。主机服务器安装了主机卫士，数据服务区部署了防火墙，外部部署了态势感知、WAF（Web 应用防火墙）等网络安全运维设备，确保系统的安全性和稳定性。

四、经济合理性

1. 经济效益

(1) 软件研发方面。调度信息化系统建设涵盖 17 家二级公司，以 250 万均价计算，二级公司如独立建设需 4250 万元。应急管理系统以 300 万均价计算，17 家二级公司如独立建设需 5100 万元。生产技术管理、安全环保系统，各单位独立建设费用分别为 50 万元、20 万元，涵盖能源集团 75 对矿井，如独立建设需 5250 万元。综上，如独立建设共需 14600 万元，采用统一建设方式总预算 4539.1 万元，节约投资 10060.9 万元。

(2) 硬件资源方面。采用能源集团集中部署方式，避免了各生产单位采购服务器、存储等资源。以每二级公司需采购服务器费用 100 万元计算，共需投资 1700 万元。能源集团统一采购部署成本在 450 万元，节约资金 1250 万元。

2. 社会效益

将能源集团安全、生产、技术管理理念与能源集团数字化转型的要求进行深度融合，建成行业领先的综合业务管理平台，使之与能源集团发展战略相匹配。平台在行业内成为标杆示范，能够引领行业数字化转型建设，具备对外推广价值。

五、存在问题及今后打算

1. 存在问题

目前，尽管平台在实现基本业务协同和数据共享方面取得了一定的进展，但仍存在一些问题。主要表现在：

（1）业务覆盖不足。现有平台的业务覆盖范围有限，未能全面覆盖所有相关领域。

（2）数据应用场景有限。数据的应用场景和深度还不够广泛，未能充分发挥数据的潜在价值。

2. 今后打算

为了解决这些问题，并进一步提升平台的效能，未来的项目建设将重点放在以下几个方面：

（1）拓展应用领域。将平台的应用范围扩展到化工、电力新能源、新材料等产业，以实现更广泛的业务协同。

（2）深化煤炭板块。继续深化二级公司和生产单位的业务需求，确保平台能够更好地服务于煤炭板块的各个环节。

（3）优化数据管理。改进数据管理机制，提升数据的准确性、可用性和安全性。

（4）提升用户体验。通过优化界面设计和操作流程，提高用户在使用平台时的体验，使其更加直观和便捷。

（5）增强决策支持。利用先进的数据分析和处理技术，增强平台的决策支持功能，帮助管理层作出更科学、更及时的决策。

（6）全面满足管理需求。通过上述措施，使平台能够更全面地满足各单位的管理需求，提升整体的管理效率和效果。

煤矿机械重防腐节能环保粉末涂装应用研究

兖矿东华重工有限公司煤机装备制造分公司

项目为2019年山东能源集团重大科技项目，结合集团公司液压支架高端制造要求，针对矿井使用环境、产品防腐性能及涂装工艺环保节能要求，研究制定出适用于液压支架粉末涂装的工艺方法，完成粉末涂装线的整体工艺设计、设备设计及配套选型，提升生产线及车间的智能化、数字化和自动化水平。项目于2018年11月开始研究工作，于2020年建成国内外首套现代化、自动化、智能化液压支架粉末涂装生产线，液压支架整架涂装生产能力达到1800架/年，油缸涂装能力达到35000件/年。

一、项目实施方案

（一）关键技术

研究涉及的关键技术包括液压支架新型粉末涂装体系的设计与粉末涂料配置选型，涂装过程中牵涉的自动高压清洗技术、化学前处理技术、自动喷粉技术、触媒红外加热技术、重型工件积放链输送技术、智能控制技术等。

（二）经济技术指标

（1）提高液压支架表面涂装防护能力，缓解井下特殊环境对液压支架结构件及油缸外缸的腐蚀，降低锈蚀对液压支架性能的影响，延长液压支架升井返修周期。

（2）粉末涂装较现用油漆涂装综合成本降低15%以上。

（3）建成两条现代化、智能化、自动化粉末涂装线，液压支架整架涂装能力达到1800架/年，油缸涂装能力达到35000件/年。

（三）实施过程

（1）粉末涂装调研。通过粉末涂料和涂装设备企业调研了解粉末涂料类型及常规粉末涂装工艺和质量标准，调研粉末涂装应用企业涂装线及粉末涂装关键设备。

（2）粉末涂装工艺分析验证。进行液压支架粉末涂装的工艺可行性分析，调研粉末涂料制造商、前处理药剂制造商、设备配套生产厂商及其相关专业技术中心，研究分析相关关键技术。

（3）工艺设计。设计液压支架粉末涂装整体工艺流程及具体工艺参数。

（4）涂装线方案设计。设计液压支架结构件涂装线和油缸涂装线设备与智能化方案。

（5）设备准备。编制《液压支架粉末涂装生产线技术规格书》，进行设备招标，签订技术协议，采购粉末涂装线设备，完成设备安装调试。

（6）投产运行。两条涂装线投产试运行，工艺参数优化调整优化，编制工艺、质量技术文件，规范工艺、质量标准，达产。

（四）取得成效

（1）绿色化。行业内首次采用粉末喷涂工艺，VOCs排放为零，满足国家政策中从源头减排的要求。

（2）智能化。生产线全面实现信息化数据采集，设备运行全过程可监测、可控制、可追溯，并可视化管理。

（3）自动化。采用机器人自动喷涂，采用重载积放链自动输送，代替喷涂及转运作业，实现自动化作业减员。

（4）柔性化。生产线可覆盖公司所有产品系列的结构件，实现混件柔性化生产。

（5）经济化。粉末涂料综合利用率大于95%，大大节省了涂料成本，不产生危废和固废及其处理费用。

（6）质量提升。采用硅烷前处理+粉末双涂工艺，提高液压支架表面涂装防护能力三倍左右，延长了升井返修周期。

二、项目创新性

（一）创新点

1. 绿色环保的粉末涂装技术、重防腐体系在煤矿机械涂装上的创新应用

一是创新研发了绿色环保的煤矿机械粉末涂装新技术与新工艺。油漆涂装会产生大量挥发性有机物等有害物质，与国家倡导的环保节能、绿色健康可持续发展要求相背。项目创新研究采用低温固化粉末、底粉+面粉干碰干双涂技术、触媒红外加热技术，解决了粉

末固化温度高、能耗大、效率低、结构复杂工件升温速度差异导致的涂层固化质量差等关键性技术难题，完成了煤矿机械零 VOC 粉末涂装新技术工艺的研发。

二是创新研发了煤矿机械新型重防腐粉末涂装涂层体系。即硅烷前处理 + 纯环氧底粉 + 聚酯面粉的涂装体系。经 1500 h 盐雾试验测试，试验件单边平均腐蚀宽度小于 2 mm，涂膜附着力强、防腐蚀性能优异，较现有油漆涂装体系防腐性能提升三倍以上。

2. 完成首套煤矿机械行业智能化自动化生产线的设计建设

一是创新研究开发了适用于液压支架清理的机器人 + 高压水刀清理技术，二是创新研究开发了液压支架机器人自动喷粉技术，三是创新研究开发了满足液压支架不同架型同平台共线生产的智能控制技术。

3. 煤矿机械粉末涂装高效节能加热技术与“干碰干”双涂技术的创新开发

一是创新研究采用触媒红外 + 燃气热风循环加热相结合的方式提升粉末固化效率、降低能耗，相比纯热风加热节能 30% 。此固化技术的研究应用，解决了重型、大型煤矿机械装备粉末涂装效率低、耗能高的问题。

二是研究开发了煤矿机械“干碰干”粉末双涂技术，解决了静电喷粉特殊部位覆盖不良影响产品整体防腐性能的问题，提高热容量大的煤矿机械粉末涂装固化效率，粉末固化能耗降低 50% 以上。

（二）知识产权

项目获得国家实用新型专利 3 项，在学术核心期刊发表论文 1 篇。经中国煤炭工业协会成果鉴定，项目成果在煤矿机械重防腐涂装技术方面达到国际领先水平。获评中国煤炭工业协会科学技术二等奖，山东省能源局 2021 年度能源领域新技术、新产品和新设备，山东能源集团科技进步三等奖，济宁市“十佳”工业技术改造项目等荣誉。

三、项目可靠性和合理性

兖矿东华重工有限公司作为该项目的主要研究开发单位，同时承担项目成果的应用及产业化工作。研究成果依托公司现有生产机制，直接应用于公司液压支架结构件及油缸涂装生产。液压支架油缸粉末涂装线与结构件粉末涂装线于 2021 年相继批量投产运行，油缸喷涂产能为 35000 件/年，液压支架整架喷涂产能为 1800 架/年，涂装年产值超过 1000 万余元。机器人自动喷粉工艺用于液压支架为行业首例，极大地提高了生产效率，降低了职工劳动强度。项目研制的自动化、智能化涂装装备，推动煤矿机械智能、绿色制造的产业升级。

以粉末涂料替代有机溶剂的涂装涂料，极大减少了 VOCs 排放，真正做到了环境保护的源头控制。项目成果的成功应用推动零 VOCs 绿色环保粉末涂装技术以及先进的智能制造技术在整个煤机行业及同类重型厚板异形复杂结构产品上的推广应用，填补了国内外空白，为国内同行业粉末涂装技术应用及工艺研究积累了宝贵的经验，具有较强的示范效应。截至目前已在多家煤机企业推广应用。

四、存在问题和今后打算

为不断适应集团公司高端液压支架制造发展要求，项目将进一步开展新型重防腐涂层体系、重防腐粉末涂料研发选型工作。下一步项目研究成果可在兖矿东华重工有限公司下辖企业及合作公司煤矿机械产品上进行推广应用，建立煤矿机械粉末涂装推广示范点。同时采用媒体宣传、技术交流、合作研究等方式，着重从重防腐、低能耗、零 VOCs 排放、自动化智能化等方面开展进一步研究，将该技术逐步推广至全省、全国煤矿机械行业企业，进而改变全国煤矿机械产品表面涂装产业现状，发挥国有企业模范带头作用，实现煤机装备的重防腐节能环保涂装。

高参数 CFB 机组全燃煤泥燃烧优化分析控制研究

山东兖矿济三电力有限公司

本项目属于资源综合利用技术领域。通过理论分析、热力燃烧计算、实验室建模，实施相应技术改造、优化运行调整，突破了高参数 CFB 锅炉全燃煤泥存在的煤泥给料不稳定、烟气量增加、排烟温度偏高、滚筒自流（涌渣）、床压大幅度无规律波动、受热面磨损等诸多影响机组效率和安全稳定运行的技术瓶颈。实现了高参数 CFB 机组在全燃煤泥工况下稳定运行。

一、项目实施方案

1. 项目内容

（1）研发高参数循环流化床锅炉全燃煤泥工况下热力燃烧计算程序。将风室风压控制在 10.5～12.0 kPa，一次风量控制在 13.5 万～16 万 Nm^3/h，保持了良好的流化状态，为机组高效稳定运行提供了必要条件。

（2）通过改造，增加二次风的动量，增强了二次风在炉膛中的扰动，有力地促进了凝聚成团颗粒的散开，有效避免了床压大幅度波动。

（3）缩小分离器舌口宽度，入口烟气流将离中心筒更远，随烟气直接从中心筒飞出的飞灰量会明显减少，提高分离器效率，有效解决了飞灰含碳量高的问题。

（4）炉膛顶部煤泥给料创新设计，消除了排渣中含有煤泥焦块、检修工作量大、运行维护成本高等问题。

（5）在放渣管根部附近焊接整圈高度为 200 mm 的挡灰鳍片，增加了放灰时滚筒内部和渣管灰渣堆积高度，有效提高了灰渣自密封能力。杜绝了滚筒自流（涌渣）现象。

（6）研发适应于高灰分、高湿度烟气环境的能恒定排烟的低温省煤器。通过调节进入低温省煤器的水量，有效恒定了排烟温度，避免了机组低负荷时的低温腐蚀和堵灰，大幅度降低了高负荷时的排烟温度，提高了锅炉效率。

2. 技术指标

（1）解决床压大幅度波动的问题。

（2）解决全燃煤泥工况下滚筒自流（涌渣）难题。

（3）全燃煤泥工况下锅炉能够实现环保达标、安全稳定运行。

（4）锅炉 60%～90% 负荷情况下，排烟温度控制在 130～150 ℃。

（5）锅炉效率不低于90%以上，环保总成本低于0.02元/(kW·h)。

（6）锅炉在全燃煤泥工况下，运行周期120天以上。

3. 实施过程

（1）2020年1月，资料收集、现场调研；通过资料查新与数据资料调研，对初步确定的技术方案进行论证、评价，确定最终经济合理，高效、操作性强的技术方案。

（2）2020年2—3月，运用各种工业试验、理论计算等方法，研究循环流化床锅炉物料流态，物料对各受热面的热传递方式，物料对各受热面的磨损机理，确定工艺参数。

（3）2020年4—9月，研发高参数CFB机组全燃煤泥燃烧相关技术，项目调试、优化、应用。

（4）2020年10—12月，完成项目验收报告编写，整理、归档项目相关资料，组织项目鉴定、验收。

4. 取得的成效

该项目成果，突破了大型CFB锅炉高比例掺烧煤泥普遍存在的床压时常大幅度剧烈波动、受热面磨损严重、滚筒涌渣、飞灰含碳量及排烟温度较高、环保指标难以控制的技术瓶颈，并在保证锅炉燃烧效率的前提下，使煤泥掺烧比例由原设计的25%提高到100%，实现两台440 t/h循环流化床锅炉全燃煤泥工况下安全、稳定、环保、经济运行；成果达到了国际先进水平。

二、项目创新性

1. 技术创新

（1）研发循环流化床锅炉全燃煤泥热力燃烧计算程序的修正技术。通过热力程序开发应用，为提高锅炉效率指明改进方向：提高分离器效率、降低风帽及布风板阻力、调整锅炉受热面积的分布等。从而使排烟温度降低到130～150 ℃，提高锅炉效率，锅炉出口氮氧化物排放浓度在50 mg/m³以下，二氧化硫排放浓度在35 mg/m³以下，减少尾部脱硫脱硝的压力，节约脱硫脱硝的运行费用。

（2）研发大型循环流化床锅炉全燃煤泥工况下低风量低床压稳定运行调节技术，达到全燃煤泥工况下机组稳定运行的目标。该技术在原有低风量低床压稳定运行调节技术的基础上进一步优化完善，为大型循环流化床锅炉在全燃煤泥工况下规范操作起到关键性作用。低风量低床压调整技术实施后，炉内受热面年磨损量降低0.6 mm，可有效减小受热面磨损，延长锅炉运行周期。

（3）首次采用防止锅炉排渣自流的冷渣器改造技术，杜绝了冷渣器自流现象。通过优化排渣管尺寸和挡灰板尺寸，较好地解决了冷渣器自流的问题，消除锅炉不稳定和危险的运行因数，提高锅炉运行的可靠性。为大量已经投运的冷渣器防自流改造提供技术支撑，为冷渣器更新换代提供示范作用。

（4）首创多功能新型低温省煤器的研发应用。为高参数CFB锅炉全燃煤泥开发适用于高灰分、高湿度的烟气环境，且具有不随锅炉负荷变化既能自动恒定排烟温度，又能防止低温腐蚀和堵灰的省煤器。视烟温的高低来控制水流量，避免了结露产生的堵灰和腐蚀，彻底解决了锅炉低负荷堵灰腐蚀的问题。

（5）独创新型顶部给料装置。针对底部给料、中部给料出现的问题，结合现有条件，提出煤泥顶部给料方式，彻底避免了煤泥由底部和中部给料存在的缺陷，同时妥善处理了细煤泥粒直接飞进分离器燃烧的负面影响。设计了耐磨水冷套的顶部给料装置，燃烧充分不易结焦，煤泥泵送阻力小、不易堵塞，避免了停煤泥泵必须疏通煤泥枪的烦琐流程，为全燃煤泥提供了量的保障，助推了全燃煤泥。

（6）能够彻底消除煤泥颗粒的新型排渣装置。原排渣口设置在炉底，排渣含碳量较高，约5% ~8%，降低了锅炉的燃烧效率。把常排渣口布置在回灰阀的侧面，开发了一种新型的排渣装置，降低了排渣含碳量，同时也解决了回料阀堵塞问题。

2. 知识产权情况

发表论文2篇，《基于循环流化床燃烧技术的煤泥利用》发表于《电力学报》2021年第3期；《大型循环流化床锅炉全燃煤泥关键技术的研究》发表于《锅炉技术》2021年第5期。

获得实用新型专利3项。分别为：一种循环流化床锅炉排灰装置，专利号：ZL202121486974.7；一种低温省煤器及循环流化床锅炉，专利号：ZL202121492331.3；一种循环流化床锅炉，专利号：ZL202121486980.2。

三、项目可靠性

（1）项目实施过程中对锅炉滚筒冷渣器、低温省煤器、分离器舌口等处进行了相应改造，目前各部运行稳定，锅炉运行中未出现床压大幅度波动及滚筒自流问题，应用效果明显。

（2）项目实施后，两台锅炉一直保持大比例煤泥掺烧运行。作为坑口电厂，不仅完全接收济三煤矿煤泥，还通过外调接收兖矿能源集团本部其他矿区煤泥，有效解决了煤矿固废无法处理的难题。

（3）该项目完成后，可以持续应用并保持既定目标，无须持续投入资金维持运转，全燃煤泥关键技术不仅在本厂进行了充分应用，并在赵楼电厂、阳城电厂进行了推广应用，国内多家电厂来济三电力进行考察学习。

四、经济合理性

（1）经济效益。全燃煤泥后，运行周期延长，每年减少检修次数两次，2022—2023年每年成本降低220万元；混煤输送系统维护每年节约费用20万元；每年节支约240万元。

（2）社会效益。本项目成功研发了全燃煤泥的运行调节技术，以煤矿煤泥（煤矿固废）作为燃料，煤泥掺烧比例提升，既降低了发电成本，延长了锅炉运行周期，又解决了煤矿固废对环境的污染问题，保证全燃煤泥工况下安全、稳定、环保、经济运行。本项目关键技术填补了国内外空白，环保节能效果显著，为大型CFB机组全燃煤泥提供了技术支持和运行经验，可以在全国范围内广泛推广应用。

五、存在问题和今后打算

自2021年12月验收以来，济三电力两台锅炉一直保持大比例煤泥掺烧运行，煤泥燃用量逐年上升，2022年燃用85.6万t煤泥，2023年燃用92.4万t；作为坑口电厂，不仅完全接收济三煤矿煤泥，还通过外调接收兖矿本部其他矿区煤泥，有效解决了煤矿固废无法处理的难题，同时降低了发电成本。取得了良好的经济效益和社会效益。目前机组运行稳定，根据锅炉燃烧工况，不断优化调整运行参数，确保两台 440 t/h 循环流化床锅炉安全、稳定、环保、经济运行。

兖矿能源重要电力用户绿电替代分布式光伏项目

山东华聚能源股份有限公司

山东华聚能源股份有限公司（以下简称“华聚能源”）利用兖矿能源物供中心、鲍店煤矿、东滩煤矿、大东章集运站、车辆机务段、兖矿常营车站、内蒙古蒙达集运站自有闲置用地及屋顶建设分布式光伏项目，总装机容量约为 24 MW。项目采用“自发自用，余电上网”光伏发电工程模式，光伏发电系统采用“就地逆变，集中并网”的技术方案。项目于 2022 年 9 月 30 日开工建设，2024 年 6 月 5 日全部建成并网。项目建成后每年可为煤矿提供 2824.42 万 kW·h 清洁电力。

一、项目实施方案

物供中心屋顶分布式光伏项目按照装机容量 0.63765 MW 进行设计，发电光伏组件采用 545 W 高效率单晶硅 PERC 单面组件 1170 块，逆变器选用多 MPPT 回路的组串式逆变器。光伏发电单元经并网逆变器输出 0.4 kV 交流电，经交流电缆分 2 个并网点接入厂区配电室 0.4 kV 开关柜。电站建成后第一年发电量为 71.94 万 kW·h，年等效利用小时数为 1128.15 h。在运行期 25 年内合计发电量 1665.88 万 kW·h，年平均发电量为 66.64 万 kW·h，年平均等效利用小时数为 1045.01 h。

兖矿能源鲍店煤矿风井分布式光伏项目按照装机容量 4.5474 MW 进行设计，其中北风井可利用场地光伏装机容量为 2.2594 MW，南风井可利用场地光伏装机容量为 2.288 MW。发电光伏组件均采用 550 W 高效半片单晶硅太阳能光伏组件 8268 块，逆变器选用多 MPPT 回路的组串式逆变器。电站建成后第一年发电量为 566.53 万 kW·h，光伏电站在运营期 25 年总发电量约为 13120 万 kW·h，25 年平均发电约 524.78 万 kW·h，年平均等效利用小时数为 1154 h。

兖矿能源东滩煤矿风井分布式光伏项目按照装机容量 3.9468 MW 进行设计，设置三个光伏发电单元，光伏阵列经逆变器逆变后经电缆分别接入一台 1000 kV·A、一台 1250 kV·A、一台 1600 kV·A 变压器，升压至 6 kV 接入本项目新建开关站。发电光伏组件均采用 550 W 高效半片单晶硅太阳能光伏组件 7176 块，逆变器选用多 MPPT 回路的组串式逆变器。北风井光伏发电系统新建一座开关站，西风井与矸石山共用一个新建开关站，每个开关站通过一回送出线路接入风井 6 kV 配电室。光伏电站的首年发电量约为 491.71 万 kW·h，光伏电站在运营期 25 年内的总发电量为 11387 万 kW·h，年均发电量为 455.47 万 kW·h，年等效发电小时数为 1154 h。

兖矿能源车辆机务段分布式光伏项目按照装机容量1.001 MW进行设计，光伏发电系统分别经升压变压器将电压升至6 kV，变压器高压侧经1回6 kV电缆线路接入铁路物流公司6 kV中央变电所6 kVI段母线备用开关柜。发电光伏组件均采用550 W高效半片单晶硅太阳能光伏组件1820块，逆变器选用多MPPT回路的组串式逆变器。电站建成后首年上网发电量为121.19万kW·h，年发电小时数为1210.67 h。运行期25年内合计发电量2833.82万kW·h，年平均发电量为113.35万kW·h，年等效利用小时数为1132.4 h。

兖矿能源大东章分布式光伏项目按照装机容量2.76 MW进行设计，共分为2个光伏发电单元，光伏发电子系统分别经升压变压器将电压升至6 kV，两台变压器高压侧分别经1回6 kV电缆线路接入6 kV大东变电所6 kVI段母线备用开关柜、II段母线备用开关（蓄热站回路）。发电光伏组件均采用550 W高效半片单晶硅太阳能光伏组件5018块，逆变器选用多MPPT回路的组串式逆变器。电站建成后首年上网发电量为320.71万kW·h，年发电小时数为1162.05 h。运行期25年内合计发电量7499.49万kW·h，年平均发电量为299.98万kW·h，年等效利用小时数为1086.92 h。

兖矿常营车站分布式光伏项目按照装机容量5.148 MW进行设计，发电光伏组件均采用550 W高效半片单晶硅太阳能光伏组件9360块，逆变器选用多MPPT回路的组串式逆变器。本项目就近采用T接方式，计划最终以一条10 kV线路T接至10 kV南集线铁运处II回路。最终通过10 kV南集线35 kV官庄变电站。电站建成后首年上网发电量为630.09万kW·h，年发电小时数为1121.52 h。运行期25年内合计发电量14733.87万kW·h，年平均发电量为589.35万kW·h，年等效利用小时数为1144.82 h。

内蒙古蒙达铁路有限公司分布式光伏项目按照装机容量6 MW进行设计，发电光伏组件均采用580 W高效半片单晶硅太阳能光伏组件10276块，逆变器选用多MPPT回路的组串式逆变器。光伏发电装置各发电单元通过10 kV箱变升压；10 kV箱变通过两回10 kV集电线路接入集控站电气楼10 kV配电室，10 kV侧预留间隔新增2+1（储能）面10 kV开关柜。电站建成后首年上网发电量为836.5万kW·h，年发电小时数为1403.5 h。运行期25年内合计发电量19371.25万kW·h，年平均发电量为774.85万kW·h，年等效利用小时数为1300.07 h。

二、项目创新性

分布式光伏发电是一种利用光伏组件将太阳能直接转换为电能的发电方式。它通常建设在用户场地附近，以用户侧自发自用、余电量上网为运行方式，并在配电系统中发挥平衡调节作用。分布式光伏发电遵循因地制宜、清洁高效、分散布局、就近利用的原则，具有更少的调节约束和更大的消纳潜力。它们靠近用电侧负荷中心，所发电力就近消纳，并可将剩余电力上传至公共电网。这种模式不仅提高了能源利用效率，还减少了远距离传输的损失，旨在充分利用当地的太阳能资源，替代和减少化石能源的消费。

屋顶是矿内分布式光伏建设的主要场所之一。在矿区、集运站范围内，大量的闲置建筑物屋顶成为一种潜在的、未被充分利用的资源。通过将光伏电池板安装在建筑物屋顶上，我们可以直接利用太阳能，将其转化为电能，供矿区内的各种设施使用。这不仅可以减少对传统能源的依赖，降低能源成本，还能减少环境污染，实现可持续发展。就分布式光伏开发管理中的创新点分析如下。

（1）数据集中化管理。针对项目数据分散的问题，华聚能源决定采用先进的信息技术手段，将光伏电站数据进行集中化管理，建立集中监控系统。通过该系统，可以实时监测项目发电情况、设备运行状态、发电量等重要数据，从而及时发现问题并进行处理。可以通过大数据分析，优化项目运行策略，提高光伏发电效率。

（2）成本管控优化。针对成本控制不力的问题，华聚能源进行了全面的成本管控优化。通过技术改进和设备更新、运行方式调整，提高了光伏发电设备的利用效率，降低了设备维护成本，优化了运营管理流程，减少了人力成本和运营成本。

（3）运维专业化管理。为解决运维管理困难的问题，华聚能源明确责任单位，培养专门的运维人才队伍，重视运维问题的发现、分析、解决，资料整理，培训再教育，旨在提高运维人才队伍的综合运维能力，还与专业的设备厂家积极交流合作，共同推动项目的运维管理工作。

三、项目可靠性

兖矿能源物供中心、东滩煤矿、鲍店煤矿、大东章集运站、车辆机务段、内蒙古蒙达集运站分布式光伏电站自运行之日起至今安全生产形势总体平稳，无人身伤亡事故，未发生设备一类障碍及以上事故。

四、经济合理性

本项目共计投资为 12257.76 万元，年运维成本为 575.21 万元，每年可为国家节约标准煤 8727.19 t，减少 SO_2 排放量约为 277.95 t，减少 NO_x（以 NO_2 计）排放量约为 61.59 t，可减少温室气体（以 CO_2 计）的排放量约为 24634.81 t。其中：

物供中心屋顶分布式光伏项目工程静态投资为 376.22 万元，工程建设投资为 100% 资本金，年均总成本为 23.74 万元，该项目每年可为国家节约标准煤 206.57 t，减少 SO_2 排放量约为 19.99 t，减少 NO_x（以 NO_2 计）排放量约为 10 t，可减少温室气体（以 CO_2 计）的排放量约为 664.35 t。

兖矿能源鲍店煤矿风井分布式光伏项目工程静态投资为 2440.1 万元，工程建设投资为 100% 资本金，年均总成本为 109.67 万元，每年可节约标准煤约 1650 t，减少 SO_2 排放量约 14.025 t，NO_x（以 NO_2 计）11.55 t，温室气体（以 CO_2 计）4290 t。

兖矿能源东滩煤矿风井分布式光伏项目工程静态投资为 2336.78 万元，工程建设投资为 100% 资本金，年均总成本为 109.67 万元，每年可节约标准煤约 1430 t，减少 SO_2 排放量约 13.14 t，NO_x（以 NO_2 计）10.02 t，温室气体（以 CO_2 计）3720 t。

兖矿能源车辆机务段分布式光伏项目工程静态投资为 520.38 万元，工程建设投资为 100% 资本金，年均总成本为 23.81 万元，每年可节约标准煤约 346.29 t，减少 SO_2 排放量约 26.07 t，NO_x（以 NO_2 计）3.23 t，温室气体（以 CO_2 计）1067.67 t。

大东章集运站分布式光伏项目工程静态投资为 1223.42 万元，工程建设投资为 100% 资本金，年均总成本为 76 万元，每年可节约标准煤约 907.44 t，减少 SO_2 排放量约 69 t，NO_x（以 NO_2 计）8.54 t，温室气体（以 CO_2 计）2825.51 t。

兖矿常营车站分布式光伏项目工程静态投资为 2002.56 万元，工程建设投资为 100% 资本金，年均总成本为 116.16 万元，每年可节约标准煤约 1800.48 t，减少 SO_2 排放量约

134.17 t，NO_x（以 NO_2 计）16.78 t，温室气体（以 CO_2 计）5551.13 t。

内蒙古蒙达铁路有限公司分布式光伏项目工程静态投资为 3358.3 万元，工程建设投资为 100% 资本金，年均总成本为 116.16 万元，每年可节约标准煤约 2386.41 t，减少 SO_2 排放量约 1.55 t，NO_x（以 NO_2 计）1.47 t，温室气体（以 CO_2 计）6516.15 t。

根据华聚能源分布式光伏发电项目投资及运营成本计算，光伏发电度电成本价格相对国家电网山东公司度电电费销售价格（峰谷分时电价）较低。基于煤矿、集运站平均用电价格进行分析，相对于购买国家电网产生的电费，在 25 年光伏发电项目运营期内，使用光伏发电可将煤矿、集运站企业用电度电成本降低 50% 至 80%，经济效益十分显著。

五、存在问题和今后打算

华聚能源在已建成且具备条件的工业园区、经济开发区等用电集中区域规模化推广屋顶光伏发电系统；积极鼓励在电力负荷大、工商业基础好的中东部城市和工业区周边，按照就近利用的原则建设光伏电站项目；综合利用商业模式，促进光伏与其他产业有机融合；创新光伏的分布利用模式，在中东部等有条件的地区，开展“人人 1 千瓦光伏”示范工程，建设光伏小镇和光伏新村。公司开发项目符合国家政策鼓励光伏产业发展，支持光伏发电并网的能源产业政策。

恳请协会生产力促进中心支持兖矿能源新能源发展，协调市发改局、自然资源和规划局等部门协助完成项目前期选址、土地排查等工作，并将兖矿新能源工作纳入地方政府定期对接会议程，推进项目实质性建设，助力当地绿色低碳发展，提升非化石能源消费比重。

2～3 m 中厚煤层超长工作面年产千万吨智能化高效开采实践研究

鄂尔多斯市转龙湾煤炭有限公司

针对同类煤层开采效率低、国内无成熟借鉴经验的现状，转龙湾煤矿以少人高效为中心，建成“面内少人巡视、巷道远程干预”的 420 m 超长中厚较薄煤层千万吨级智能采煤工作面，实现液压支架自动跟机、实时俯仰采控制、煤机防碰撞、工作面自动找直、端头自动化、三角煤自动截割技术的高效常态化应用。通过预设工作面轮廓和程序截割实现采煤过程的完全自动化运行，结合 5G 无线视频系统，实时掌握工作面设备工作状态，支架自动跟机率、煤机自动截割率均达到 99% 以上，煤机速度达到 15 m/min，单架挪移时间 9 s 以内，工作面内作业人员仅为 2 人，达到中厚煤层智能化开采年产千万吨水平，真正实现了“减人提效，少人则安”的工作目标，掀起了较薄煤层智能开采新篇章，为较薄煤层开采提供了成功经验。

一、项目实施方案

根据中厚煤层高产高效自动化采煤工作面总体工作要求，矿井成立专项工作组，围绕现场实际条件，积极开展中厚煤层年产千万吨智能高效开采关键技术实践研究，从技术论证、工作面设计、装备配套、设备改造、队伍建设等各个方面开展创新研究。

1. 液压支架方面

一是供液系统方面，为保障工作面液压系统整体供液压力和流量，泵站至工作面分别建立3路供液管路和回液管路，同时在工作面内布置7路供回液分支，形成“三进三回、五路分支”的供液系统，有效保障供液质量稳定可靠；二是程序优化方面，通过优化阻尼阀介入距离（由300 mm改为350 mm），有效提高了液压支架自动找直的精准度；三是参数设置方面，通过优化液压支架自动跟机61个关键参数，调整抬底和降抬底延迟时间等方法，实现支架动作的快准稳，单架移架时间全部控制在10 s以内，完全满足采煤机10 m/min的截割速度，无丢架现象。

2. 三机控制方面

一是选用高链速和大功率刮板输送机和转载机，解决运输系统运量低、转载机入料口卡堵问题；二是升级刮板输送机机尾自动张紧系统，融入自动张紧控制算法，提升了刮板的精准监测和控制能力，实现链条自动张紧基于负载信息随动控制，形成更加符合现场的自动张紧功能；三是通过增加断链保护装置，有效降低了刮板输送机断链风险；四是配备工况监测系统和健康管理系统，通过对三机减速箱进行实时数据采集和分析，实现故障报警和关键零部件维护提醒功能。

3. 采煤机方面

选用生产能力高（截割功率610 kW）、智能化功能全的采煤机，具备8种智能割煤工作模式。

（1）采煤机。通过采集采煤机在工作面不同位置的割煤速度和刮板输送机、转载机煤流淤煤次数，制定出符合现场实际的采煤机状态表，实现了煤流运输系统平稳运行。采煤机滚筒装配弧形挡煤罩，实现在工作面不同位置自动切换状态从而有效提升采煤机装煤效果。

（2）LASC自动找直方面。液压支架全部安装高精度行程传感器和液压阻尼阀，通过电液控系统与LASC惯性导航系统无缝配合，有效实现精准的工作面自动调直功能。现场采取4刀循环（学习刀、下放刀、执行刀、效果刀）模式进行找直，经过不断调试，当前达到了420 m工作面最大偏差值200 mm、平直度99. 95%的找直效果。

（3）3D可视化建设。利用工作面3D虚拟现实和实体仿真技术建立工作面模型，确定采煤机、液压支架几何尺寸，通过采煤机俯仰角度传感器及支架倾角传感器检测的数据，能够再现工作面的实际设备位置关系，实时反映工作面设备运行状态，从而辅助工作面生产管理，最终建成“面内少人巡视、巷道远程干预”的智能化采煤工作面，实现面内3人生产，进一步提高了生产工效。

二、主要创新点

本项目的研究重点包括液压支架自动跟机移架技术应用，采煤机程序化割煤技术应用，高链速刮板输送机、转载机技术应用，高链速刮板输送机自动张紧技术应用，工作面直线度检测及自动找直功能技术应用。

主要研究一种2~3 m较薄煤层超长工作面年产千万吨智能高效开采方案、较薄煤层智能高效开采液压支架快速移架供液系统研究及优化、较薄煤层液压支架设计协同控制技术、较薄煤层智能无人化开采控制技术。完成综采智能化工作面工程示范应用，实现超长中厚煤层综采工作面高产高效及智能装备的稳定可靠。

三、项目实施效果

1. 安全生产效益取得成效

转龙湾煤矿积极实施采煤智能化工作面建设工作，经过不懈努力，2022年3月24日至今，先后建成了23301和23302中厚（较薄）煤层智能化采煤工作面，工作面生产期间液压支架自动跟机“降移升”时间全部控制在9 s以内，采煤机程序截割速度平均12 m/min以上，实现面内无人作业，达到中厚煤层智能化开采年产千万吨水平。

2. 经济效益取得成效

截至目前，该智能化工作面建设成功以来，工作面每天自动化割煤刀数最高25刀，日最高产量4万t，工作面支架工由原来7人减为2人，达到了减人增效的目的，满足矿井中厚煤层高产高效的生产要求，智能化水平达到国内外领先水平。按“三八”作业计算，每班减少面内直接作业人员5人，每天可减少15个人工，一年可减少5475个人工。按500元/工计算，每矿每年可节约人工成本273.75万元。目前国内2~3 m较薄煤层年产量一般不超过3 Mt，本项目将提升产能约233%，以吨煤价格500元计算，则每年可增收约35亿元。

本项目各项指标均已达到国内外领先水平，在支架自动跟机移架，采煤机程序化截割、端头自动化、综采设备智能协同调速运行等主要技术指标方面优势明显，实现了全工作面综采设备智能化协同运行。成套的综采智能控制技术与装备等创新成果可在更多中厚煤层综采工作面进行推广应用。

四、下一步工作打算

根据公司智能化工作面建设安排，要求打造面内少人的智能化生产模式，树立能源集团标杆专业。下一步利用采煤机、液压支架程序化自动割煤，结合工作面视频，3D可视化虚拟仿真技术，逐步减少面内作业人员，最终达到“面内无人操作、巷道远程控制”的智能化生产模式，进一步减人提效。

一是按照“三步走”的策略，结合目前的技术及应用，优先实现面内2~3人巡视；第二步逐渐实现面内1人巡视；最终实现面内无人、集控台远程监控。

二是统一思想，建立从上到下的智能化管理理念。充分利用当前智能化建设的有利契机，做好矿井智能化的深入培训、宣传引导、凝练提升等，为公司各所属煤矿的智能化建设充分发挥引领、推动作用。

三是组建高素质智能化团队。通过采取综合考评、优势激励等措施，优中选优，抽调精干力量组建60人的高素质智能化团队，确保矿井综采工作面智能化建设的各项系统高标准运行，模拟解决智能化综采工作面的疑难问题，创新建设更优的智能化运行模式，亮出转龙湾煤矿智能化名片，打出兖矿能源集团、山东能源集团的智能化综采工作面最优品牌。

四是形成全新的智能化管理考核激励机制。矿井已建立智能化系统常态化运行考核管理办法，在此基础上将进一步优化完善综采工作面智能化考核管理，形成全新的综采工作面智能化管理考核激励机制，努力打造行业第一、国内一流的智能化综采工作面。

淮北矿业（集团）有限责任公司

数字技术赋能财务管理智能化转型——基于淮北矿业集团的管理实践

淮北矿业（集团）有限责任公司（213）

大型企业集团贸易业务风险管控体系创新实践

淮北矿业（集团）有限责任公司（217）

大型企业集团新业态、新环境下现金流量管理赋能新质生产力发展

淮北矿业（集团）有限责任公司（219）

大型能源化工企业信息化赋能节能降碳管理研究与实践

淮北矿业（集团）有限责任公司（222）

淮北矿业集团涡北选煤厂空压机智能管控系统及余热利用改造实践

淮北矿业（集团）有限责任公司涡北选煤厂（225）

盾构大角度小半径连续拐弯施工工艺

淮北矿业（集团）有限责任公司（227）

智能矿山单轨吊自动驾驶及物流管控系统研究与应用

淮北矿业股份有限公司　合肥工大高科信息技术股份有限公司（230）

创新引领 智慧升级 杨柳煤矿视频 AI 分析系统及视频管理创新应用

淮北矿业股份有限公司杨柳煤矿（232）

科技赋能 创新引领 智能化供电系统研究与应用

淮北矿业股份有限公司杨柳煤矿（235）

淮北矿业覆岩离层注浆充填开采

淮北矿业（集团）有限责任公司（237）

淮北矿业集团矿井水氟化物深度治理

淮北矿业（集团）有限责任公司（239）

淮北矿业集团双龙公司土地复垦治理

淮北矿业（集团）有限责任公司（242）

新能源产业发展新质生产力

淮北矿业股份有限公司电力分公司（243）

选煤厂煤泥深度降水提质无量化生产销售新模式

淮北矿业股份有限公司运销分公司（247）

煤系伴生高岭岩高品质多元化综合利用项目

安徽金岩高领土新材料股份有限公司（251）

数字技术赋能财务管理智能化转型

——基于淮北矿业集团的管理实践

淮北矿业（集团）有限责任公司

数字经济时代，数字技术赋能是企业高质量发展的必然选择。2019 年 3 月淮北矿业结合自身实际，以推动财务管理智能转型为核心，以财务大数据建设为重点，创新引入大数据等数字技术，建立财务大数据中心，经过项目调研、规划设计和全面建设等几个阶段，于 2019 年 12 月建成投用。财务大数据中心将财务部门打造成企业全域数据汇集的中心，极大地提升了财务管理体系的业务反应能力、风险防控能力、决策支持能力和价值创造能力，为企业加快数字化转型和高质量发展提供了科学精准的大数据支撑。

一、项目实施方案

淮北矿业通过创新应用大数据等数字技术，实现了数智化、一体化、协同化、实时化、精细化管控，在推进财务管理智能化转型方面取得显著成效，打造了淮北矿业特色的财务大数据中心（图 1）。

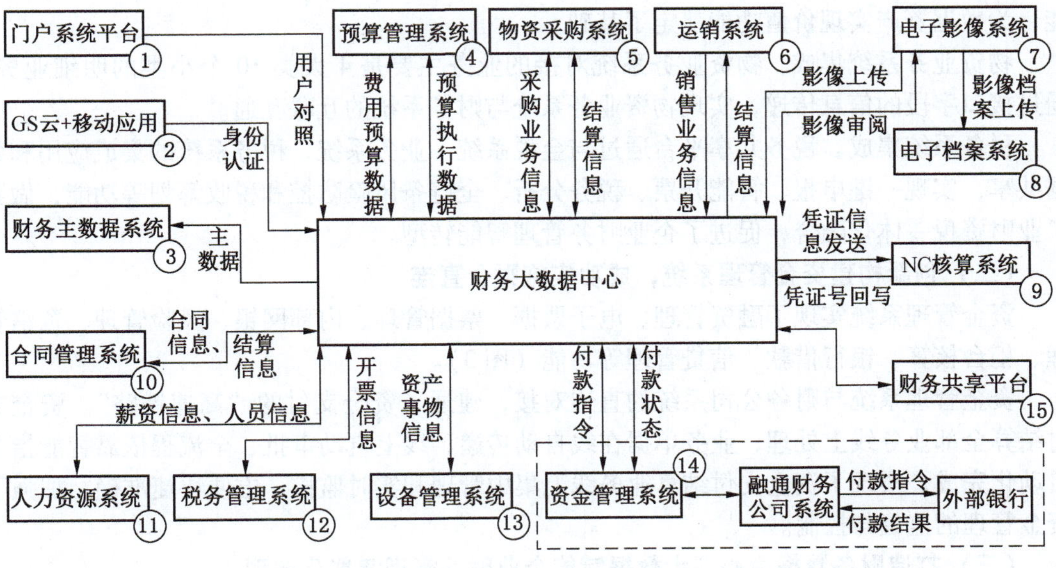

图 1 淮北矿业财务大数据中心的系统架构

（一）数据互联互通，实现业财资税一体化融合

通过建立完善的异构系统数据接口，集成对接了销售业务系统、物资业务系统和税务共享系统等15个业务系统，实现了数据的互联互通（图2）。

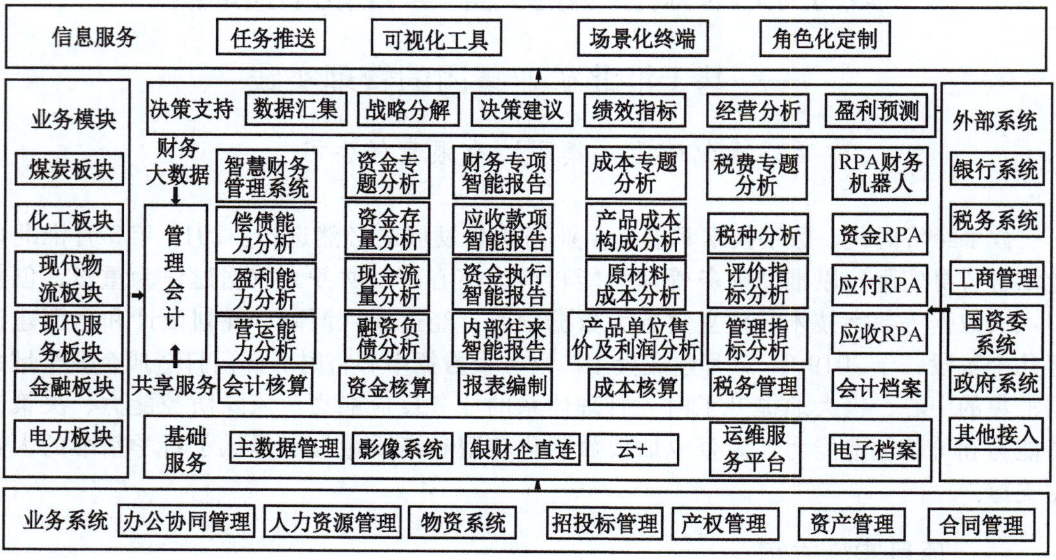

图2 系统集成关系总体规划图

销售业务系统集成。销售系统数据对接财务共享中心系统，实现了销售业务数据与财务共享中心的数据信息传递，极大地提高了业务流程流转效率和财务数据信息的归集功能，为数据资产实现价值功能奠定了基础。

物资业务系统集成。物资业务系统对接的业务主要是4大类10个小类的明细业务，通过接口字段的信息传递，实现物资业务系统与财务系统的互联互通。

税务系统集成。税务共享平台通过与金税系统、业务系统、税务系统的集成应用和数据共享，实现一键申报、智能开票、税务分析、全链条风险防控和税收筹划等功能，做到了业财资税一体化融合，促进了企业财务管理智能转型。

（二）创新构建资金管理系统，成功实施财企直连

资金管理系统实现了融资管理、电子票据、票据管理、内部网银、风险管理、资信管理、柜台核算、银行借款、信贷管理等功能（图3）。

资金管理系统与财务公司系统的直连对接，建通了资金支付的“高速铁路”。资金支付结算全部业务线上处理，业务单据在线自动传递、线上自动审批、全流程依靠智能指令自动化完成，实现了资金支付结算业务线上集中管理和实时监控，方便快捷准确，加强了资金管理的监督与控制。

（三）打造财务数据中心，大数据赋能企业财务管理智能化转型

淮北矿业借助大数据等数字技术成功开发了大数据智慧财务管理系统，打造财务数据中心，助推企业财务管理智能化转型。

大数据智慧财务管理系统按照管理需求，遵循系统集成、数据共享、规则可配等原则

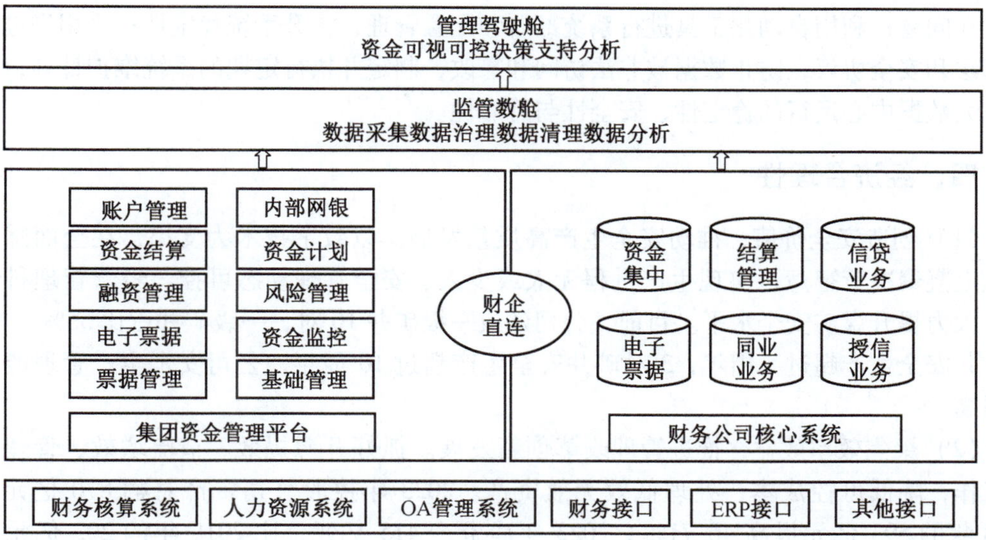

图3 资金管理驾驶舱

建设。大数据智慧财务管理系统以业务系统、财务系统和税务系统信息为基础，借助大数据等数字技术，对财务管理信息进行归集、加工、分析和可视等操作处理，为企业管理层提供全面、实时、准确的信息支持，全面支撑公司战略。

二、项目创新性

（1）创新数据获取的途径和效率。财务大数据中心依托集团财务共享中心，实时获取企业管理需要的各项财务指标数据，打破传统意义上的以月度报表数据为分析对象的固化模式。企业管理层根据实时指标数据动态分析，作出管理决策，制定企业经营计划，提升了公司财务的管理效能。

（2）创新财务核算方式和财务管理运营模式。建立异构系统数据接口，集成多个业务系统，实现数据的互联互通，构建了公司决策分析数据库；搭建公司经济运营管理、监督信息化支撑体系，推动公司运营管理各项监管职能落地，实现管理方式的创新，提升了公司的整体运营管理水平。

（3）创新项目实施方式。大数据信息化项目重组传统组织结构，对传统部门、系统功能进行排列组合。公司管理层、财务人员和业务人员积极参加大数据系统及业务领域的概览性培训，实现了管理组织创新和人才培养创新。

三、项目可靠性

淮北矿业财务大数据中心是一个跨越多个地域的大型网络平台，采用层次化设计的总体原则，将淮北矿业的网络进行水平分割和垂直分层，规范了各个业务系统接口，实现了系统之间的有效衔接，全业务、全流程的电子化管理促进了信息系统建设。

财务大数据服务器采用双机热备制，选择高速网络交换机和路由器，保证网络连接的稳定性；部署实时监控工具，监控系统的运行状态、性能指标和关键参数，及时发现并解决潜在问题；利用自动化工具进行系统部署和配置管理，提升系统稳定性；采用先进的加密算法和安全协议，防止数据被非法访问和篡改；制定并执行定期的系统维护计划，确保财务大数据中心运行的稳定性、安全性与可靠性。

四、经济合理性

（1）创造安全价值，推动安全生产高质量发展。以数字技术为支撑，在全面感知的基础上凝聚决策智慧，实现生产过程无人或少人、安全管理动态可控、经营管理科学高效，大力提升煤矿安全水平。目前，公司建成一级矿井10对，一级矿井占比55%，有10对矿井安全生产超过5周年，3对矿井安全生产超过10周年，公司安全生产管理能力不断提高。

（2）聚焦效率效益，推进管理改革创新发展。抓好开源提效、节流增效、管理创效等工作，降低可控成本，处理低效无效资产。2023年控股公司资产总额870亿元，比2018年的593亿元提高46.71%；2023年净资产415亿元、比2018年的203亿元提高104.43%；2023年营业收入、利润总额分别达736亿元、71亿元，比2018年提高27.34%、61.36%。近几年，大数据与财务管理创新融合，公司债务结构不断优化，三费持续降低，经营风险持续下降，经营业绩持续向好，全面提升了公司的核心竞争力，推动管理改革创新发展。

（3）业财数智融合，创造重大社会价值。业财数智深度融合，加速数字经济发展，实现重大社会价值，既具有可借鉴性，又有普遍的指导意义。中央电视台、人民网和新华网等多家媒体宣传报道。接待了中南财经政法大学、中国煤炭工业协会和中煤集团等多家单位参观交流。荣获财政部“2023年度财政部管理会计案例优秀案例”、中国企业管理研究会2022年国企财务管理创新成果一等奖等多项荣誉。

五、存在问题和今后打算

（1）存在问题。财务大数据中心在应用过程中会遇到以下难点。技术复杂性，大数据技术比较复杂，需要专业人员维护和操作，可能导致技术依赖性增加；财务和技术人才缺乏，企业可能难以找到既懂财务又懂大数据处理的复合型人才；组织文化抵触，传统企业文化可能对数据驱动的决策方式存在抵触，导致财务大数据中心未被充分利用。

（2）今后打算。推广应用财务大数据中心是一个系统性的工程，企业要有坚定的决心和长期的投入，统筹规划和全面推进。推广应用财务大数据中心应采取组织内部的教育、技术升级和交叉部门合作等措施，增强财务大数据中心的应用，为企业的健康发展和决策提供坚实的数据支持，大力推动企业的数字化转型进程。

未来已来，数字化时代，聚焦产业数字化、数字产业化，推进数字技术与企业管理创新发展深度融合，打造管理决策“智慧大脑”。以数字技术为支撑，用数字技术赋能财务管理智能化转型，为加快培育发展新质生产力提供坚实的保障，创新驱动企业经济高质量发展。

大型企业集团贸易业务风险管控体系创新实践

淮北矿业（集团）有限责任公司

一、项目简介

大宗商品贸易在国民经济中占据重要地位，然而由于大宗商品贸易业务交易体量大、市场环境不断变化、业务操作过程复杂等，企业集团在开展大宗商品贸易时往往面临较大的风险。这些风险不仅会给企业造成一定的经济损失，还可能对企业的生存发展带来巨大危机。2013 年至今，国务院国资委及省国资委相继印发一系列通知、专项整治工作方案，要求中央企业及省属企业加强大宗商品经营业务管理，完善风险应对机制，坚决制止和纠正虚假贸易业务，切实防范企业重大经营风险。因此，加强贸易业务风险管控成为保障大宗商品贸易健康发展的关键所在，我们迫切需要开展有效的风险管控，提高风险管控能力。

集团公司 2021 年 12 月制发《淮北矿业集团物流贸易风险防控管理办法》（淮矿财便〔2021〕139 号），构建三级风险管控体系，细化风控层级管理，形成“集团公司、物流贸易本部、子公司”三级风险管控层级，全面加强物流贸易业务风险管控。加强信息化建设，运用信息化手段加强日常监督，推动业务系统有效对接财务系统，进而实现风险管控与业务、财务全链条的线上互联互通。开展物流贸易业务风险管控“黄色”“红色”预警管理，实时洞察物流贸易业务风险，迅速反应，及时应对，严防损失。

二、项目实施方案

（一）严格客商筛选，健全客商资信管理

（1）统一客商资信评估管理办法，完善资信评估评分标准，监督授信额度。物流贸易本部统一客商资信评估管理办法及操作流程，完善资信评估评分标准，设置量化指标，增加实务可操作性；同时从汇总层面监督各公司授信额度，避免不同公司同时对同一客商授信、单一客商总授信额度过高风险。严禁未经资信评估与客商开展贸易，严禁超授信额度开展业务，严禁和同一控制人控制的公司开展上下游贸易，严禁与集团公司已失信客商开展贸易。

（2）规范资信评估过程，完善资信评估方式。按照资信评估管理办法，采用多种手段搜集客商信息，量化指标分析，严格打分授信；采用多种方式进行资信评估，重点客商现场调研，必要时取得第三方评估报告；根据交易情况、市场变动等因素，动态跟踪客商经营状况、资金流情况等，及时清理违约客商、风险客商，动态调整客商信用等级及授信额度。

（3）推进客商资信信息化管理。采用线上方式开展资信评估，减少人为主观干预；业务系统与外部资信平台进行有效的信息连接，通过数据自动抓取、分析等技术手段，实时获取客商风险信息，分析监控重点客商资信变化情况；业务系统有效对接财务系统，实现从资信评估到合同管理、货物出入库、发票流转到资金收付的全链条线上管理，进而实

现风险防控与业务、财务全链条的线上互联互通。

（二）强化合同审查，规范合同签订及履行

（1）加强合同基础管理，完善合同审查归档流程。细化、强化合同审查流程，明确合同审查意见及相关合同风险提示，切实履行合同审查责任，完善合同签订基础资料；建立健全合同台账登记机制，加强合同基础资料归档管理。

（2）明确合同重要条款，严防合同履约风险。合同关键条款必须具备标的、数量和质量、价款或报酬、结算方式与周期、履约期限、履约地点与方式、违约责任等内容；合同签订时优先使用公司标准合同文本，合同签订规范、严谨，严禁无合同开展业务。

（3）强化风险防控，严防资金风险。上游发货付款（装火车、装船），未有质量检验报告的情况下，降低付款比例；货到下游付款控制付款比例，降低资金风险。

（4）通过信息化手段跟踪合同执行情况，加强过程风险防控。合同管理模块全面线上运行，业务系统和财务系统有效对接，通过信息化手段跟踪合同执行情况，风险管理前移，强化过程风险管控。

（三）建立定期核对机制，实时自动预警

（1）建立往来款项定期核对机制。建立往来款项定期核对机制，定期核对往来款项，获取正式有效的书面对账单。

（2）逾期应收款项实时自动预警，及时应对风险债权。进一步加强信息化建设，业务系统与财务系统有效对接，实时自动预警逾期应收款项，及时应对风险债权。

（四）加强存货管理，确保存货安全完整

（1）建立第三方仓库资信评估机制。对第三方仓库等同客商进行资信评估，严防第三方仓库与上下游存在关联关系，严防存货毁损风险。

（2）加强仓储协议审查，明确重要条款。加强仓储协议审查，与第三方仓库签订仓储协议，应明确对账、现场盘点、损失赔偿等重要条款。

（3）规范存货盘点机制。根据贸易业务特点，加强存货管理，健全存货盘点机制，库存商品应季度盘点，在第三方仓库（场地）的要提供相应存货证明；发出商品要提供相应的发运证明，确保存货的安全完整。

（五）规范会计核算，加强财务管理

（1）规范贸易业务，持续推进贸易业务做优做强。严禁开展平进平出、上下游关联交易和循环贸易等，停止风险大、微利无利等业务。

（2）关注合同关键条款，规范确认收入。签订贸易合同时关注风险和价格等关键条款，确保符合全额确认收入条件。

（3）规范会计核算，加强财务管理。新收入准则以“控制权转移”作为收入确认时点的判断标准，物流贸易公司应规范会计核算，以客户是否取得“控制权”作为确认收入的标准，不得推迟或提前确认收入。

三、项目实施效果

（1）构建三级风险管控体系，细化风控层级管理。2021 年 12 月制发《淮北矿业集团物流贸易风险防控管理办法》（淮矿财便〔2021〕139 号），构建三级风险管控体系，细化风控层级管理，形成“集团公司、物流贸易本部、子公司”三级风险管控层级。

（2）完善制度建设，构建风险管控长效机制。围绕客户资信、合同管理、应收款项、存货管理、收入确认等风险管控重点，推动物流贸易单位健全相关制度，建立风险管控长效机制。加强客商资信管理，制发《物流贸易公司客商资信评估指引》《物流贸易失信客商管理办法》，从源头防范客商信用风险，严格客商准入及授信额度。修订合同管理办法，优化合同审批流程，明确合同关键条款，强化合同签订、履行、变更、解除等的监督检查。修订存货管理办法，规范仓储选择、货物收发存、信息化管理、运输装卸管理等，提高存货运营效率。健全存货盘点机制，保证存货的安全完整。

（3）加强日常监督，强化风险管控。开展风险管控“黄色”“红色”预警管理，实时洞察物流贸易业务风险，集团公司领导小组办公室2022—2023年共发出风险事项“红色”预警1份、“黄色”预警10份，督导物流贸易公司建立风险预警事项整改台账，采取有效措施加大风险债权清收力度，加强业务过程中对存货的有效控制，迅速反应，及时应对，严防损失。及时下发风险提示函，针对子公司各类风险问题，剖析问题根源，分析风险对公司经营的影响。2022—2023年集团公司领导小组办公室提示风险，下发风险提示函14份；物流贸易本部提示风险，下发业务联系函66份。由结果管理向过程管控延伸，做到及时提示，快速应对。

（4）完善业务管控流程，推进各项制度落地落实。开展内控有效性测试，借助中介机构力量，对贸易公司开展内部控制有效性测试，对贸易公司内控制度建立、客商管理、存货管理、采购管理、合同管理、资产管理、财务管理和综合管理等重要业务流程的内控执行情况进行测试，做出客观评价，持续完善业务管控流程，坚决推进各项制度落地落实。

（5）强化风险应对，及时化解风险事项。加大历史遗留问题清收力度的同时，及时下发风险事项“黄色”“红色”预警，督导物流贸易公司建立风险预警事项整改台账，妥善化解风险，减少风险损失。2022—2023年累计效益额34782万元，其中2023年效益额26970万元。

大型企业集团新业态、新环境下现金流量管理赋能新质生产力发展

淮北矿业（集团）有限责任公司

在技术创新、管理创新和组织创新的推动下，煤炭企业不断提高产品质量、降低生产成本、优化生产流程，实现着从传统制造向智能制造的转变。随着企业转型升级，财务管理创新显得尤为重要。财务管理创新不仅是企业管理的核心之一，更是引领新质生产力的关键所在。通过创新财务管理模式、优化资金配置、强化风险防控，煤炭企业能够更加精准地服务市场需求，能够实现资源的高效利用，提升核心竞争力，为新质生产力的提升提供有力的支撑。

一、项目实施方案

（一）科学编制预算，强化战略分析定位

第一统筹经营活动、投资活动和融资活动现金流编制。第二组织审核重点子公司年度现金流，切实发挥现金流管理作用，为实现集团公司双千亿战略目标提供资金保障作用。

（二）注重过程管控，明确战略实施路径

围绕企业发展战略和生产经营安排，按照“量入为出、收支匹配”原则，科学确定年度资金收支规模，发挥资金集中优势，合理利用票据池功能，降低资金成本，实现收入、效益和净现金流联动增长，最主要的是加强现金流分析。第一进行年度预算的细化和平衡工作。第二注重月度资金预算执行的监督。第三定期分析资金预算执行情况。

（三）提升企业自身“造血”功能

（1）加强党的全面领导，持续精准发力。把坚持和加强党的全面领导、全面加强党的建设、全面从严治党贯彻落实到生产经营的各个环节，铸牢国有企业的“根”和“魂”，融入企业经营精细管理，牢牢坚持“稳中精进、转型升级、聚焦双效、实干兴企”工作总基调，落实“风险严格管控、收入规模稳定、效益持续提升、创新提质并重、党建持续发力”要求，在开辟新的经济增长点的同时，注重防范化解业务存在的风险，进一步提升发展质量。

（2）强化成本管控，助力降本增效。牢固树立“一切成本皆可降”理念，坚持煤与非煤同步发力，推动煤炭生产从以产量为中心向以效率为中心转变；推动非煤产业扩容发展，提高产品附加值；持续推进降本增效，构建重点成本要素管控长效机制，着力打好降本增效组合拳，实现企业运营提质增效。

（3）压降“两金”占用，积极回笼资金。认真贯彻落实国资委工作部署，提高政治站位，深刻认识“两金”压降工作的重要意义，落实主体责任，统筹运用市场、信用、法制手段，进一步盘活资产回笼资金、提高资金流动性，防范债务风险，提高资产运营效率。

（四）基于现金流量做好投资决策

集团公司对投资项目的选择以科学的决策作为前提，投资参考的主要依据不仅视今后经营性现金流量情况而定，还要站在资金的层面深入分析中长期偿债能力、股利支付能力等等，让集团公司领导层作出更科学、合理的投资决策。

（五）关注重点子公司现金流量，助推集团公司高质量发展

为实施物流、商流、资金流、信息流的有效整合，有效组织和协调物流贸易过程中的资金流动，保证资金流动安全，降低风险债权，做实做优做强物流贸易，加快资金流转速度和存货周转率等，测算各单位年度资金需求额度，提高资金运行效率。

（六）推动司库体系建设，加强资金管理

运用信息化技术，对企业资金进行实时监控和统筹调度，所有子分公司银行账户全部可视、资金流动全部可溯、资金归集全部可控。对大额资金预警、异动实时反馈等资金风险全过程监控，构筑资金风险“防火墙”，持续赋能新质生产力发展，助力企业打造全新的财务管理模式，为集团公司带来深度的价值及收益。

（七）打造世界一流财务管理体系，加快财务数智转型，突出源头控制

积极对标对表，通过重点课题对标，实现通过预算管控预测现金流量，支持集团公司资金预算全过程闭环管理，保持现金收支平衡和偿债能力，合理优化集团公司资源配置，提高资金使用效率，进一步提高了预算管理水平，有效降低资金风险。

二、项目创新性

（1）利用信息化手段，不断完善现金流量预算管理体系，及时转变管理理念，提高资金管控水平，支撑新质生产力发展，统筹年度资金大盘子。

（2）加强重点子公司资金管理，提高资金使用效率，降低资金风险，对重点子公司现金流量进行中长期规划，并测算年度资金需求额度。

（3）对标对表，强化资金预算管理，通过资金管理看板，设置相关量化指标，实时预警提示偏差数据。

（4）推动司库体系建设，做到集团公司资金管控“看得见、调得动、控得住、用得好”。

三、项目可靠性

根据现金流量实施预算管理，能帮助企业有效实现资金收支平衡，增加现金流入。通过预算管理企业现金流量不但能够有效地调整、控制、安排资金，而且可以真实地体现出企业财务收支情况。利用现金流量进行预算管理的主要目标是为了利用年度预算管理，顺利实现企业年度经营目标，进一步支撑新质生产力，实现年度战略和高质量发展。

四、经济合理性

（一）经济效益

2023 年集团公司月度经营性现金净流入达 9 亿元以上；2023 年末有息负债降至 129. 2 亿元，比年初下降 59. 92 亿元；有息负债财务费用 6 亿元，比同期减少 3 亿元；资产负债率降至 60% 以下，创近 15 年新低。

（二）社会效益

（1）全面提升现金流日常管控能力。通过实施集团管控，加强现金流的预算管理，控制资金收支平衡，及时调整和优化资本结构，统筹安排综合平衡短期经营资金和长期发展规划所需资金，将富余资金进行规划利用，提高资金的使用效率。

（2）全面优化资产负债结构。坚持集团公司“两降一调”的工作思路，在降低融资成本的同时，建立多元化融资渠道，合理安排贷款还款进度。坚持直接融资和间接融资“双轮驱动”，合理安排短中长期融资比例，确保还款金额与期限梯次配置，资产负债结构持续优化。

（3）全面提升资金管理水平。资金结算实现财企直连，资金支付不落地处理，内部结算业务自动传递，提高结算效率；资金支付不落地处理，付款单据全部关联资金预算、合同和挂账余额，真正做到了无预算不支付、超余额不支付，有效提升了集团资金管控能力。

（4）通过信息化手段助力集团战略决策。通过与业务系统的对接，实现业务部门与财务部门的双向传递，确保预算数据由业务系统生成，提高资金预算编制的科学性，实现了资金分析场景化、动态化、智能化，在新质生产力的推动下，企业将能够更好地适应数字经济的发展，实现可持续的高质量发展。

五、存在问题和今后打算

（1）存在问题。现金流量预算管控虽然取得了一定成效，但同时也存在一定的问题。有时存在不确定性和变动较大事项，未能形成有效的预控机制，由此产生的月度现金流预算执行偏差仍不能有效避免。

（2）今后打算。将根据资金管理办法相关内容，进一步建立健全现金流预算考核机制，积极履行“以收定支，严控支出，确保重点，留有余额”的管理原则，加大现金流预算执行偏差的考核评价力度。严格考核、反馈和评价的运作机制，切实有效提升现金流精益化管理和财务集约化管理水平，支撑企业做强做优、高质量发展。

大型能源化工企业信息化赋能节能降碳管理研究与实践

淮北矿业（集团）有限责任公司

为积极响应国家“双碳”目标，展现国企担当，2022 年 7 月至 2023 年 7 月，淮北矿业（集团）有限责任公司开展大型能源化工企业信息化赋能节能降碳管理研究与实践，建设能源管理中心系统项目，项目由淮北矿业集团自主开发，基层单位分厂（矿）搭建分布式节点部署工业互联网软网关程序，对接综合自动化等子系统，数据通过内部骨干环网发送至集团公司数据中心，相关计算、存储、服务、安全设备等资源依托集团公司内部私有云中心。

一、项目实施方案

（一）项目内容

能源管理中心系统项目以数据应用为基础，结合生产数据提取、智能硬件监测、手工作业采集等多种方式，将企业在生产过程中消耗的各种能源进行采集，集成 ERP、DCS 等生产过程的数据转化对接，将各类能源消耗数据进行有效的对比分析展示，同时按照国家统一规范的碳排放统计核算体系有关要求，测算展示集团公司基层单位碳排放量，摸清碳排放家底，实现以设备运维管理和能源消耗管理为核心的集运维、管理、评估、节能降碳于一体的综合能源信息化管理平台。项目包含基础管理、能源报表、能源看板、节能技改、对标提升、双碳管理、能耗管控、学习园地等 8 个模块近 20 个子模块。

（二）技术指标

设备层。连接各类设备控制器、传感器等，实现状态感知、数据采集、设备控制，通过统一数据接口（以太网、RS485）及通信协议（Modbus、OPCUA、OPCDA），规范点表信息，为数据互通打下基础。

边缘层。采用集成化中间驱动件，实现数据采集以及平台与设备互联互通，部署

ODS、DW、ETL，进行数据存储、抽取、转换，为数据高效应用提供支撑。

资源层。采用全万兆环网、超融合服务器等，实现数据传输、存储、计算等；利用防火墙、审计、终端管控等，构建网络安全体系，保障网络和数据安全。

平台层。通过部署流程引擎、语音引擎、开发平台以及智能算法、数学模型等，综合分析各类数据关联关系，实现数据资源融合分析、综合利用。

应用层。利用智能算法提高数据处理速度和准确性。通过能源管理系统以及一站式门户的深度融合，实现分析结果、预警信息精准推送。

（三）实施过程

（1）建立冗余机制，让数据采集更加稳定。对接厂（矿）综合自动化、电力监控或电能采集网关，通过 OPCUA 等工业协议对接，采集所需电能表、流量计表等能源数据。建立双机冗余心跳监测和备份机制，保障原始数据采集连续稳定，提高数据质量，打牢数据基础。

（2）运用智能算法，让数据处理更加高效。从各种来源（如数据库、API、文件、传感器等）收集所需的数据。优化算法，处理缺失值、异常值、重复数据等，确保数据的准确性和一致性。数据存储基于角色分工的安全保密管理，具备可伸缩性和并行性。

（3）融合多元化数据，让能源数据利用更加有效。通过在线采集、人工填报、抽取转换等方式对多元化数据进行收集。通过预设程序和算法对电能、汽油、柴油、天然气、热力等能源品种能耗数据和煤炭产品参数自动匹配，对比分析。打通企业系统间数据孤岛，快速准确地获取所需信息，提高工作效率。

（4）统一报表格式，让能源数据统计更加精准。将电、汽油、柴油、天然气、热力及煤炭产品参数，根据时间、单位多个维度，自动汇总生成相应的年、月、日用能数据统计报表和累计报表。支持一键下载，方便管理员进行数据整理和审阅。

（5）建立上报审核机制，让数据准确可靠可追溯。抽取、清洗、转换各类能源数据并初始化生成标准格式，经过厂矿分管领导、业务归口部门、集团多级审核，审核内容包括报表的准确性、完整性、合规性等。上报审核机制采用全流程节点审批提醒，以及流程状态图展示，并在各个节点加设附件上传功能，为后续审查和追溯提供依据。

（6）发掘节能空间，优化能源结构促进节能降碳。设定能源管理的对标目标，制定具体的改进计划。结合集团公司“15179”对标管理实施意见，在对标提升模块录入对标课题、内容、实施方案等，记录每个阶段课题改进效果、进展情况等“大事记”内容，总结固化节能降碳经验，促进节能降碳。同时建立知识共享，推动学习型企业建设。

（7）细化管控指标，数字赋能“双碳”，促进可持续发展。通过工艺图、数据列表、曲线图、饼图等实现能源实时工况监控组态画面、历史运行情况查询、超限预警和异常预警等功能，及时发现能源安全问题，监控监测用能设备运行状态。制定集团能耗双控指标，对“煤炭板块”年度原煤计划产量、年度综合能源消费量计划、年度单位产品能耗管控计划、当月和一至当月实际产量、月度续时单位产品能耗管控目标完成情况、月度续时综合能源消费量完成情况进行数据一键导入和统计，通过不同的标识对比实际和计划指标，为能源管理、分析、考核提供依据。

（8）运用智能分析，让数据释放更多未知潜能。运用企业级 web 报表工具，多角度、多维度对煤炭、化工、物流、电力、金融及其他板块核心能源消费指标可视化展示，通过数据钻取、联动和过滤操作，对集团和厂矿经营过程中各类能源品种消费情况进行展示和分析，及时调整经营决策。

（四）取得的成效

通过能源管理中心的建设，为企业加强能源日常监控管理、开展能源综合管理、能效对标、能源计量审查、节能降碳改造等提供支撑服务，提高企业能源信息化管理水平；推动企业ERP、生产、电力信息化等信息系统的集成与共享，提高企业信息数据的深化管理能力，给节能降碳管理及改造提供切实可行的数据，为企业绿色健康发展奠定基础。

二、项目创新性

（1）技术创新。数据驱动业务，充分利用工业互联网平台和ETL等技术，打破信息孤岛，实现设备、系统、业务之间的互联互通。采集、分析、清理、转换多元化能源数据，确保数据的全面性和准确性。利用BI和大数据分析技术，挖掘能源消耗和变化规律，为制定节能降碳措施提供依据。

（2）管理创新。建立能源流向图，通过图形化的表示方式展示能源在不同环节之间的流动和转化关系。打破终端局限，通过定时调度，实现能耗在线监测报表、决策分析报表、能源预警信息的精准推送，实现数据找人，及时掌握能源消耗、企业用能和碳排放情况。

（3）知识产权。淮北矿业能源管理中心系统由淮北矿业集团自主开发，拥有自主知识产权。项目中开发的软件系统和技术解决方案已申请多项软件著作权和专利保护。

三、项目可靠性

系统应采用模块化、分布式的架构设计，以提高可扩展性、容错能力和响应速度。边缘层、工业网、办公网之间部署网闸和防火墙设备，防止恶意攻击和非法访问。系统由淮北矿业集团自主研发和运行维护。通过定期检查、维护和修复升级，及时发现并解决问题，保持系统稳定性。

四、经济合理性

项目由淮北矿业集团自主开发，所有开发技术、模型均完全掌握。经核算，平台在集团公司、基层厂矿两级部署，投资约2000万元，有助于摸清企业能耗及碳排放现状，找准“节能降碳”发力点，为企业“节能降碳”管理措施、技改项目实施提供依据，对企业“能耗双控”的高质量完成及能效水平的持续提升具有重大意义。

五、存在问题和今后打算

（1）存在问题。老旧设备兼容性问题：一些老旧设备在通信接口和通信协议上不具备对接条件或无法完全与新系统兼容，影响了数据采集的完整性。

（2）今后打算。系统迭代升级：根据用户反馈和技术发展，持续对系统进行迭代升级。扩大应用范围：将系统应用到更多的业务场景和流程中，进一步提升节能降碳管理的覆盖面和深度。

淮北矿业集团涡北选煤厂空压机智能管控系统及余热利用改造实践

淮北矿业（集团）有限责任公司涡北选煤厂

淮北矿业（集团）有限责任公司涡北选煤厂坐落在安徽省亳州市涡阳县涡北工业园，占地面积约520亩，固定资产16.07亿元，是安徽省“861”重点项目。一期工程入选原煤600万t，于2012年底建成，2013年建成投产。为响应国家“双碳”政策、推动选煤厂智能化建设，提高能源利用效率，提升节能降碳水平，2022年12月25日至2023年6月21日，涡北选煤厂实施空压机智能管控系统及余热利用改造项目，实现空压机智能化管控，并对空压机余热进行有效回收利用，实现精准管理，降低能耗浪费，对涡北选煤厂的绿色低碳高质量发展有着非同寻常的意义。

一、项目实施方案

1. 项目内容

项目建设一套智能管控系统，对3台螺杆空压机进行智能化控制，对3台离心空压机运行状态及管路用气需求进行智能管控，实现实时监测、故障诊断、报表分析与展示，并可根据生产用气变化实现智能控制。项目结合空压机的运行状况，降低空压机房内温度，同时回收离心空压机冷却水热量及螺杆空压机油路的多余热量，用于员工生活洗浴用水加热，达到节省能源、节约成本的目的。

（1）智能管控方案。针对空压机房现状，建立节能管理系统，将空压机房管理软硬件整体升级，依托数据基础进行智能化控制和节能管理，对3台螺杆空压机做智能化控制，实现供需动态匹配，实现节能降耗，对低压的3台离心空压机及主管网加装流量计、压力变送器，实时监测分析设备运行情况及管网用气波动，实现设备智能运维。

（2）余热利用方案。主要包括空压机内部改造、空压机房内热回收机组换热，水泵、循环管道的设计安装，整个工程的智能化控制等。非供暖季节，当余热利用水箱温升达到设定值无用水时，余热利用系统自动退出运行，原设备冷却系统启动。当余热利用水箱温度低于设定温度值时，余热利用系统自动启动。

2. 技术指标

（1）对3台螺杆空压机进行智能化控制，对3台离心空压机运行状态及管路用气需求进行智能管控。

（2）实时监测、故障诊断、报表分析与展示，降低空压机房内温度。

（3）回收空压机运行时产生的热量的75%。

（4）进出水温度监测。

（5）出水温度精确控制。

（6）油路加装三通阀，保护油温不会过高，确保空压机正常运转。

（7）PLC远程监控和异常报警。

（8）进出油温度、压力PLC远程监测和异常报警。

（9）节能信息报表生成。

3. 实施过程

涡北选煤厂新建空压机智能管控系统及余热利用改造项目预计总投资338万元（含税），于2022年10月立项，11月1日在安徽省淮北市相山区经信局备案，11月8日挂网招标，12月1日与中标方签订施工合同，12月25日项目正式开工，2023年6月21日通过竣工验收。该项目建成实际花费金额309.886万元。

4. 取得成效

（1）确保整个空压系统处于最优的运行工况。智能管控通过单点压力窄带恒压控制，解决多台设备层叠式压力带导致的系统压力过高带来的能耗浪费，同时可通过压力、流量等多参数及丰富的设备优先级拘束机制对设备进行调度控制，确保整个空压系统处于最优的运行工况。

（2）提高螺杆空压机运行效率。通过空压机的智能控制，解决空压机油温过高导致的设备跳电问题，保障生产系统运行可靠、稳定，满足生产用风需求，降低事故台时0.05小时/万t原煤，提高空压机运行效率10%，减少设备维护成本5万元/年。

（3）实现了节能降耗。结合空压机的运行状况，回收离心空压机冷却水热量及螺杆空压机油路的多余热量，用于生活用水加热，节省能源。冬季，富余的热量可以用来提前加热采暖系统进水，减少电蓄热锅炉的负荷。

（4）满足环保及节能降碳要求。项目既降低单位产品能源消耗，又减少二氧化碳气体的排放，每年可节约能源折标准煤267.05 t，二氧化碳减排694 t，有着良好的经济、环境和社会效益。

二、项目创新性

（1）空压机智能管控系统可以根据生产需求自动完成压缩空气供需匹配，具备实时的自主分析、判断、应变和调整的能力，提高生产稳定性，提升人员效率，诊断压风系统健康状态，并将空压机余热能量进行回收，用于员工洗浴用水加热，实现精准管理、降低能耗。

（2）通过智能化改造，实现空压机房智能管控，做到现场无人值守，仅安排运维人员4人，管理人员1人，减少人力资源成本。

（3）项目所有涉及的软件成果版权归涡北选煤厂所有，并能够在使用设备上进行软件及程序修改，软件运行可靠稳定，易升级易维护。

三、项目可靠性

（1）项目自建成至今，系统运行正常，未出现因空压机油温过高导致的系统停车，实现降台时、稳生产的目的。

（2）系统运行期间，职工浴室供水稳定性大幅提升，电蓄热锅炉冬季实际运行时间折算后可减少至30天以内，大幅减少电力消耗，达到预期节能目标。

（3）项目改造后，各系统能够根据生产需求，保障供风管道内压力恒定，并能够实时监测漏风点，确保生产可靠性。

四、经济合理性

涡北选煤厂空压机智能管控系统及余热利用改造项目实际总投资309.886万元，年度运行维护成本为23.25万元，年度节约电费128.1万元，减去运维成本后年度节约电费为104.85万元，只需要2.95年即可收回投资。

根据计算可得，每年节省用电费用约104.85万元。用水量方面，每天可以产生50℃热水325.8 t，按每天200 L/人计算，完全满足涡北选煤厂员工（400人）洗浴用水需求。

同时，空压机智能管控系统及余热利用改造项目的实施符合国家产业政策，实现了空压机房智能管控，有利于安全生产，有利于改善区域环境质量，满足了环保及节能降碳要求，做到了现场无人值守，每年可节约267.05 t标准煤（能源折算得出），二氧化碳减排694 t，有着良好的经济、环境和社会效益。

五、存在问题和今后打算

1. 存在问题

（1）项目在浴室自动控制系统方面未实现供水部分的控制闭锁，需完善洗浴供水部分与余热利用改造程序闭锁关系。同时，系统存在一定延时，需利用5G专网进行通信。

（2）当空压机连续运行时间较长时，系统回收的热量较多，富余利用不完的热量，可考虑冬季用于厂房供暖和夏季供冷。

2. 下一步打算

（1）坚持管好、用好空压机智能管控系统及余热利用系统，实现节能降碳；持续优化空压机余热利用控制逻辑，确保余热充分利用；利用厂内建成的5G专网，提高通信稳定性。

（2）在全厂范围内开展大讨论，深挖内潜，探索更多节能项目的可行性，促进企业绿色低碳高质量发展。

盾构大角度小半径连续拐弯施工工艺

淮北矿业（集团）有限责任公司

为加快孙疃煤矿Ⅱ3采区开拓进度，进一步提高盾构机连续化施工效率，充分发挥盾构“国之利器”作用，经充分论证，决定在Ⅱ3采区轨道上山施工结束后，盾构机拐弯施工Ⅱ3采区轨回联巷，对迎Ⅱ3采区回风上山至贯通。通过解放思想、合力攻坚，探索总结了一整套复杂地质条件下盾构施工及“盾构大角度小半径拐弯施工工艺”创新成果。

一、项目实施方案

1. 聚力“三个保障”，强保障、提效能

始终坚持以“三个精准打造两个精品”（精准地质、精准设计、精准搬迁，设计精品、安全技术经济一体化精品），落实“技术保障得力、设计源头前瞻”要求，聚焦地质、技术、组织“三个保障”，系统处理施工期间地质探查、巷道设计、灾害治理、施工保障等工作的“时空关系”，确保盾构机大角度拐弯施工实现安全、精准、高效施工。

一是聚力地质保障。强化精准探查。采取“地面地质补勘 + 地面定向钻 + 井下钻探及测量控制”措施，精准探查、验证巷道施工层位周围煤层赋存情况。严把层位控制。拐弯施工前，巷道需要穿过 DF114 断层，存在揭煤风险。利用超前地质探查和地面定向钻探查等措施，精准控制 DF114 断层的位置及落差，提前调整施工坡度，精准控制层位，避免揭穿煤层。

二是聚力技术保障。强化精准设计。Ⅱ3 采区轨道上山较原设计提前 80 m 施工到位后，盾构拐弯施工Ⅱ3 采区轨回联巷（设计工程量 302 m，曲率半径 90 m，转弯角度 192°），平巷施工至盾构拐弯调向结束，再按方位角 307°、半径 500 m 竖曲线变 18°上山对迎施工Ⅱ3 采区回风上山至贯通。严把过程管控。施工过程中，每天校核坡度和方位，验证与设计偏差情况，发现误差及时调整，确保按设计精准施工。

三是聚力组织保障。统筹协调一盘棋整体推进，定期看现场，研措施，定方案，组织召开盾构专题会，及时协调解决存在问题；加强日常调度，出现问题第一时间解决。制定市场化激励政策，每日考核辅助、后勤单位工作任务，确保皮带系统顺畅，车皮供应满足需求，物料供应及时到位；同时安装一台新单轨吊，保障人员上下班接送。

2. 攻坚再深入，紧扣“三大瓶颈”破新题

运用 EQC5260 型盾构机进行大角度拐弯施工，准确把握拐弯精度、精准调控盾构机姿态、保持拐弯皮带畅通无阻是核心关键。实施一系列技术攻关和装备本土化改造，让“国之重器”为我所用。

一是推进“五项改造”。改造盾构机滚刀。自拐点前 5 m 时更换大直径滚刀，改造后扩大截割断面尺寸，有利于刀盘调整角度。改造拖拉油缸。将左右两侧拖拉油缸与前后拖车连接位置由下部连接点调整到上部连接点，杜绝拐弯期间拖拉油缸刮蹭二运的风险。改造铰接梁。拆除原铰接梁位置连接梁，安装新连接梁，拆除铰接梁处左右大限位、小限位阀块，调整铰接梁角度（减少 6°），重新安装左侧大限位阀块，利于盾构机拐弯。推进盾构机“瘦身”。拆除盾构机 4 节物料拖车，盾构机整体长度缩减 20 m，利于盾构调整姿态和减少拐弯皮带机运行阻力。改造二运及拐弯皮带。将二运机尾段托架右侧水平连接销轴抽出，扩大右侧连接处间隙，使用销轴固定，同时在二运各连接处加设垫块，使二运皮带保证一定弧度，满足巷道拐弯需求。二运及拐弯皮带机尾段每个连接点前后处安装压轮、抗轮，保证盾构机二运、三运皮带机能够变向运输。

二是落实“三项举措”。精准调整盾构机姿态。拐弯初期发现盾构机进入弯巷内姿态存在偏差，果断采取刷帮、平移刀盘方式进行校正。每两天由测量人员现场复测，及时上图校核方位和偏差，精准控制拐弯施工中线。提升右侧撑靴支撑效果。针对右撑靴垫道木易滑落、消耗量大、换步时间长问题，采取工字钢配合螺栓及道木方式，保证右撑靴支撑效果，减少换步时长。科学制定换步距离。通过现场实践，确定拐弯施工期间换步距离为 500 mm，既利于盾构机姿态调整，又能满足生产需要和减少刷帮工作量。

三是加强“两个管控”。强化拐弯皮带状态管控。改造部分皮带架及调正皮带机支架

姿态，人为抬高里侧，施工H架固定地锚，增加压轮、抗轮，调整皮带拖车等措施保证皮带机运行通畅。强化二运皮带状态管控。针对拐弯皮带机阻力大，二运皮带易跑偏问题，前期甩掉3节物料拖车，后期甩掉最后一节物料拖车，人工调整二运皮带机方向，减少皮带阻力。

二、项目实施效果

“盾构大角度小半径连续拐弯施工”新工艺，是淮北矿业盾构施工工艺的又一次创新突破，生动诠释了“解放思想、敢闯敢试、开拓创新、勇争一流”的盾构精神。新工艺实现生产高效化，采区主体巷道通过拐弯过渡，做到盾构连续施工，避免了盾构转场安拆准备，施工效率大幅提升，孙疃Ⅱ3主进主回贯通预计提前4个月以上；新工艺实现后运连续化，大角度拐弯皮带机成功研发应用，盾构做到连续化排矸，运输系统简便可靠；新工艺实现技术精细化，为实现盾构192°大角度拐弯成功，地质、设计、生产、装备、管理等多专业联动，多措并举，强化保障，精细管理，形成了一套技术和管理体系。

新工艺的成功应用，为下一步盾构高效拐弯施工提供了有效技术支持，为破解盾构高效施工难题开辟了思想解放先河，为盾构高质量发展提供了坚实的行动支撑。再次说明只要咬定目标、不畏艰难、勇于创新，就没有破解不了的难题，“大国重器”就一定能成为“井下利器”。

“盾构大角度小半径连续拐弯施工”新工艺在孙疃煤矿成功应用后，推广至许疃煤矿82下深部辅助回风巷，再次成功实现大角度小半径连续拐弯施工，证明工艺的安全可靠。盾构连续拐弯，避免设备安拆各1次，效率大幅度提高，工作面能够早投产早见效益，应用前景广阔。

三、存在问题及下一步打算

但随着盾构应用范围不断扩大，盾构施工仍将面临断层多、地压大、围岩差、大坡度、灾害重等诸多难题，当前盾构过断层进度较慢、装备故障影响较多、系统保障不足、技能人才有缺口、施工组织不严密等问题都不同程度制约盾构效率提升。对此，我们要坚持问题导向，从地质、设计、系统、装备、人才、政策等方面进一步强化保障。

强化地质保障。坚持地质先行，探清查明工程范围内地质构造、瓦斯、水、岩性等情况，为盾构施工层位选择提供依据。强化设计保障。采区巷道设计要充分考虑盾构施工需要，合理选择巷道层位，落实“平直简”设计要求，巷道断面、支护和后运系统，都要优先按保障盾构施工设计，具备盾构拐弯条件的按盾构拐弯施工设计。强化系统保障。盾构施工巷道通风、供电、排矸、供料、排水、除尘等系统配置能力，必须与盾构能力相匹配。强化装备保障。提高盾构开机率，通过落实盾构标配建设，保障盾构机、远程喷浆机、后运皮带机、单轨吊等装备配套能力。强化人才保障。要按盾构工艺要求，合理配置队伍岗位工种人员。强化管技、操作、检修、安拆等人员的培养培训，提高盾构施工管理水平和操检技能水平，满足盾构快速发展的需要。

智能矿山单轨吊自动驾驶及物流管控系统研究与应用

淮北矿业股份有限公司 合肥工大高科信息技术股份有限公司

近年来，随着煤矿智能化建设不断推进，新一代信息技术在传统煤炭开采中得到充分应用，涌现出智能化采掘、机器人、大数据应用等一批智能化建设典型案例，有力推动煤炭行业安全高效发展。目前，柴油机单轨吊是淮北矿区井下辅助运输系统重要组成部分，主要负责井下生产物料、作业人员接送，为提高辅助运输智能化水平，提升系统工作效率，2022 年至 2023 年，淮北矿业集团联合合肥工大高科信息科技股份有限公司开展井下单轨吊无人驾驶系统研究与应用，同时开发部署井下智慧物流管控系统，目前该系统已在淮北矿业股份有限公司袁店一井煤矿井下成功应用，其中智慧物流管控系统已在集团公司下属 15 对矿井应用，各项功能运行稳定，能够为煤矿辅助运输系统智能化建设提供可借鉴经验，具有一定示范引领作用。

一、项目实施方案

1. 项目内容

近年来，淮北矿业集团持续加大辅助运输工艺改革和装备升级力度，全面推进矿井辅助运输柴油机单轨吊网络化、连续化运行，先后投入防爆柴油机单轨吊 240 余台，推动井下生产物料、作业人员运输向着一站式、高效率方向转变。

该案例针对单轨吊运输过程中存在的机车运行人工干预较多、缺少自主避障功能以及物料配送线下审批、车辆管控效率不高等问题，利用 AI 视频识别、精确定位、雷达测距等技术，开展单轨吊无人驾驶以及井下智慧物流系统研究攻关，着力提升矿井辅助运输系统智能化水平。一是研发多模态感知与边缘计算智能终端，精准识别障碍物信息；二是研发单轨吊自动控制和防护系统，实现点到点自动运输，保障行人、车辆和物资安全；三是采用基于机器学习的数据挖掘技术，研发设备故障与退化特征规律数据挖掘软件，实现设备故障诊断和健康分析；四是开发应用井下智慧物流系统，实现物流配送线上审批、物流送达信息提醒以及交接环节在线确认等功能。案例成功应用可减少井下作业人员，保障机车安全运行，提升运输效率，同时实现 AI 视频识别模块的核心芯片模组国产化。

2. 技术指标

（1）定位精度≤0. 3 m。

（2）矿井目标检测精度高于93% 。

（3）最大协同装备数量 5 台，系统在某个时间段可以允许的最大协同工作的装备。

（4）协同响应时间不大于 1 s。

3. 实施过程

第一阶段：确定技术研发团队人员的组织结构和项目管理方法，对系统总体需求进行细化，并对方案进行论证，制定研制总体技术方与实施方案；

第二阶段：关键技术研究、开发相关实验设备并试制，样机研制；

第三阶段：选定袁店一井煤矿作为现场应用示范点，进行系统功能测试、验证，实现 2 台柴油单轨吊机车的无人驾驶功能。

第四阶段：通过验收，取得验收报告，系统运行稳定、安全可靠。

4. 取得成效

（1）该案例通过将煤矿机电、故障安全、通信、计算机应用等多学科交叉融合，成功开发出单轨吊无人驾驶及智慧物流管控系统，推进了煤炭开采与人工智能、工业互联网等新一代信息技术深度融合，切实践行煤矿井下“少人则安、无人则安”理念，有效改善职工作业环境，降低职工劳动量。同时，系统成功应用为煤矿辅助运输系统智能化建设提供可借鉴经验，具有一定示范引领作用。

（2）该案例研究成果实现了井下单轨吊机车位置信息、运行状态在线监测以及机车远程集中操控、无人驾驶，有效提升煤矿辅助运输系统智能化水平，改善职工作业环境、降低职工劳动强度，为矿井“安全高效生产”“降本增效”发挥积极作用。

（3）该案例开发智慧物流管控系统，实现井下物流配送全流程数字化管理，促进了煤炭行业数智化转型升级，为煤矿绿色低碳转型和高质量发展提供技术与装备支撑，助力煤矿打造“一流智能化示范建设矿井”，提升煤矿创新能力和企业形象，改善职工作业环境，增强职工幸福感和获得感，不断推动煤矿向着安全、高效、经济、绿色与可持续发展方向迈进。

二、项目创新性

（1）研发基于深度学习的车载自动驾驶 AI 控制技术。构建基于在线视频、多线激光雷达等多重数据融合的深度学习模型，研发单轨吊机车自动控制及自主避障系统，解决煤矿低照度环境下人员/障碍物的目标实时检测与防碰撞预警、自身姿态与编组完整性监测以及风门自动联控等问题，实现对运行环境的全方位立体化自主感知、自主避障以及单轨吊机车远控、遥控和点到点自动运输。

（2）基于无线通信的单轨吊机车精确连续定位技术。在矿井巷道电磁环境复杂、多径效应强、横纵比低等工况条件下，实现了基于具有高时间辨识特性脉冲无线技术的单轨吊机车高精度定位，具备纳秒级电磁波传输时钟分辨功能，支撑低窄、狭长井巷环境中单轨吊动态实时亚米级位置分析与捕获，切实提升单轨吊机车定位精度，解决“找车难”问题，为机车协同控制提供支撑。

（3）面向多连接的车载软件、硬件平台设计。采用主流安全架构，研发车载硬件平台，采用串联式开路安全型接口以及多种类型输入输出接口，均符合煤矿本安型设备设计要求，研究攻关数据传输底层协议，打通机车数据传输通道，实现车辆运行状态实时在线监测；嵌入式软件基于矿山地理信息数据及防御性策略，实现移动授权的自动驾驶防护功能。

（4）开发应用井下智慧物流系统。在单轨吊网络化运输基础上，利用精准定位、物联网等技术，开发应用井下智慧物流系统，实现物料运送全流程线上管理、车辆位置实时定位以及关键环节信息推送等功能，推动煤矿物料配送由传统人工登记管理向数字化精细管理转变，有效提升井下物资配送以及运输车辆周转效率，减少运输车辆统计、地面寻车、井下跟料等岗位用工，同时为材料使用分析提供数据支撑。

该案例产品具有自动感知、自动控制和防碰撞等特点，实现井下单轨吊机车遥控、远程集中控制以及点对点自动运输，有效提升煤矿生产运输效率、智能化水平，保证井下生产运输安全，具有重要意义。

该案例相关成果共取得16项知识产权，其中发明专利11项，实用新型专利3项，软件著作权2项。

三、项目可靠性

项目产品充分考虑了安全防护及可靠的路况分析等功能，在运行过程中无安全风险，其中，单轨吊无人驾驶系统已在淮北矿业股份有限公司袁店一井煤矿应用，智慧物流管控系统已在集团公司下属15对矿井部署应用，各项功能均稳定运行。

四、经济合理性

单轨吊无人驾驶系统单台机车投入成本约100万元，每年运行维护成本约10万元，其主要效益如下：

该案例成果具备自动识别路径、自动扳道岔、自动打开风门、自主避障、精确定位、无线通信、智能驾驶、数据监测、综合调度等功能，实现运输载具位置信息、运行状态、无人驾驶以及故障监测，该研究成果投入运行后，矿井根据运输任务、机车位置、机车工况等因素，合理安排机车的运输、检修工作。同时，提高了物料运输作业效率和信息精确度，有效提升辅助运输系统机车调度效率和转运效率。

该案例研究应用践行煤矿井下“少人则安、无人则安”理念，研究应用能够减少单轨吊司机岗位用工，保障机车运行安全，降低机车维修工作量，增强职工幸福感和获得感。

五、存在问题和今后打算

该案例已在袁店一井煤矿形成示范应用，实现了煤矿单轨吊机车遥控、远程集中控制以及点对点自动运输，有效推动矿井智能化、少人化、无人化进程，保证矿山安全生产、自主可控，经济效益和社会效益显著。下一步，淮北矿业集团将紧紧围绕“减人、增安、提效”目标，坚定不移推动煤矿智能化建设，持续加大新技术、新装备研发应用力度，为煤炭行业安全高效发展贡献力量。

创新引领 智慧升级 杨柳煤矿视频AI分析系统及视频管理创新应用

淮北矿业股份有限公司杨柳煤矿

煤矿工作因地形复杂，灾害事故后果严重，需从技术和管理上加强防范。杨柳煤矿已安装大量摄像头，但采用传统“人盯人”方式，视频监控与人员管理脱节，员工可能因此忽视监管工作，影响视频监控效果，为充分发挥视频监管作用，杨柳煤矿自2023年10

月至2024年4月联合精英数智科技股份有限公司通过自动去除干扰因素、增强画面细节等技术手段，研究开发了AI视频智能分析系统，实现对全矿井的智能化监控，减少误判和漏判的发生，同时，结合视频管理改革创新，有效提升安全隐患的发现和处理能力。

一、项目实施方案

（1）开发AI智能分析，安全管理助推器。人工24小时监视视频画面难免会有所疏漏。为避免这一问题，杨柳煤矿提出将AI智能识别技术应用至视频监视系统，利用摄像头采集到的原始视频，采用基于深度学习的视频行为识别技术，通过计算机视觉分析视频的方法获取描述行为的特征信息，实现井下环境、设备、人员状态实时自动行为识别和行为预警。为了进一步提高视频监管的效率和准确性，系统还具备触发报警后自动通知相关监察人员的功能，可及时制止安全生产事故的发生，保障矿井安全生产。

（2）强化视频监视管理，安全督查新生态。视频分析技术虽能提高效率和精准度，但在缺乏有效管理和策略指导的情况下，技术潜力难以充分发挥。为了确保视频分析技术的有效应用，矿井还对各级管理人员分级下达了视频反“三违”指标，要求管技人员每日通过视频监控对矿井各工作区域进行在线督查，并对督查时长实行打卡制度，确保各级管理人员能够切实履行安全监管。同时，通过三违数据学习，不断提升视频分析可靠性和及时性。

（3）推进视频系统升级，安全管理显成效。通过AI视频分析技术的应用可以充分提高督查人员对违章行为的识别效率，实现全煤流管控区域视频检测，违规行为智能报警闭锁，杜绝多类安全事故发生，达到智能实时管控。通过制度的创新形成了持续跟踪和整改的机制，确保了矿井事故隐患得到及时发现和解决，规范了员工的行为，使职工不敢三违、不能三违、不愿三违，提高矿井的整体安全水平。通过上述一系列创新，有效增强视频监视震慑作用，增强矿井安全生产保障能力，同时可以增加监管的透明度，让公众看到煤矿企业对于安全生产的重视和努力，增强社会对煤矿行业的信任。截至2024年7月20日，矿井已实现安全生产4901天。

二、项目创新性

（1）AI识别技术创新。杨柳煤矿AI视频分析系统业务逻辑识别采用实例分割、语义分割等深度算法模型，而且是连续组合判断，单一个场景识别模型由多层次多模型构成。系统具备识别质量自监测，主动发现场景环境变化、识别率下降、置信度漂移，形成系统内部报警，模型置信度漂移自动优化功能，实现识别模型自优化。针对识别率下降问题，在业内首创基于目标跟踪的自动标注功能，大幅提升了标注效率和标注质量；针对场景环境变化，通过图像修复技术恢复异常数据，提高了数据复用能力，无须专门采集数据标注。目前，已有158个场景500余模型，增量学习样本小于500张。

（2）创新五级筛查管理。杨柳煤矿制定了《杨柳煤矿可视化监视系统五级筛查制度》，明确要求各级管理人员在值班期间全程查看重点工作区域的视频监控，确保对矿井安全的实时监控。职能科室还须每日对分管单位重点工程的安全技术措施落实情况进行视频督查，确保安全措施得到有效执行。安监处则负责每周组织专业人员对矿井本周内重点工程进行全过程督查。这一举措不仅提高了督查的效率和准确性，还使得安全监控工作更加全面和细致。同时，各专业分管领导也须每周定期对分管单位施工期间的视频进行督查，确保各级领导都对矿井安全保持高度关注。

三、项目可靠性

杨柳煤矿 AI 视频智能分析系统在建设初期进行了安全经济技术一体化论证，系统能够实时处理大量视频数据，确保系统运行的流畅和稳定。系统具备容错与恢复机制，能够在遇到硬件故障、网络中断等异常情况时自动切换到备用设备或恢复数据，确保系统的高可用性。系统具备实时监控与预警功能，能够及时发现潜在问题并进行预警，以便运维人员及时处理，避免系统崩溃或数据丢失。在安全管理方面，通过管理制度的创新以及智能分析系统建设能够有效提高违章行为的识别效率，实现生产区域视频检测，违规行为智能报警闭锁，达到智能实时管控，解决煤矿本安生产和机器视频分析相关技术应用共融性问题。

四、经济合理性

杨柳煤矿 AI 视频分析系统共投资 160 万元，每年运维成本约为 2 万元。AI 视频分析系统的建设可以及时发现设备异常，通过远程自动控制、不安全行为智能报警联动，实现部分固定岗位无人值守，节能降本增效。同时该案例创新实践，能够有效地遏制煤矿井下安全事故的发生以及对人员造成的伤害，提高作业效率与智能化水平，为科学指挥生产提供了科学依据。同时促进了矿井员工技术、业务素质的全面提升，符合智能矿山的宗旨，为杨柳矿智能化建设夯实了基础，能够为矿井的智能化建设提供借鉴经验。

五、存在问题及下一步打算

1. 存在问题

（1）算法精准度不足。AI 视频分析系统的整体性能和效率，在很大程度上取决于算法的精准度。然而，由于训练数据的数量有限，数据质量也常常不尽如人意，这些问题都可能导致算法的精准度无法达到预期，影响到系统的业务表现和执行效率。

（2）煤矿现场的环境复杂多变，摄像头采集到的图像可能受到光照变化、目标遮挡等多种因素的影响，增加了算法设计的难度，可能导致系统出现误报或漏报的情况。

（3）数据孤岛现象严重。数据孤岛现象严重限制了系统的发展。不同煤矿企业可能采用不同的视频平台和设备，导致数据共享的不足，形成了数据孤岛，严重影响了系统整体性能的提升和优化。

2. 下一步打算

杨柳煤矿下一步将持续推进 AI 视频智能分析系统优化完善，着力提升识别精准性和及时性。一是提升算法的精准度，可以通过增加训练数据量、提高数据质量、优化算法模型等方式，提升 AI 视频分析系统的算法精准度，从而减少误报和漏报的情况；二是研究并应用能够适应复杂环境的算法。针对杨柳煤矿现场环境的复杂性，研究更加精细和适应性强的算法，以应对光照变化、目标遮挡等挑战，保证系统在各种环境下都能稳定运行；三是拓展应用场景，除了基本的异常检测和预警功能，还可以探索更多的应用场景，如人员行为分析、设备状态监测等，为煤矿的安全生产和效率提升提供更全面的支持。

科技赋能 创新引领 智能化供电系统研究与应用

淮北矿业股份有限公司杨柳煤矿

伴随着矿井智能化的不断推进发展，智能化供电系统技术、设备、管理理念等在不断地更新、进步。新型智能化无人值守变电站的建设，践行“能用设备不用人、多用设备少用人”的发展理念，工作成效明显，为智能化矿井建设奠定了坚实的基础。该项目整体于2021年12月全面建成投入使用，涵盖井上下电力监控系统、智能机器人巡检系统、温度监测系统及火灾预警系统、视频监控及视频联动等模块，实现了对地面变电所、井下中央变电所、采区变电所、主要配电点等供电系统的数据采集、运行状态监视、远程集中控制，具备电子挂牌、火灾预警、故障录波、防越级跳闸、大面积掉电一键复电、远方漏电试验等功能，可实现局扇状态自动监测，具备远程自动切换及一键送电功能；通过开关保护与状态监视一体化装置，实时采集开关电气量、触头温度、开关量，对触头状态等进行监视和保护，实现保护与运维有机结合；首创远点漏电试验的无人化，首创煤矿供电智能防误操作系统，该系统有效解决操作票无校验、办票效率低、误操作等问题，真正避免了电气设备误操作现象的发生。

一、项目实施方案

（1）电力监控系统软件优化及应用。矿井供电系统由地面变电所、井下各变电所和配电点组成，均接入智能电力监控系统实现对数据采集、运行状态监视、远程集中控制，火灾预警、故障录波、防越级跳闸、大面积掉电一键复电、故障智能分析、局扇的远程切换等功能，提高供电效率、保障供电安全。

（2）新型科研技术的开发及应用。为切实提升矿井智能化供电水平，杨柳煤矿专注新型科研技术，加强自主研发，取得“煤矿供配电系统中短路故障的防越级跳闸保护系统”“煤矿智能供电监控系统馈电开关选择性漏电保护电路”等8项电力专利，为智能化供电系统提供了坚实保障。

（3）机器人技术开发及应用。巡检机器人是建成智能化供电系统的一项组成部分。机器人通过对现场环境及电气开关等设备运行状态进行超前预判、预警，并给出故障原因以及故障位置，是实现煤矿自动化生产和无人值守的基础。

二、项目创新性

（1）电力监控系统。智能供电监控系统基于在线数据，系统实时拓扑、自动生成测试方案，采用在线演习方式，对煤矿供电系统的防越级跳闸系统、过流、接地、过负荷保护、自动化功能定期进行自动测试，能够及时发现自动化功能、各种保护功能的异常状态，确保真正故障时的准确动作；基于IEEE 1588对时、自适应不平衡门槛等技术，实现供电系统电压、电流模拟量回路在线监视诊断，及时发现接线错误，给出诊断结果，实现电气模拟量相关回路的事故预警、状态检修；该系统对操作界面、安装方式、接线端子以及终端保护功能、通信模式、通信规约等进行了标准化设计，实现了保护终端的互换性。同时，系统实时采集矿用隔爆开关的电气量、触头温度、开关量，对矿用隔爆开关的电寿命、机械特性（分闸时间）、触头状态等一次系统状态进行监视和保护，实现矿用隔爆开关的事故预警、状态检修，有效提高供电效率，保障供电安全。

（2）首创煤矿井下远方漏电跳闸试验系统。杨柳煤矿通过研发矿用漏电试验装置和相关软件操作系统，建成煤矿井下远方漏电跳闸试验系统，为国内外同行研发首创新型专利，弥补了国内外供电系统无法对线路末端进行漏电试验、检测的技术空白。试验装置安装在馈电开关线路最末端，可根据供电网络电压等级选择试验电阻，进行远点漏电试验，馈电开关漏电保护动作跳闸后可在远方进行复位、送电。杨柳煤矿将煤矿供电智能监控系统和远方人工漏电跳闸试验设备结合起来，实现对馈电开关、磁力启动器的负荷侧末端、进行模拟漏电保护和漏电闭锁试验，检验电气设备漏电保护装置动作可靠性，实时对井下低压漏电保护动作情况和接地情况进行监视和预警，提供预检修依据，有效防止煤矿供电系统因接地故障、保护失灵引起的人员伤亡、停电事故，为安全供电提供保障。

（3）首创煤矿供电智能防误操作系统。杨柳煤矿在煤炭行业首家研究并应用煤矿供电智能防误操作系统，填补了井下供电防误操作技术空白。具备自动网上制作工作申请单，网上审批，自动生成操作票、工作票，无须人工输入，减少制票员的工作负荷，实现无纸化办公；现场五防操作采用单步操作，系统实时对操作过程严格监控，形成煤矿电力系统操作智能化、立体化智能监护，有效解决办票效率低、需审批人工办理、检修设备误送电及因倒闸操作违规、违章行为引起误操作等问题，从根本上杜绝工作人员误动作等非法操作，确保人身安全，保证供电的安全和可靠，提升煤矿电气作业安全与智能化水平。

（4）机器人自动巡检系统。机器人定时、定点、高质量完成现场声音、图像、温度、甲烷浓度监测与分析，运用智能识别技术、智能感知技术、大数据分析及自学习算法预警技术，能够准确分析、判断设备当前运行状态，并对煤矿环境及设备运行状态进行超前预判、预警，提醒检修人员提前处理，减少生产影响，保障生产稳定。

三、项目可靠性

杨柳煤矿智能化供电系统各项目均在建设初期进行了安全经济技术一体化论证，智能化供电系统自建成以来，各项功能运行稳定，具备实时监控与预警功能，能够及时发现问题并进行报警，有效保障了矿井的安全生产，未出现矿井供电事故。

四、经济合理性

杨柳煤矿智能化供电系统共投资150万元，每年运维成本约5万元。通过智能化供电系统，井上下各变电所依托自动化数据采集和分析技术，实现故障分析、智能报警，远程操控。通过视频全覆盖，实现了对人员越线、违禁闯入等行为识别并实时报警，与应急广播融合联动，代替传统人工对变电所进行24 h的实时监测，真正实现无人值守，有效减少岗位用工，“能用设备不用人、多用设备少用人”工作成效明显，为智能化矿井建设奠定了坚实的基础。

五、存在问题及下一步打算

1. 存在问题

（1）煤矿智能化供电系统在故障诊断、风险评估等方面的算法设计和模型开发仍不够成熟，效果有待提高，需进一步攻关。

（2）人才培养仍需加强，煤矿智能化供电系统建设涉及新技术、新设备、新工艺的应用，而煤矿现有员工的知识水平、专业技能能力不能满足设备的运维、检修等需求。

2. 下一步打算

杨柳煤矿下一步将持续优化完善智能化供电系统，加强系统应用。一是通过充分发挥大师平台作用，建立以工匠、大师等为首的团队，以厂家、自主培训为抓手，学业务、提技能，打造一支业务精良、技术精湛、素质过硬的专业化团队，为智能化供电建设提供强有力的人才保障和智力支持；二是针对杨柳煤矿现场环境的复杂性，选用抗干扰性能更强、传输数据更可靠的技术，确保供电系统的可靠性、安全性；三是进一步推进电力监测与安全监控、环境监测等系统融合，研究建立智能联动分析模型，进一步提升煤矿供电系统的智能化管理水平，保障矿井安全生产。

淮北矿业覆岩离层注浆充填开采

淮北矿业（集团）有限责任公司

2009 年，淮北矿业与中国矿业大学、中勘资源勘探科技股份有限公司采用“产学研”结合的方式，自主创新、联合研发了覆岩离层注浆充填开采技术（简称“注浆充填”），这一技术先后在淮北矿业 9 对矿井 37 个工作面得到了成功应用。

一、项目实施方案

（一）技术指标

1. 注浆充填参数

（1）注浆层位选择。注浆层位应选择在关键层下方的岩层中；注浆层位下限应满足防治水的有关规定；注浆层位上限应满足注入的高压浆液不窜入松散层的要求；在多煤层条件下，还应避免高压浆液窜入未开采煤层。

（2）注浆钻孔布置。注浆钻孔一般采用“双孔错层”布置方式。

（3）注浆钻孔结构。钻孔结构应采用 2 段或 3 段成孔。

（4）注浆材料选择。注浆材料优选新鲜的干粉煤灰。

（5）注浆压力控制。正常注浆阶段，注浆压力应不小于注浆层位的地层自然压力。

（6）注采匹配控制。回采工作面推进速度应与注浆量相匹配。

（7）注浆终止判据。终止注浆以注入压实粉煤灰体积、注浆终压、单孔日注灰量综合判断。

2. 沉降控制目标

建（构）物破受损制在Ⅰ级破坏之内，减沉率不大于90%。

（二）实施过程

1. 技术原理

找出控制地表沉陷的关键层，基于关键层不破断设计合理的注浆充填开采参数。在关键层破断前，通过地面钻孔向其下方封闭的离层腔体高压注浆充填，产生“压下托上”作用，将关键层下方碎胀岩体压实形成支撑体，阻止关键层破断，控制地表沉陷，从而减小地表下沉，实现保护地面建筑物、水体的目的。

2. 工程方法

建立相应的工程系统，开展工程监测，实施项目管控，进行效果评价，主要工作包括：前期调查分析、选择注浆充填物料、设计与施工地面注浆充填钻孔、建立地面注浆充填和监测系统、跟踪测量与注浆充填参数控制、采后建筑物的保护效果评价等。

3. 研发过程

注浆充填技术的理论研究经历了理论研究、初期摸索、完善推广和提高再创新四个阶段。在技术思路的提出及实验与理论研究后，于2009年成功开展了刘店煤矿注浆充填不迁村采煤试验，并陆续在海孜煤矿、祁南煤矿、袁店二井煤矿等矿进行了成功试验。随着不断出现的建（构）筑物压覆资源、迁村困难与井下开采间的矛盾，注浆充填不搬迁技术在桃园煤矿、杨庄煤矿、临涣煤矿、神源煤化工、杨柳煤矿等矿得到推广应用。

4. 管理管控

建立起了注浆充填技术的理论体系和工程方法，掌握了注浆充填开采的技术关键和控制要领，建立了一整套技术管理、工程管理、成本核算与经济评价制度，并制定了专门的管理办法。

（三）取得的成效

淮北矿业注浆充填的9对矿井37个工作面，涉及32个村庄、9座大型建（构）筑物，共6100户22541人、10家规模以上工业企业和数百家商户。通过采用该项技术安全采出压覆资源1650万t，累计创造直接经济效益34亿元；无害化处置粉煤灰396万t，保护可耕地22100亩，减少失地农民8840人。吨煤注浆充填成本平均27.86元/t，最大不超过60元/t。各应用采区地面建筑物区的下沉系数均控制在0.1以下，建筑物没有产生破坏，不需任何维修即可正常使用。注浆充填工作面的最大月产达到了11万t，平均月产达到了6万t。注浆充填工作面单产达到了100万t/a以上，保持了淮北矿区9对矿井生产稳定和1.6万名煤矿职工的生活安定，为矿区经济、社会的稳定做出了巨大的贡献，实现了资源开采和地方经济的协调发展，实现了真正意义上的循环经济、绿色采矿。

二、项目创新性

淮北矿业注浆充填技术经历了理论研究、初期摸索、完善推广和提高再创新四个阶段，工程应用由最初的单个独立工作面注浆充填逐步拓展到相邻多个工作面及多煤层上下重叠工作面注浆充填，工程目的从最初的控制地表沉降保护建（构）筑物拓展到防冲击地压、保水、处理煤基固废等方面。

淮北矿业建立了完善的隔离注浆充填理论体系和工程方法，以及一整套技术管理、工程管理、成本核算与经济评价制度，并制定了专门的管理办法。

淮北矿业在注浆充填工艺、浆液泌水性、注浆材料、地表长期稳定性等方面开展了40多项研究，投入科研费用1500余万元，获得国家能源行业标准2项，中国煤炭工业协会科学技术奖一等奖2项、二等奖1项，安徽省科学技术奖二等奖2项，发明专利7项。

三、项目可靠性

注浆充填工程结束后，淮北矿业每年定期对地表进行监测，并进行了长期稳定性评估，以确保地表保护对象安全可靠。

淮北矿业37个工作面实施注浆充填工程以来，未产生井下生产安全事故。

四、经济合理性

淮北矿业在注浆充填实施过程中，共投入工程及科研等费用5.1亿元，工程实施完后，地表长期稳定性监测每年投入约80万元。

淮北矿业注浆充填的9对矿井37个工作面，采出压覆资源1650万t，累计创造直接经济效益34亿元；无害化处置粉煤灰396万t，保护可耕地22100亩，减少失地农民8840人。

注浆充填工作面单产达到100万t/a以上，保持了淮北矿区9对矿井的生产稳定和约1.7万名煤矿职工的生活安定，尤其是为矿井应对严峻的经济形势提供了强有力的物质支撑，为矿区经济、社会的稳定做出了巨大贡献，实现了资源开采和地方经济的协调发展，经济效益社会效益显著。

五、存在问题和今后打算

（一）存在问题

淮北矿业注浆充填材料主要是粉煤灰，用量有限。

（二）今后打算

一是重点从充填材料的存储技术、充填高强度开采下的钻孔密度及采充配合关系、注浆充填物料取材多样化等方面展开研究。二是继续在桃园煤矿、袁店一井煤矿、孙疃煤矿等矿井开展工程应用，进一步提升企业竞争能力，创造更大的社会效益经济效益。

淮北矿业集团矿井水氟化物深度治理

淮北矿业（集团）有限责任公司

淮北矿业集团坚持“科学治理、源头治理、系统治理”原则，聚焦杨柳煤矿、袁店一井煤矿、孙疃煤矿、童亭煤矿、青东煤业、临涣煤矿6对矿井处理后的矿井水氟化物超地表Ⅲ类水标准问题，统筹治理目标与效益，科学选定矿井水氟化物治理方案并组织实施。在2023年，实现集团所属6对矿井处理后矿井水氟化物控制在1.0 mg/L以下，符合国家考核浍河断面水质地表Ⅲ类水标准，对浍河水质达标做出了应有的贡献。

一、项目实施方案

（一）项目内容

坚持“科学治理、源头治理、系统治理”原则，聚焦杨柳煤矿等6对矿井处理后的矿井水氟化物超标问题，统筹治理目标与效益，科学选定矿井水氟化物深度治理方案并组织实施，实现集团公司所属6对矿井处理后矿井水氟化物达到1.0 mg/L以下，符合国家考核浍河断面水质地表三类水标准。

（二）技术指标

伴随着氟污染的日益严重，各地区根据当地的实际情况相继出台了相关的地方政策，外排水氟化物浓度小于1.0 mg/L趋势越来越明显，本案例最终要求是实现6对矿井处理后矿井水氟化物达到1.0 mg/L以下。

（三）实施过程

（1）科学选定矿井水氟化物治理方案。成立以淮北矿业集团分管环保领导任组长的矿井水氟化物治理领导小组。集团公司资源环保部积极与淮北市生态环境局对接，调研矿井水氟化物治理新技术、新工艺，结合集团公司实际，统筹治理费用和达标排放要求，选定符合淮北矿业集团矿井水氟化物治理方案。

（2）安装矿井水氟化物在线设备。杨柳煤矿、袁店一井煤矿、孙疃煤矿、童亭煤矿、青东煤业、临涣煤矿6家单位购置氟化物在线监测设备，在矿井水排口安装矿井水氟化物在线设备，并与淮北市生态环境局在线监测平台联网。

（3）开展矿井水氟化物治理试点。在杨柳煤矿开展矿井水除氟治理试点，采用矿井水处理加除氟药剂方式进行氟化物治理，采购除氟药剂22 t，山东环瑞神态科技有限公司技术人员连续3天进行工业化试验，杨柳煤矿根据试验效果，5月底全面实施矿井水氟化物治理。

（4）全面推行矿井水氟化物治理。根据杨柳煤矿矿井水氟化物治理成果及经验，袁店一井煤矿、孙疃煤矿、童亭煤矿、青东煤业、临涣煤矿5家单位全面推进矿井水氟化物治理，确保矿井水氟化物达到地表Ⅲ类水排放标准。

（四）取得成效

淮北矿业集团在浍河流域的6对煤矿每天水量在3.5万 m^3，原水氟化物浓度在1.5~4 mg/L，现要求达标排放低于0.6 mg/L。2022年2月，集团公司资源环保部对6所煤矿进行了调研勘查，最终确定将氟化物浓度最高的杨柳煤矿作为深度除氟治理试点。在前期准备工作中，集团公司资源环保部对杨柳煤矿水质情况进行取样分析，氟化物含量最高为3.51 mg/L，针对氟化物浓度并结合废水量定制了专属的除氟方案。采用矿井水处理加除氟药剂方式进行氟化物治理，采购除氟药剂22 t，连续3天进行工业化试验，根据试验效果，及时调整不同药剂使用配比，经过为期半个月的除氟现场调试监测，出水结果均稳定在小于0.6 mg/L。

推广应用阶段，在资源环保部、临涣煤矿、袁店一井煤矿、青东煤业公司、孙疃煤矿、杨柳煤业公司、童亭煤矿全力配合下，矿井水氟化物排放浓度稳定在0.6 mg/L以下，浍河氟化物指标持续下降，保障了浍河全年水质指标达到地表水Ⅲ类标准，为淮北市国控断面浍河水质达标做出积极贡献，取得了较大环境效益和社会效益，并收到了淮北市生态环境保护委员会的表扬信。

二、项目创新性

淮北矿业集团资源环保部积极与淮北市生态环境局对接，调研矿井水氟化物治理新技术、新工艺，结合集团公司实际，统筹治理费用和达标排放要求，选定符合淮北矿业集团矿井水氟化物治理方案。按照国家颁布的有关法规、规范及标准进行设计，根据设计进水水质和排放标准的要求，污水处理选用工艺实用有效，操作管理简单，运行稳定可靠，占地面积少，工程投资节省以及运行成本低的方案。选用性能可靠、能耗低、维修简单的国内外先进设备；积极改善劳动卫生条件，贯彻安全生产和清洁文明生产的方针；在工程设计中优先考虑氟化物治理运行成本、工程投资、占地面积；选用优质配件，采用降低能耗，提高工作效益和使用寿命，降低系统运行成本；因地制宜，合理布局，有效地利用空间和场地。

三、项目可靠性

杨柳煤矿、袁店一井煤矿、孙疃煤矿、童亭煤矿、青东煤业、临涣煤矿6家单位购置氟化物在线监测设备，在矿井水排口安装矿井水氟化物在线设备，并与淮北市生态环境局在线监测平台联网，进行实时监测。同时，本次处理中所使用除氟药剂为液体深度除氟剂，是一种专为解决低浓度、高难度含氟废水的药剂，专注于深度处理阶段，适用于各行业污水氟化物超标治理，具有占地面积和投资成本小、产品硬度低及反应速度快等特点。

四、经济合理性

矿井水氟化物治理工程具备投资少、易实施、建设周期短、见效快等特点，处理效果稳定、工艺流程简单可靠、运行管理方便，采用先进的智能、节能技术，有效降低污水处理系统的人工、能耗及运行成本，实现降本增效。根据现场反馈，现场水量在4000 m^3/d，每天运行10～12小时。根据检测数据得知，除氟剂加药量在0.45 t/h，吨水加药量在1.5 kg（加药比例1.5 kg/1000 kg），药剂加药泵冲程为50%，可将现场废水氟化物处理至低于0.8 mg/L，现场运行稳定，氟化物波动较小，现场絮凝效果较好，出水清澈。

五、存在问题及下一步打算

在后续使用过程中，部分单位为达到除氟效果，将氟化物去除标准设置过低，造成了除氟剂的浪费。下一步，淮北矿业集团资源环保部将矿井水氟化物治理纳入到季度环保检查范围内，开展定期不定期督查，并将督查问题作为年度环境保护责任书目标考核重点扣分项，保障氟化物治理系统正常运维。同时，要求杨柳煤矿等6家单位及时总结本单位矿井水氟化物治理效果、成功经验、存在问题等，完善相关制度建设，将矿井水氟化物治理纳入到本单位环保日常管理，建立水体污染防治长效机制。

淮北矿业集团双龙公司土地复垦治理

淮北矿业（集团）有限责任公司

2023 年，淮北双龙矿业有限责任公司按已制定的《矿山地质环境保护与土地复垦方案》要求，及时组织开展生态修复、土地复垦、矿井回填等相关工作。

一、项目实施方案

淮北双龙矿业有限责任公司高度重视，成立专门领导小组，制定实施方案，强化工作职责，同时依据“二合一”方案编制年度修复计划，并委托第三方对年度计划完成情况进行复核，确保完成年度矿山生态修复和耕地复垦任务。具体措施如下：

（1）因地制宜，宜农则农。优先复垦为农业用地，在现有基础上完善农田水利设施和田间道路设施，为农业生产提供便利。坚持工程技术可行、经济合理的原则，完善基础设施，合理布局，统筹安排田林路渠沟，为农业高产、优质、高效奠定基础。

（2）坚持效益统一。坚持社会效益、经济效益和生态效益相统一的原则，发挥项目区最佳功能和综合效益，促进当地社会经济的可持续发展，提高农民收入；围绕土地利用总体规划和土地复垦规划要求，结合政府决策与公众参与，依法保障土地所有者和使用者的合法权益。

（3）严格落实设计要求。按照土地复垦规划设计要求，2023 年治理土地规模为 130.008 亩，总投资 1000 余万元。范围内地表除杂 38.94 亩，弃渣外运 3548.5 m^3，表土剥离 13296 m^3，坑塘挖淤泥 16920 m^3，土地翻耕 124.3695 亩，外购土二次转运铺摊 135960 m^3，农沟（土沟）230 m，农沟（空心砖）336 m，机井 3 口；3 m 宽砼道路 330 m。治理后，恢复耕地 124.3695 亩，恢复耕地比例高达 95.7%。

二、整改成效

（1）严格落实“二合一”方案的要求。淮北双龙矿业有限责任公司常态化利用全站仪开展边坡位移监测，做好监测记录；同时选定水、土取样点采集水、土样开展相关测试分析工作，出具相应监测报告。完成《矿山闭坑设计》编制，并按照闭坑设计要求稳步开展矿山绿化复垦治理工作；淮北市、杜集区自然资源和规划局对整改工作进行实地核查，组织专家进行市区级验收，督促稳步开展闭坑治理工作。

（2）建立了长效机制。淮北双龙矿业有限责任公司加强学习《安徽省在建与生产矿山生态修复管理暂行办法》和《安徽省矿山地质环境治理恢复基金管理实施细则（试行）》，并严格按照相关规定，编制年度矿山生态保护与修复计划，开展矿山生态保护与修复工作，并每年将基金年度报告、治理恢复工作年度报告和监测年度报告报区自然资源和规划局备案，强化“边开采、边修复”意识，展现国企担当。

三、项目创新性

矿山修复与复垦是充分合理利用土地，促进土地资源持续利用的有效方法，从整体上改善农业生产条件，将昔日的“塌陷坑”变成群众致富、乡村振兴的“聚宝盆”，治理后土地达到了标准农田的质量标准、平整度好，田块相对集中连片，区域布局合理，各类用地比例协调，并且具有良好的通达性，与机耕路、公路、村庄等的距离达到的难易程度适中，方便群众的生产生活。增加农业收入，增强农业发展后劲，同时还可改善干群关系，促进社会经济、资源、环境可持续发展。

四、经济合理性

（1）社会效益。治理后对当地农民收入的影响主要体现在：一是项目建设时需要雇佣当地一定量的劳动力，这一收入效应在项目投资建设周期中通过劳动力成本体现出来；二是项目完成后，可为当地农民带来一定的新的就业机会，由此使新就业工人取得工资收入；三是项目完成后，随着农田水利工程的改善可使耕地年产量增加，提高了项目区农民的耕种收入。既能在项目建设过程中带来一定量的就业岗位，又能通过企业的经营带来一定量的新的就业岗位，对加快当地农村劳动力转移具有一定的积极作用。

（2）经济效益。通过采煤塌陷地修复治理，土地由政府组织流转给农业大户经营，经济效益明显。土地流转后的生产规模较大便于机械统一操作，机械化水平较高，机械作业费和家庭用工较低，使用良种或优质蔬菜品种且销售渠道畅通，因此总产量、价格及农民收益均有所增加，农产品特别是优质农产品的社会供给增加；土地流转后的经济效益有所提升，土地流转后农民获得了一份转让金；农村土地流转后的社会效益逐步显现。农民承包的土地流转后形成了一定的富余劳动力，成为专业合作社及家庭农场规模化生产用工的招聘对象，既为富余劳动力提供了在当地就业的机会，也获得了打工收入。农民在家门口就业，一定程度上提升了当地群众的家庭生活质量。

五、有关启示

通过问题的整改，一是得益于省自然资源厅、环境厅紧盯问题整改不放，持续督促整改责任落实；同时属地党委、政府高度重视、保障项目顺利实施。二是淮北双龙矿业有限责任公司提高了对“二合一”方案指导性作用的认识，在2023年“二合一”方案重新修订过程中，以“二合一”方案为根本，结合矿山实际，对矿山企业生态修复工作开展情况进行检查，落实矿山企业“边开采、边治理”职责，提升了矿山企业对生态环境保护的意识，认识到保护生态环境是企业应尽的社会责任，树立了绿色发展、规范治理的理念。

新能源产业发展新质生产力

淮北矿业股份有限公司电力分公司

为积极落实国家“双碳”目标，促进企业绿色低碳转型发展，淮北矿业股份有限公司（以下简称“股份公司”）积极推进光伏发电项目建设，2022年5月通过获取安徽省能源局并网规模竞争性配置，在袁店一井煤矿塌陷区建设84.09 MW集中式光伏发电项目，项目位于濉溪县五沟镇袁店一井煤矿塌陷区。电力分公司按照集团安排部署，对工程项目进行管理。2022年经安徽省招标集团公开招标，中建中环新能源有限公司负责该项目光伏区施工建设，项目开始日期为2023年6月25日，2023年12月31日具备并网发电条件，2024年3月31日全容量并网；中国电建集团福建工程有限公司负责配套项目升压站项目建设，项目开始日期为2023年8月4日，2023年12月15日之前完成线路、升压站和储能系统施工、试验、验收和倒送电工作，2023年12月26日完成升压站、储能及线路调试、并网发电。

一、项目实施方案

（一）项目主要内容

本项目建设漂浮式光伏电站，同时兼顾塌陷区治理与提升。规划建设约84.09 MW光伏发电项目，配套建设12.2 MW/24.4 MW·h储能系统，采用先进的组件及逆变器技术，同步建设1座110 kV升压站，拟以1条110 kV线路送至220 kV藕池变电所，所发电量全部上网。

（二）技术指标

拟建项目区大地貌单元隶属于淮北平原，微地貌属岗地。区域内除塌陷区外高低起伏较小，实测孔口高程为25.23~27.14 m，最大高差1.91 m，地形有一定起伏。根据稳沉报告，项目塌陷区地处未稳沉区域；光伏方阵采用漂浮方案，光伏方阵采用每26块组件为1串，采用直流智能汇流箱汇流后送出至一台3×1100 kW集中式逆变器，再经就地升压变升压至35 kV。水面漂浮式光伏组件倾角按12度布置，前后排光伏组件之间的安装中心距为1750 mm。浮筒材料采用高密度聚乙烯HDPE或其改性材料，满足项目25年使用要求。漂浮系统主要布置形式为浮体+杆件、支架的形式，金属杆件及支架材料需满足C5防腐等级且材料强度不低于铝合金材料的强度。为充分发挥水面电站的发电效率提升优势，同时降低浮体的水面覆盖率保护水质，组件正下方不布置浮体。漂浮系统阵列内部的东西向运维通道需满铺，不得有镂空处理，走道浮体宽度不小于450 mm，走道表面有防滑处理，方便运维人员通行。运维人员可以通过方阵内部布置的运维通道到达每块组件旁边，对每行组件进行运维。

本工程110 kV升压站布置于袁店一矿南门空地，本期安装1台90 MV·A主变压器，预留1台60 MV·A主变（青东、孙疃水面光伏）位置，110 kV采用单母线接线，110 kV出线1回、主变出线2回；主变低压侧35 kV采用单母线接线，主变低压侧设光伏进线3回、储能进线1回、站用接地变1回、无功补偿1回、主变进线2回、青东光伏进线1回、孙疃光伏进线1回、预留袁店一井备用电源1回。

二、实施过程及成效

在项目建设初期，便坚定地树立起“节约资源、保护环境”的建设理念，通过科学的治理方法和全面的统筹规划，为煤矿塌陷区的能源结构优化和生态环境改善贡献最大的力量。项目严守淮北市的水土保持政策和生态红线，综合考虑到农林牧渔等因素，充分协调各方利益，在组织技术团队对周边水质和生态系统环境进行了详尽的评估后，确定采用光伏阵列区的形式利用塌陷区湖面进行发电。该项目建成后全生命运行期内上网电量为23.24亿kW·h，光伏电站全寿命周期内相当于每年节省标准煤约2.79万t，将有效改善当地生态环境，加快能源结构转型，是助力实现碳达峰碳中和、拉动地方经济社会发展的积极举措。

三、项目创新性、合理性及可靠性

袁店一井煤矿塌陷区水面集中式光伏阵列区的建设不但不会影响农田的耕种和农作物的生长，反而可以起到一定的防护作用，减少自然灾害对农作物的破坏，维护湖泊的生态平衡，保护周边生态系统的稳定和健康。在光伏电池方面，选用更高效的双玻组件，充分利用水面反射光，让每一寸阳光都能转化为更多的电能。另外利用水面的反射特性，通过软件模拟以及现场调研，将组件倾角调整为12°，提高光伏板的受光量，避免遮挡和阴影，确保每个光伏板都能充分接受光照，实现发电效益最大化。同时，智能化的监控系统可以实时监测和调整光伏组件的工作状态，提高了系统的稳定性和可靠性。项目在塌陷区湖面上架设光伏阵列区，突破了传统发电方式的限制，实现了对土地资源的合理规划和充分利用。通过光伏发电减少了对传统能源的依赖，大大降低了对环境的污染，有效保护了水土资源和生态环境，实现了发电效益与生态保护的良性循环。此外，项目的建设还为当地提供了就业机会，促进了当地经济的发展，也为类似环境下的光伏发电提供了新思路和范例。

四、存在问题

随着光伏装机量的不断攀升，使得消纳问题愈发凸显，成为制约光伏大规模发展的瓶颈之一。另外，部分塌陷区水面已规划为水源地和湿地，可开发地域极少。

五、今后的打算

（一）积极开发风电项目

为配套淮北聚能发电项目建设。指标共739.2 WM，分两批下达：第一批在煤电项目开工（主厂房浇筑第一罐混凝土）后安排70%规模，第二批在第一批项目建设完成并网投产后再安排30%。2024年4月28日，淮北聚能发电有限公司2×660 MW火电项目已开工（主厂房浇筑第一罐混凝土），淮矿现已有第一批风电指标共517.44 WM。已委托中国能源建设集团安徽电力建设第二工程有限公司对淮北市全市范围开展风资源普查。正争取与政府签订风电开发协议，力争获得政府风电资源开发权。

2024年6月19日，集团公司协调淮北市发改委，在安徽省投资项目审批监管平台申请了4个项目代码。分别是：①淮北矿业杜集区开渠风电场项目，装机规模100 MW，建设16台单机6.25 MW的风电机组，新建一座110 kV升压站，项目总占地20亩，代码为2406－340000－04－01－414159；②淮北矿业濉溪县铁百风电场项目，装机规模451 MW，建设82台单机5.5 MW的风电机组，新建一座220 kV升压站，项目总占地约70亩，代码为2406－340000－04－01－350707；③淮北矿业濉溪县双堆集风电场项目，装机规模154 MW，建设28台单机5.5 MW的风电机组，新建一座110 kV升压站，项目总占地28亩，代码为2406－340000－04－01－772441；④淮北矿业烈山区宁山风电场项目，装机规模100 MW，建设16台单机6.25 MW的风电机组，新建一座110 kV升压站，项目总占地约20亩，代码为2406－340000－04－01－980678。

淮北市地处中纬度地区，属暖温带半湿润季风气候区。由于地处中纬度地带，淮河以北属北亚热带湿润季风气候，特定的地理位置使市境气候具有明显的过渡特征，既兼有南北气候之长，也兼有南北气候之短。市境春季天气多变，以偏东风为主；夏季炎热多雨，东南风较多；秋季凉爽，降温快，温差大，多吹东北风；冬季寒冷干燥，雨雪皆少，偏北风多。淮北市风能属于Ⅲ类地区，即风能可利用区。

对接烈山区及杜集区各政府部门，已对淮北市烈山区、杜集区风电资源状况进行全面摸排，综合考虑区域要求和接入条件，计划开发建设2个风电项目（其中烈山区1个、杜集区1个），总建设容量约318.75 MW。

按照风电场选址要求，已充分考虑不占用基本农田、不占用生态红线，保证与村庄、高压线和重要公路、铁路的安全距离，初步选择了各风电场风机位置，但风机点位需政府各部门进行审核，最终风电场容量以项目核准为准。

（二）储能项目发展规划

1. 国内背景

2021年9月21日，习近平总书记在第七十六届联合国大会一般性辩论上发表讲话，提出中国将力争2030年前实现碳达峰、2060年前实现碳中和，这需要付出艰苦努力，但我们会全力以赴。中国将大力支持发展中国家能源绿色低碳发展，不再新建境外煤电项目。

2022年1月26日，国家能源局发布《电力安全生产“十四五”行动计划》的通知，提升电网灵活安全调节能力，推动应急备用和调峰电源建设，推动建立健全可调负荷资源参与辅助服务市场机制，推动各类储能安全发展，为新能源发展提供安全保障，加强新能源和储能电站发电并网安全管理，推广应用电化学储能电站安全运行提升技术，有效防止设备火灾事故。

2022年6月，国家发展改革委、国家能源局发布了《关于进一步推动新型储能参与电力市场和调度运用的通知》，允许符合条件的新型储能项目转为独立储能，鼓励新能源配建项目通过技术改造满足相关条件后转为独立储能，扩大了独立储能项目来源；《通知》同时规定，独立储能电站向电网送电的，其相应充电电量不承担输配电价和政府性基金及附加，进一步提升了独立储能模式的经济性。

2. 省内背景

安徽省用电负荷屡创新高，用电峰谷差逐年拉大，季节性电力紧缺时有发生，电力保供压力不断增大。

为建立健全省电力需求响应工作机制，安徽省能源局2021年1月18日印发了《安徽省电力需求响应实施方案（试行）》。方案对通过需求响应临时减少（增加）的用电负荷执行响应补偿价格，约时削峰响应为8元/千瓦·次，实时削峰响应为12元/千瓦·次，填谷响应为3元/千瓦·次。

2022年1月29日，安徽省发展和改革委员会发布《关于完善工商业峰谷分时电价政策有关事项的通知》，《通知》提出“工商业及其他用电”类别的用户，平段用电价格（购电价格+输配电价+政府性基金附加+新增损益及辅助服务费）扣除政府性基金附加、新增损益及辅助服务费后，低谷电价下浮58.8%，每年季节性高峰期间（1月、7月、8月、9月、12月）高峰电价上浮81.3%，其他月份高峰电价上浮71%。

3. 发展方向

从投资成本考虑，当前市场上磷酸铁锂电池储能投资成本低于 1.5 元/kW · h，价格仍在走低。从建设周期考虑，磷酸铁锂电池储能建设时间相对较短。从安全性考虑，磷酸铁锂电池储能存在消防火灾隐患，但消防措施配备相对完善。

从电源侧或用户侧储能比较，用户侧储能项目可以在电网谷电时段进行充电，并在峰电及尖峰电时段进行放电，有一定的效益。同时也可提供需求响应等多种服务。

2022 年 8 月 17 日，安徽省能源局发布《关于印发安徽省新型储能发展规划 2022—2025 年）的通知》，“十四五” 期间，新型储能设施发展以电化学储能为主，到 2025 年，实现新型储能从商业化初期向规模化发展转变，全省新型储能装机规模达到 300 万 kW 以上。

通过综合比较，计划采用磷酸铁锂电池储能，下一步计划委托专业单位，根据集团储能需求，开展前期可研，并根据可研推进下步工作。

（三）谋划氢能发展规划

氢能被视为理想的未来能源，对促进国家能源绿色低碳转型、实现温室气体减排具有重要意义。“双碳” 目标提出后，为我们能源转型和能源革命指明了方向，能源绿色低碳化发展成为大势所趋。2022 年 3 月，国家发展改革委、国家能源局发布《氢能产业发展中长期规划（2021—2035 年）》，明确了氢能是未来国家能源体系重要组成部分的战略定位。近年来，我国氢能产业以燃料电池汽车示范应用为先导，化工冶金等领域替代应用为突破，不断强化氢能利用关键技术攻关，氢能产业链初步形成，商业化应用前景可期。同时，国家也在氢能产业发展中长期规划中明确了氢的能源属性，解决了困扰业界多年的氢的属性问题。

随着光伏装机量的不断攀升，使得消纳问题越发凸显，成为制约光伏大规模发展的瓶颈之一。“光伏 + 制氢” 模式，将有效解决消纳问题等可再生能源的发展瓶颈，还可有效解决制氢成本高和绿色生产的问题。“光伏 + 氢能” 模式，并不是简单地放弃电力，制造氢能，而是提高了能源利用效率、生产清洁能源一举两得的好事。目前，光伏发电已经成为全球最经济的清洁能源，同时它的度电成本还在继续下降，光伏发电的低度电成本给电解水制氢带来了降低成本的机会。那么利用充足且经济的光伏电力解水生产绿氢，就可以不断扩大绿氢的应用规模，加速实现减碳和脱碳的目标。另外，氢还是一种储能介质。氢作为储能介质具有比锂电池储能更高的能量密度，非常适合作为几天、几周，甚至几个月的长时间储能手段，来解决光伏发电所遇到的日间不平衡、季度不平衡等问题，使光伏加储能成为未来电力的终极解决方案。作为新能源发展的方向，计划委托专业单位对氢能开展前期可研，并根据可研推进下步工作。

选煤厂煤泥深度降水提质无量化生产销售新模式

淮北矿业股份有限公司运销分公司

项目由淮北矿业集团运销分公司牵头，集团下属 3 座动力煤选煤厂和 4 座炼焦煤选煤厂共同参与，于 2011 年开始建设，2022 年底 7 座选煤厂陆续建设完成，并投入应用至今。该案例破解了煤炭洗选加工利用方面的关于煤泥脱水利用的技术难题，开创了选煤厂煤泥深度降水提质无量化生产销售新模式。

一、项目实施方案

1. 煤泥降水提质工艺技术改造

案例实施前，集团是以传统快开压滤机为煤泥脱水的关键装备，受限于煤泥粒度细、比表面积大等因素，煤泥脱水困难，炼焦煤厂煤泥水分在 22% 左右、动力煤厂煤泥水分在 26% 左右。

集团先后对下属 3 座动力煤选煤厂和 4 座炼焦煤选煤厂的煤压滤机进行更新更换，用煤泥深度脱水装备高压水压榨隔膜压滤机替代原有的传统板框压滤机，7 座选煤厂已陆续更换压滤机 54 台。

高压水压榨隔膜压滤机相较于传统板框压滤机采用更高的压榨压力，压榨后的煤泥滤饼水分降低了 6% ~8%，发热量提高约 300 cal/g，达到了煤泥降水提质的改造效果。且改造后的压干煤泥滤饼具有黏度低、硬度好、易于破碎的特点，为后续实现破碎掺配动力混煤打下了坚实的基础。

2. 干煤破碎泥掺配技术改造

煤泥深度降水提质后，集团动力煤厂需破碎并均质掺入动力混煤内销售，为保证销售产品粒度满足客户需求，动力煤选煤厂需要进行压干煤泥的破碎泥掺配技术改造。

集团各选煤厂干煤泥破碎环节主体设备主要为锤式破碎机。为保证破碎机运行效果，通过对破碎后干煤泥进行粒度分析，对破碎机的相关工艺参数进行优化调整，如破碎篦子网孔大小、侧护板安装形式等，确保干煤泥破碎粒度合格。

干煤泥的生产、破碎、掺配工作与选煤厂主洗系统同步进行，干煤泥破碎后直接掺配入洗混煤，经过皮带转载实现干煤泥与洗混煤充分混合，形成最终销售的产品。

二、项目创新性

选煤厂以传统快开压滤机为煤泥脱水的关键装备时，因煤泥产品水分高、黏度大、热值低，无法直接掺入动力煤产品中作为电煤使用。因此，选煤厂被迫采取煤泥落地再销售方式处理，使用范围受限，经济效益较差；且煤泥在堆放、运输、装卸等环节易产生煤泥水、粉尘等环保问题，煤泥脱水效果差严重制约煤炭行业高质量发展。

集团针对传统压滤机脱水适应性差、煤泥脱水难度大的行业性难题，创新建立了集“煤泥深度降水提质—干煤泥破碎—煤泥均质掺配”为一体的煤泥深度降水提质无量化全链条应用技术体系，并在集团动力煤和炼焦煤选煤厂均得到成功应用。

三、项目可靠性

1. 新型压滤机煤泥脱水原理可行，工业性试验确保项目投入改造万无一失

高压水压榨隔膜压滤机相较于传统板框压滤机采用更高的压榨压力，通常压力高于 3.0 MPa，最高可达 10.0 MPa，通过更高的压榨力来挤掉煤泥间的水分，理论上具备提高脱水效果的可行性。

为保证实际使用效果，集团各选煤厂均开展工业性试验，验证高压水压榨隔膜压滤机

在该选煤厂的煤泥效果后，再进行项目改造。

下文以桃园选煤厂工业实验为例，在选煤厂正常生产条件下，将部分煤泥水引入试验机进行脱水，试验在不同压榨压力、时间等条件下进行，并记录相关数据，具体试验效果记录如下：

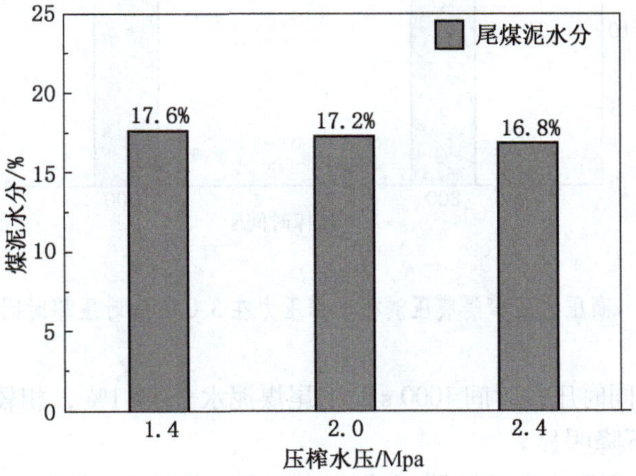

图1　高压水压榨隔膜压滤机的压力测试

从图1可以看出，压榨水压从1.4 MPa依次升高，随着压榨水压的升高，煤泥水分下降明显，说明增加压榨水压有利于煤泥水分的降低，但煤泥水分并不会随着压力的增大无限制的降低。

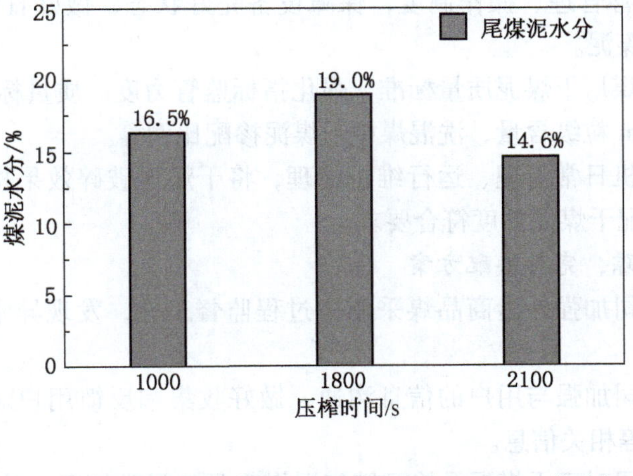

图2　高压水压榨隔膜压滤机压榨压力在2.4 MPa时压榨时间测试

从图2可以看出，试验的压榨压力为2.4 MPa时，压榨时间从1000 s增加到2100 s，压榨时间2100 s的时候，尾煤泥水分最低，达到了14.6%，相较于压榨时间1800 s的煤泥水分下降明显。

从图3可以看出，试验的压榨压力为3.0 MPa时，压榨时间从800 s增加到1000 s，

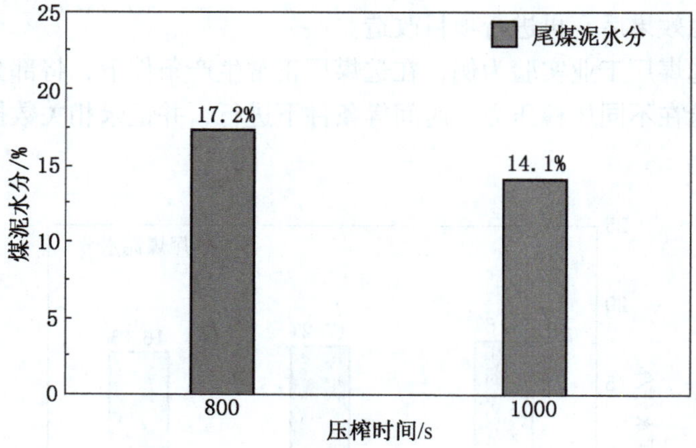

图3　高压水压榨隔膜压滤机压榨压力在3.0 MPa时压榨时间测试

煤泥水分下降明显。同时压榨时间1000 s时的尾煤泥水分14.1%，相较于压榨压力2.4 MPa的煤泥水分16.5%下降明显。

工业试验证明，高压水压榨隔膜压滤机对桃园厂煤泥脱水效果显著，投入压滤机改造方案可行。同时也测试出，压榨压力为3.0 MPa、压榨时间为1000 s时，煤泥水分最低，运行效率最高，能耗最低，安全性能稳定，可作为桃园厂高压水压榨隔膜压滤机可靠运行的工作条件。

2. 完善管理制度，保证运行效果

（1）加强岗位职工的培训力度，重点培训高压水压榨隔膜压滤机的工作原理、工作程序、设备操作、安全风险点等，要求岗位人员人人过关。

（2）选煤厂完善管理、操作制度，保障设备完好状态，做好日常干煤泥水分检测，杜绝外来水混入干煤泥。

（3）制定动力煤厂干煤泥质量标准，强化指标监管力度。质量标准包括干煤泥水分、干煤泥中大于13 mm粒级含量、洗混煤中干煤泥掺配比例等。

（4）加强破碎机日常清理、运行维护管理，将干煤泥破碎效果检查纳入选煤厂日常检查内容，确保掺配干煤泥粒度符合要求。

3. 加强质量跟踪，完善掺配方案

（1）运销分公司加强外运商品煤采制样过程监督工作，发现异常情况，及时收集反馈信息。

（2）运销分公司加强与用户的信息沟通，做好收集和反馈用户对煤泥掺配混煤的质量检测、使用评价等相关信息。

（3）运销分公司对于干煤泥及掺配销售混煤产品的异常情况，从干煤泥生产、掺配、采样、制样等环节分析并查找原因，指导督促选煤厂及时整改，确保销售产品满足市场需求。

四、经济合理性

（1）投资成本及运维投资说明。集团下属炼焦煤选煤厂、动力煤选煤厂共计更换54

台高压水压榨隔膜压滤机，设备采购及土建改造总投资1.46亿元，年运行维护成本约437万元。

（2）经济效益说明。案例实施后，动力煤选煤厂干煤泥实现均质掺入动力混煤销售，销售品类改变；炼焦煤选煤厂煤泥降水提质后，煤泥热值增加，各选煤厂煤泥售价均得到提升。综合计算，2023年集团煤泥增效超0.9亿元。同时，煤泥脱水效果提升后，多脱除的水将回到选煤厂洗水闭路循环中得到利用，既节约了水资源，又减少了无效运输量，每年可节省水资源约12万t，节约用水费用45万元。

（3）社会效益、节能减排等效益说明。该案例实现煤泥降水提质，开辟了干煤泥销售新模式，开拓了更广阔的的销售空间，打破了行业对于煤泥使用、处理的传统认识，社会效益显著。动力煤选煤厂实现了煤泥无量化，有效降低了因煤泥堆放、储存、运输带来的环境污染；同时煤泥因水分降低而减量，减少了无效运输量，为下游用户使用降低了生产成本，利于用户减轻碳排放强度，环保效益重大。

煤泥深度降水提质无量化生产销售案例，为淮北矿业集团煤炭洗选发展新质生产力提供了新的动力引擎。

五、存在问题及今后工作打算

1. 存在问题

（1）破碎机清理难度大。集团各选煤厂干煤泥破碎环节主体设备主要为锤式破碎机，虽然破碎效果满足使用需求，但锤式破碎机在使用过程中存在部分煤泥黏附在设备内部的情况，且黏附煤泥清理十分困难，存在清理工作难度大、时间长等问题。

（2）炼焦煤选煤厂仍有部分传统压滤机未进行更新改造，需持续推进煤泥脱水主体设备的更新改造相关工作。

2. 下一步工作计划

（1）通过与高校、研究院等单位开展科研合作，推进煤泥破碎的新技术、新装备的研发应用，解决破碎机清理难度大的问题。现已经与中国煤炭科工集团唐山研究院有限公司合作，开展科研项目《动力混煤均质关键装备及技术研究》，新研发的煤泥破碎机已经在芦岭选煤厂进行现场试用、调试优化。

（2）持续推进炼焦煤选煤厂传统压滤机未进行更新改造。计划2024年在选煤厂更新改造3台高压水压榨隔膜压滤机。

煤系伴生高岭岩高品质多元化综合利用项目

安徽金岩高领土新材料股份有限公司

煤系伴生高岭岩高品质多元化综合利用项目由安徽金岩高岭土新材料股份有限公司（以下简称“金岩公司”）承担建设，项目于2022年9月开工建设，2023年12月建成调试，实施地点为安徽省淮北市杜集区朔里镇金岩公司。

一、项目实施方案

（1）项目内容。建设一条年产30万t精铸莫来石砂粉生产线、一条生产20万t晶相转化生产线及其配套辅助设施、基础设施等。

（2）技术指标。莫来石砂16～120目12万t，莫来石粉200目、270目、325目18万t。

（3）实施过程。金岩公司组建专门机构，完成项目实施的前期准备工作、办理相关手续和招投标工作，以及为项目投产而进行的人事招聘、培训和备料等各项生产准备工作。建设前期，主要进行项目立项、可行性研究、环保评估、土地手续办理、初步设计、设备订货、规划报批等，同时开展建设场地的工程地质勘察等施工前的工作；接着进入施工图设计及送审，图纸会审通过后进行施工招投标工作，施工单位确定后进行土建施工及设备安装，然后进行调试和联合试运转，最后进行投料试生产。2022年9月开工建设，2023年12月建成调试。

（4）取得成效。项目利用煤炭开采的固废煤矸石，通过采用晶相转化等工艺处理后，进行高值化利用，利用优质高岭岩资源接替枯竭的煤炭资源，推动矿产资源的综合开发循环再利用，经济效益和社会效益均十分显著，为资源枯竭型矿山探索出一条转型发展的新路子。项目建成后生产的产品将可替代进口精铸莫来石砂粉产品，实现产品的国产化，解决航空航天发动机铸造关键"卡脖子"技术，为我国航天、军工等关键领域的新装备、新材料研发提供配套支撑，为我国国防军工事业发展做出积极贡献。同时，可带动上下游产业发展，打破国外产品垄断。

二、项目创新性

（1）工艺创新。国内精铸莫来石砂粉主要工艺为立窑晶相转化，即先烧后破生产工艺，对资源块度要求较高，产品受技术工艺影响较大，质量波动也较大。而金岩公司莫来石砂粉工艺采用回转窑晶相转化工艺，对原矿粒度较立窑要求宽泛，产品质量较为均匀，产品棱角钝化，溃散性能好。

（2）技术创新。金岩公司莫来石砂粉生产采用优质资源，利用自主开发成套的适应资源特性、独特的加工技术，生产的产品在精铸型壳中应用具有杂质少、溃散性能高、精铸件成品率高等特性。

（3）知识产权。金岩公司在煤系伴生高岭岩的开发、深加工及产品标准化等方面一直走在行业的前沿。煤系高岭岩煅烧莫来石型精铸砂粉的生产方法获得发明专利证书，"金岩"牌莫来石砂粉是唯一获得行业监制免检产品，先后牵头及参与制订《高岭土及其试验方法》国家标准、《高岭土术语和定义》行业标准、《熔模铸造用煅烧高岭土砂、粉》机械行业标准、《非金属矿产品术语和定义》国家标准、《精密铸造用高岭土砂、粉》行业标准、《高岭土包装袋》行业标准等。

三、项目可靠性

（1）运行稳定性。项目工艺及技术装备处于国内领先水平，机械化、自动化程度比较高，为实现项目安全稳定运行，通过专业化培训使设备操作人员熟悉工艺技术、设备性能及运行状况，熟练掌握专项操作，持证上岗。

（2）安全可靠性。项目采用先进的生产设备和技术，最大限度地把不安全因素消除在设计中，并配有兼职人员进行监督及管理。职业安全卫生等各项措施实施得当，并能够在工程建设中得以落实，各种有害因素得到有效控制，符合国家各项标准和规范的要求。

四、经济合理性

（1）投资成本及运行维护成本。建设30万t/年精铸莫来石砂粉生产线、20万t/年晶相转化生产线、3万t/年合成莫来石系列材料生产线及其配套辅助设施等，项目总投资4.58亿元，预计年均销售收入4.26亿元，预计年均利润总额0.83亿元。

（2）经济社会效益。项目正式运营后，一是可以推动淮北矿区煤系高岭岩的产业应用领域向纵深发展，进一步扩大市场份额，优化产品结构，释放发展潜力。二是可以创造可观的经济效益，缓解医疗健康产业高端铸造、解决军工“卡脖子”问题，实现资源综合利用。三是可以培育经济发展新动能，壮大延伸产业链，提高金岩公司经济效益和抗市场风险的能力。

（3）节能减排。在原料制备过程中，新增加原矿烘干工艺，设计烘干量20 t/h，水分由8%降低到3%，热风烘干效率40%，需要新增能耗25万大卡/h，即31.25 m^3/h天然气，本项目利用高岭岩转换后无法利用的余热，对物料进行烘干，不需要新增额外辅热，是本项目的亮点。

（4）绿色环保。项目运行主要能源为电和天然气，属于清洁能源，绿色环保。项目对环境的影响主要是粉尘、噪声和污水，为有效控制污染，在总体布置上尽量减少生产中的扬尘环节，选用先进的工艺设备及可靠的除尘设备，设计严格遵守国家和地方的环保法规，做到环保设施与工程设计、施工、投产“三同时”，粉尘、噪声、污水达到国家规定的排放标准。

（5）资源有效利用。项目利用煤炭开采的固废煤矸石，通过采用晶相转化等工艺处理后，进行高值化利用，利用朔里矿优势高岭岩资源接替枯竭的煤炭资源，推动矿产资源的综合开发循环再利用，可以为矿山资源的结构调整探索出一条转型升级、创新发展之路。

淮河能源控股集团有限责任公司

唐家会煤矿以实时动态透明地质为基础的智能化建设新实践

淮河能源西部煤电集团　中煤科工集团西安研究院有限公司

郑煤机液压电控有限公司（257）

淮南矿区煤矿瓦斯全浓度全资源集成综合利用

淮河能源（集团）股份有限公司（260）

丁集煤矿水面光伏 + 采煤沉陷区综合治理实践

淮河能源电力集团　丁集煤矿（263）

“流程融合 + 数据治理”双轮驱动自主构建大 ERP 推动企业数字化转型

淮河能源控股集团有限责任公司（266）

智能化钻机群全流程集中控制

淮南矿业集团地质勘探工程分公司　中煤科工集团重庆研究院有限公司（269）

盾构机系列化在淮南矿区的应用

淮南矿业（集团）有限责任公司（272）

煤泥减量无量化综合利用

淮南矿业集团选煤公司（275）

潘集选煤厂“工位”替代“岗位”管理模式创新实践

淮南矿业集团选煤公司潘集选煤厂（277）

单轨吊无人驾驶系统在朱集东煤矿研究及应用实践

淮南矿业集团朱集东矿　尤洛卡（山东）矿业科技有限公司（280）

重点用能单位能耗实时在线监测系统在高耗能企业节能、降碳管理创新中的运用

淮南矿业集团售电有限责任公司（283）

唐家会煤矿以实时动态透明地质为基础的智能化建设新实践

淮河能源西部煤电集团　中煤科工集团西安研究院有限公司
郑煤机液压电控有限公司

一、采用尖端技术实现煤矿智能开采的地质透明实施方案

项目名称为透明地质保障系统，由唐家会煤矿与中煤科工集团西安研究院合作，2021年在61304工作面首次采用智能钻探、钻孔物探、微震监测、随掘随探、随采随探等尖端技术，取得了良好的应用效果。

1. 智能钻探

利用ZDY4500LFK智能钻机，精确控制钻孔轨迹，对物探异常区及煤层顶底板进行超前探查与治理。具备钻进过程自动控制、钻进状态实时监测、自动装卸钻杆、故障智能诊断、远程数据传输等功能。实现了无线遥控操作，钻孔施工安全性高，真正实现减人增效。

2. 孔中物探

智能钻机施工注浆孔、探放水孔后，为实现“一孔多用”，通过在孔中放置物探装备可以实现钻孔的超长探测距离，使探测装备能够直接抵近目标区域，避免巷道异物影响，扩大探测范围，提高探测精度。唐家会煤矿率先采用孔中瞬变电磁法及孔间电阻率透视，实现了超前探放水及突水监测预警。

孔中电瞬变电磁法是在长距离超前钻孔中部署传感器，探测以钻孔轨迹为中心、30 m为半径，实现低阻异常区精细探测，探测距离超过500 m，为煤层底板水害隐蔽致灾因素的靶向治理提供依据。

孔间电阻率透视是在长距离超前钻孔中部署线缆电极，具备数据自动采集、上传、实时成像、智能动态分析功能。孔间电阻率则探测工作面两孔之间地质异常，可实时分析两孔之间的低阻异常区变化，在注浆治理过程中动态监控底板浆液扩散范围，回采过程中监控采空区内底板导水裂隙动态发育状态，对底板突水进行超前预警。

3. 电法监测

应用微震和电阻率联合监测的新模式，对底板垂向导水裂隙带发育情况开展监测预警。在工作面两巷布置微震传感器，实时动态监测巷道掘进和工作面回采引发的微震事件，应用循环神经网络方法，实现了P波到时智能拾取，两个井下水平孔之间布置电极，监测孔间电阻率变化情况，综合电阻率异常区与微震异常事件判断顶底板裂隙发育及裂隙导水情况。

4. 随掘随探

为实现掘进前方煤层内构造发育情况的实时动态探测，以掘锚一体机作为地震超前探

测的震源，应用基于反射槽波超前探测的随掘随探装备与技术，实现掘进前方 100 m 范围内的构造精细探测。

以 61302 工作面回风顺槽为例，在掘锚一体机采掘活动进行的同时，利用在巷道部署的数字检波器，自动采集工作面煤层内部异常构造的反射信号，数据可自动上传，智能处理，对采掘前方构造异常区进行动态地质预测预报。

5. 随采随探

采用以采煤机为被动地震震源、回风与运顺巷道实时接收等方式，实现自动采集工作面煤层内部异常构造的反射信号，数据可自动上传和智能处理，动态探测掌子面前方的断层、陷落柱、煤厚变化与应力集中区变化。

以唐家会煤矿 61304 工作面为例，开展工作面未采区走向 1000 m、倾向 240 m 范围内的随采地震探测与动态地质预报。对采掘前方构造异常区进行动态地质预测预报。

二、基于精确动态地质模型的规划开采与数字孪生智能化综放技术实施方案

唐家会煤矿 61304 综放工作面规划开采系统结合工作面地质条件、跟机放煤工艺，借鉴国内外同行业智能开采建设标准，经过与郑煤机技术研发团队多次沟通交流制定了唐家会煤矿规划开采系统开发与实施技术路线，如图 1 所示。

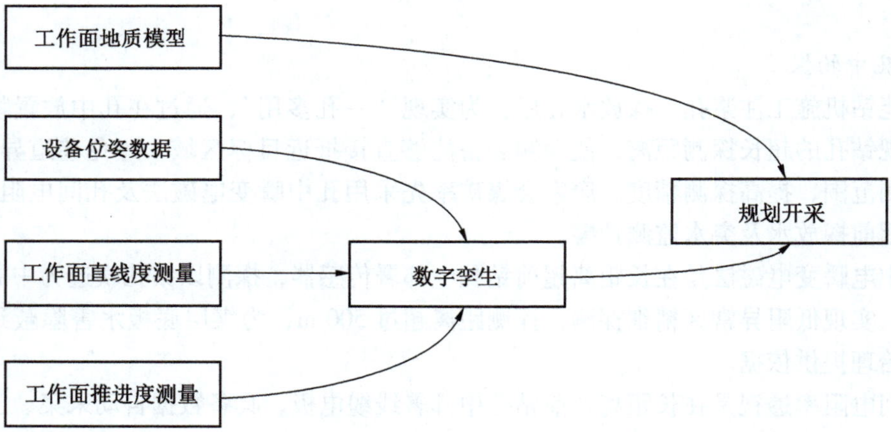

图 1 基于精确动态地质模型的规划开采技术路线

1. 工作面精确动态地质模型

工作面地质模型管理系统采用智能钻探、钻孔物探、电法监测、随掘随探、随采随探等技术，获取海量的地质信息，基于“GEO + BIM”技术进行精细化数字建模，建设了包括透明防治水、透明掘进、透明回采在内的数字化应用场景，服务地质灾害防治需求与采掘智能化建设目标，形成了独具特色的唐家会透明地质保障系统。

2. 工作面推进度计算

通过采集支架电控系统每台支架的推移行程传感器数据，累加每一次移架行程，粗略

计算整个工作面液压支架和刮板机的位置坐标，得到工作面开采推进度数据。

3. 采煤与放煤工艺规划

通过精准开采控制、自动化控制、规划参数控制等系统，根据规划截割模型控制采煤机自主完成截割高度、运行方向、运行速度、折返换向点的精准执行；液压支架自主完成中部与三角煤部分的规划控制精确跟机、拉架、推溜，实现全工作面设备根据规划截割模型生产循环的自主执行。

唐家会煤矿采用“1+1”跟机放煤生产工艺，为了及时支护顶板，支架在采煤机前滚筒过后2架开始跟机移架，根据工作矿压分布分析结果，在移架区域之后的3架区间自动触发“二次跟机拉架”策略，确保在工作面周期来压情况下，支架能够全部移架到位。

4. 工作面三维数字孪生技术

通过对接工作面人员、设备、环境等基础数据，结合二三维模型面板，实现快速、准确、高效地对现场生产工艺信息自动提取、实时跟踪、可视化展示。

5. 工作面自动调直技术

安装在采煤机机身内部的惯导陀螺仪可以精确测绘采煤机在刮板机上行走轨迹，并为工作面设备定位系统提供绝对空间坐标和参考基线。工作面高精度惯导系统可实现对工作面刮板运输机直线度检测，经过自动化集控软件处理解算之后，在下一刀割煤循环中，为每一台液压支架的拉架行程提供修正量，从而精确指导支架跟机移架，逐步将工作面刮板机和液压支架调直。自动调直功能开启后，可确保6刀范围内将工作面直线度控制在500 mm以内。

三、取得成效

一是唐家会煤矿在水文地质较复杂的开采条件下，依靠科技进步，建立智能地质保障系统，实现了奥灰水害防治的透明可视、精准施策。系统运行以来，先后处置了3处水害隐患，确保了矿井安全生产；61304工作面水害治理与相邻的61303工作面相比，治理时间缩短4个月，治理工程量减少30%，治理费用节省2000余万元，多采煤炭85万t。实现安全效益与经济效益的双向提升。

二是采煤工作面液压支架自动跟机率和煤机自主截割率均超过95%，最高跟机率达到100%，特厚煤层综放工作面内用工由12人减少到5人以下。

三是近年来，唐家会矿分别荣获“2022年煤炭行业标杆煤矿”“2022年度中国煤炭工业协会先进煤矿”称号，其中《基于精确动态地质模型规划开采与数字孪生的建设应用》荣获2021—2022年度煤炭行业两化深度融合优秀项目。

四、下一步计划

提升矿井采煤工作面智能化水平。借鉴国家能源集团乌兰木伦矿建设经验，统一各类传感器、控制软件的操作系统，用“普通话”统一数据标准、统一接口，在设备层打通设备运行数据、控制数据，实现数据跨系统调用和端到端联动控制；在晋能控股三元煤矿全景工作面智能化建设经验基础上，开发完善视频动态拼接技术，形成工作面动态“实时画廊”，实现采煤机全景及前后10 m范围内煤壁、支架状态动态全景可视化地面操作；

引入微处理系统惯导技术实现液压支架自动调直，提高精确度。

完善矿井地质保障系统。对接入系统的生产、水文各类监测数据进行数据治理，充分发挥地质保障对安全生产的指导作用。对地质保障系统进行轻量化处理，做到部署、运维程序简单化。

淮南矿区煤矿瓦斯全浓度全资源集成综合利用

淮河能源（集团）股份有限公司

随着国家碳排放政策的逐步收紧，迫使传统能源产业必须加快转型升级，减少温室气体和污染物排放，减少对生态环境的破坏，实现全社会绿色发展。当前，淮南矿区面临瓦斯减排和能源供给两大需求。因此，选择先进合理的技术路线，实现抽采瓦斯的全浓度资源化利用，统筹优化矿区供电、供热方式，达到综合能源集成利用的目标，是十分必要的，不仅具有良好的社会效益，同时具有可观的经济效益。

一、项目实施方案

（一）淮南矿区煤矿瓦斯利用气源特点

淮南矿区煤层埋藏深、地温高、地压大、瓦斯压力及含量大，本土8对矿井主采煤层均为突出煤层。为防范瓦斯灾害，淮河能源构建了保护层开采、地面瓦斯治理井、顶（底）板穿层钻孔、定向顺层长钻孔等区域防治技术和装备体系，以及地面抽采立井、高抽巷、以孔代巷、高位钻孔等卸压瓦斯高效抽采技术，消除了突出煤层的危险性，实现深部煤炭的安全高效开采。

根据瓦斯治理技术的“时间”和“空间”条件，获得不同浓度和气量的抽采气源。总体上预抽区域措施抽采的气源浓度相对高，但气量相对小；卸压抽采的气源气量大，但浓度低。不同矿井瓦斯治理措施获得的气源浓度梯级分布为：地面“L”型瓦斯治理井加砂压裂，浓度95%以上；地面抽采立井、井下穿层钻孔、定向顺层长钻孔等，浓度30%以上；高抽巷、以孔代巷、高位钻孔等，浓度10%～30%；老塘埋管等，浓度10%以下。

（二）淮南矿区煤矿瓦斯全浓度全资源集成综合利用方案

根据矿井气源特点，及矿井供电、供暖等不同能源需求，淮南矿区因地制宜、因情施策、“一矿一策”，形成几种不同类型的煤矿瓦斯全浓度全资源集成综合利用模式。

1. 地面煤层气直接民用模式

2018年至今，淮南矿区累计实施了29口水平压裂地面瓦斯治理井。为有效利用地面井产气（浓度95%以上），按照分块输送、分区处理、集中加工的原则，建设潘集煤层气加工中心，通过自建管网将潘二、潘三、朱集等煤矿地面瓦斯治理井生产的煤层气送至煤层气加工中心，经除尘、脱水、加压处理后，达二类天然气标准，全部并入城市天然气管网供居民使用和工业锅炉使用。

2023年，向潘集地区输送467.02万m^3煤层气；截至6月，2024年已向潘集地区输送392.99万m^3煤层气。地面煤层气直接民用降低了当地能源利用成本，创造了可观的经济效益。

2. 丁集、谢桥矿瓦斯利用模式

丁集、谢桥矿低浓瓦斯（浓度在10%以下）资源丰富，根据矿井气源特点，为充分利用矿井丰富的瓦斯资源，实施超低浓瓦斯利用项目，结合现有瓦斯发电机组对矿井瓦斯全浓度全资源进行利用。

（1）低浓瓦斯发电。采用低浓国产瓦斯发电机组，利用浓度10~15%的瓦斯发电。

（2）低浓煤泥烘干。采用瓦斯氧化装置，将井下浓度低于3%的瓦斯与空气掺混后，达到氧化装置工作浓度（0.3%~1.2%），进行氧化放热反应，利用得到的高温热源进入回转滚筒干燥机，对湿煤泥进行烘干。

（3）超低浓瓦斯及余热利用。采用瓦斯氧化炉、外置余热锅炉及后置发电机组，配套建设低浓瓦斯掺混等系统。系统需要供应瓦斯浓度为1.0%~1.2%。

2023年，丁集、谢桥矿共计利用瓦斯5420万m^3煤层气。截至6月，2024年累计利用瓦斯2439万m^3煤层气。其中，直接发电742万m^3、超低浓氧化1491万m^3、煤泥烘干205.4万m^3。既有效利用矿井抽采瓦斯，又满足了矿井生产过程中用电、供暖、井筒保温、井下制冷等多种能源需求。

3. 潘二矿西风井瓦斯利用模式

潘二矿西风井有两部分气源来源：

（1）井下生产区域抽采的低浓瓦斯。浓度在5%左右，氧气含量很高（约20%），因甲烷含量过低，直接排空。

（2）临近封闭矿井抽采的高浓瓦斯。浓度在20%以上，但由于CO_2含量高（7.5%），严重影响混合气体燃烧做功，发电机组启动困难，运行功率低，排气系统易损耗，难以直接利用。

另因潘集煤层气加工中心集输煤层气，存在井场产气高峰期潘集地区用户无法完全消纳的问题，公司自建一趟长6.79 km管路，实现将地面井抽采的浓度97%、封闭矿井采空区瓦斯抽采井浓度30%~40%的高浓瓦斯与生产矿井抽采浓度10%以下瓦斯掺混发电。

潘二西风井瓦斯发电站6台发电机组，于2022年8月投产，截至2024年6月，共利用瓦斯1617万m^3，累计发电4673万度。矿井瓦斯利用率由2021年的31.3%提高到2024年的42.1%。

4. 顾桥、朱集东矿瓦斯利用模式

顾桥、朱集东矿低浓瓦斯（浓度在10%以下）资源丰富：2022年，顾桥矿中央区、朱集东矿抽采低浓瓦斯分别为1398万m^3、2682万m^3，占矿井总抽采量的48%、38%，大量低浓瓦斯无法利用。另一方面，顾桥矿地面井场距潘集加工中心及民用管网较远，就近输送至矿内发电经济上划算；朱集东矿矿内瓦斯利用管路距进场至煤层气加工中心干管只需增加约2 km支管，即可利用富余煤层气掺混抽采低浓瓦斯配气发电。

截至6月，2024年顾桥、朱集东矿累计分别利用瓦斯1331万m^3、1540.1万m^3，利用率分别为64.7%、57.8%。与2022年相比，利用率分别提高21.2%、15.7%。

5. 潘三矿瓦斯利用模式

潘三矿瓦斯发电站内建有 3 万 m^3 储气柜，将地面煤层气与矿井地面抽采超低浓度（2% ~5%）瓦斯混合到浓度 30% 以上，矿井用电平、谷时段全部储存于储气柜内，待到峰时或需要时发电，以调节矿井用电负荷。

地区分时电价：峰时 1.0618 元/kWh，平时 0.6117 元/kWh，谷时 0.2861 元/kWh。截至 6 月，2024 年潘三矿累计利用瓦斯 1473.7 万 m^3、完成发电量 3116.72 万度，利用率由 2023 年的 45% 提高到 59.4%，调峰发电节约电费 1900 万元。提高了瓦斯利用率的同时，增强了瓦斯发电的经济效益。

二、项目创新性

目前国内瓦斯综合利用技术方法，主要有内燃机发电、瓦斯提纯、蓄热氧化、直接燃烧等四种主流瓦斯利用技术。其中瓦斯直接燃烧目前时仍处于工业性试验阶段，试验规模（燃烧装置和燃烧瓦斯量）有限，达不到在煤矿全面推广的条件。目前得到推广应用的主要是瓦斯发电和超低浓蓄热氧化。瓦斯发电建设投资少、周期短、效益高，且技术成熟，运行稳定，但只能利用瓦斯浓度在 10% 以上、且气源成分较好（氧含量高、碳氧化合物含量低）的瓦斯；氧化蓄热的利用方式能实现浓度低于 8% 的瓦斯利用，但其建设周期长、设备复杂、投资及占地面积大，投资回报率低，一般只适用于瓦斯浓度低于 3%，且有大量气源的大型煤矿。淮河能源在二十多年的煤矿瓦斯治理与利用的实践过程中，创新性形成了具有淮南特色的煤矿瓦斯全矿区全浓度全资源集成综合利用模式，该模式依据各矿瓦斯气源特点，及矿井供电、供暖等不同能源需求，因地制宜、因情施策、“一矿一策”，综合了主流瓦斯利用技术的可靠性、合理性，并具有最大的经济效益，实现了最大化利用煤矿瓦斯。

1. 高低浓度瓦斯智能掺混利用技术

高低浓度瓦斯智能掺混利用技术打破常规的单一设计理念，将浓度低于 5% 的瓦斯与高浓（30% 以上）瓦斯混合，实现对两种瓦斯气源的利用，既解决了采空区高浓瓦斯成分差、利用率不高的问题，又解决了抽排浓度低无法利用的问题，同时使用现有成熟技术和设备，成本低、周期短。该技术对混合装置进行了改造，消除了层流、气阻现象，确保了不同气源瓦斯的均匀掺混。系统中采用的瓦斯掺混管道反馈调节系统和混合管道的自动放散调节阀，实现了两种不同成分瓦斯的精准混配及输送压力的稳定。

2. 地面煤层气调峰发电技术

该技术利用浓度在 30% 以上的瓦斯能够储存的便利条件，将地面井场煤层气，通过瓦斯传感器及调节阀，与矿井超低浓度瓦斯混合至 30% 以上储存到储气柜，矿井用电平、谷时段储存，峰时将气柜内的混合瓦斯经过气处理单元进行脱水、除尘等，进入瓦斯发电机组发电，供矿井使用。

三、存在问题和今后打算

1. 存在问题

煤矿瓦斯是煤矿生产的副产品，瓦斯抽采首先为了治理瓦斯，以保证矿井安全生产。但也导致气源分散、浓度低，优质气源有限，不利于瓦斯利用。下一步，首先要深入学习贯彻习近平生态文明思想，提高环保意识，统筹算好瓦斯利用的安全、经济、生态综合账；其次，加快瓦斯治理模式的转型升级，将淮南矿区瓦斯治理模式由以井下为主地面为辅，尽快转变到以地面为主、井上下结合的新模式，实现瓦斯治理模式升级的同时，获取优质、高品位的气源。

2. 今后打算

淮南矿区矿井建井较早，经过几十年的发展，后备土地资源均已开发殆尽，土地资源的紧缺，一定程度上限制了瓦斯利用工作的发展。下一步，一要加快设备、设施的更新淘汰升级，以现代化、信息化改造，提升效率、效益；二要以新思路、新技术，建设矿区瓦斯输送、供配电管网，实现电气分区输送、集中建站（厂），节约土地资源。

丁集煤矿水面光伏+采煤沉陷区综合治理实践

淮河能源电力集团　丁集煤矿

坚持以用促治、治用结合，变劣势为优势，变环境问题为可利用资源。统筹水面光伏发展和沉陷区综合治理，充分利用采煤沉陷区治理工程，为水面光伏发展提供进场通道等所需的基础设施。利用光伏建设推动水面拆除、清理、岸线整治，实现区域环境提升，涵养区域小气候。

一、项目实施方案

（一）项目内容及技术指标

1. 水上漂浮式光伏电站建设

（1）采用高效低碳环保型单晶双面组件，通过创新的“浮体+杆件系统”布置形式以及锚固优化技术使光伏区漂浮于采煤沉陷区水面之上，建设装机容量为204 MW。

（2）通过浮力分析合理优化布局，将浮体的水面接触覆盖率降低至20%～30%，有利于水体自由流动和保持维护良好水质。

（3）升压站采用全预制舱模式，降低土方施工，减少各类燃油施工设备使用。本项目光伏首批并网后，现场施工均采用清洁电供应，进一步提升低碳效益。

2. 采煤沉陷区综合治理

（1）村落天际线。拆除积水区域内房屋985座，清除水域周边的树木、通信塔、个体养殖场等，恢复自然的天际线。

（2）美丽乡村路。亮化、美化、绿化泥古路。泥古路两侧增设太阳能路灯70盏；泥古路与房屋建筑相邻路段增设仿木护栏（4114 m），清理路基两侧垃圾，道路绿化。

（3）幸福坝水系工程。加固幸福沟堤坝3850 m；修复居民出行通道；实施幸福渠水系修复保护。

（4）幸福路硬化。对幸福沟东堤坝北段581 m路面硬化提升，铺筑宽沥青混凝土面层，改善堤坝通行能力。

（5）幸福路安全防护。在沉陷区主干道及临水路边安设抗腐蚀、抗撞击的安全护栏，为安全通行提供必要保障。

(6) 乡村观景平台。在蔡庄村光伏下水点建设一座 20 m × 10 m 的观景平台，施工水泥混凝土道路连接至国道 G345，提升当地游憩潜力。

(7) 景观绿地工程。蔡庄 2 个地块共 18 亩回填平整复绿。

(8) 岸线治理。在积水区南部建设一座连接蔡庄、沈庄、幸福庄三个行政村的 2000 m 临水道路，两侧安装安全护栏。在临水道路两侧进行美化、绿化，增加居民的活动场所，形成生态环境与周边区域发展的良性互动。

(9) 耕地找回。通过挖深垫浅等方式复垦土地约 204 亩。

(10) 宣传展示工程。在泥古路与幸福沟堤坝进场路口设置引导牌；在幸福沟东堤坝用矸石回填，建设 920 m^2 的观景宣传平台，打造丁集光伏 + 采煤沉陷区综合治理宣讲亮点。

(二) 实施过程

树立光伏与沉陷区治理“一体化理念”，按照“1 + 10”总体部署，统一规划、设计、施工和管理，探索形成了光伏基础设施兼顾沉陷区修复的统一设计机制、施工协同配合机制和费用合理分摊机制，做到优势互补。

(1) 通过开展水上漂浮式光伏电站新型技术研究，逐一破解“漂浮浮筒”“锚固系统”“电缆敷设”等技术难点，为项目高效建设奠定良好基础。一是漂浮方阵的锚固基础采用水下打桩和抛锚相结合的方式，通过给打桩船增加设计送桩器、优化不同水深区域锚固方案等设计方案成功提高项目建设效率；二是采用柔性连接电缆敷设、缩短箱变平台高压电缆进线等诸多新技术，为项目的高效建设、降本增效起到了积极推进作用。

(2) 围绕光伏建设区域，按照 10 项沉陷区环境治理工程设计，建立日常协调、专班调度、高层统筹工作机制。持续推进了治理工程进展，并为光伏建设创造有利条件。同时创新实施了堤坝临水矸石边坡低成本绿化技术，推动了沉陷区修复技术和工艺革新。

(三) 取得的成效

(1) 有效改善水质。水上光伏系统通过在水面铺设光伏板，能够有效遮挡阳光直射水面，减少藻类过度繁殖和水体富营养化的问题，从而改善水质，保护生态环境，总磷、氨氮、总氮和化学需氧量等重要理化指标均有 10% 左右或以上的明显减小（表 1），实现区域全面低碳绿色综合治理。

表 1 项目建设前后水质指标变化

指 标	项目建设前指标数据	项目建设后指标数据
总磷含量/($mg \cdot L^{-1}$)	0.29	0.27
氨氮含量/($mg \cdot L^{-1}$)	0.722	0.577
总氮含量/($mg \cdot L^{-1}$)	1.62	1.30
化学需氧量/($mg \cdot L^{-1}$)	34	31

（2）推动低碳发展。通过光伏建设替代燃煤电厂，可达到充分利用可再生能源、节约不可再生化石资源的目的，减少对环境的污染，节约淡水资源，对改善大气环境有积极作用。

（3）助力乡村振兴。项目建设运营期间带动现代高效渔业、光伏组件、浮体等装备制造和精品旅游等产业融合发展，新产业的注入将进一步带动当地就业，对改善农民生活和乡村振兴具有积极意义。

（4）改善群众生活。项目实施后，可有效消除沉陷区范围内各类地质灾害，恢复耕地约33亩，新增耕地约171亩；修建土坝2096.90 m，修复生产路1126.28 m，修整沟渠2894.45 m，新建浮桥152.72 m，简易码头1处，满足当地群众生产生活需求。

二、项目创新性

基于水面光伏所需的道路、岸线等基础设施建设以及水面清障，与沉陷区治理实施的道路加固、岸线治理、损毁设施拆除内容一致。通过统一设计，协同实施，既节约了投入，又提升了效果，且方便了利用。一是消除了地质灾害。通过实施基础设施加固，及时消除了因采煤沉陷造成的地质灾害。二是改善了水域环境。通过铺设水面光伏，清理了水面杂物、养殖污染，净化了水质。三是促进环境提升。因光伏建设需要，道路、码头、岸线治理建设标准提高，辅以绿化美化，环境得到有效提升。四是节约了投资费用。通过沉陷区治理投入分担，有效降低了光伏建设的基础设施投入成本。

三、项目可靠性

（1）运行稳定性。本项目中所使用的光伏组件、逆变器、漂浮系统、智能运维系统以及水上漂浮式光伏电站应用技术在国内外已有较多应用且运行状况良好。项目构建了智能监测系统平台，能够实现异常预警和智能诊断，同时结合大数据和人工智能技术，建立电站设备健康状态模型，实现设备故障预警和寿命预测。利用先进的传感技术、计算机通信技术、在线监测技术等，实现对设备状态数据实时采集、监视、分析、预测和故障诊断，减少光伏电站运维工作量，能够高效智能地保障电站的稳定运行。

（2）安全可靠性。项目使用水上光伏建设进行采煤沉陷区治理，沉陷区水域环境有利于光伏组件的散热，延长系统的使用寿命，其中光伏技术在近些年来突飞猛进，其转换效率不断提高而制造成本逐渐降低，保障了水上光伏项目的可靠性以及经济效益；同时漂浮平台技术经过特殊设计，浮体+杆件形式布局优化，对外界环境载荷的抗性提高20%，能够保证恶劣工作环境下的稳定运行；智能运维系统通过高精度实时监测，快速异常行为分析提高系统运行可靠性；光伏组件、逆变器、漂浮系统以及智能运维系统等多个子系统的集成与优化确保了整个系统的高效稳定运行。

四、经济合理性

（1）经济效益。本项目在全寿命运行期内，全部上网电量为5470.033 GW，25年年平均上网电量为218.795 GW，如以火电为替代电源，按火电每度电耗标准煤300 g计算，则全寿命周期内可节约标准煤约164.10万t，减少二氧化碳排放约426.65万t，减少二氧化硫排放约3.94万t，减少氮氧化物排放约1.15万t，减少了大量烟尘排放。

2024年截至6月30日，丁集一期光伏项目上半年发电量10406.74万kW·h，上网电量10347.22万kW·h，主营业务收入3625.26万元，营业总成本2832.44万元，利润总额为792.82万元。

（2）社会效益。光伏发电项目的实施为加快推进能源结构调整，提高非化石能源消费比重，为碳排放达峰赢得主动。同时，光伏项目配套沉陷区生态治理工程，修复了基础设施，净化了水质和区域空气质量，提升了当地群众的生活品质。另外，新产业的注入将进一步带动当地就业，对改善农民生活和乡村振兴具有积极意义。

（3）环境效益。本项目全寿命运行期内，全部上网电量约为552740万kW·h，如以火电为替代电源，按一度电能平均消耗295 g标煤，每燃烧一吨标煤排放二氧化碳约2.70 t、二氧化硫约24.98 kg、氮氧化物约7.3 kg计算，光伏电站全寿命周期内节省标准煤约164.93万t，减少二氧化碳排放约428.78万t，减少二氧化硫排放约3.96万t，减少氮氧化物排放约1.15万t，减少大量烟尘排放。

五、存在问题及今后打算

光伏+采煤沉陷区治理项目具有一定的特殊性，必须是将水面光伏建设与沉陷区综合治理高度结合，才能充分发挥其经济、社会和环境效益。两个项目单独实施就失去了典型优势。而能够统筹光伏与沉陷治理的只能是采煤企业。主要原因是采煤企业对沉陷区治理负有社会责任，对光伏发展具有需求。其他任何社会资本不具备这一特点。目前，由于采煤沉陷区水面资源分配方式多元，社会资本参与多，造成采煤企业难以发挥自身优势，不利于沉陷区治理提升、区域环境改善、乡村振兴推动和群众生活改善。

下一步，为加大光伏+采煤沉陷区治理项目推广力度，工作打算如下：

（1）持续开展光伏+采煤沉陷区治理工作试点，不断总结经验，形成沉陷区修复利用和新能源发展新模式。

（2）积极衔接属地政府，争取分配企业更多的采煤沉陷区水面光伏资源。

（3）强化政策衔接，沟通省、市发展改革委、自然资源等主管部门，争取光伏+沉陷区治理政策完善，寻求政策支持。

“流程融合+数据治理”双轮驱动自主构建大ERP推动企业数字化转型

淮河能源控股集团有限责任公司

“流程融合+数据治理”双轮驱动自主构建大ERP推动企业数字化转型案例，是在深入研究分析煤炭行业信息化建设模式，并基于企业自身发展战略和数字化建设现状，探索并创新提出。该实践案例以流程、数据驱动为路径，推进管理全要素、资源全管控、运营全周期、业务全链条的数字化转型发展，更贴近煤炭企业管理需求，对构建数字化企业的六大新型能力具有较强的实践价值。该模式方法科学、内涵丰富、特色鲜明、成效显著，为煤炭企业推动数字化转型发展提供先进做法和经验。

一、项目实施方案

1. 项目内容

淮河能源以企业发展战略为中心，确定以“一网打尽、一屏尽览、互联互通、信息共享”为总领，逐步探索以“流程整合+数据集成”双轮驱动自主构建大 ERP 为核心的数字化转型模式，坚持战略引领，以流程驱动、数据驱动为路径，推进管理全要素、资源全管控、运营全周期、业务全链条的数字化转型发展。模式基本内涵是：先建设数字化底座和各项标准规范，再进行业务系统建设，同时再开展业务融合与优化、数据治理和应用，最终达到业务全面覆盖无遗漏、流程纵向贯通横向协同、数据标准规范的目标。

2. 实施过程

（1）建标立规，提升数字化标准规范和底座支撑能力。为避免缺少统一的技术标准和规范，导致后续系统融合困难、信息孤岛问题严重、业务流程无法贯通等问题，淮河能源在信息化、工业化深度融合过程中蜕变，固化建标，凝练了一系列引领淮河能源数字化、智能化建设的企业标准。包括 6 项信息系统集成规范企业标准、13 项智能化建设企业标准和 12 项企业数据标准。

（2）数据实现，全面提升集团业务数字化水平。集团层面建有人力资源、全面预算、财务共享、资金管理、投资管理、物资采供、全面风险等 33 个集团级统建垂直管理业务系统，实现各类业务从集团到最末级管理单元的全面管理。33 个业务系统构成集团大 ERP 体系的核心业务，同时结合流程融合和数据治理工作，识别业务断点，规范业务行为，疏通战略、业务、系统壁垒，打通数据链条，提升数据开放共享能力。

（3）流程融合，重塑集团经营管控数字支撑体系。淮河能源以发展目标和管理转型目标为指导，围绕集团安全生产、经营管理等核心业务，开展流程融合与优化实施，形成以战略管理为引领，以战略落地为经营管控主线，以人力、财务、物资、投资、营销、风控六大业务为支撑的“一六六”经营管控体系。利用企业流程框架分析方法，自顶向下梳理集团 L1～L4 级流程 357 条，达到业务高效协同和全面全程可控的目标。

（4）数据驱动，释放数据要素价值。淮河能源提出了“1311”的数据战略框架体系，构建集团数据中台，进行源系统数据治理及跨系统数据融合。构建数据资源池，实现全业务数据统一存储、集中管理与安全共享。聚焦淮河能源数字化转型管理协同创新，以提升数字化监管能力和管理决策水平为目标，以数据中台和大数据分析为支撑，健全集团公司数据指标体系，打造各级领导驾驶舱，建设数字化业务监管平台，推进专题数据分析模型开发，实现数据深度应用及数据要素价值有效释放，全面提升淮河能源“数字业务化”水平。

3. 取得的成效

（1）全面启动数字化建设，解决长期存在的数字化难题。本轮信息化建设之初存在的主要问题已基本解决。集团数字化理念深入人心，数字化程度显著提高，数字化渗透到各业务细节；制定了统一、规范和完善的技术标准、数据标准和业务标准，实现数据充分共享和业务融合贯通；新一代信息技术实现与煤矿应用场景融合并推广应用，减人提效增安作用发挥明显。

（2）全业务全流程数字实现，助力企业改革与体制创新。集团总部及各二级单位积极推进数字化建设，伴随着集团公司集中管控业务系统的全面上线运行，各领域形成了全业务覆盖无遗漏、全流程贯通无断点和全面数字实现无盲区的良好局面。通过信息系统全面深入应用，为企业安全生产、经营管理提供了全面的信息化支撑，助力企业实现生产调度可视化、过程控制智能化、经营管理数字化、决策管理智慧化的目标，有效推进企业改革与体制创新工作。

（3）推动重点领域数字化建设，实现安全智能高效生产。煤炭产业建成2个国家级、3个省（自治区）级智能化示范煤矿，各矿井建成综合自动化平台，集成接入煤矿生产子系统，实现远程集中监视、控制，矿井主要固定车间及硐室全部无人值守，矿区全面实现煤流、矸石流、人流、物流“四流”分离。近三年集团用工总量净减1.01万人，煤炭全员劳动生产率、煤巷单进、岩巷单进分别提高20%、19%、33%，人均利润增长75%，利润总额增长77%。

二、项目创新性

淮河能源创新提出以“流程+数据”双轮驱动为核心，自主构建大ERP的数字化建设模式，是深入调研分析煤炭行业信息化建设模式，从管理需求、资金投入、人力投入以及信息化发展水平等方面考虑，探索创新并经过实践确立的。该创新模式既有效规避了传统的ERP建设模式存在功能复杂用户体验差、二次开发空间小、外挂系统多、项目实施周期长、投入大等缺点，也有效规避了分专业建设业务系统则容易出现系统林立、数据标准不统一、流程不贯通、产生数据孤岛等问题。该创新案例荣获中国煤炭工业协会“2023年煤炭企业管理现代化创新成果一等奖”。

三、项目可靠性

以“流程+数据”双轮驱动为核心，自主构建大ERP的数字化建设模式是一种具有可靠性的创新实践。通过该模式，企业可以更好地整合业务流程和数据资源，实现信息化管理的全面升级和优化。通过流程优化与重构，各业务流程进行全面梳理和优化，消除了烦琐的手工操作和信息孤岛，实现了流程的数字化和自动化。通过数据整合与挖掘，建立了统一的数据标准和数据湖，通过数据中台的数据分析和挖掘功能，为决策提供了有力支持。该数字化建设模式的可靠性得到了验证，为集团的持续发展和竞争优势提供了坚实基础。该案例被中国煤炭工业协会评为“2023年煤炭行业标杆模式”。

四、经济合理性

（1）模式具有适用性。该模式更贴近煤炭企业管理需求、见效快、整体灵活可控，具有资金、人力投入和建设周期适中等优点，适用多数信息化、数字化程度较低，数字化体制机制不健全，需要集中开展数字化转型建设的大型集团。

（2）做法具有可操作性。该模式能够体现煤炭行业企业推进数字化转型工作的客观需要，同时经过淮河能源近4年多的高效探索实践，验证了该模式具有指向性、可操作性，对促进企业数字化转型发展，构建数字化企业的六大新型能力具有较强的实践价值。该案例作为典型案例入编《煤炭企业数字化转型发展研究报告（2023）》。

（3）成果具有效益性。通过该模式的构建，淮河能源在技术架构、标准体系、业务融合、数据分析应用等方面处于后来居上的趋势。在减人、提效、降本、增安方面成效显著，充分发挥机械化替代劳动、自动化替代岗位、可视化替代监管、信息化替代跑腿“四个替代”效应，具有显著的经济效益和社会效益。淮河能源凭借该实践案例入选国务院国资委“国有企业数字化转型试点企业”，荣获2022煤炭行业两化融合先进单位称号，荣获“煤炭行业两化深度融合特别贡献奖”。

五、存在问题和今后打算

企业数字化转型是一项持续迭代、持续演变、持续提升的系统性工程，目前同金融、通信等数字化程度较高的行业比较，淮河能源在推动企业数字化转型方面起步较晚，目前还存在数据要素价值未充分释放，还未充分形成数据驱动、数字监管、以数治企的新型企业能力。下一步将点面结合加快培育一批高层次的复合型数字化人才，全面提升全员数字化意识和数字管理能力。同时以数据中台为支撑，健全集团公司数据指标体系，丰富各级领导驾驶舱，推进专题数据分析模型开发，实现数据深度应用及数据要素价值有效释放。

智能化钻机群全流程集中控制

淮南矿业集团地质勘探工程分公司　中煤科工集团重庆研究院有限公司

项目以淮南矿业（集团）有限责任公司地质勘探工程分公司为主要建设单位，中煤科工集团重庆研究院有限公司参与，于2023年1月至2024年6月在淮南矿业集团顾北煤矿建设实施，主要通过井下钻探装备信息化升级，建成井下智能化钻场以及地面综合管控平台。

井下智能化钻场主要包括集控中心、便携式巡检终端、网络通信系统、多部智能钻机、辅助施工平台等，如图1所示。对上述设备进行有机集成与融合，实现钻机群及辅助施工平台的远程可视化一键全流程自动施工。地面综合管控平台，通过井下信息实时传输，为管理人员提供参考，及时实施人工干预，提高管理效率。

一、项目实施方案

1. 项目内容

（1）钻机机载电控系统优化研究。为适应远程集控功能，钻机机载电控系统需进行升级优化，主要包括自适应钻进控制算法的优化及数据互联算法。根据现场施工工艺及地层参数信息，优化自适应钻进控制算法；根据集控要求，设计数据交互格式及通信协议。

（2）自动化辅助施工平台的研究。根据钻孔施工过程中风水切换及钻屑渣水处理工艺流程，设计渣水分离与转运、风水抽联动装置软硬件系统，研究辅助施工平台与自动钻机融合的全流程自动控制算法，实现钻进介质（风、水）自动切换及钻屑渣水的自动处理与转运，对钻渣和废水进行有序疏导，改善现场作业环境。

（3）瓦斯自动分级防控技术的研究。设计瓦斯自动防控软硬件系统，结合瓦斯超限预警传感装置，研究分级自动防控算法，实现钻孔瓦斯超限自动预警及自动钻孔封堵和瓦斯抽采防治。

（4）井下无线高速通信技术的研究。研究无线自组局域网及其接入技术，根据以太网协议进行通信设备及接口设计，实现无线高速数据传输，为作业信息及集群控制提供稳定、可靠、快速的数据互联通道。

（5）井下远程集控中心的研究。井下远程集控中心为可移动式控制室，远离钻孔作业现场，实现对多台钻机及辅助施工平台集中控制及视频与参数监控功能。根据钻孔作业流程，设计钻机及辅助施工平台集中协同控制算法，包括单个钻场全流程作业及多个钻场集群控制算法；设计可靠的以太网接口，保证信息交互的实时性及稳健性，实现远程集控信息实时交互及语音通话等功能。

（6）故障诊断技术的研究。根据设备正常运行特征参数，生成钻进参数专家数据库；实时采集钻孔作业过程中的状态参数，与专家数据库进行相似性分析，生成相应故障信息，并自动采取应急处理措施，如故障信息推送、报警、自动停机等。

（7）地面综合管控平台研究。地面综合管控平台设置在地面信息中心，对钻孔作业进行综合管理；通过该平台，管理人员可实时监控钻孔作业过程，对现场设备进行急停操作等；可实时采集现场钻孔作业参数及视频，生成钻孔信息日志，为钻孔质量分析提供原始素材。

2. 技术指标

一键启动全流程自动化施工功能；故障诊断、信息推送及辅助决策功能；集控中心与各钻场语音通话功能；每个钻场用 2 个屏幕显示钻孔作业信息，其中一个屏幕分屏显示 3 路视频信号，另一个屏幕显示钻孔作业参数；集控中心控制钻机数量不少于 3 台，控制延时不超过 1 s；传输带宽大于或等于 100 Mbps；无线网络信号辐射距离不小于 200 m；视频分辨率不小于 400 万像素；断电后集控中心可持续工作 30 min 以上；集控中心最大行走速度为 25 m/min，最大爬坡角度为 ±20°。

3. 实施过程

项目实施过程见表 1。

表1 实施进度表

	起止时间	实施内容
阶段 1	2023 年 1 月至 2023 年 3 月	建设现场勘察与选址； 对钻机及辅助平台智能化升级； 设备基本功能调试
阶段 2	2023 年 4 月至 2023 年 9 月	自组网络建设； 设备通信协议设计、网络配置与信息互联； 控制算法程序编制、调试、优化
阶段 3	2023 年 10 月至 2024 年 6 月	现场施工试验、验证与应用； 根据应用效果进一步完善

4. 取得成效

智能化钻场从 2023 年 10 月开始现场应用，利用远程集控中心同时控制 3 台钻机及辅助施工平台自动化作业，集控中心 1 人操作，现场 3 人巡检。施工过程中，智能钻机根据地层条件，自主调节控制参数进行自动钻进；钻进过程中，风水抽联动装置自动切换风水进行排渣；钻进渣水经孔口装置流入渣水分离与转运装置进行渣水分离和钻渣转运；当孔口瓦斯超标时，可自动停机并启动封堵装置封堵孔口及自动抽采瓦斯；当设备发生故障，如排渣介质流量故障、机械手动作故障等，系统可进行故障推送、报警及自动停机。

应用期间，平均月度进尺 8000 m 以上，人均效率达 400 m/(人·月)，是传统单机打钻效率的 1.7 倍；通过远程集控、无人值守、单人巡检的钻孔作业新模式，大幅度降低劳动强度，减人、提效、增安效果显著。

二、项目创新性

1. 技术创新点

(1) 钻孔作业远程集控技术。基于可靠的无线自组网系统，实现对多台钻机及辅助施工平台远程集控及视频与参数监控功能。

(2) 钻孔施工全流程自动控制技术。以自动钻机群为核心装备，渣水分离与转运装置、风水抽联动装置为辅助施工平台，以集控中心为控制中枢，基于自适应控制、无线互联、信息融合等先进技术原理，实现全流程自动化施工控制。

(3) 自动化辅助施工平台。自动化辅助施工平台与智能钻机有机集成与融合，实现钻渣自动处理及风水抽联动控制功能。

(4) 故障诊断技术对钻进参数进行实时评估与分析，实现故障诊断、预警及辅助决策。

(5) 瓦斯分级自动防控技术。该技术实现了瓦斯超限时自动预警并切断设备电源，同时封堵孔口、钻杆与孔口装置间的环状间隙及排渣口，再利用孔口多通装置抽采孔内密封瓦斯和风水抽联动装置从钻杆尾部抽采孔底瓦斯，达到“三堵两抽一自动”的目的。

2. 管理创新点

(1) 单机作业升级为集群作业，通过“3+1”作业模式，有效减少单机用工数量，通过设备换人，解决人力资源短缺问题。

(2) 通过自动钻进、孔深自动计数、故障自诊断等功能，提高了钻孔质量标准化，减小了钻孔质量管理难度，设备故障及时发现及时维修，杜绝带病作业。

(3) 推广钻、机一体化，打钻人员负责钻机的维护保养，进一步压缩维修人员，缓解维修压力。

3. 创新程度

与传统钻机相比，智能化钻场突破了钻孔全流程自动施工控制、故障自诊断、无线远程可视化集控等关键技术，改变了传统打钻模式，推进了由单机作业向集群作业转变，大幅度减轻了职工劳动强度，在安全、提效等方面效果显著，在国内外开创了智能钻机应用的先例，达到国际领先水平。

4. 知识产权

在科技核心期刊发表论文 2 篇；申请专利 2 项；申报行业标准 1 项。

三、项目可靠性

智能化钻场于 2023 年 10 月至 2024 年 6 月在淮南矿业集团顾北煤矿 13326 底抽巷进

行钻孔施工，利用远程集控中心同时控制三个钻场的智能钻机及辅助施工平台进行作业，一日三班，每班一人操作三人巡检，共施工八个月。完成钻孔××个，累计进尺62500 m，整体运行稳定可靠，除更换易损件外，没出现影响钻孔施工进度的故障。期间，国家矿山安全监察局领导莅临施工现场指导工作并给予并充分肯定。

四、经济合理性

（1）投资成本及运行维护成本。与传统液压钻机相比，智能化钻场设备的一次性装备购置成本稍高，但在长期使用过程中，可带来显著的减人、提效、增安的效果。智能化钻场主要包含3台智能钻机、3台辅助平台、1套集控系统，总共成本约900万元，一日三班运行班组成员约20人，按照15万元/(年·人）的人员薪酬、钻机使用年限3年计算，综合成本为1800万元；3台普通钻机及辅助平台成本约250万元，一日三班作业用工人数约45人，使用年限3年综合成本为2275万元；通过对比可知，智能化钻场设备加人工总成本可节省475万元，且智能钻场可提高综合台效30%以上，具备较高的推广应用价值。

（2）经济社会效益。智能化钻场设备开创了智能钻机应用的先例，解决了煤矿井下复杂受限环境下的自动钻探难题，是对“机械化换人、自动化减人”、《关于加快煤矿智能化发展的指导意见》等矿山智能化升级政策的积极响应，可推动煤矿灾害防治工程由劳动密集型向技术密集型转变。

（3）绿色环保。有效提升了煤矿灾害防治用钻探装备的技术水平和智能化程度，助力煤矿安全、智能、高效生产，促进了煤矿瓦斯高效抽采利用，减少温室气体排放，具有保护生命、保护资源、保护环境等多重效益。

五、存在问题与今后打算

智能化钻机群全流程集中控制智能化、信息化程度高，对施工人员综合素质要求较高，目前只有约20人会操作，后续将加强人员素质培训，通过师带徒等方式促进技术孵化，实现全面推广应用。

盾构机系列化在淮南矿区的应用

淮南矿业（集团）有限责任公司

淮南矿区地质条件异常复杂，深井开采五大灾害俱全，采掘接替矛盾一直是煤矿难以有效解决的主要矛盾之一，尤其是岩巷掘进，瓦斯治理工程量大，传统岩巷掘进机械化程度低、施工安全性和作业环境差，劳动强度大。为了有效解决这一难题，提升煤矿经济、安全、社会等综合效益，实现“少人则安、无人则安”，淮南矿业集团立足于技术、装备、管理升级，持续推进生产方式转变，积极探索推进岩巷掘进机械化，实施“机械化换人、自动化减人”，积极与相关科研单位合作，大力研发应用盾构机，效果显著。

一、项目实施方案

1. 实施过程

2014 年世界首台井工煤矿盾构机在淮南矿业集团投入使用，截至 2024 年 6 月底，已使用盾构机施工巷道 14 条，共计进尺 30745 m，创造了最高单班进尺 24 m、最高圆班进尺 50.6 m、最高月进尺 736 m 多项纪录。

2. 盾构机类型

盾构机主要应用了主梁敞开式、护盾式两种类型的盾构机。

3. 盾构机规格及用途

形成 ϕ2.5 m、ϕ3.5 m、ϕ4.5 m、ϕ5.5 m 盾构机系列化。其中，ϕ2.5 米盾构机用于高抽巷施工；ϕ3.5 m 盾构机用于瓦斯治理巷施工（待巷道完工后能形成负压通风，集中施工穿层钻孔且钻孔量不大）；ϕ4.5 m 盾构机主要用于瓦斯治理巷施工（掘进期间平行施工部分穿层钻孔，巷道掘进完工后仍需局部通风机通风，且钻孔量相对较大）；ϕ5.5 m 盾构机用于系统大巷施工。

4. 典型应用实例

（1）首台盾构机应用情况。2012 年，淮南矿业集团与安徽理工大学、北方重工集团合作，启动煤矿盾构机的研发工作，2014 年 10 月底，世界首台具有煤矿防爆性能的 ϕ4.53 m 主梁敞开式盾构机完成制造并运抵张集矿，随后在 2 条巷道中共掘进 2040 m，首次使用即创造了最高月进尺 560 m 的好成绩。

（2）ϕ2.5 m 护盾式盾构机在张集矿的应用。与沈阳天安科技股份有限公司共同合作研发的世界首台 ϕ2.5 m 护盾式盾构机，于 2020 年 9 月在张集矿投入使用，截至目前完成 4 条巷道的施工，累计进尺 6263 m，创造了最高月进尺 536 m、最高圆班进尺 41.6 m 的好成绩，综合单进突破 400 m/月。

（3）ϕ3.5 m 护盾式盾构机在顾桥矿的应用。2020 年引进了江苏神盾工程机械有限公司制造的 ϕ3.5 m 护盾式盾构机，在顾桥矿用于瓦斯治理巷道施工。截至目前完成 2 条巷道的施工，累计进尺 6416 m，取得了最高月进尺 600.6 m、最高圆班进尺 40.2 m、最高单班进尺 20.2 m、日均进尺 24 m 的好成绩，综合单进 428.9 m/月。在保持高效率掘进的同时，实现技术突破：2022 年 2 月 18 日—3 月 9 日，20 天顺利完成 68.4 m 圆弧曲线段施工，曲率半径 80 m，为淮南矿区首次盾构机转弯施工，也是国内煤矿盾构机小半径圆曲线转弯典型成功案例，对拓宽盾构机适用范围、提高盾构机的使用率意义深远。

（4）ϕ4.5 m 主梁敞开式盾构机在张集等矿的应用。从 2022 年底开始，引进 3 台铁建重工制造的 ϕ4.5 m 主梁敞开式盾构机，在张集矿、谢桥矿、潘三矿用于底板瓦斯治理巷道施工，截至目前完成 3 条巷道的施工，累计进尺 8416 m，取得了最高月进尺 736 m、最高圆班进尺 50.6 m、最高单班进尺 24 m 的好成绩，综合单进 442.9 m/月。

（5）ϕ5.5 m 主梁敞开式盾构机在顾桥矿的应用。2022 年底引进了江苏神盾工程机械有限公司制造的 ϕ5.5 m 主梁敞开式盾构机，在顾桥矿用于系统巷道施工，已完成 1 条巷道的施工，累计进尺 2762 m，取得了最高月进尺 406 m、最高圆班进尺 16.8 m、最高单班进尺 9.6 m 的好成绩，综合单进 276.2 m/月。

5. 取得成效

ϕ2.5 m 盾构机：已施工 4 条巷道，共计进尺 6263 m；最高小班进尺 15 m，最高日进尺 41.6 m，最高月进尺 536 m。

ϕ3.5 m 盾构机：已施工 3 条巷道，共计进尺 8336 m；最高小班进尺 20.2 m，最高日进尺 40.2 m，最高月进尺 600.6 m。

ϕ4.5 m 盾构机：已施工 6 条巷道，共计进尺 13384 m；最高小班进尺 24 m，最高日进尺 50.6 m，最高月进尺 736 m。

ϕ5.5 m 盾构机：已施工 1 条巷道，共计进尺 2762 m；最高小班进尺 9.6 m，最高日进尺 16.8 m，最高月进尺 406 m。

二、项目可靠性

实践应用效果表明，盾构机施工具有安全性高、自动化程度高、施工效率高、作业环境好、劳动强度低等优点，且设备故障率低，尤其适用于工程量 1500 m 以上硬岩巷道掘进，能有效缓解采场接续压力，促进矿井安全有序高效发展。

（1）安全性高。实现盾构掘进远程操控，设备安全可靠、自动化程度高，且工艺流程简单，不安全因素大大降低。

（2）施工效率高。与普通综掘机施工同类型巷道相比，盾构掘进单进达到了 3 倍以上，为瓦斯治理和新水平、新采区准备创造充足的时间和空间，能有效缓解接替紧张状况，解放生产力。

（3）劳动强度低。设备实现远程集中操作，主要工序仅锚杆支护需要人员配合；物料全部由单轨吊运输至拖车后方，避免人工长距离运料。职工劳动强度相比传统工艺大大减轻。

（4）巷道稳定。通过优选巷道层位，选择坚硬稳定的砂岩，在硬岩和圆形巷道的双重“保护”下，巷道自稳性强，可以减少巷修工作，提高巷道使用年限。

（5）有利于智能化矿山建设。主要工序仅锚杆支护需要人员配合，其他各工序均实现了智能化远程控制，且配有完善的自检系统和监控系统，实现了全方位视频化、监控化。

三、存在的问题

（1）适用范围存在局限性。目前，煤矿盾构机相关技术仍需进一步突破，影响盾构机的应用范围，如盾构机小体积模块化设计、盾构机快速安装拆除工艺技术、盾构机小曲率转弯及配套带式输送机转弯技术、盾构机高效率通过围岩破碎带的工艺及技术、前探钻施工工艺及技术等。

（2）对相应管理、操作和维护人员的培养难度大。盾构机全长近 100 m，由刀盘、驱动、护盾、大梁、撑紧推进机构、后支撑机构、后配套拖车等主要构件组成，设有操控系统、出渣系统、防尘系统、支护系统、物料输送系统、导向系统、液压系统、润滑系统、冷却系统、电气系统等，系统复杂、技术先进，对操作和维护人员的业务能力要求极高，短期内很难培养出相应的管理人员和施工人员。

（3）高效掘进时用工需求量大。因盾构机掘进效率高，巷道支护、管路延接、带式输送机延接、辅助运输系统延接等工作量以及相应材料物资运输量大量增加，同时系统维护工作量也很大，导致用工需求量大，实践证明，若月进尺 600 m 以上，施工队伍总人数约需 120 人左右，单班需 30 人以上。

四、下一步工作计划

（1）继续大力推广盾构机施工。结合矿区生产接替规划，细致分析各矿地质条件，在长度大于1500 m，岩石硬度系数不小于6，转弯曲率半径不小于50 m，坡度在±10°以内的岩巷，首选盾构工艺，提高掘进效率。

（2）优先选择敞开式盾构机。敞开式盾构机空顶距离短，正顶锚杆支护及时，在围岩条件较差时，虽也存在局部片帮掉顶现象，但基本未出现“卡机”现象，明显优于护盾式盾构机。在今后的施工中，盾构机工艺未有明显突破时仍优先选择敞开式盾构机。

（3）逐培养步盾构机施工管理、操作人员。在今后的施工中，逐步积累专业化施工技术、培养专业化人才，循序渐进组建自有专业化施工队伍。

（4）积极开展科研创新，拓展盾构机的通用性和适应性。一是优化盾构机的设计，进一步实现模块化，简化安装、拆除；二是研究盾构机超前随钻封孔、随钻注浆技术，实现超前注浆加固；三是研究盾构机掘进过程中钻场施工技术、瓦斯治理钻孔跟机施工技术，实现同步施工瓦斯治理钻孔工程；四是研究A组煤底板灰岩水防治技术，适应盾构机施工的超前物探；五是进一步研究盾构机转弯施工成套工艺、技术，拓展盾构机适用范围。

煤泥减量无量化综合利用

淮南矿业集团选煤公司

为解决本土煤业煤泥处置问题，提升煤炭综合利用率和洗选效益，选煤分公司一手抓技术创新，源头控制煤泥量，一手抓装备升级，实施以煤泥高压隔膜压滤机为核心设备的煤泥减量无量化综合利用，提高煤泥回收复用率，走绿色洗选之路。2021年张集选煤厂投入使用5台，2023年选煤分公司在潘集选煤厂、谢桥选煤厂、张北选煤厂、朱集东选煤厂投入使用24台，2024年继续在潘集选煤厂、潘一选煤厂投入使用20台，2024年将有49台高压压滤机投入运行。

一、项目实施方案

一直以来，选煤分公司围绕煤炭清洁高效利用，积极开展技术攻关，引进先进设备和工艺，攻克了一系列“卡脖子”技术。

（1）2008年起，创新三段浓缩处理工艺，一段浓缩底流回收掺混入动力煤中。选煤专业化管理之初，各矿井选煤厂煤泥水系统“污水横流”，多数选煤厂通过煤泥沉淀池辅助处理煤泥水。集团公司实施选煤专业化管理后，选煤分公司（选煤管理部）针对淮南矿区原煤粒度组成差、矸石易泥化、煤泥水难沉降等煤质特性，持续开展煤泥水处理技术的研究和工艺改造，独创性形成适应于淮南矿区煤质特性的三段浓缩工艺，其中一段浓缩底流通过筛网沉降离心机回收并掺混入动力煤中，回收量占煤泥总量的20%，煤泥产率降至5%左右，在实现煤泥减量的同时，提升了可售资源量。

（2）率先引进弛张筛用于原煤深度筛分，降低末煤入选量，源头控制煤泥产率。公司推行原煤深度筛分工艺。率先引进弛张筛代替博后筛等传统原煤筛分设备，推进动力煤高效分级洗选，大幅度提高筛分效率，减少末煤入选比例，2019年，选煤分公司完成所有动力煤选煤厂共20台弛张筛改造。弛张筛使用后，煤泥产率较2009年下降2.34%，年净减少煤泥量约93万t。

（3）高压压滤机替代传统压滤机的技术探索和应用。2020年6月，3～7 MPa超高压压滤机研发成功后，为检验高压压滤机处理淮南矿区煤泥的实际效果，选煤分公司第一时间联系压滤机生产企业合作开展新样机的现场试验，并于9月先后在张北厂、潘集厂开展了高压压滤机半工业性试验。经现场试验，煤泥水分约16.5%，破碎后煤泥粒度可达到掺混要求。试验成功后，选煤分公司立即组织编制了煤泥减量化方案。

2022年3月，张集选煤厂煤泥高效清洁利用工程顺利投运，高压压滤机生产的干煤泥水分约17%，发热量3300 kcal/kg（1 kcal＝4.1868 kJ），较改造前提高600 kcal。

2023年3月，谢桥选煤厂、朱集东选煤厂、张北选煤厂和潘集选煤厂一期四个厂煤泥高效清洁利用工程顺利投产，煤泥实现就地回掺，顾桥厂、潘三厂煤泥直接运至顾桥电厂、潘三电厂就地使用，选煤分公司动力煤厂基本‘消灭’煤泥副产品，有效解决了煤泥堆放和汽运销售引发的各类环保问题。

积极推进潘一选煤厂煤泥高效清洁利用工程和潘集选煤厂煤泥高效清洁利用工程二期建设。预计2024年9月投入使用，届时选煤分公司炼焦煤厂将全部取消煤泥副产品，彻底解决湿煤泥销售带来的环保压力。

二、项目创新性

创新开发了“一段自然沉降浓缩＋二段絮凝沉降浓缩＋三段净化浓缩”的煤泥水处理工艺，并配套建立了适应于淮南煤泥特性的加药制度，实现了“清水洗煤”，彻底消除了专业化管理前选煤厂黑水横流、遍地污水的现象。

率先引进弛张筛代替博后筛等传统原煤筛分设备，推进动力煤高效分级洗选，大幅提高筛分效率，减少末煤入选比例，动力煤洗选成本降低10%以上。

实施煤泥清洁高效利用攻关。聚焦“绿色发展”，探索煤泥减量化、无量化，实施一厂一策的煤泥高效清洁利用技术方案。通过技术改造，处理后干燥煤泥水分从28%降低至17%，发热量提高600 kcal，可直接回掺销售。动力煤完成煤泥无量化目标，年回掺干煤泥可达140万t，实现了环保和效益双丰收。

三、项目可靠性

目前使用情况来看，高压压滤机满足生产需求，滤饼水分为17%～18%，破碎后煤泥成粒状，表面干燥、无黏性，可均匀混掺至混煤中。高压压滤机与普通隔膜压滤机相比，高压压滤机自带自动锁紧装置，可以避免过滤过程中由于反压作用引起的活塞杆后退现象，有效防止了因油缸泄压活塞杆后退而引起的滤板损坏和滤液喷溅等安全隐患。同时集成洗布装置和振打装置，自动化和智能化进一步提高，减轻了岗位工作量，解放了岗位司机操作。

根据2022年至今的运行状况来看，该系统运行稳定、工作量小且未发生维护费用。

四、经济合理性

（1）项目资源环境效益。更换为高压隔膜压滤机后，煤泥水分降至18%以下，煤泥压干后全部回收混进洗混煤销售，不仅增加了可售资源量，提高了经济效益，而且彻底解决了煤泥地销难、环境污染等问题。

（2）项目的社会效益。煤泥经深度脱水后，混掺进洗混煤销售，洗选副产品煤泥得到了高效清洁利用，进一步降低了企业碳排放量，在“双碳”目标下，为煤炭行业绿色发展提供了方向。

（3）项目的经济效益。煤泥减量无量化综合利用高压压滤机在淮南矿区投入使用，2022年混掺煤泥量掺配煤泥11.04万t，溢价增收约1000万元，2023年掺销干煤泥68.08万t，增加效益6500万元。按照年掺配140万t计算，溢价增收约1.4亿元。

五、存在问题和今后打算

探索多元化煤泥掺配方式。炼焦煤选煤厂干煤泥采取“双掺配”模式，除本厂部分掺配外，根据各矿混煤资源量情况，积极对接销售中心、各矿煤管科，适当增加干煤泥转运至其他矿井的掺配量。同时加大直接销售电厂的发运量，充分发挥干煤泥掺销的溢价增收作用。

推行干法选煤工艺。随着干法分选设备技术的成熟，立项开展全粒级干法选煤技术研究，进一步拓展智能干选设备的应用范围，探索干法选煤替代重介浅槽等分选工艺，实现无介质、无水洗选，彻底消除煤泥。

通过创新浮选三产品工艺，进一步降低煤泥产品发热量和煤泥产率，实现低质尾煤泥掺混入矸石，煤泥无量化。其中精煤泥灰分控制在11.5%以下，加压过滤机脱水后掺混入精煤产品；中煤泥灰分控制在35%～45%，高压压滤机脱水后掺混入选混煤产品；尾煤泥灰分控制在70%以上，经高效隔膜压滤机脱水后掺混入矸石产品。

潘集选煤厂“工位”替代“岗位”管理模式创新实践

淮南矿业集团选煤公司潘集选煤厂

一、项目实施方案

1. 主要内容

潘集厂按照“四个替代”总体要求，围绕选煤核心工艺环节开展智能化建设，推动选煤各生产环节的智能化协同与联动，建设智能工位，实施工位替代岗位，以数智赋能提升洗选效率。一是应用带式输送机和配电室巡检机器人、火车采制样机器人、轮式机器人、加药机器人，研发采制化机器人，部分替代人工作业，应用远程停送电系统，替代人工停送电，做到机械化替代劳动；二是应用重介智能控制系统、浮选闭环智能控制系统、智能煤泥水系统，实现关键生产环节智能控制，做到自动化替代岗位；三是应用视频拼接和 AI 分析系统，对设备、人员、作业流程等进行智能识别、精准分析，应用人员定位系统，实现人员位置实时监测、危险区域电子防护、人体健康异常报警，做到可视化替代监管；四是应用智能管控平台，实现操作、管理、决策电子流程化，做到“一网打尽、一屏尽览、互联互通、信息共享”，通过数据资源湖，实现生产数据自动采集、提取、分析和建模，并建立煤质数据库，构建洗选模型，优化洗选组织，做到信息化替代跑腿。

2. 实施过程

潘集厂智能化建设投用后，将一些重复性高、工作量大、技能要求不高的岗位工作通过机器或自动化设备来替代，应用先进的底层自动化装备，实现系统可观、可测、可调、可控，取消了现场固定岗位。对全生产流程进行整合、重构、再造，实施生产系统自动化、智能化改造，创造性地建立八大智能工位。实现区域化、工序化的数据采集、信息监控、协同操作、生产协调等功能，打造无人值守模式，实现工位远程操控，做到生产现场无人操作、有人巡检。

潘集厂建设了“智能配仓、智能配煤、智能重介、智能煤泥重介、智能浮选、智能加压、智能浓缩、智能压滤”八大工位。在八大工位分别设置控制计算机和管理计算机，其中控制计算机用于设备集控、生产控制、工艺调节等，管理计算机用于视频监控、生产管理等，做到生产操作远程智能控制、安全生产信息集成共享协同、工艺数据联动分析。工位介绍及实施情况如下：

（1）智能配仓工位。远程开停叶轮给煤机，通过上位机调整叶轮给煤机的频率，控制回煤量大小，通过回煤皮带秤参数变化进行低运量闪烁报警和高运量排队带停给煤机程序，实现高效回煤。自动改换仓操作，通过定位接近开关及视频监控辅助，确保改换仓的安全性和准确性。

（2）智能配煤工位。原煤仓下所有设备实现远程操作，包括调整给煤机插板开度、开停空气炮处理蓬煤。通过皮带秤数据反馈自动调整给煤机频率，实现配煤量和配煤比例自动跟踪。根据进仓原煤数质量变化动态调整配煤量及比例。

（3）智能重介工位。远程调整重介系统各环节工艺参数，包括旋流器的压力、分选密度、液位、分流量及介质回收情况。实现自动抓介，系统远程补介。根据智能采制化系统灰分反馈，实现系统密度闭环控制，远程干预调整，确保重介产品质量合格。

（4）智能煤泥重介工位。远程调整煤泥重介系统各工艺参数，控制系统中的煤泥含量，确保介质稳定性。通过桶液位、旋流器的入料压力自动反馈调节煤泥重介泵的频率，保证分选压力符合工序标准要求，提高分选稳定性。

（5）智能加压工位。根据精矿池液位远程控制 6 台加压过滤机开停车。根据加压开启台数及仓压情况，远程调整空压机开启台数，减少能耗。根据浮选精煤水分、加压排料周期等指标，及时调整工艺参数，确保浮选精煤水分符合工序要求。

（6）智能浮选工位。应用浮选尾煤图像分析仪、精煤灰分仪，构建浮选智能控制算法，实现浮选闭环控制，实时调节浮选药剂量减少药剂消耗，提高浮精产率。实现浮选入料量、稀释水流量及浓度远程调节，实时视频监控代替人工巡查，减少职工工作量。

（7）智能浓缩工位。实现系统水平衡控制远程调节，提高水平衡的可靠性和稳定性。加药环节做到机器人自动操作，煤泥水智能加药系统，实时感知煤泥水特性，自动添加药剂，实现煤泥水系统高效运行，吨煤耗水在 0.06 m^3/t 以内。

（8）智能压滤工位。实现压滤系统自动补料、联锁加药、闭环控制、压滤机群控。根据煤泥性质、滤液水的水流情况远程调整运行参数，控制卸料时间，做好压滤机的远程操作和排队卸料，确保压滤系统稳定运行。

3. 取得的效果

（1）助推生产方式转变，实现减人增效。优化人员配置 36 人，实现了 7 个岗位人员缩减，生产组织方式由四班两运转调整为五班三运转，职工每月减少 2 个夜班。2023 年全员工效为 88.24 t/(人·天)，较 2022 年的 77.35 t/(人·天) 提高 14.08%，工效大幅提升。

（2）稳定产品质量，提高精煤产率。2023 年精煤产品合格率为 99.79%，较 2022 年提高 0.19%，超灰质量事故下降，减少质量扣款约 400 万元。分选精度提高，数量效率提高 0.5 个百分点以上，经济效益明显。

（3）减少材料消耗，降低生产成本。介耗下降 35% 以上，吨煤介耗控制在 0.7 kg 以下，达到国内领先水平，2023 年选煤专用材料成本较 2022 年降低 276 万元。电耗下降 15% 以上，节能降耗显著。

（4）降低事故率，提高洗选能力。事故影响时间降低 20% 以上，洗选能力提升 10% 以上。

二、项目创新性

（1）管理模式创新。通过工位替代岗位，在国内选煤行业首创了“调度 + 工位”的管理模式，实现了调度集中管理、工位远程操控。应用新装备，机器人替代人工作业，智能润滑、智能停送电等，提高系统可靠性、稳定性，降低职工劳动强度。得益于工位建设，生产组织方式由四班两运转调整为五班三运转，增加了职工休息时间。这种“工位”替代“岗位”的管理模式充分利用智能化、信息化的手段，实现了对生产过程的远程调控和高效管理。

（2）核心选煤工艺创新。建设全自动智能采制化系统，采样、制样、化验全流程机器人自动操作，首创湿法制样技术、富氧测灰技术，实现重介智能闭环控制。研发脱泥两次浮选工艺，应用尾煤 AI 图像分析仪、精煤 X 荧光灰分仪，实现浮选智能闭环控制。研发煤泥水三段浓缩工艺，开发智能煤泥水系统，机器人自动加药，实现煤泥水系统高效运行。

三、项目可靠性

潘集厂工位替代岗位管理模式创新实践成效显著，其中运行稳定性体现在产品质量合格率、生产效率明显提高，生产成本降低。安全可靠性体现在事故影响时间降低，洗选能力提升。2023 年，《潘集厂数字赋能选煤智能化建设》作为第五届全国智慧企业建设创新优秀案例发布。2024 年，《选煤厂煤泥水处理自动加药》被收录为矿山领域机器人典型应用场景。

四、经济合理性

（1）投资成本及运行维护成本。潘集厂工位替代岗位项目以及前期智能化基础建设总投资约5000万元，每年运维成本大致约40万元。

（2）经济效益。潘集厂年洗选精煤约600万t，数量效率提升0.5%，结合理论精煤产率，则每年精煤产量增加约19429 t（2023年统计数据），精煤平均单价1500元/t，年累计增加收入约2914万元。精煤产品合格率提高，年增加收入（减少质量扣款）约400万元。合计年增加收入约3314万元。

（3）节能降耗。2023年选煤专用材料成本降低276万元。吨煤电费降低约0.5元，潘集厂年入选原煤1100万t，年节省电费约550万元。合计年降低成本约826万元。

（4）社会效益。生产组织方式调整为五班三运转，职工每月减少2个夜班，工作时间减少，职工幸福感、获得感大幅提升。

从以上投入成本、效益分析可以看出，潘集厂工位替代岗位项目经济合理性较强。

五、存在问题及今后打算

1. 存在问题

（1）选煤特有的一些痛点问题仍未解决。系统进杂物、大块、铁器，筛板脱落等难以及时识别和有效处置。

（2）人才储备不足，工位员技能素质存在差异，年龄结构相对偏大，与智能工位管理的高要求不相匹配，人才培养周期长。

2. 今后打算

（1）针对选煤特有的一些痛点问题，持续开展智能化创新升级改造，解决现场用人问题，实现全部工位远程操控或机器人执行。

（2）实施调度、工位大融合制度，加强调度、工位员间学习交流和轮岗培训，做到互融互通，共联共享，将年轻优质的同志培养成“超级”工位员，同时做好传帮带工作。

单轨吊无人驾驶系统在朱集东煤矿研究及应用实践

淮南矿业集团朱集东矿　尤洛卡（山东）矿业科技有限公司

一、项目实施方案

1. 项目内容

朱集东煤矿东翼南盘区 -906 ~ -965 m提料斜巷单轨吊机车于2022年5—12月建成一套单轨吊无人驾驶系统。该单轨吊机车无人驾驶系统主要由视距遥控系统、自动驾驶平台、精确定位子系统、无线通信子系统、智能道岔控制子系统、车载信息处理终端、视频监控子系统、安全避障子系统、移动端APP、指挥调度系统等组成。

2. 技术指标

（1）视频、GIS地图、机车运行参数等显示功能。

（2）网口、CAN网关有线通信和UWB、5G、WiFi无线通信功能。

(3) 连接网络摄像头的功能，可实现视频存储、传输的功能。

(4) 可实现在地面集控室和机车驾驶室无线语音通信的功能。

(5) 通过地面集控室对机车进行远程无人驾驶操作，选择起始点后系统自动规划路径、自动行驶。

(6) 系统拥有自动判断途经路线行人、障碍物识别，具有机车通过性、托底、断链等状态的自动监测功能，基于实时数据自动制动停车。

(7) 无人驾驶系统需具备以下安全诊断功能：

① 自诊断和故障指示功能；其中包括机车超速报警、机车运行参数报警等指示功能。

② UWB 精确定位系统覆盖范围内，在机车前后端 30 m 范围内，可以实现对其他机车和行人的语音预警提示功能。

③ 自动驾驶过程中异常情况报警和停机保护的功能。

④ 自动驾驶和远程视频辅助驾驶相互切换的功能。

⑤ 综合应用显示和控制的功能；接入矿井集控平台，实时监控单轨吊机车位置、机车运行状态、故障预警显示及短信推送、运行日报表、实现单轨吊的远程驾驶和无人驾驶控制等功能。

⑥ 系统拥有与矿压监测系统同步闭锁的功能接口；两系统融合连通后，在矿压异常时，可防止单轨吊机车误入地质危险路段，并同步预警显示。

⑦ 运行货物拖底报警功能，防止断链、扭轨事故发生。

⑧ 机车运行参数数据分析功能，可以对进车运行状态数据进行历史数据查询、曲线分析和综合报表统计功能。通过数据分析判断机车整体运行状态，及时解决安全隐患。

3. 实施过程

(1) 2022 年 5—6 月进行工勘调研及施工方案确认，完成巷道内设备和分站安装点划分。

(2) 2022 年 7—9 月进行具体施工，主要完成：①初步确定现场安装的以太网交换机、UWB 基站及 WiFi 基站情况；②井下系统网络安装调试后可通畅运行；③在单轨吊机车中安装“单轨吊机车视距遥控驾驶系统”“单轨吊机车防撞系统”“单轨吊机车无人驾驶系统”“单轨吊机车无线通信系统”“单轨吊机车无线遥控起吊梁系统”；④在井下上位机和井上控制室内上位机中安装“单轨吊机车调度系统”。

(3) 2022 年 10—11 月为系统试运行：主要进行整车开始调试并试运行；测试视距无线遥控驾驶功能；测试遥控起吊梁功能；测试单轨吊机车防撞功能；测试单轨吊机车与井上控制室内上位机之间的无线通信功能，包括视频信号和语音通话等；在井上控制室内的上位机软件中，测试单轨吊的调度功能。

(4) 2022 年 12 月进行设备优化及项目总结，具体内容为：根据各功能分区中设备参数，测试单轨吊机车实际运行过程中的各项技术指标，并根据实际情况反馈调节和调试。

4. 取得的成效

无人驾驶系统的安装，解决了单轨吊在东翼南盘区 -906 ~ -965 m 提料斜巷中有人驾驶存在的难题，一是单轨吊机车无人驾驶在斜巷运输过程中，无须工作人员跟车保障机车的安全运行，保障了人员的安全；二是相比传统有人驾驶机车，单辆机车运行可减员 6 人，减少风险点与隐患近 15 个，提高运输效率 35% 以上；三是矿用单轨吊无人驾驶远程控制系统可更好地适应斜巷特殊环境下的运输任务。

二、项目创新性

单轨吊机车无人驾驶系统实现了对单轨吊机车的无人驾驶和智能管控，具有无人驾驶、路况感知、任务调度、车载监控、UWB精确定位、超速报警、机车防撞预警等功能。可减少井下作业人员，避免运输安全事故，提升我国煤矿行业的生产运输效率、智能化水平，意义重大。

该单轨吊无人驾驶系统研制采用AI视频识别、雷达测距、UWB精确定位、单轨吊无人驾驶、单轨吊协同调度等关键技术，跨学科跨领域、交叉性强，技术复杂度和难度大，该技术成果在多方面填补多项行业空白；为未来实现井下全程无人化运输夯实技术基础。

同时该案例研究和应用过程中共取得一篇论文发表和一项专利申请。

三、项目可靠性

该单轨吊无人驾驶系统是基于矿用WiFi6无线通信网络+现场总线控制结构而构建单轨吊远程控制操作系统，它依靠无线接收网络检测车辆的运行状况，由就近控制分站传送到运输调度中心，在图形显示设备上以模拟图的形式显示出来，供调度人员掌握，并且依靠计算机强大的记忆、判断和运算能力，控制执行设备完成相关动作，从而达到保障单轨吊机车运行的稳定性和安全可靠性。

四、经济合理性

该单轨吊无人驾驶系统为一次性研发投入，投入成本低、后期维护成本低。

1. *经济层面*

单轨吊机车无人驾驶系统的推广应用，可以减少井下运输人员数量（司机、跟车工）；机车管理系统能自动协调和控制井下辅助运输的各工序节点，加快运输节拍，能显著提升运输效率；同时机车管理系统利用激光雷达、拉压力传感器等多种方式实时监测矿井安全状态，实现试验项目路段的安全运输。由以上可知此试验项目在减人、增效两个方面效果明显。在可预见的未来，试验项目成果推广到整个集团公司后，经济效益会更加显著。

2. *社会效益层面*

单轨吊机车无人驾驶系统的推广应用，可以大幅减少参与井下运输人员的工作量，把工人从危险繁重的井下运输作业中解放出来，保障了工人安全，降低了工人劳动强度。

五、存在问题和今后打算

1. *存在问题*

无法实现物料的起吊自动化过程控制和自动装卸物料。

2. *今后打算*

同单轨吊厂家共同协助改造单轨吊机车起吊控制部分，同时采用集装箱装卸物料，以便实现物料自动起吊。

重点用能单位能耗实时在线监测系统在高耗能企业节能、降碳管理创新中的运用

淮南矿业集团售电有限责任公司

系统平台包括淮河能源集团下属本土8座煤矿、3家全资电厂、2家选煤厂、9个瓦斯发电站及2个加工中心，主要能源品种为电、煤、热、水、瓦斯气、油，共计558个监测点位，目前数据稳定上传至安徽省平台。

一、项目实施方案

（一）项目内容

通过建设淮河能源集团重点用能单位能耗在线监测系统，满足政府要求，推进淮河能源集团完善能源计量体系，提高能源精细化管理水平，实现淮河能源集团对下属24家重点用能单位的电、水、煤、热、瓦斯气、油等多种能源数据的在线监测和能耗分析。

（二）实施过程

（1）合规合法。系统建设必须符合国家法律法规及技术要求的相关规范。按照《重点用能单位能耗在线监测技术规范》、安徽省及地方政策标准。

（2）安全可靠。必须保证数据传输、保存的安全可靠。在对各企业进行详细调研的基础上，充分安排好各环节的衔接，保持数据流与业务流的一致。

（3）实用高效。系统建设完成后，要能够实现预期目标，在满足数据上报的同时，在能耗分析方面给集团带来帮助。

（4）成本控制。在满足国家建设规范的同时，减少现场仪表的重复建设，采取原有仪表对接、第三方平台数据对接的方案。

（三）技术指标

1. 系统架构

本系统在24家重点用能单位部署采集服务器，采集各企业的能耗数据，将采集到的数据汇总后上传至淮河能源集团的服务器，最终由淮河能源集团统一上报至安徽省平台。

2. 能耗数据采集功能

能耗在线监测端设备应支持以下类型的数据接入，适应重点用能单位可能存在的各种情况：

（1）支持从现场的仪表获取数据。通过Modbus（GB/T 19582）、DL/T645、CJ/T188协议，从现场仪表采集需要的能耗实时数据，并进行汇总生成上报的能耗数据。

（2）支持从数据采集器获取数据。通过Modbus TCP（GB/T 19582）、MQTT、HTTPS等标准通信协议从数据采集器获取能耗实时数据，并进行汇总生成上报的能耗数据。

（3）支持从自动化信息系统获取数据。通过OPC协议、IEC104等从重点用能单位的自动化信息系统采集需要的能耗实时数据，并进行汇总生成上报的能耗数据。

（4）支持手工填报数据。对于不具备在线采集条件的数据，应提供手工填报数据上传的模式。

能耗在线监测端设备应提供数据接入的软件配置工具，支持上述多种标准通信协议的软件配置界面，配置完毕后，在能耗在线监测端设备可运行基于 SQL、OPC、Modbus、DL/T645、CJ/T188 协议的数据接入执行模块，按照配置制定的规则，定时从数据采集点获取数据，送入数据处理模块，进行必要的运算处理，生成符合规范要求的上传数据，再送入数据上传模块进行编码上传。

能耗在线监测端设备应具备基础数据处理、本地存储及数据上传等基本功能，相应软件应具备如下功能：

（1）数据统计转换。应依据业务需求，对数据进行统计，转换数据格式、类型及量纲，得到规范中要求的数据。

（2）数据汇总计算。应支持能耗数据汇总计算功能，可将多项能耗数据合并成一个汇总的能耗数据。应至少支持数据累加、相减、乘除、积分等逻辑计算功能。具体包括但不限于如下几种运算规则：①利用加法原则，从多个支路汇总某项能耗数据；②利用减法原则，从总能耗中除去不相关支路数据得到某项能耗数据；③利用乘法原则，通过典型支路计算某项能耗数据。

（3）数据验证。应依据本系统制定的各行业数据采集技术指南的相关数据验证要求，对接入数据进行验证，判断能耗数据是否正确合理。

（4）数据存储。本地历史数据存储 5 年以上，并可以方便导出。

（5）数据展现。应依据实际应用需求，为重点用能单位提供能耗数据的查询、统计功能。

（6）数据上传。上传数据经过 HTTPS 协议加密传输。如果数据传输失败或超时（网络故障），能耗在线监测端设备将重发数据，直至接收成功反馈消息。

（7）多中心上传。能耗在线监测端设备应支持多中心上传功能，具备至少同时向两个以上数据中心发送数据的功能，能耗在线监测端设备数据上传中心可在本地或远程配置。

（8）上传协议。能耗在线监测端设备数据上传协议符合《重点用能单位能耗在线监测系统端设备接口协议规范》要求，采用数据加密后，将数据上传到系统平台。

（9）上传频率。能耗在线监测端设备采集上传的数据指标按照上传周期不同分为每日采集上传的数据指标和每月上传的数据指标。其中，每日采集上传的数据指标包括每日指标和实时指标两类，实时指标为每间隔 15 min 采集一次（标准采集频率，如企业实现困难，采集频率要求可放宽至 30 min 或 1 h 一次）的能源消耗实时数据，非人工填报数据均需上传实时指标。

（10）上传时间。能耗在线监测端设备需具备设定能耗数据上传时间的功能。端设备向平台注册后，可根据平台返回的数据上传时间自动或手动进行设定。

（11）数据重传。在网络异常情况下，能耗在线监测端设备应支持自动重新上传功能，通过多次数据重传，减少网络异常导致的数据丢失。在较长时间的网络异常情况下，能耗在线监测端设备可在下一个数据上传时间窗口，自动补传数据。

（12）数据补传。能耗在线监测端设备应支持人工补传功能，当上传的采集数据不完整或不准确时，可通过人工填报的方式进行真实数据补传。

（13）本地维护。能耗在线监测端设备具备本地维护功能，通过自带显示屏或其他维护接口方式查看设备工作状态，以便快速定位故障点及诊断报修。

（14）远程配置。应支持通过远程方式完成能耗在线监测端设备外网主机部分的上传地址、采集数据项、计算公式等参数配置。

（15）远程升级。能耗在线监测端设备应具备远程安装、卸载、升级应用程序的功能。能耗在线监测端设备进行远程安装、卸载、升级等操作时，充分保证端设备数据库安全，不对企业能耗数据进行修改、复制、查看等任何操作。

3. 节能功能

集团大屏数据展示体现接入企业基础信息及在线监测的各能源品种消费总量，展示整体的用能状况，包括总量消费情况、能效情况、能源消费结构情况。

（1）能源在线监测。查看各企业总耗、设备端的各能源实时用能情况及分布情况。图形、表格化展示总能耗、设备端用能情况。

（2）能效分析。查看能耗总量、用能趋势以及能耗结构。图形化展示企业能耗总量，年同比增速；同步显示选定年份及上一年逐月总量趋势，趋势图支持按月显示用量和累计显示；可查看选定月份的逐日及上月逐日总量趋势；以对生产过程中使用的蒸汽、水、电等能源进行监测，并以图形化的形式呈现用能情况。

（3）能效趋势分析。根据用能单位所属行业，可查看用能单位的单位产值能效等指标及趋势；了解所属行业能效分布以及企业自身所处水平。能效年趋势曲线，支持同比显示；当期统计能效，提供同比、环比增幅；能效指标趋势，支持同比显示；行业能效分布图，呈现行业能效分布现状，显示行业中位值以及本企业所属百分比。

（4）上报管理。用于填报产品产量、非自动化采集能源等相关数据。

二、项目创新性、可靠性、经济合理性

重点用能单位能耗在线监测系统的建设，可以实时、精准地统计集团的能耗情况，通过能耗分析结合现场实际生产进一步提升工作效率、提升管理水平。

系统可协助政府与统计数据进行交叉验证。通过能耗大数据分析，有利于能耗“双控”工作精准施策，为节能考核、节能监察、节能量核算、能效对标达标、能源审计等提供数据支撑；为能源计量监督检查、能源计量标准制定、用能产品能效评价等提供数据支撑；通过“互联网＋节能”服务模式，及时向集团内部提供政策解读、技术推荐、节能诊断等服务；可实现随时随地的在线监测与屏幕展示等。

系统利用云计算、物联网、地理信息、大数据等信息化技术，依托淮河能源控股集团外网和互联网构建淮河能源控股集团重点用能单位能耗在线监测系统，完成集团下属重点用能单位企业端设备安装及数据接入，重点用能单位数据上传至安徽省平台，项目整体通过省发改委、质监局验收。同时构建淮河能源集团能源监管平台和售电公司应用平台，通过对集团下属重点用能单位能源消耗情况进行实时监测，为节能主管部门行政管理以及节能服务提供了资源共享、产品交流、技术推广。

三、实施效果和推广应用价值

（1）重点用能单位能耗在线监测系统。健全能源计量体系早已上升为国家发展战略。安徽省市场监管局提交的“安徽省重点用能单位能耗在线监测系统建设项目”在2020年

6月顺利通过省政府常务会议审议。项目要求全省重点用能单位（2018年综合能源消费量1万t标准煤及以上）能耗数据的接入、分析、处理和上报，为做好能源消费总量和强度形势分析、促进能源计量审查、提升能源管理精细化水平等提供及时准确的数据支撑。集团积极开展此项工作，可避免因不按要求开展能耗在线监测系统建设和能耗在线监测工作而面临政府的处罚和失信惩戒。

（2）倡导全面参与节能。为提高全员节能意识提供窗口和平台。重点用能单位能耗在线监测系统的建设，可利用平台的公示功能，普及节能知识，将集团关注的能耗数据，对现阶段用能计划等及时进行更新发布。提供与员工的互动窗口，鼓励员工参与节能工作，形成全员自发参与、集团主动执行、积极管理的良性发展模式。

（3）为集团能耗分析和预警调控提供数据支持。能源消耗，是集团支出的重要成本之一。通过本项目的建设，可以加强能源消耗和计量统计能力建设，进一步完善节能减排过程中的计量、统计、监测、核查体系，确保相关指标数据准确一致。可以加强节能形势的分析预警，定期发布节能目标完成情况公告。

（4）为调整产业结构和优化能源结构提供决策依据。调整产业结构、优化能源结构和加强能源节约是节能减排低碳发展的重要途径。重点用能单位能耗在线监测系统的建设可以对能源消费的基础数据进行分析，用较小的监测周期，反映集团各能耗增长情况、各企业能耗情况、能耗结构和清洁能源消费变化趋势等信息，从而为进一步积极开展能源分析、“削峰填谷”、“错峰生产”以及节能管理、节能技改等工作提供大数据支撑。

（5）助推淮河能源集团绿色发展，圆满完成“双碳”目标。本项目通过采集、监测淮河能源集团各重点用能单位的能源基础消耗数据，画清了淮河能源集团能源消费图和碳排放总图，为淮河能源集团碳资产管理业务提供了精准、翔实的能源大数据支撑，为后续碳核查、CCER项目开发、碳交易、绿色金融等业务的开展奠定了坚实基础，高效助力淮河能源集团顺利达成“3060双碳”任务。

四、存在问题和今后打算

此次项目建设主要技术方案严格遵守国家相关文件精神，重点用能单位的能耗监测广度和深度还有待进一步扩大。未来，在能耗大数据运用手段、模式方面还有待进一步探索、发挥，只有将企业能耗数据“连成片”“结成网”，编织成细密的能源流、数据流网络，才能更好地实现能效管理、耗能监测、节能降耗的最终目标。

济宁能源发展集团有限公司

井下智能选矸协同长壁逐巷胶结充填（连采连充）开采关键技术研究
海纳美腾智能制造（山东）有限公司（289）

井下智能选矸协同长壁逐巷胶结充填（连采连充）开采关键技术研究

海纳美腾智能制造（山东）有限公司

一、项目实施方案

1. 项目内容

建设项目内容：地面制浆系统、浆液缓冲系统、HTDS 干选系统、矸石筛分运输系统、管路输送系统、井下运矸系统、支巷（煤柱巷）挡矸系统、地面沉降观测系统等。

建立井下矸石智能干选系统。HTDS 智能干选机通过 X 射线和图像识别技术，建立相应的分析模型，对煤与矸石数字化识别，对矸石或煤利用阵列式的高压风枪击打，实现煤矸分离，拥有高度的自动化功能。在生产过程中能耗低，故障率低。

深入研究建下压煤长壁逐巷胶结充填（连采连充）开采工艺。在井下设计建成 HTDS 干选系统，选出的矸石经破碎机破碎后通过返运带式输送机运至充填工作面，并与水泥、粉煤灰、水经按一定比例配置混合浆液，通过浆液输送管路从地面输送至充填地点对巷道进行充填，以置换“三下”压煤。

2. 技术指标

（1）选用 TDS（IXS200BP500）－14－300－U2 机型，分选带度 1.4 m，处理能力 150 t/h，可将煤中带矸和矸石带煤率均控制在 3% 以内。

（2）矸石充填能力为 8 万 t/a。

3. 实施过程

该项目自 2022 年初开建并于 2023 年 2 月完工，项目运营已经 1 年半。主要建设有地面制浆系统、井下分选系统和充填系统。关键设备有 HTDS 智能干选机、滚轴筛、破碎机、带式输送机、充填管路和抛矸机等，系统工艺流程如图 1 所示。

4. 取得成效

通过对井下矸石不升井＋长壁逐巷胶结充填（连采连充）工艺进行研究和工业性试验，形成一整套“矸石井下智能分选＋长壁逐巷胶结充填（连采连充）”新技术体系，为全国该套技术的推广应用提供技术支撑，结合 HTDS 井下矸石智能干选和长壁逐巷胶结充填（连采连充）充填开采工艺的优点，实现矿井的智能化、绿色、安全、高效开采。

二、项目创新性

1. 专利产权及获奖

（1）干选机及干选方法（CN115400981B），2022 年 11 月。

（2）煤矿井下干选排矸装置（CN207592282U），2017 年 10 月。

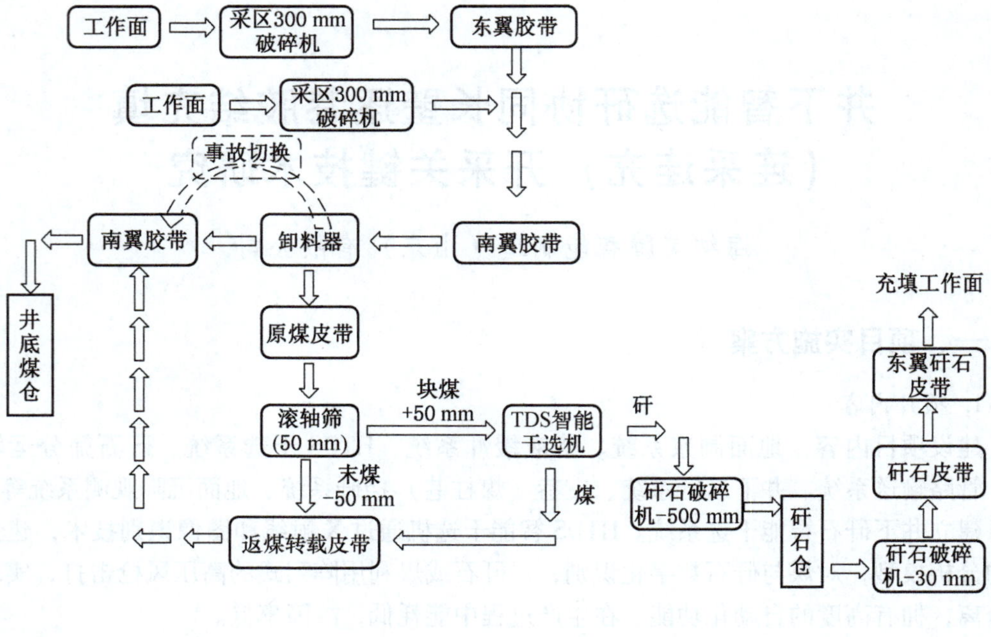

图1 系统工艺流程

（3）开采充填系统（CN207592282U），2023 年 1 月。

（4）2023 年 2 月该项目获得中国煤炭工业科学技术二等奖。

2. 技术、管理创新

（1）智能选矸设备的升级创新。TDS 智能干选机不用水、不用介质、不产生煤泥，利用射线识别煤和矸石，采用压风分选，拥有高度的自动化功能，能够将煤中带矸和矸石带煤率均控制在 3% 以内，分选精度接近浅槽排矸系统，远高于动筛、跳汰等分选设备。

（2）技术体系创新。智能干选系统与矿井充填开采相结合，实现矸石少升井、不升井，实现矿井绿色开采，促进煤炭资源开发与生态环境保护协同发展。形成一整套“矸石井下智能分选＋长壁逐巷胶结充填（连采连充）”新技术体系，为全国推广应用提供技术支撑。

（3）“三下”压煤绿色开采新试点。提高类似矿井项目的煤炭资源回收率、保护周边环境、消除地面矸石山、避免侵占农田、减少开采地面建构筑物影响等。

三、项目可靠性

1. 运行稳定性

智能干选系统利用射线识别煤和矸石，采用压风分选，拥有高度的自动化功能，建设所需成本低，工艺设备少，系统简单，在生产过程中能耗低，故障率低。智能干选工艺与传统湿法选煤工艺的最大区别在于不用水，无须煤泥水处理系统，设备数量少，关联衔接点少，系统简化；智能干选工艺设备体积小，设备长度一般 10 m 左右适合井下布置，一般巷道断面可满足系统布置，整个系统工艺简单，便于维护。

2. 安全可靠性

智能干选和膏体充填技术成熟，安全可靠高效，具有充填效果好，消耗矸石量较大，工作面布置灵活等优点，是当前解决边角资源和“三下”压煤、矸石外排较为成熟的充填技术，同时该技术还能减小地面下沉值，保证地面建筑物使用安全，还能有效支护工作面顶板，减小工作面矿压显现程度，有利于生产安全。

四、经济合理性

1. 投资成本及运行维护成本

义桥煤矿井下煤矸分选系统设备投资约 1900 万元，每年新增直接成本 450.94 万元（电费、维修费、折旧费、矸石转运费），矸石排矸费用 56.36 元/t。

2. 经济社会效益

（1）经济效益。每年减少 8 万 t 矸石升井，置换 8 万 t 优质原煤，多回收建下压覆煤炭资源 122 万 t，新增利润 5600 万元/年；同时享受资源税减免 50% 的优惠政策约 660 万元/年。

（2）社会效益。井下智能选矸协同长壁逐巷胶结充填（连采连充）开采关键技术研究，对于确保地面建构筑物长期安全稳定及实现地下能源开采与地面建筑物保护具有重要意义。该技术进一步提高了矿井的经济效益，打造绿色开采示范化矿井，提升了矿井的社会形象，促进煤炭资源开发与生态环境保护协同发展。

3. 节能减排及资源有效利用

井下智能干选协同长壁逐巷胶结充填（连采连充）开采主要节能减排及资源有效利用体现以下几个方面：

（1）消除地面矸石，义桥煤矿充填开采每年矸石约 8 万 t，进矿区生态和谐发展。

（2）充填开采可以有效控制地面下沉，为国家粮食安全提供有力的土地保障。

（3）以矸换煤，提高煤炭采出率。提高了资源回收率，延长了矿井服务年限。

（4）减少矿井污染物的排放。

（5）有利于地下水的保持，减少矿井排水能耗。

（6）实现矸石不升井，可以减少矿井提升压力，提高煤炭资源提升效率。

（7）逐步降低煤矿煤耗指标，减少的煤耗指标可交易，促进煤炭资源开发与生态环境保护协同发展。

五、存在问题与发展前景

1. 存在问题

（1）主动进行生态环境保护的认识还有待提高。

（2）对绿色开采的政策支持力度有待进一步提高。

（3）充填开采前期投资较大，原煤生产成本有所增加。

2. 发展前景

目前，智能选矸充填设备市场正处于快速增长阶段，据市场调研数据显示，全球智能选矸充填设备市场规模在过去的五年内年均增长率达到 15% 以上，而在中国市场，随着环保意识的提高和废弃物处理需求的增加，智能选矸充填设备市场增长更加迅猛，预计未来几年年均增长率将超过20%。

在环保政策愈发严格的背景下，该技术实现矸石不升井，不仅从根本上减少矸石等固体废弃物对环境的破坏，而且随着“电子封条”的实施，可以大大减少矿井提升压力，规模化处理矸石固废符合绿色矿山发展的要求。

辽宁能源投资（集团）有限责任公司

煤矿压风机组多项举措兼施并行助力节能降耗

铁法煤业（集团）有限责任公司晓明矿（295）

一种可拆式无极绳压绳装置在综采工作面回撤期间的应用

铁法煤业（集团）有限责任公司晓明矿（298）

增设动态载荷监控系统保障提升机安全运行的实施成果

铁法煤业（集团）有限责任公司晓明矿（302）

重介智能洗煤控制系统的研究与管理

铁法煤业（集团）有限责任公司大隆矿（305）

晓南矿智能化掘进工作面技术研究与应用

铁法煤业（集团）有限责任公司晓南矿（307）

智能化选煤厂技术研究与管理

铁法煤业（集团）有限责任公司晓南矿（310）

定向机械造穴技术在顺层定向区域消突措施中的创新应用

铁法煤业（集团）有限责任公司大兴煤矿（313）

小康矿主提升系统自动提升无人值守改造

铁法煤业（集团）有限责任公司小康煤矿（318）

小康煤矿 W3102 智能化放顶煤工作面设备改造配套设计与应用

铁法煤业（集团）有限责任公司小康煤矿（320）

0902 综放工作面制冷降温防治技术研究

铁法煤业集团大强煤矿有限责任公司（322）

双介流脉冲除尘器在煤泥烘干车间的应用

铁法煤业集团大强煤矿有限责任公司（328）

铁法能源公司煤矿智能化建设实践

辽宁铁法能源有限责任公司（333）

大隆变电所智能化变电站改造的探索与实践

铁法煤业（集团）有限责任公司供电部（335）

鑫岩煤矿 1009 智能化综采工作面

吕梁东义集团煤气化有限公司鑫岩煤矿（338）

矿用多参数巡检机器人在煤矿的应用

吕梁东义集团煤气化有限公司鑫岩煤矿　山西戴德测控技术股份有限公司（341）

煤矿压风机组多项举措兼施并行助力节能降耗

铁法煤业（集团）有限责任公司晓明矿

煤矿压风机组需24小时不间断运行，是矿井最大耗电设备之一，保证其稳定经济运转，对提高矿井的经济指标具有重要意义。为进一步提高压风机组智能、节能、安全、高效运行，晓明矿运转队技术人员在2018年对晓明矿压风机组实施压风机组多种节能降耗举措的方案，针对设备运行能源损耗几个重点方面，通过技术研究及探索，解决了能源空损耗、浪费问题，提高压风机组的工作效率，降低能耗，延长设备使用寿命，具有节能意义。

一、项目实施方案

（一）节电举措

1. 自动平衡分配系统

目前晓明矿压风机存在着控制方式落后、操作不方便的问题，由固定人员根据井下用风量的需求手动启压风机，导致设备长时间空载或轻载运行，因此，操作方便、功能完善的全自动运行、集中监控系统，可以提高压风机组的工作效率，结合目前公司“四化”建设部署与煤矿信息化发展的需要，对压风机全自动运行系统改造，核心控制器采用了西门子S－1200 PLC，进行了控制硬件和软件的技术升级，采用RS－485接口标准作为物理通信标准，通过压风机房控制主站PLC控制器直接通信控制压风机，对压风机组的控制和数据采集，能实现远程方式来控制压风机的启停，通过网络在线监视压风机的运行状况，查看压力、温度、运行时间、电机电压、电机电流、输出功率等实时数据。全自动运行系统模式需在运转队集控室操作，并必须具备高级权限人员，通过设定达到固定数值排气压力，从而自动启、停压风机，保证压风机不在空载或轻载状态下运行，减少能耗，降低运行成本，设置单台压风机加载时间，根据压风机工作历史时间自行调整压风机开启顺序，由PLC合理平衡分配3台压风机运行，达到每台设备年运行时间基本上一致，避免出现单台机组过度运行。

2. 增设低能耗机组

为满足矿井生产需要至少开启2台压风机，井下生产用量大期间，需开启3台压风机满负荷运行，但产生溢出风量，长时间是在空载或轻载状态下运行，导致能耗增大、机器受损严重、维护运行成本较高，为此增设1台能耗低的小型压风机组，经工程技术人员计算，公称容积流量为20 m^3 的压风机组与2台压风机同时运行完全能满足矿井生产用风，安装后设定为4号机组。

通过设定达到固定数值排气压力，原每2台压风机排气压力为5.5 MPa，矿井生产用风满负荷需达到固定数值6.2 MPa，通过增加4号压风机，在启动2台公称容积流量57.1 m^3

后达到6.0 MPa，自动启动4号压风机，保障井下正常生产，当生产用风量减小后，压力超过6.5 MPa，4号压风机卸压停止运行，保证压风机不在空载或轻载状态下运行，减少能耗，降低运行成本。

3. 固定排气压力自动启停

矿井停产检修、节假日、及每日交接班期间，矿井生产用风急剧减少，只需要单台机组运行保障矿井风动设备即可，人工启停方式并不能及时避免压风机空载运行，自动化系统投入后，通过设定矿井停产检修、节假日及每日交接班开启时间固定排气压力自动启停压风机，确保达到工作压力保证正常生产，并带来巨大的节能经济效益。

4. 改善岗位高效照明

为了进一步提高安全生产，解决岗位及现场因亮度不足等不安全因素，保证照明系统供电的安全、合理、节能，对厂房照明系统改造。由200 W、220 V的白炽灯更换为高效发光的“三防”荧光灯，提高使用寿命10倍以上，使岗位现场的照度得到了有效的提高，并达到良好的节能效果，同时延长灯具使用寿命。在保证必要照明的同时，有效节省了电费与管理费材料费的支出。

（二）节水举措

1. 水池喷雾冷却系统

增设一个晾水池，与原水池连通，增大散热面积。安装水池喷雾冷却系统，强制冷却循环水。经改造后能够满足循环水的冷却要求，杜绝溢流水的浪费，每年可产生23万元经济效益。

2. 冷却水的热量通过热交换装置

电机温度达到107 ℃自动停机，生产时使用2台同时工作，每小时需补充清水9.5 m^3才能将电机温度控制在100 ℃以下正常运行，冷却水循环后水池内温度可升高到50 ℃，随着清水的补充，升温后的冷却水将不断被排出。为避免带有热量的水被浪费，通过技术研究及探索，提出将循环后冷却水的热量通过热交换方式用于浴池淋浴水箱，由此可减少浴池烧水用蒸汽量和压风机冷却用水，一举多得。

3. 系统组成

浴池每天需用蒸汽将10 ℃的清水加热至40 ℃用于职工洗浴，如果能升高清水的基础水温，减少水的温升，将直接降低烧水用蒸汽量，从而达到节能减排的目的，冷却水热交换利用装置在正常使用时只是对热量进行交换利用，不能破坏和改变压风机房的任何设施，必须确保压风机中的所有设施功能不受影响。系统由进水管路、加压泵、换热片、回水管路组成。由清水主管线引出约10 ℃的清水，经过加压泵，将清水引入到压风机冷却水池中的换热片，换热片由5片组成，通过热量交换，清水温度得到提高后供给浴池淋浴水箱，压风机冷却水热交换利用装置原理如图1所示。

考虑到流速和换热面积，本装置选用ϕ63的PPR管为主要材料，为简化管路走线，设计中的管路多为利用原浴池供水管，女浴池楼内供水管路分接三通，由房顶将清水引入到压风机水池，经过循环后跨过浴池房顶引入男浴池水箱。由于浴池淋浴水箱的基础水温得到升高，可直接降低每天烧水使用的蒸汽量，经测算每天可节约3 t蒸汽，全年可节约1095 t蒸汽，压风机冷却水热交换利用装置结构如图2所示。

通过压风机冷却水热交换利用装置长时间对冷却水池进行热交换，水池内基础水温得

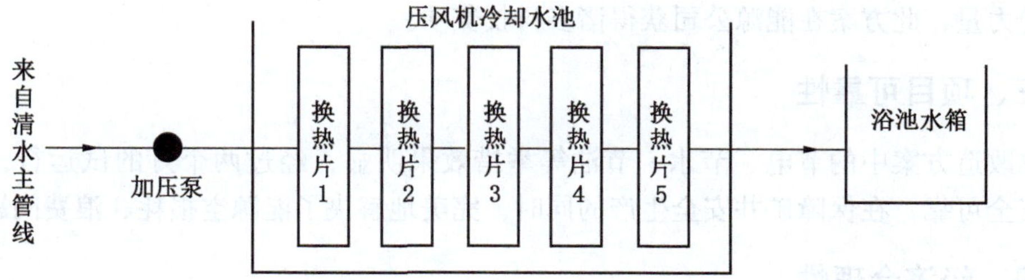

图 1　压风机冷却水热交换利用装置原理图

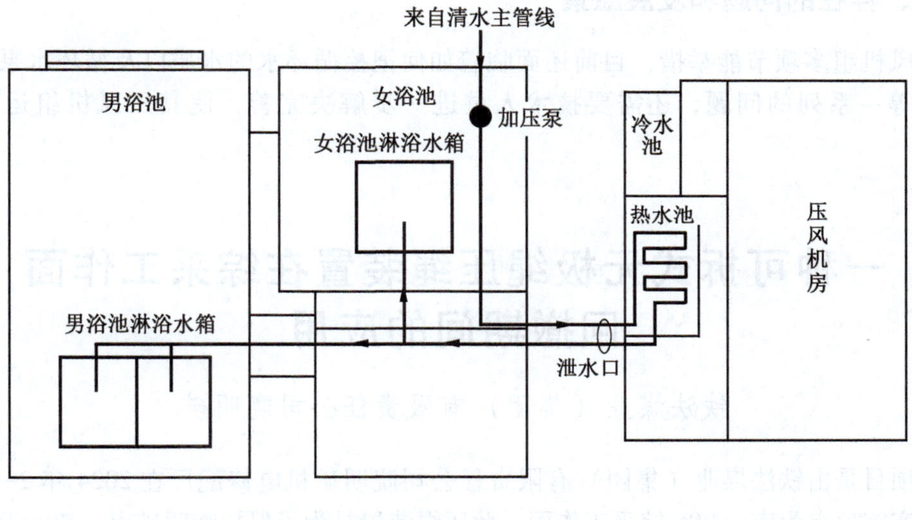

图 2　压风机冷却水热交换利用装置结构示意图

到降低，每小时仅需补充清水 5.3 m^3 就能将电机温度控制在 100 ℃以下正常运行，平均每天可节约 100 m^3 清水，全年节约 3.65 万 m^3 清水，按工业用水 3.9 元/m^3 计算，年节约水费 14 万元。将压风机循环冷却水的热量通过 PPR 管壁传递，置换给浴池淋浴用水，避免了冷却水与洗浴用水的直接接触，整套管路采用热熔工艺，密封良好，属于绿色环保的换热方式，且经过两个月的试运行，效果稳定，安全可靠。

（三）节油举措

通过以上节能举措，避免出现机组过度运行，可以确保设备润滑站、液压站用油稳定消耗，在确保安全同时严禁提前更换，加入量按最低使用要求，加强巡查，及时增补，例如按各设备油标下线加入，不得超过 5 mm，可减少成品油 20% 的投入，年可节油 800 L，年节约各类润滑油 7.2 万元。

二、项目创新性

本改造方案自 2018 年 6 月投入使用，对降低矿井生产成本，提高矿井的经济指标具有重要意义。更达到绿色环保功效，具有很好的推广价值和社会效益，为绿色矿山建设贡献一份力量，此方案在能源公司获得诸多科技奖项。

三、项目可靠性

本改造方案中的节电、节水、节油等举措效果明显，经过两个月的试运行，效果稳定，安全可靠，在保障矿井安全生产的同时，完美地解决了能源空损耗、浪费问题。

四、经济合理性

本改造方案投资成本少，运行维护成本低等优势，提高了矿井的经济指标，取得了经济和安全多方效益，年节约各类费用总计 100.5 万元。

五、存在的问题和发展愿景

压风机组多项节能举措，目前还面临着如何把控循环水的水质以及循环水泵如何自动运行等一系列的问题，还需要技术人员进一步解决完善，使其压风机组运行安全可靠。

一种可拆式无极绳压绳装置在综采工作面回撤期间的应用

铁法煤业（集团）有限责任公司晓明矿

该项目是由铁法煤业（集团）有限责任公司晓明矿机电修配厂在 2024 年 2—4 月完成的，实施地点为南一 706 综采工作面。此压绳装置是为了保护晓明矿南一 706 无极绳绞车下坡点压绳轮组而研制的工具。

一、项目实施方案

（一）立项背景

无极绳绞车是一种运用无级变速器，以绞盘的旋转来驱动绳索，完成牵引或承载任务的设备。其优点是工作平稳可靠，适用范围广，牵引力强，噪声低，使用寿命长。缺点是绳索使用寿命短，重量大，安装和移动不方便，维护成本高，并且技术要求较高，其中最大坡度为 12°，一旦运输巷道坡度过大，就会影响其运输平稳性。晓明矿南一 706 无极绳绞车下坡点坡度过大，致使无极绳绞车下坡点压绳装置在拉梭车连接的重车时，下坡点无极绳压绳轮组，受重车重力和无极绳绞车的拉力的反向拉力作用，产生了较大的向上分力，由于无极绳绞车压绳轮组是靠弹簧回弹，来实现梭车正常通行的装置。所以一旦向上分力超过弹簧制动力时，就会造成了压绳轮组的损坏和压绳器钢丝绳跳绳的现象（图 1）。一旦跳绳造成钢丝绳上漂，就会直接影响无极绳绞车系统运行，甚至巷道支护的安全。为了解决这一问题，通过机电办调研以及给予的数据，决定由晓明矿机电修配厂研制了一种可拆式压绳装置。拉重车时，将其安装在下坡点铁道上进行压绳，保护无极绳绞车压绳轮组的正常工作，梭车需要通过时，将其拆除使梭车能够顺利通过，保证无极绳绞车正常运转。

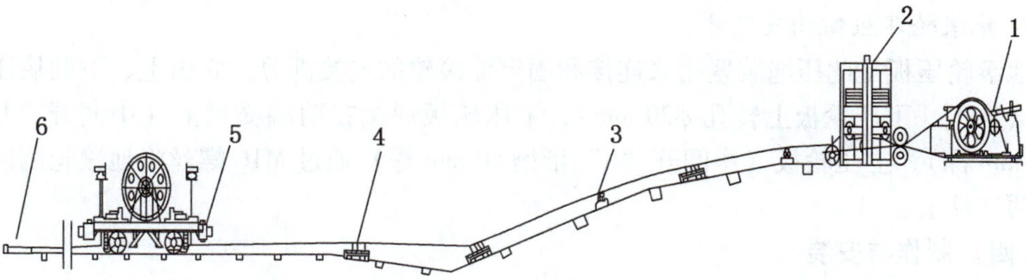

1—无极绳绞车主机；2—涨紧装置；3—托绳轮；4—压绳轮组；5—梭车；6—尾轮

图1

（二）技术内容简介

此压绳装置是为了保护晓明矿南一706无极绳绞车下坡点压绳轮组而研制的工具。所以，要以保护无极绳压绳轮组为主旨进行制作，其制作要点如下：

（1）固定方式。此压绳装置是以井下道轨为固定基础，在两根18号工字钢中间，用火焊切割出"凸"字形；"凸"字形下端开孔，用销子将其与道轨连接固定。

（2）拆除方便。此压绳装置是无极绳绞车拉重车时，保护无极绳压绳轮组的装置。当梭车要通过时将其拆除，所以要达到拆除方便的目的。

此压绳装置两立柱用销子与道轨连接，拆卸方便（为防止销子丢失，销子用销链连接在立柱上）；地滚轮两端用螺丝和压轮板连接。拆卸时，使立柱与地滚轮能分开；防止因装置整体重量过大，而造成拆卸不便。

（3）压绳高度。此压绳装置是为了保护无极绳压绳轮组而研制的装置。所以，其压绳高度要低于无极绳压绳轮组压绳高度，使之起到保护作用。

（4）压绳稳定性。由于此压绳装置是拆除式装置，所以为了减轻其重量，其整体宽度较窄；并且其立柱下方是销子连接，整体稳定性差，容易摆动。

为了提高其压绳稳定性，我们在立柱与道轨上端面的接触面上加焊了肋板，提高其压绳稳定性。

（三）各部分设计过程及尺寸的确定

1. 立柱高度确定以及"凸"字尺寸

立柱高度由道轨高度、立柱连接销、立柱上下承载部分组成（道轨高度134 mm，立柱连接销ϕ30 mm，立柱上承载部分60 mm，立柱下承载部分50 mm，立柱高度为274 mm）。

"凸"字尺寸由道轨尺寸决定，道轨上端宽为68 mm，道轨下端宽为114 mm，道轨高为134 mm。由于道轨宽度不是此压绳装置工作面，所以，"凸"字上端尺寸为80 mm，"凸"字下端尺寸为120 mm。然而，道轨高度是保证此压绳装置，压绳稳定性的基础，所以"凸"字高度为135 mm。

2. 地滚轮与立柱连接处的横梁尺寸

由于地滚轮是此压绳装置的压绳部分要固定在立柱上，才能起到压绳作用；但是地滚轮滚面长只有355 mm，而道轨间距为600 mm，所以要在两端立柱上加焊两段横梁，使之到达连接地滚轮的目的，单根连接横梁尺寸：（600 mm − 355 mm − 10 mm − 5 mm − 140 mm）÷2 =45 mm。

3. 地滚轮压板结构及尺寸

地滚轮压板是此压绳装置用来连接和固定地滚轮的连接部分。它由上、下两块压轮板组成（在上、下压轮板上转孔 ϕ20 mm），下压轮板焊接在两端横梁上（中间开“U”形槽 40 mm 深），上压轮板（中间开“n”形槽 50 mm 深）通过 M16 螺丝将地滚轮两侧轴固定在两立柱上。

（四）制作与安装

此压绳保护装置是用来保护无极绳绞车压绳轮组，防止压绳器损坏和跳绳的保护装置。通过了解无极绳压绳器的压绳高度，来制作此压绳保护装置。

无极绳压绳器相关数据有：①压绳高度175 mm；②铁道道宽600 mm；③38 号铁道高134 mm；④38 号铁道上端宽 68 mm；⑤38 号铁道下端宽 114 mm，如图 2 所示。

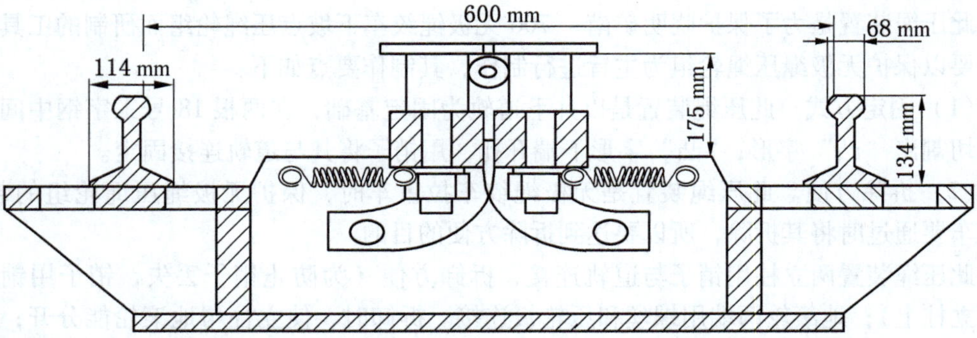

图 2 无极绳绞车压绳器尺寸图

根据以上数据确定此压绳装置用料见表 1。

表 1 无极绳绞车压绳装置用料表

编号	名称	材 质	尺 寸	数量
A	立柱	18 号工字钢	长 274 mm	2 个
A1	横梁	18 号工字钢	长 40 mm	2 个
B	压轮板	地滚轮	长 355 mm	1 个
C	下压轮板	10 mm 铁板	94 mm × 130 mm	2 块
C1	上压轮板	10 mm 铁板	60 mm × 94 mm	2 块
C2	强化板	10 mm 铁板	94 mm × 150 mm	4 块

表1（续）

编号	名称	材 质	尺 寸	数量
C3	肋板	10 mm 铁板	50 mm × 60 mm	4 块
E	销链	铁链	长 300 mm	2 条
D	联接销	销子	ϕ30 mm × 160 mm	2 根

制作时，将立柱 A 工字钢立起来，中间开凸字槽，用来与铁道配合使用；再将 C 铁板上 40 mm 处转 M18 的孔与 A1 工字钢上面端部垂直焊接，再用肋板 C4 焊接在两垂直面上将其加固；A1 工字钢与 A 工字钢上端对齐焊接；然后将 C2 和 C3 分别焊接在 A 工字钢两侧面，强化其承载能力（焊接后在底部往上 45 mm 处钻 ϕ32 mm 的通孔）；再将 E 销链与 D 销子和强化后的 A 工字钢焊接组件，焊接在一起；最后将 B 地滚轮安装在焊接组件上，用 M16 螺丝将 C1 固定在 C 上。

安装时，将此压绳装置安装在无极绳绞车下坡点压绳轮组下端，用 D 销子将其与铁道连接固定。由于是封闭式结构，能够承受更大的载荷，来保证无极绳绞车运行的稳定性，使之最终达到保护无极绳压绳轮组的目的，无极绳绞车压绳装置如图 3 所示。

图 3　无极绳绞车压绳装置实物图

（五）取得的成效

此无极绳压绳装置安装拆卸简单方便，维护简单，运行安全可靠，压绳效率高，解决了晓明矿矿南一 706 下坡点无极绳绞车压绳轮组损坏和跳绳的问题。希望通过此压绳装置的研制，能够解决以上问题，使无极绳绞车运行更加平稳安全，并能对类似问题起到借鉴意义。为晓明矿今后的安全生产提供保障。

二、项目创新性

“一种可拆式无极绳压绳装置”于2024年6月11日被国家知识产权授予国家实用新型专利。专利号为ZL 2023 2 2958951.7。

该装置具有结构简单，拆卸方便，压绳稳定性好，故障率低的优点。拉重车时，将其安装在下坡点压绳轮组下方的铁道上进行压绳，保护无极绳绞车压绳轮组。需要梭车通过时，将其拆除确保梭车正常行驶。增强了无极绳绞车的压绳平稳性和安全性，提高了提升效率。

三、项目可靠性

现场使用该套无极绳压绳装置后，成功地避免了运行中的钢丝绳从压绳轮中跳出的现象，为南一706工作面运输的安全生产工作保驾护航。

四、项目经济效益

直接经济效益：以前回撤拉重车时，平均每天损坏压绳轮组2组，回撤大约需要5天，每组压绳轮组为3500元，核算回撤大约需损失35000元。而此无极绳压绳装置制造成本约为350元，制作了两组，一组正常使用，一组备用，直接节约34300元。

间接经济效益：由于此压绳装置安装拆卸方便，运行安全可靠，压绳效率高，使用寿命长，节约了由于压绳轮组损坏后更换压绳轮组，而造成的人员投入的损失。

增设动态载荷监控系统保障提升机安全运行的实施成果

铁法煤业（集团）有限责任公司晓明矿

晓明矿主井提升方式选用竖井单绳缠绕式提升，在用电控系统于2007年进行改造，实现了高速直流双机拖动与PLC程序控制，满足生产安全及产量需要，但是煤矿提升皆存在无法检测箕斗在实际运行中的实时载重，箕斗在罐道内负载发生变化，严重影响设备安全，存在安全隐患。为避免对主提升设施造成危害，采取实时监视箕斗载荷变化情况，并将载荷重量实时显示在提升机操作间形成保护，以保障主提升设备的安全稳定运行。晓明矿运转队技术人员在2020年对晓明矿主井实施单绳缠绕提升机实现动态载荷监控的方案。

一、项目实施方案

1. 天轮荷重装置安装

在保证主井天轮主体结构不变的前提下，在天轮轴承座底部安装轴承座式荷重传感器，轴承座式荷重传感器根据天轮轴承座实际尺寸定制，安装在天轮轴承座底部，输出模拟量信号经屏蔽控制电缆引入提升机控制室，将原设备轴承座安装在荷重传感器本体上，荷重传感器本体上预留定位凹槽，凹槽深度10 mm，将轴承座安装并定位在凹槽内，采用

M36 ×3 螺栓紧固，然后将传感器安装在设备平台上，整体结构紧凑，占用空间小，安装后经强度校验，主井天轮加装轴承座式荷重传感器，轴承座及轴承座式荷重传感器安装方式科学合理，底板尺寸长 1800 mm × 宽 300 mm，共 33 个铆钉，比原有增加 13 个铆钉，轴承座两侧用 4 个 M30 螺栓顶丝，并且调整后锁紧，结构强度满足安全使用要求，不会对主井提升系统造成影响或危害，能够确保设备安全运行。

2. 技术方案

传感器受负载重力后，采集出主井提升机天轮总载荷模拟量信号，传感器单只量程 50 t，精度 ±1.5%，模拟量信号经 PLC 运算，得出天轮总载荷，天轮总载荷为箕斗在装载点时箕斗自重 + 煤炭重量 + 钢丝绳重量 + 天轮总成重量之和，减去箕斗自重、天轮总成重量，并在计量煤炭重量时减去所处位置钢丝绳重量即为煤炭重量。

3. 天轮称重装置调试

通过将称好重量的煤装入箕斗，下放置装载区（装载区不再装煤，保证标定值准确），每次设置不同的提升判断参数，然后提升机按正常提升速度运行，记录称重值与实际装煤的重量，若称重值与实际装煤重量差距大，则调整提升判断值参数，直至接近实际值，多次提升，多次记录，确保该提升判断值为最佳参数，利用多次测量钢丝绳重量，计算出称重参数 K 值为 1.28 ~ 1.29，由于钢丝绳含油泥，且与实际装入的 8 t 煤数值、标定负载，对比传感器验证 K 值极为接近，定 K 值为 1.3，提升机方向给定运行，延时 75 s，在减速爬行平稳段计斗数为最精准，此运行段不能有效反映实际装煤重量，但可以精准显示卸煤后，箕斗下行时内部实际的载荷，可有效防止由于煤质原因或卡块造成重斗下放的情况，确定应用前景后，对称重装置的 PLC 程序进行修改，截取实际载荷参数，设定反向运行计量并通过设定保护曲线，对箕斗下行内部载重监控，在下行起 3 s，重量 3.5 t 为保护设定点，超过 3.5 t，由液晶显示屏显示实际重量，声光报警提示提升机司机，箕斗内部未卸载或有湿黏货物。

4. 天轮称重装置精度效验

称重装置投入使用至今，2020 年 11 月 4 日至 2021 年 1 月 21 日期间，针对称重装置精度的效验共进行 8 次，见表 1。

表1 称重装置精度效验表

日　期	实际装煤重量/t	装置测定重量/t	与实际装煤重量误差
2020 年 10 月 23 日	8	8	0
2020 年 10 月 30 日	3.65	3.6	0.01
2020 年 11 月 7 日	6.6	6.61	0
2020 年 11 月 14 日	2.3	2.33	0.01
2020 年 11 月 23 日	8.1	8	0.01
2020 年 12 月 3 日	3.8	3.82	0
2021 年 12 月 25 日	6.45	6.43	0
2021 年 1 月 20 日	2.4	2.31	0.03

通过对称重装置8次精度效验，反映出精度可靠，超限后能够及时准确的发出报警提示，随生产采煤质重量发生变化时保障晓明矿主井提升机设备有重大安全意义。

二、项目创新性

本改造方案自2020年11月投入使用，通过精度效验反映出称重装置精度可靠，提升重量超限后能够及时准确的发出报警提示，当班、当天、每月计斗数能够与上位机计斗、干簧管计斗数量一致，随生产采煤质重量发生变化时，通过称重装置每天、每月计斗重量也随之发生变化，运用轴承座式荷重传感器采集信号进行称重方式可行。此方案曾在2021年取得国家知识产权实用新型专利，专利号为ZL202120485705.2。“主井提升机天轮称重装置的设计与应用”获2022年度煤炭企业优秀“五小”技术创新成果三等奖。

三、项目可靠性

矿井提升机基本采用钢轨罐道、钢丝绳罐道，钢轨罐道，如图1所示。钢轨轨道是箕斗的导向，罐道卡子和罐道缺口板的关系是相辅相成的，罐道卡子的松动会导致罐道沿罐道梁垂直方向运动从而使缺口板磨损，而缺口板的磨损与开焊会导致罐道沿罐道梁方向运动从而导致罐道卡子的松动，从而导致罐道一系列问题的发生，极易出现提升事故，这也意味着对罐道的动态监测、维护任务意义重大。

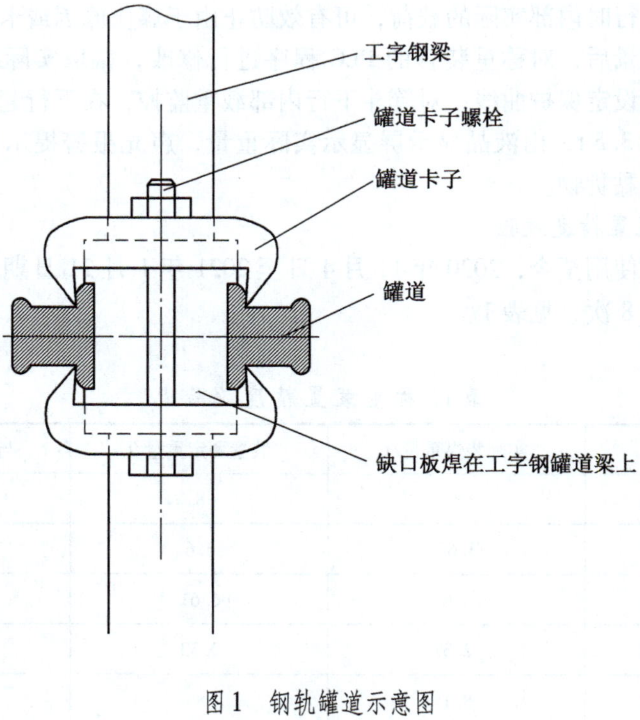

图1　钢轨罐道示意图

采取实时监视箕斗载荷重量数值变化，并将载荷重量实时显示在提升机操作间，可以有效防止间距变化、错位，螺栓松动、开焊等问题造成严重的提升事故，当发生巨大震动位移后，数据超限报警，及时通知操作人员和维护人员对井筒设施进行检查并及时处理。

保障罐道、罐耳处于安全状态，使系统因罐道问题未及时发现而导致问题扩大增加处理时间，对于提升精度、稳定性有质的飞越，有效地保证了主井提升机安全运行，减少主井中断生产时间，为煤矿的安全生产做出了贡献。

四、经济合理性

本改造方案不仅有投资成本少，运行维护成本低等优势，还为煤矿减少主井中断生产时间，创造经济效益约38.9万元，为煤矿的安全生产做出了贡献。

五、存在的问题和发展愿景

随着时间的推移，主井电控系统也即将改造，称重系统如何与新系统实现兼容还需要技术人员进一步设计，只有在诸多先进的科技成果中不断学习，才能在接下来的称重系统与新电控系统兼容改造中集思广益、得心应手，保障主井提升机的安全运行。

重介智能洗煤控制系统的研究与管理

铁法煤业（集团）有限责任公司大隆矿

一、项目实施方案

1. 项目内容

大隆矿选煤厂原有重介洗煤系统操作方式单一、技术水平落后、设备检修维护量大，已经影响了产品稳定性，矸中带煤，急需进行升级改造，减轻现场作业人员劳动强度，提高自动化、智能化水平，及时高效调整斜轮分选机内的分选密度，进一步稳定产品质量、提高产率，同时降低吨煤介耗，实现安全高效生产。

2. 技术指标

（1）悬浮液密度测量。测量范围：$1.0\sim2.0\ g/cm^3$；测量误差：$\leqslant\pm0.005\ g/cm^3$。

（2）悬浮液铁磁物质浓度计。测量范围：$0\sim1000\ g/L$；测量误差：$\leqslant\pm10\ g/L$。

（3）合格介质桶液位测量。测量误差：$\leqslant\pm5\ mm$。

（4）悬浮液密度自动测控误差。测控误差：$\leqslant\pm0.01\ kg/m^3$。

（5）悬浮液煤泥含量自动测控误差。测控误差：$\leqslant\pm5\%$。

（6）介质密度自动跟踪洗煤灰分，洗煤灰分回控介质密度。根据入洗原煤性质或洗选累计数据，自动优化悬浮液密度和煤泥含量最佳值，依据洗产品在线灰分值或离线仪数据，实时调节密度，快速响应，精准控制，保证洗产品质量稳定。

（7）自动测量合格介质悬浮液密度，现场屏幕显示，并根据设定值自动跟踪和调节。

（8）自动测量悬浮液中煤泥含量，现场屏幕显示，并根据设定值自动调节分流器的开度，使煤泥含量值稳定在一定范围之内。

（9）昆明冶研阿姆德尔密度计、浓度计、液位计等检测仪表，适应安装环境，运行可靠，探测设备测试数据准确。

（10）自动测量合格介质桶、稀介质桶液位显示，并实现上下限报警。

（11）可实现介质制备库高介搅拌桶密度液位监测，并指导制备高密度介质悬浮液，随时对合格介质桶内补加介质。

（12）管路、阀门等执行机构无卡、堵现象，执行顺畅。

（13）系统具有远程启动、计算机手动和自动三种控制模式，以保证系统在任何情况下均可满足生产使用。

（14）PLC 软件采用西门子 S7－1500。

（15）实现与重介系统密切相关的主要动力设备的开、停状态监视。

（16）系统设置岗位操作人机界面和上位机双操作界面，在方便岗位司机操作的同时，可以使系统信息方便地上传和共享。现场配备 14 寸以上高品质控制触屏。集控室配上位机，上位机主机采用四核 8 线程 CPU 工控机，16 G RAM，硬盘 1 T，配备 1 台 27 寸液晶显示器；配备稳压电源 1 台；上位机软件平台使用 WINCC－V14 专业版，或其他品牌更高版本。

（17）具备实时数据现场显示、主要调节参数趋势曲线、历史记录查询功能，对密度、磁含量、煤泥含量等重要生产数据的实时值、趋势变化曲线可做到随时查阅，并可以上传至局域网，生产管理部门可实时监视生产状况，预留与集中控制系统的接口。

（18）预留与集中控制系统的接口。

3. 实施过程

（1）实现合格介质悬浮液密度的自动测量、显示并根据设定值控制加水阀门开度，以实现密度值的稳定控制。采用同位素密度计在线测量悬浮液的密度，在加水管上安装角行程电动加水阀门，根据要求的分选密度和目前密度的测量值，通过 PLC 控制系统自动控制加水阀门的开度大小，达到对斜轮分选机内介质密度的自动控制。

（2）实现悬浮液中煤泥含量的自动测量、显示，并根据煤泥含量的设定值调节分流器的开度，使煤泥含量值稳定在一定范围之内。通过对固定筛板下方分流管路的改造，设计并安装可以灵活控制的分流机构。对于分流器的控制采用进口角行程电动执行器，在安装后的使用过程中，发现球阀在使用一段时间后，球面磨损较大，造成阀门开关困难，因此，通过技术人员研究，使用开关更加方便的闸板阀门，通过这一改动，分流执行器运行正常，效果良好。当煤泥含量值高于一定值时，自动增加分流器的开度，增大分流量，排出一定量的煤泥，将煤泥含量值控制在一定范围之内。

（3）实现合格介质桶与稀介质桶液位的测量、显示以及上下限报警。用超声波液位计对液位进行在线测量，介质桶液位上、下限值根据工艺情况设定，生产过程中应保持一定的液位以确保系统中合格介质循环量。同时，有利于稳定分选机的液位。

（4）系统具有远程手动、计算机手动和自动三种控制模式，以保证系统在任何情况下均可满足生产使用。控制操作台设在水洗车间小班休息室，系统的显示、操作由岗位工人进行，显示操作设触摸操作屏。系统设岗位操作人机界面和上位机双操作界面，在方便岗位司机操作的同时，又可以使系统信息方便地上传和共享。上位机引入选煤厂集中控制室，数据的存储、收集由上位机完成。

（5）与重介系统密切相关的主要动力设备的开、停状态监视。如合格介质泵 2214/2215、稀介泵 2218/2219、入洗皮带 2201 等，该功能可使岗位操作人员及时观察主要设备的运行状况，一旦发现设备故障及时处理，以最大限度减少损失。上位工控机采用网络版工控软件，将实时数据、趋势曲线、历史记录上传至局域网，生产管理部门可实时监视生产状况。并且预留与集中控制系统的接口。

二、项目可靠性

大隆矿选煤厂应用重介智能洗煤控制系统并经过适应性改进后，实现了选煤厂洗煤过程从人工操作到智能化控制的升级，在整个系统完工后使用过程中，能够实时自动调控斜轮分选机内介质液密度，保证了在复杂煤质的情况下的洗煤精度，洗产品灰分稳定率达到100%，保证客户满意度，提高企业经济效益。

三、经济合理性

1. 经济效益

整个系统在使用过程中替代了原有人工操作环节，减少了岗位人数，提高了洗煤精度，取得了良好的经济效益。

改进后，实现了自动化控制，由原来的2人职工操作，减少到无人操作，同比减少了2名人工，每名员工按平均工资3000元/月计算，节支7.2万元。改进后，由于提高了洗煤精度，洗产品质量得到提升，销售量对比改造前平均每月增加70 t，洗产品平均售价1000元/t，创效84万元。合计91.2万元。

2. 社会效益

应用重介智能洗煤控制系统解决了原重介洗煤系统操作方式单一、技术水平落后、设备检修维护量大的问题。实现了重介智能洗煤控制和工艺参数的自动调节，精煤质量稳定且产率提高。改造后，不仅提高了煤炭的质量和产量，而且增加煤炭的附加值和市场竞争力，促进煤炭产业高效健康发展，实现“人员盯岗向无人值守转变；设备巡检向在线监测转变；生产人工操作向智能调整控制转变；设备抢修向自诊断预维护转变”，保证生产现场安全，多为企业创效益。

四、存在问题及发展愿景

该系统在使用的过程中未发现异常问题，计划今后继续对洗煤系统进行升级改造，完善生产流程，不断提高机械化、智能化水平。

晓南矿智能化掘进工作面技术研究与应用

铁法煤业（集团）有限责任公司晓南矿

晓南矿通过将先进成熟的自动化、信息化、智能化掘进技术应用于煤矿，建设智能化掘进工作面，采用EBZ200i型智能化掘进机，CMM2－25型全液压锚杆钻车等，布置于掘进巷道作业，通过智能化运行，提升煤矿安全生产水平、保障煤炭稳定供应。

一、项目实施方案

1. 单轨吊车

DQ50/0.5 型气动单轨吊车布置在锚护好的回顺巷道与材料巷之间，主要用于巷道的物料、器材和小于 5 t 重量设备部件的运输，还可在井下其他需要短距离运输地点安装使用，特别适用于瓦斯含量高等易燃易爆矿井。

2. 全液压锚杆钻车

CMM2 - 25 型全液压锚杆钻车布置于掘进巷道头与智能化掘进机前后轮转作业。本钻车主要用于煤巷和半煤岩巷道掘进工作面支护作业，能够实现顶帮同时支护，还具有在硬度 $f=3\sim8$ 的煤/岩层内钻炮孔及探测孔等功能。适应巷道工作坡度 ±15°。

3. 智能化悬臂式掘进机

EBZ200i 型智能化掘进机能实现连续切割、装载、运输作业。该机适用于煤巷、半煤岩巷的巷道掘进，也可在铁路、公路、水利工程等隧道施工中使用。三一重装掘进机在液压、电控系统控制下，精确配合，协调一致，轻松灵活地完成掘进作业。

二、技术指标

1. ESK 掘进机远程智能控制系统

ESK 掘进机远程智能控制系统由惯性导航系统、中央控制单元、光纤通信以太环网、远程视频监控分站、遥控器和井下、井上远程监控设备几部分组成。

(1) 惯性导航系统。使用高精度陀螺仪和加速度计，实现完全自主掘进机车身姿态方位信息的获取，结合掘进机智能实时传感器网络发出的多传感器信息，经精确的模型计算得出实时的截割头位姿参数。完成对机身位置、截割头位姿的测量和计算，同时与中央控制单元进行数据传输、控制执行等工作。

(2) 光纤通信环网。多台监控通信分站相之间，通信分站与通信接口之间，通过光缆相互连接组成光纤以太环网，作为井下通信传输平台，传送各种参数，数据和控制信号。

(3) 中央控制单元。整车电气系统智能化控制的核心设备，同时配有遥控操作系统；对设备的工作环境及自身情况进行全面的监控，包括瓦斯、粉尘、水量、油温、油压、截割电流等，设备异常时自动停机。具有故障自动诊断系统，方便设备排故，以及完成与显示屏通信等。

(4) 远程视频监控分站。通过在掘进机上安装的无线摄像头、传输站等相关设备，将掘进机工作时的音频以及设备运行状态信息等数据利用无线网络传输至掘进机后方的远程操作台，再通过环网全部传输至地面调度室，实现全方位的远程实时监控。

(5) 遥控器。掘进机远程遥控操作，提高操作手的人身安全，改善其工作环境，降低巷道粉尘对其的危害，工作延时短，提高截割效率。

(6) 井下、井上远程监控设备。实现远程（井下、地面）图像监控掘进机工作断面、设备截割头、整机位置、后配套出料情况。方便操作者操作，截割断面模拟显示功能有效解决了煤矿井下掘进机工作面工况复杂、环境恶劣、截割作业粉尘量大、照度差，严重影响操作手视线的问题，抑制截割断面欠挖、超挖现象的发生。

2. 核心技术功能

（1）惯性导航定位技术。SIRIUS－F002 光纤惯导产品采用模块化设计，可选配北斗/GPS、高程计、里程计等配件实现全天候三维空间定位定向。产品具有光纤 INS 纯惯性自主定位定向的特点，支持光纤 INS/北斗（或 GPS）组合定位定向导航准备时间短、反应速度快、抗干扰能力强等特点先进的动基座寻北能力。

（2）截割轨迹在线监测。使用高精度陀螺仪和加速度计，准备时间短、反应速度快、抗干扰能力强，实现完全自主掘进机车身姿态方位信息的获取，车身姿态精度可达到 0.1°，结合掘进机智能实时传感器网络发出的多传感器信息，经精确的模型计算得出实时的截割头位姿参数。

（3）远程智能截割。远程截割距离远（1500 m），遥控反应速度快；具有工作面边界报警功能，巷道成型准确，断面成型误差小于 15 cm，有效防止超挖、欠挖现象，实现远程精准断面截割。惯性导航系统与传感网络技术相结合，完成掘进机截割头轨迹模拟监控，并上传至操作台和地面监控中心，实时掌握掘进过程中设备与工作面的各种参数信息。

（4）远程可视化。通过在掘进机上安装的无线摄像头、传输站等相关设备，将掘进机工作时的音频以及设备运行状态信息等数据利用无线网络传输至掘进机后方的远程操作台，再通过环网全部传输至地面调度室，实现全方位的远程实时监控。监控视频清晰度 1080 P，红外补光技术等优点；一体化封闭式云台设计、水平角度 0°～360°，垂直角度 0°～90°。

ESK 掘进机远程智能控制系统提升了煤矿综掘工作面的安全性 ESK 掘进机远程智能控制系统主要以具有实时性的掘进机机身位姿参数测量系统作为基础，实现掘进机自动截割、远程（井下、地面）图像监控工作断面、设备截割头、整机位置、后配套出料情况；实现掘进机远程无线遥控操作，提高操作手的人身安全，改善其工作环境，降低巷道粉尘对其的危害；视频、数据传送至井下远程可视控制操作台和地面集控中心，使操作者了解设备的工作状态及周围环境，方便远程操作者安全、正确、高效的操作。

三、成本及效益分析

投资成本 144.3 万元。

1. 安全效益

（1）现场环境改变情况。由于电脑数据指定截割，不会出现挖深、挖浅的情况，落煤、岩均匀平稳，回收高效。现场标准化水平高。

（2）安全系数提高。安全系数大幅度提高，在进尺过程中，综掘机司机不用在机体上操作，可以使用遥控器自动截割，还可以利用地面调度室控制平台监控操作。围栏系统的应用，让综掘机附近施工人员都佩戴识别装置，一旦作业中误入工作区域，综掘机会自动停止，保证人员安全。在钻孔锚护过程中，液压锚杆钻车自带临时支护功能，为钻孔作业的人员撑起一顶“保护伞”。单轨吊车的使用，极大地减少了人力搬运物料的距离和次数，也相对保护了人员的安全。

2. 经济效益

生产期间生产班组由原来的 12 人减少为 7 人，圆班由 2 个生产班组进行生产作业，故每天节约10个人工。按照平均每个人工260元计算，年可节约：$260\times10\times23\times12=717600$元（每月23天工，12个月）。

以N1－1510回顺工作面掘进进尺为例，以往的普通综掘机进尺，一个圆班为9 m，掘、支、锚、运、破碎都需要大量人工作业。现在智能化掘进工作面通过智能化掘进机、液压锚杆钻车、气动单轨吊车联合作业一个圆班可以进尺15 m，进尺效率达到了以往的$15/9\times100\%=167\%$。

四、存在的问题和发展愿景

智能化掘进工作面的研究与应用，虽然取得了显著的进步，但在实际应用中仍面临一些挑战。有很多高精设备损坏后无法维修，没有懂得这方面技术的技术人才。在今后的生产学习中，要大力培养技术型人才，为我们建设智能化矿山打下基础。

智能化选煤厂技术研究与管理

铁法煤业（集团）有限责任公司晓南矿

通过对晓南矿选煤厂集控系统智能化升级、视频监控系统智能化升级、智能管理及智能决策系统建设。实现了溜槽翻板远程操控、皮带机卸料器远程操控、设备故障智能检测分析、配电室安装门禁系统、安全监测功能、热成像监测功能、电量消耗智能化管理、水量消耗智能化管理、洗比率、洗煤回收率智能化分析。提高工作效率，提升煤矿安全生产水平。

一、项目实施方案及可靠性

1. 集控系统智能化升级

（1）根据智能化选煤厂的建设需要，基于云计算、虚拟化等技术，搭建适用于晓南矿选煤厂的云计算服务平台和数据中心，以满足多设备、多系统的数据采集、处理、软件融合、信息管理等多方面的应用需求。

（2）基于西门子S7－1500系列PLC的双机冗余和WinCC组态软件的C/S架构技术，搭建选煤厂全厂集控系统的软硬件架构，以满足系统对设备控制实时性、可靠性的智能化需求。

（3）运用Wi－fi6技术，实现选煤厂关键场所的无线覆盖，能够满足移动监控、移动视频、管理与决策、融合通信的应用需求。

（4）基于WinCC组态开发软件，建设选煤厂智能监控平台，实现系统内设备的启停控制、工艺流程监视、数据信息采集、处理、归档、查询、统计等功能，同时具备语音联动、视频联动、设备实时自检、故障诊断分析等功能模块。

（5）配置多功能语音模块、语音网关、多功能广播终端，开发语音联动模块，将控制系统与音频广播系统进行融合，实现语音广播系统联动，能够自动语音播报，智能监控平台与现场同步，具体保护动作条目显示的同时进行语音播报，以方便调度人员及时快速地获悉故障信息，快速定位故障位置，从而在现场无巡查人员的情况下，及时通知相关检修人员赶赴现场，进行故障排查工作。

（6）建设选煤厂智能配电监控系统，增加电量计量、配电室环境监测（烟雾传感器、温湿度传感器、VOC检测气体传感器）、配电室门禁系统、热成像视频监控系统等，自主开发智能配电模块，实现配电室电量统计、环境监测、区域入侵报警、远程停送电等功能，提高配电系统运行的可靠性，降低非计划停机频率。

（7）建设选煤厂机电设备智能监测系统，采用无线监测温度振动一体式传感器，涵盖筛分车间与重介车间振动筛、皮带机、水洗筛等重要及关键生产设备，通过无线数据采集分站将温度振动信息在线传输至设备管理系统，并与集中控制系统联动，开发大型固定设备状态诊断与智能分析平台，对获取的数据通过智能算法和人工分析相配合的方式进行分析，实现设备运行状态判断及未来状态预测以及设备异常时及时发出预警，可有效降低设备过修、失修风险，减少非计划停机次数，避免因设备故障导致事故或设备二次伤害的发生，优化运维检修模式，优化备品备件管理，实现设备健康评价及设备运行分析，从而保障连续生产、保障安全、保障效益。

（8）集成重介密控系统、跳汰灰分控制系统、自动加药系统、煤泥压滤系统，完善生产过程智能控制及数据监测。

2. 视频监控系统智能化升级

（1）针对原视频监控系统存在系统结构复杂、图像质量差、维护不便等问题，升级视频环网（包含视频核心交换机及现场视频交接箱，采用矿用光缆作为传输介质）、前端摄像仪、热成像摄像仪、视频存储、视频解码设备等网络化设备，自主开发音视频联动模块，将控制系统与视频监控系统进行融合，实现电视墙视频、工艺画面视频、预置位功能的联动等。

（2）为满足全厂视频监控管理需要，新建一套完善的视频综合管理平台，满足视频管理、热成像监控、事件联动、视频联网、移动监控等多功能的应用需求。

（3）新增海康超脑和AI视频分析平台，以满足安全帽、区域入侵、人员行为等视频AI智能分析、视频智能联动的需求。

3. 监测装置及执行机构补套建设

为了满足智能化选煤厂的建设要求，根据建设规划，新增一批传感器、监测装置及执行机构，新增设备可无缝融入选煤厂智能监控系统。具体包括以下新增规划。

（1）将现场生产设备和工艺调节用的闸板、阀门、翻板等纳入集中控制系统。

（2）实现各种流程的启停操作，动态显示各系统机械设备运行状态、工艺、参数、质量、仓位、保护信号、阀门/闸板的位置信息。

（3）关键设备及仪表检测应实现电机、减速机等设备及仪器的电流检测、温度检测、振动检测及信息共享。

（4）刮板机设置断链、拉偏等故障检测；关键脱水脱介设备设置筛下水、离心液异常检测等功能。

（5）增加原煤、上仓带式输送机计量装置。

（6）关键部位溜槽防堵检测装置。

4. 智能管理及智能决策系统建设

（1）实现电量消耗智能化管理。实现对选煤厂各生产系统电量消耗情况进行实时监控、统计，形成图表直观呈现电力消耗趋势。实时统计当前生产任务电力消耗量及历史电耗情况查询，每班自动生成电力消耗图表，每月自动生成电量消耗月报台账。

（2）实现水量消耗智能化管理。在各生产环节增加流量计，并接入智能化系统，对各生产系统水量消耗情况进行监控，实时统计当前生产任务水量消耗量及历史消耗情况查询，并在每班自动生成水量消耗图表，每月自动生成水量消耗月报台账。

（3）实现入洗比率、洗煤回收率智能化分析。在主井原煤带式输送机、入洗原煤带式输送机、洗产品带式输送机、洗矸石带式输送机、煤泥带式输送机处安装皮带秤，并将数据接入智能化系统，通过对各带式输送机运送物料量进行实时统计，可以随时查询任意生产时段各煤种的生产量，同时系统将智能分析出每班原煤入洗比率及洗煤回收率，每月自动生产原煤、洗煤生产情况月报台账。

5. 大型设备故障诊断与分析

针对选煤厂大型设备的关键易损传动部件的温度、振动以及电气运行参数的实时采集与分析处理，智能诊断出设备由于配合松动、装配不当以及疲劳损伤等造成的潜在故障，可以正确有效地揭示潜在故障的发生、发展和转移，智能地诊断出设备故障原因与故障严重程度，为应急处置和维修管理提供准确、可靠的依据，节约维修费用，避免重大事故发生。

现场振动、温度传感器通过通信电缆接入数据采集分站；数据采集分站通过以太网接入矿井环形工业以太网，并定期将采集到的数据上报到服务器；数据服务器将数据上传到云平台，振动分析师在后台通过分析软件对数据进行分析，发现异常或报警及时通知维修工程师。

通过平台展示层的可视化大屏、PC、移动端 APP 以及 B/S 登录等多种便捷方式为客户进行信息交互，随时了解设备的运行状况，早期发现设备故障、知晓故障位置和严重程度，客观了解残余寿命，合理计划维修，通过健康报告，合理安排生产。

二、成本及效益分析

投资成本：350 万元。

1. 安全效益

项目实施后，实现了对溜槽翻板、带式输送机卸料器等设施的远程操控，取消了原有人工手动操控过程；通过实现生产过程中设备电流、温度、振动等参数实施检测显示，可以提前发现设备隐患，避免设备损毁事故的发生，不但减少岗位人员数量及劳动强度，达到了减员增效的目的，同时规避了手动作业工程中存在的安全隐患。

2. 经济效益

项目实施后，节省岗位人员 6 名，人工成本按每名岗位人员年收入 5 万元计算，此项每年可节约人工费 30 万元。

项目实施后可避免 70% 的设备故障次数，平均每年设备维护费用按 200 万元，年效益为 140 万元。

项目合计年经济效益为 170 万元。

三、存在问题和发展愿景

目前，虽然智能化技术在选煤厂的应用取得了一定的进展，但在技术更新方面仍存在不足，需要不断引进和研发新技术，以适应煤炭行业的变化和发展需求。同时，智能化选煤厂的管理也需要专业的人才来支撑，包括技术人才和管理人才的培养和引进。

定向机械造穴技术在顺层定向区域消突措施中的创新应用

铁法煤业（集团）有限责任公司大兴煤矿

大兴矿为“双突”矿井，对于突出矿井工作面掘进前的消突及瓦斯治理工作尤为重要。由于地质条件复杂、煤层瓦斯含量大、煤层压力高等原因，使得在工作面执行顺层定向区域消突措施过程中，频繁出现孔内塌孔、卡钻等现象，严重影响了工作面施工定向钻孔的安全及效率，延长了工作面区域消突措施的时间，制约了掘进工作面的接续工作。

北二 1202 回顺走向长 816 m，计划利用顺层定向长钻孔一次完成该掘进工作面前 600 m 区域的消突工作，为解决工作面顺层定向长钻孔打不到计划控制区域的问题，通过在北二 1202 回顺工作面以顺层 5 号定向钻孔为实践，创新采用定向机械造穴技术应用，从钻孔排渣量、煤层泄压效果、瓦斯抽采效果上，均取得了区域防突治理的新突破。

大兴矿北二 1202 工作面位于北二采区东部，北二 1203 采空区东侧，工作面运输顺槽长 870 m；回风顺槽长 816 m；切眼长 285 m。本工作面开采煤层为 12 煤层，工作面东侧为未采动区，与 F43 号断层、F4 号断层和 fNE－2 号断层相邻；西侧为北二 1203 采空区；南侧为采区巷道保护煤柱；北侧为未采动区。工作面上邻 10－2 煤层，不可采，煤层厚度为 0.15～0.65 m，与 12 煤层间距 56.86～61.15 m，一般为 57.84 m；12 煤层上部小范围内发育有 12－1 煤层，仅 607 号地质钻孔实见，煤层厚度为 0.29 m，与 12 煤层间距为 5.48 m；工作面下邻 13 煤层，未采动，煤厚一般为 1.56 m，与 12 煤层间距 8.70～19.43 m，一般为 14.54 m。

本工作面煤类为气煤，煤层全厚 2.45～5.0 m，平均厚度 3.74 m；纯煤厚度 2.28～4.4 m，一般为 3.24 m。工作面煤层结构复杂，含夹石 2～3 层，一般为 2 层，夹石岩性以粉砂岩和泥岩为主，厚度一般为 0.36 m 左右。根据中煤科工集团重庆研究院《12、13、14－1 煤层北二采区突出危险性鉴定报告》结论，大兴煤矿北二采区 12 煤层具有突出危险性。预计掘进期间瓦斯相对涌出量为 8.9 m^3/t，绝对瓦斯涌出量为 19.8 m^3/min。

一、项目实施方案

（一）定向钻进的困难分析及探孔施工方式

1. 定向钻进困难分析

定向钻进技术在煤矿井下瓦斯治理方面已得到了广泛应用，但定向钻进在煤矿井下复杂地质条件下的应用仍具有一定局限性。通过对北二 1202 回顺地质工程平面图的分析可知，该回顺工作面施工区域结构简单，地层变化稳定，构造发育不复杂，但通过施工的1号定向钻孔可以看出，该位置局部区段煤层较松软且破碎，煤层压力大，尤其在施工钻孔前30 m范围塌孔较为严重，定向钻进成孔难度较大。

2. 探孔施工

经过地质条件描述及钻孔施工实践分析，决定采用定向钻进的方式各施工2个探孔，采用回转钻进的方式施工1探孔，目的是探测钻孔在通过前30 m易塌孔段后，前方是否还有相同地质区域，然后在针对局部松软、破碎、易塌孔段采取措施。

采用定向钻进工艺施工1号定向钻孔参数为开孔方位10°，开孔倾角0°，开孔高度1.3 m，在1号定向钻孔施工过程中，定向钻进到26 m时，孔内塌孔严重，泵压从3 MPa突然升至8 MPa，并出现返渣不畅及严重喷孔现象，现场立即将钻杆撤出，发现孔口已被煤块堵住。第二个施工的补1号定向钻孔参数为开孔方位10°，开孔倾角10°，开孔高度1.8 m，在补1号定向钻孔施工过程中，定向钻进到269 m时，孔内开始出现返水不畅，泵压不稳，在通过一段时间的冲孔后压力明显下降，但再次进尺还是会反复出现泵压不稳的情况，将定向钻杆全部撤出，观察孔口发现与1号孔的现象相同，塌孔段都是发生在孔口区段。

采用回转方式施工6号钻孔参数为开孔方位-4°，开孔倾角5°，开孔高度1.5 m，该钻孔施工至606 m按设计终孔，观察发现前30 m的出货量特别多，同时在6号钻孔施工过程中也会经常出现孔内返水小、压力间歇性不稳定的现象，工作面探孔分布如图1所示。

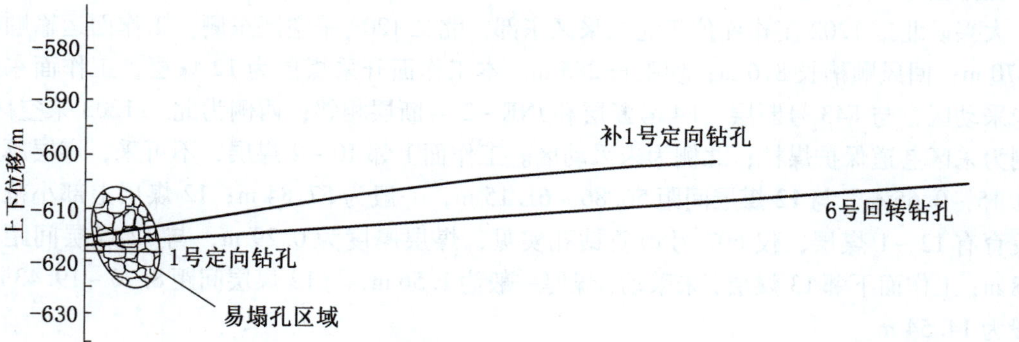

图1　工作面探孔分布示意图

（二）定向机械造穴技术应用

通过1号、补1号、6号探孔的施工可以判断出该工作面施工钻孔过程中10～30 m内会出现严重塌孔且伴随塌孔的煤块颗粒很大，导致孔内排水、排渣不畅，夹钻现象频繁出现，该区域对于定向钻进成孔的难度和卡钻的风险极大。为顺利完成北二1202回顺工作面顺层区域定向长钻孔的施工，决定采用定向机械造穴技术解决此问题。

定向机械造穴是通过定向钻进工艺将钻孔施工至煤层塌孔、破碎区段，然后撤出定向钻具，在利用刻槽钻孔配合可变径机械造穴装置下入孔内，在煤层塌孔、破碎区段进行机械造穴施工。

（三）定向机械造穴的设备组成

施工设备使用1台ZDY6000LD（B）型定向千米钻机、1台BLY460/13型泥浆泵车、ϕ73 mm螺杆马达、ϕ73 mm通缆钻杆、YHD2-1000（A）随钻测量系统、可变径机械造穴装置、ϕ73 mm刻槽钻杆以及其他附属设备等。

（四）定向机械造穴的工艺方法

以顺层5号定向钻孔为实践，设计并完成定向机械造穴的施工。5号定向钻孔设计开孔方位1°，开孔倾角15°，开孔高度1.5 m。

定向机械造穴钻孔为二级结构。一级孔径ϕ250 mm，孔深为30 m，便于将可变径机械造穴装置下入孔内造穴段，二级定向孔径ϕ98 mm至终孔。

定向机械造穴钻孔施工方法，先使用ϕ98 mm钻头采用定向钻进的方式施工到造穴段30 m处，在分别使用ϕ153 mm钻头、ϕ193 mm钻头、ϕ250 mm钻头扩孔到造穴段30 m，撤出全部钻具，安装可变径机械造穴装置并送入孔内10 m处开始准备进行机械造穴。可变径机械造穴装置刀体ϕ110 mm，刀体扩孔ϕ500 mm，能够实现大孔径泄压效果，接头连接为89 mm丝扣，增加逆向防堵功能。机械造穴时，启动机械穴刀的水压力为5 MPa，随着齿条活塞下移，推动齿轮刀臂，可变径机械造穴装置刀臂开始打开，随着压力升高，待刀臂完全打开时进入造穴状态，造穴过程中要缓慢进尺，充分将孔内煤块搅碎排出，反复在10～30 m塌孔段进行机械造穴作业直到孔内无钻屑返出，停止向可变径机械造穴装置供水，完成该定向钻孔机械造穴，可变径机械造穴装置及工作原理如图2、图3所示。

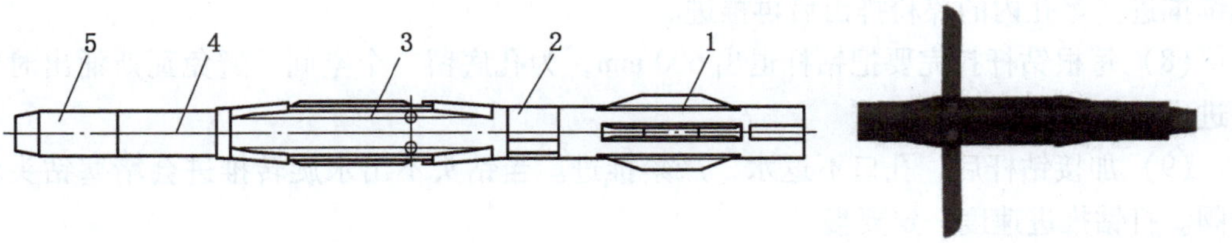

1—定向扶正器；2—连接转换器；3—变径扩孔器；4—复位器；5—逆向防堵器

图2　可变径机械造穴装置

（五）定向机械造穴的注意事项

（1）可变径机械造穴装置在运输过程中严防磕碰，容易造成损坏。

（2）可变径机械造穴装置不适合钻进岩石，容易造成刀臂损坏。

（3）施工前检查钻杆密封圈是否完好，若出现破损应及时更换。

（4）接钻杆前，钻杆应冲刷干净，防止施工过程中，煤渣进入机械造穴装置，造成堵塞和损坏情况。

（5）造穴过程中转速采用最低转速，密切注意旋转工作压力负载情况，推进速度与

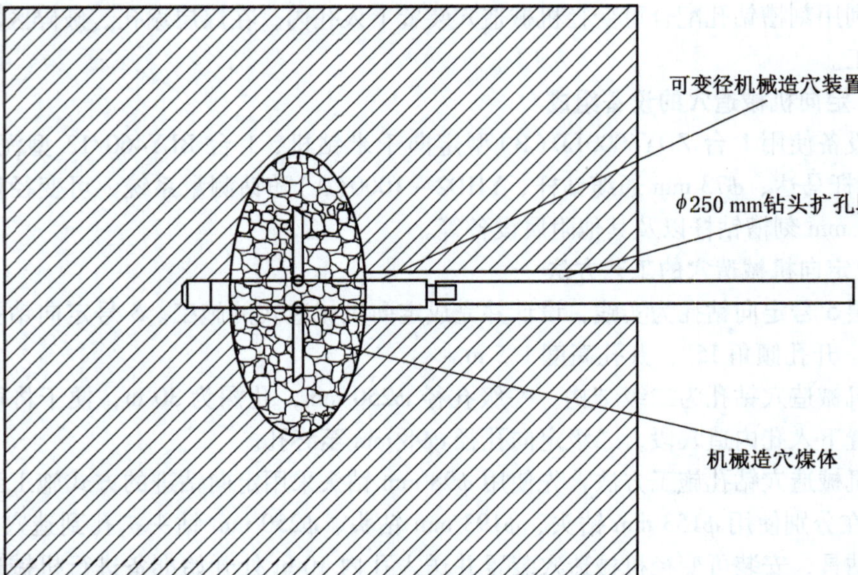

图3　可变径机械造穴工作原理示意图

旋转压力匹配，1 min 推进不大于 200 mm。

（6）可变径机械造穴装置在钻机推进时、造穴时严禁不旋转推进，容易损伤刀臂和旋转零配件，造穴时要控制旋转和推进压力。

（7）打钻过程中要观察主泵压力表，压力若高，则有可能孔内煤粉没有排出，严禁继续推进。等孔内的煤粉排出后再推进。

（8）每根钻杆打完要把钻杆退出 600 mm，为孔底留一个空间，避免瓦斯涌出时沿钻头进入转换阀，造成堵塞。

（9）加接钻杆后，孔口不返水，严禁推进。当钻头不出水旋转推进会堵塞钻头和转换阀。打钻推进速度一定要慢。

（10）冲孔造穴过程，工作人员不得正对钻孔操作，防止水、煤渣高压喷出伤人事故发生。

（11）造穴期间旋转速度调低，来回推进速度要慢。

（12）为了保证刀臂处于闭合状态，同时为了防止急速停水，造成煤渣倒灌，在扩孔结束后，将钻杆后撤 0.5 m，缓慢降低水压力，使刀臂闭合。

（13）一个孔施工完退出机械造穴装置后，应将机械造穴装置清洗干净，内部冲洗干净，齿轮部位涂上润滑油防止锈蚀，需要泡油保养，能够大大提高使用寿命。

（六）定向机械造穴技术应用效果分析

（1）钻孔排渣量增大。从顺层定向长钻孔的施工过程来看，由于定向钻进为水利排渣，使用的是圆形光面通缆钻杆，遇到孔内破碎带时由于排渣能力较弱，大大增加了施工钻孔的难度和孔内夹钻的风险。对比补 1 号孔定向钻进、6 号孔回转钻进的单孔排渣量分别为 3.5 m^3、4.2 m^3，而 5 号孔采用机械造穴钻进，在通过 10～30 m 孔内区段时的排渣量为 23 m^3 可以明显看出采用机械造穴技术施工的 5 号孔排渣量具有明显优势。

（2）煤层泄压效果明显。未采用定向机械造穴前，施工的 1 号定向钻孔、补 1 号定向钻孔、6 号回转钻孔分别为 26 m、269 m、606 m，钻孔施工过程中孔内会经常间歇性发生塌孔、返水不畅、孔内泄压响动、喷孔等现象。5 号定向钻孔采用机械造穴工艺后，施工孔深为 606 m，钻孔施工过程中仅发生过 2 次泄压响动，未发生过其他孔内现象。

（3）瓦斯抽采量提升。对比采用定向机械造穴施工完成的 5 号定向钻孔，孔深为 638 m，抽采混量 4.87 m^3/min，浓度 23%，采用回转钻进施工完成的 6 号钻孔，孔深为 606 m，抽采混量 1.17 m^3/min，浓度 8%，定向机械造穴钻孔的瓦斯抽采量是普通回转钻进施工钻孔瓦斯抽量的 4 倍，瓦斯抽采浓度的 2.8 倍。

二、项目情况

“定向机械造穴技术”是铁法能源公司大兴煤矿首次提出并实践应用，目前已完成“煤矿井下定向钻进实时纠偏系统软件”软著专利，正在申请“一种定向机械造穴装置”实用新型专利。定向机械造穴工艺的应用在顺层定向区域长钻孔中能够实现靶向区段煤层泄压、高效排渣、瓦斯增抽的目的，能够确保顺层定向区域措施在掘进工作面的安全高效实施。

三、存在问题及发展愿景

1. 存在问题

（1）造穴精度和定位问题。可能导致无法准确到达目标煤层位置或形成的洞穴不符合预期。解决方法包括采用更先进的定向钻进技术和设备，提高定位精度，加强钻孔过程中的监测和控制，及时调整钻进参数。

（2）造穴过程中的垮塌和堵塞。可能使造穴效果不佳，影响瓦斯抽采效率。可尝试优化造穴工艺参数，如控制钻进速度、调整压力等；使用合适的支护材料或技术，增强洞穴的稳定性，防止垮塌。

（3）设备的可靠性和维护。定向机械造穴设备复杂，可能出现故障，影响施工进度。需要定期对设备进行维护保养，确保其性能稳定；加强设备的质量控制和检测，选用可靠性高的设备组件。

（4）瓦斯涌出和控制问题。造穴过程中瓦斯涌出量可能不稳定或超出预期，带来安全风险。可以加强瓦斯监测和抽采系统，实时监测瓦斯浓度并及时调整抽采措施；研发更有效的瓦斯涌出控制技术和装备。

（5）对煤层地质条件的适应性。不同煤层的特性各异，可能导致某些地质条件下造穴效果不理想。进一步研究不同地质条件下的造穴技术，制定针对性的解决方案；提前进行详细的地质勘探，为造穴施工提供更准确的地质信息。

2. 发展愿景

（1）继续优化工艺参数。通过大量的实践和试验，不断优化造穴过程中的各项工艺参数，以达到最佳的造穴效果和瓦斯抽采效率。

（2）加强安全管理。制定严格的安全操作规程，加强施工人员的培训，提高安全意识；确保瓦斯监测和控制措施的有效执行，降低安全风险。

(3) 与其他技术结合。将定向机械造穴与其他瓦斯治理技术相结合，如水力化增透技术等，发挥协同作用，提高整体治理效果。

(4) 注重环保和可持续性。在造穴过程中，尽量减少对环境的影响；同时，考虑资源的有效利用，提高瓦斯的抽采和利用效率。

(5) 开展深入的研究和监测。对造穴后的煤层变化、瓦斯流动规律等进行长期监测和研究，为进一步改进技术提供数据支持和理论依据。

小康矿主提升系统自动提升无人值守改造

铁法煤业（集团）有限责任公司小康煤矿

小康矿主井提升机原电控系统由主提升司机、装卸载信号工24小时值守，手动传输信号，司机手动开车，所需司机8人，装卸载信号工8人，随着岗位人员逐渐减少，为顺应矿井自动化发展趋势，对主井提升机进行自动提升无人值守改造，实现主井提升集中控制，真正实现无人值守。

一、项目实施方案

（一）制定方案

矿领导组织召开了由相关科室及有关单位工程技术人员参加组成的多次现场专业会，针对这一问题进行讨论，经现场多次论证考察，最终研究制订了主井提升系统改造的方案。增强了主井提升系统无人值守的可靠性，为煤矿的安全生产打下了坚实的基础，保证主提升系统安全持续运行。

该技术方案解决了两个问题：一是主提升系统实现自动提升集中控制问题，二是实现主提升系统无人值守安全运行问题。

（二）主提升系统改造亮点

提升机的主要和辅助控制设备使用了西门子当今主推的S1500型PLC系统。全数字PID闭环控制软件及硬件电路替代测速发电机、给定自整角机、磁放大器系统，网络化分布式PLC系统，采用西门子PROFINET总线结构CPU和分布式I/O接口模块，系统连线简单，抗干扰能力强。本系统最大限度地实现无触点化和数字化，使矿井提升机操作和维护简单方便，使用安全可靠。

该系统主要由1个PLC主站和2个基于光纤通信的ET200M分站构成，主站位于绞车司机操作台，保留原有操作台作为备用以及检修时手动开车使用，主站实现绞车所有信号传输，数据处理，命令发出，设备控制等功能，分站1位于井塔二层集控室，司机与卸载信号岗位合并，由司机兼任信号工，实现一岗多能，节约人力。分站2设于队调度室，可对绞车运行状态实时监控和部分控制功能，集控室发现现场有安全隐患情况下可远程允许急停控制、减速停车，报警解除等，并对提升设备故障（安全回路，减速停车，各级报警等）进行声光语音报警并显示，可实现远程集中控制，主站和分站由光纤进行信号传输，并形成环网，保证通信的可靠性，避免某一分站断线，导致绞车无法实现持续运行。主站设有自动、手动转换开关，检修期间，司机负责手动开车，提煤期间，司机负责卸载信号监护，避免卡货或其他故障，装载实现自动发信号，信号工转为给煤机运行巡检人员，卸载司机转为提升机巡检人员，定时对设备进行巡检，保证设备安全可靠运行，提高工作效率及提煤效率。

完善保护功能，井塔各层设有急停开关，便于巡检人员发现问题及时停车，各层重点部位设有烟雾报警、温度报警功能，保证无人值守期间由于设备过热导致火灾事故发生。设备主要监测点增加震动报警功能，当设备磨损超限时，降低设备损坏率，增设闸盘温度，闸盘偏摆保护，切实保证制动闸灵敏可靠。增设湿度报警，保护各类电气原件。各集控地点增加减速停车功能，非重要故障可实现绞车手动减速停车，实现绞车平稳停车。增加油流保护，检测减速机各轴瓦的管路是否有油流过，润滑轴瓦，达到保护轴瓦的作用。增加绞车自动调零功能，绞车运行数据实现自动矫正，减少人为矫正工作量，提高提升数据准确度。

增加滑绳保护，滑绳保护导向轮编码器和测速机编码器互相检测，如果差值超过 ±3 m时，绞车报警，并有声光语音提示。增加滞煤保护，当卸煤量低于 13 t 时，绞车报警，闭锁下一次开车，避免二次装货或重斗下放危险。增加超载保护功能，当提升电流过大时实现报警。

完善视频监控系统，井塔各层及各重点部位安装视频监控，并对设备全覆盖，井塔安装门禁系统，确保要害场所工作人员进出。

（三）系统可靠性

（1）该系统自应用以来已经实现自动提升无人值守，节省人力 8 人，实现地面集中控制，避免了单人独岗作业，增加了操作安全性，节约了巡检维护人员。增加了提升机岗位视频监控系统，丰富了各项保护功能，实现主提升机远程集中控制，目前操作人员已经熟练掌握。

（2）各项保护功能齐全，绞车运行稳定，故障率较低。

（3）采用网络化分布式 PLC 产品，系统硬件模块化，采用接插式元器件，安装维护方便，减少系统连线，减轻维护工作量。

（4）系统全数字化，去掉了原模拟系统大量的线路板，其功能用软件实现，参数便于调解，使现场调试更加快捷。参数不会发生偏移，实现自动矫正，稳定可靠大大增加。

（5）上位机界面及操作台简单易操作，完善多项保护功能，实现上位机一键操作，提高工作效率，保证提升机安全性。

（6）实现了视频监控系统重点部位全覆盖，安防系统齐全，真正实现无人值守，安防系统运行稳定，灵敏可靠。

（7）系统自动运行节约司机和信号工反应及操作时间，大大提高了提煤效率。

（8）实现环网系统，保证绞车运行稳定，减少由于信号传输中断导致停产时间。

（四）解决人员短缺问题

原有主井提升司机 8 人，信号工 8 人，人员逐渐减少，改造后节约信号工 8 人，司机岗位与卸载信号工合并，实现一岗多能，检修及应急开车时司机负责手动开车，提煤时一人在卸载集控室监控，另一人定时对提升机设备进行巡检，节约人力，完善了各类保护装置、安防系统，真正实现了无人值守，解决人员短缺问题，大大提升了工作效率。

（五）解决自动提升问题

改造前我矿主提升系统由信号工和提升司机手动操作，费时费力，改造后实现自动提升，减少了人力工作量，保证人员安全，避免了人为失误，降低了事故率，减少人为反应及操作时间，大大提高了提煤效率。

（六）应用状况

系统改造后，成功实现了主提升系统自动提升无人值守，节约人力，减少了维护量，各类保护灵敏可靠，安防系统完善且运行稳定。目前该系统整体运行稳定可靠，达到了预期效果。非常值得在其他矿井借鉴、推广应用。

二、成本及效益分析

1. 新系统投入费用

本次改造费用为 195 万元。

2. 经济效益

可节约信号工 8 人，信号工由绞车司机兼任，按每人每月平均工资 4500 元计算，每年可节约人工费 432000 元，为企业节约了人工成本、工种培训费用及培训时间。

实现自动提升后，节约发信号时间、绞车司机反应及操作时间，平均每 2 小时可多提升 1 斗煤，每天 18 小时提升，按照 330 天生产计算，每斗煤 16 t，按照每吨原煤利润 300 元，每年可多产出效益 1425. 6 万元。

共计效益 1468. 8 万元。

三、项目结论

本课题针对小康矿主提升系统的更新改造，通过多次调研、大胆创新。最终确定了一套符合小康矿实际情况的提升系统，并实现与原系统设备的兼容，节约成本，保证了安全生产的同时又提高了安全性，取得了很大的安全效益和经济效益。

小康煤矿 W3102 智能化放顶煤工作面设备改造配套设计与应用

铁法煤业（集团）有限责任公司小康煤矿

W3102 工作面面长 300 m，有效推进长度 2321 m，平均采高 8. 6 m，工作面岩层极易软化，压力大，借鉴小康矿 W3 - 101 首放工作面经验，为满足 W3 - 102 工作面设备配套要求和采场条件，对于厚煤层、走向长、强矿压、高储煤量、开采作业时间长的工作面的配套设备要求强度高、维护维修方便、减少事故、高设备开机率，同时要求为安全生产提供最大的保障，而且在经济效益、社会效益方面为企业赢得更大利益。在设备选型和适应性改造方面进行深入、细致、科学的探讨和研究，决定采用智能化综放开采方式。

一、项目实施方案

1. ZF15000－19/32 型放顶煤液压支架智能化升级改造配套实施方案

小康矿 W3－102 智能化综放工作面采用 ZF15000－19/32 型液压支架及过渡支架、特殊架，电液控制的推移千斤顶安装测控杆及磁环，整架安装矿用隔爆兼本质安全型稳压电源、电液控换向阀、电液控制器、矿用本安型电磁驱动器、支架遥控操作系统、采煤机位置监测系统、各类传感器、照明灯、摄像仪等；实现支架顶梁姿态控制依靠顶梁及底座倾角传感器（安装在立柱位置）来控制，使顶梁维持良好姿态。

2. SGZ1000/2×1000/3.3 型变频运输机配套实施方案

选用的 SGZ1000/2×1000/3.3 型大功率变频运输机，预留传感器接口，在工作面推进时，可以随时调整卧底高度，保证机头、机尾三角煤割通割透。采用变频后可实现软启动。后部运输机配备限距摩擦力离合器。

3. SZZ1000/525 型变频转载机配套实施方案

对 SZZ1000/525 型变频转载机机尾与运输机机头搭接部分进行强度升级，增加了结构强度。转载机采用变频控制可实现软启动。

4. 水处理与乳化液泵站智能集中供液系统实施方案

乳化液泵站 SAP 智能集成供液系统由矿用隔爆兼本质安全型控制箱、回液过滤站、乳化液泵站变频节能控制系统、高压反冲洗过滤站、乳化液泵站乳化液自动配比装置、矿用软化水装置、进液过滤站组成。系统智能控制软化水处理装置进行水质净化，去除原水水质中的悬浮物、钙镁离子、硫酸根离子、氯离子等，其出水水质达到乳化油对水质的要求；具有电磁卸载、乳化液泵智能联动控制、乳化液浓度在线检测与自动配比、系统运行信息检测与上传等功能。

5. 取得的成效

实现对液压支架，前、后部运输机，转载机，破碎机，集成供液系统的集中控制及采运负荷平衡，确保工作面生产过程的智能化运行，原班减少 9 人，降低工作面工人劳动强度，实现连续、安全、高效开采。

二、关键技术及创新点

1. 关键技术

（1）乳化液泵站采用 SAP 智能集成供液系统。

（2）支架控制采用电液控技术。

（3）输送设备采用变频控制技术。

2. 创新点

（1）首次采用支架电液控技术实现放煤操作人员在一定范围内近距离同时控制多架自动放煤；通过成组控制动作的自动移架功能，改善了手动操作的不均衡性。电液控制系统智能控制液压支架实现了工作面自动找直，确保工作面液压支架连续推进。

（2）乳化液泵站采用 SAP 智能集成供液系统实现了乳化液浓度在 3%～5% 内可智能调整、控制，完成乳化液泵站无人值守的精准自动配比。

（3）采用变频器控制技术控制前、后部刮板运输机及转载机，实现远距离供电、集中控制，降低设备起动时的机械冲击，提高重载起动能力。

三、系统稳定性

现在集团公司已有多家矿井实现智能化采煤，而且在国内智能化工作面的技术也很成熟，能保证智能化设备的正常开机、安全可靠。

四、投资预算

W3102 开采周期为 4 年，设备租赁费用第一年 1944 万元/年，第二年、第三年和第四年的租赁费用为 1652 万元/年，总的租赁费用为 6900 万元。

五、存在问题和发展愿景

W3102 只是部分设备、部分功能实现了智能化，离真正的智能化开采还有很长的一段距离。

现在采煤机不是智能化采煤机，不能实现远程控制和无线检测等，没有记忆割煤，无防碰撞功能，不能自主作业，还有待于提高和改进。

液压支架无高度和姿态在线检测，无自动找直功能，也有待于提高和改进。

刮板输送机无煤流、设备运行工况检测等功能，没有链条自动张紧和断链停机保护等，都有待于提高和改进。

0902 综放工作面制冷降温防治技术研究

铁法煤业集团大强煤矿有限责任公司

一、案例简介

铁煤集团大强煤矿矿井位于辽宁省康平县张强镇镇北与内蒙古通辽市科尔沁左翼后旗散都乡的交界处。井田中心东距三台子矿区铁路约 28.4 km，距康平县约 25 km，南距康平—彰武公路 5 km，西部有张强—散都—甘旗卡公路，交通尚属便利。

（一）工作面概况

0902 工作面位于九采区东侧，东邻 0906 封闭采空区，设计岩（煤）柱宽度 8 m，硐室、扩大巷道断面部位不足 8 m；南邻矿井后备采区；西邻 0903 工作面（未开采）；北邻 −890 东翼轨道大巷、−900 东翼输送机大巷及 −880 东翼回风大巷。工作面呈矩形，运顺长度平尺 983 m（斜尺 1001 m）、回顺长度平尺 983 m（斜尺 1005 m）、切眼长度 300 m；工作面井下标高 −884.1 ~ −1074.8 m，地表标高 104.0 ~ 106.8 m，工作面深度 990.8 ~ 1180.1 m。

0902 综放工作面煤层呈单斜构造，走向 61° ~ 117°、倾向 151° ~ 207°、倾角 10° ~ 19°，回采煤层为 1 煤层，硬度 2 ~ 3，煤种为气煤。工作面范围 1 煤层有 1 ~ 11 个分层，厚度 6.50 ~ 8.40 m，平均厚度 7.60 m；纯煤厚度 5.62 ~ 8.00 m，平均厚度 7.06 m；夹矸厚度 0 ~ 1.67 m，平均厚度 0.54 m，岩性为泥岩、粉砂岩及团状黄铁矿岩。

工作面地温 39 ~ 50 ℃，为二级高温。工作面开采煤层为容易自燃煤层，煤尘具有爆炸性，自然发火指标气体为一氧化碳、乙烯、乙炔等，自然发火期范围为 1 ~ 3 个月。

（二）工作面热害来源

根据已开采的 0901、0906、1001（原 0908）工作面热害状况，0902 综放工作面热害由 4 个方面产生：落煤和工作面煤壁释放热量；采空区释放热量；煤层顶底板释放热量；采煤机等工作面范围内设备运转产生热量。工作面高温突出部位为回顺超前支护段，后三角点及回风隅角温度最高。

（三）采掘工作面地温预测

地温预测公式为

$$T_{预} = T_{恒} + G(H_{预} - H_{恒})$$

式中 $T_{预}$——预测深度的原岩温度值，℃；

$H_{预}$——与 $T_{预}$ 相对应的深度，m；

$T_{恒}$——恒温带温度（9.5 ℃）；

$H_{恒}$——恒温带深度（20 m）；

G——地温梯度（3.4 ℃/100 m）。

地温预测值：依据上述公式和提供的资料计算得到的参数，对采掘工作面和相应地点的地温值计算结果见表 1。

表 1 地温值计算表

项目＼地点	井底	回采工作面			掘进工作面		
			上口	下口	输送机巷	轨道大巷	顺槽
地温预测值/℃	38.87	平均值	42.8	46.8	35.3	38.87	47.6
		最大值	43.98	52.25			

（四）0902 综放工作面进出口风温计算

1. 进风参数计算

风流经过井巷的热交换过程是相当复杂的，根据热力学相似原理，用一条模拟巷道来代替实际巷道，以简化热力计算过程。在矿井中，有许多热源，为了简化热力分析，将矿内热源分为相对热源和绝对热源两大类。所谓绝对热源，即该种热源的放热（或吸热）不受风流温度的影响，如机电设备、电机车、氧化放热等；相对热源，即该种热源的放热（或吸热）受风流温度的影响较大，如围岩和矿井涌水放热等。用巷道模拟法计算巷道终端的风温的关系式为

$$t_2 = \sqrt{\frac{1}{4}A^2 + D} - \frac{A}{2}$$

在风流温度为 14 ~ 35 ℃ 的变化范围内：

$$A = \left(\frac{I_{0b}}{17409.5} + 0.115\right)\frac{B_2}{\psi_2} - 13.46$$

$$D=\left(0.115-\frac{I_{0b}}{17409.5}\right)\frac{B_2}{\Psi_2}t_1+28.99\frac{\Psi_1 B_2}{\Psi_2 B_1}f(t_1)+\left(\frac{I_{0b}}{8704.8}t_{gum}+\frac{q_{0b}}{8704.8}\right)\frac{B_2}{\Psi_2}-288$$

$$q_{0b}=\sum q_j=\sum\frac{\sum Q_M}{M_B},\quad I_{0b}=\sum I_j=\sum\frac{K_{EI}V_I L_I}{M_{BI}},\ t_{gum}=\frac{t_{gui}L_I}{L_{Vb}}$$

式中 $f(t_1)$——温度为 t_1 时饱和空气的含湿量，g/kg；

$\sum Q_m$——计算巷道系统中各种绝对热源的放热量之和，kW；

K_{EI}——任一条实际巷道的不稳定热交换系数，W/m^2k；

$V_I L_I$——任一条实际巷道的长度和周长，m；

t_{gui}——任一条巷道围岩的初始岩温，℃；

M_{BI}——通过巷道的风量，kg/s；

t_2、Ψ_2、B_2——计算点的风流参数；

t_1、Ψ_1、B_1——计算系统始点的风流参数。

根据上述计算，5-01 采煤面进风温度为 32.3 ℃，相对湿度为 92%。

2. 出口参数计算

风流通过回采工作面，其温度变化规律为：

$$M_\beta(C_P dt+r dx)=dQ_{gu}+\frac{1}{l}\sum Q_m dr$$

解上述微分方程得：

$$t_2=t_1 e^{-T\varphi}+\left(\frac{1-e^{-T\varphi}}{T}\right)\left(T+\frac{\sum Q_m}{M_\beta C_P}\right)$$

$$T=\frac{K_E VI}{M_\beta C_P}+E\Delta\varphi\quad(\Delta\varphi=\varphi_2-\varphi_1)$$

$$E=\frac{N_y}{B-P_m};\quad T=\frac{K_E VIt_{gu}}{M_\beta C_P}-F\Delta\varphi$$

$$\varphi=\ln\left(1-\frac{E\Delta\varphi}{1+E\varphi_1}\right)/(E\Delta\varphi)\quad(\Delta\varphi\neq 0)$$

$$\varphi=\frac{1}{1+E\varphi_1}\quad(\Delta\varphi=0);\quad F=E\varepsilon'$$

以上各式中的相关数据在常系数下的对应值见表2。

表2 常系数下的相关数据对照表

常系数/℃	17~23	23~29	29~35	35~45
P_M	2108.05	3028.4	4281.27	6499.05
ε'	-3.77	-8.988	-14.288	-22.958
N	223307	206100	415160	608676

式中 t_1，φ_1——采煤面入风参数，$t_1=32.3$ ℃，$\varphi_1=92\%$；

B——进风顺槽大气压力，Pa；

φ_2——采煤面出口相对湿度，取 $\varphi_2=98\%$；

K_E——采面内围岩与风流向不稳定换热系数，kW/m^2k；

VI——采煤面面长与周长，m；

M_β——采煤面通过风量，kg/s；

C_P——空气的定压比热，1.005 kJ/(kg·k)；

r——0 ℃时水的汽化潜热，2501 kJ/kg；

$\sum Q_m$——采煤面内各种绝对热源放热量之和，kW；

Q_{gu}——围岩放热量，kW；

t_{gu}——采面内围岩初始温度，℃。

根据上述计算，采煤面出口温度为35.8 ℃，相对湿度为98%。

二、0902综放工作面降温实施方案

0902综放工作面回采期间的热害防治，是以机械制冷降温为主，通风降温为辅的综合防治。综合防治主要措施包括通风降温、减少采空区热量涌出、矿井制冷系统制冷降温、个体防护。

（一）通风降温

将气象条件作为确定工作面需要风量的因素之一，工作面需要风量不得小于保证人员安全作业气象环境需要风量。

由于工作面仰采，由深到浅开采，地温逐渐降低，所产生的热害逐渐减轻，要根据热害的重、弱选择适当的参数确定气象条件需要风量。

工作面前期热害较重时，通风降温需要的风量为：

$$Q=60\times V\times Sf\times Kf\times KL\times B=60\times 1.45\times 16.548\times 1.2\times 1.7\times 50\%=1468.5\ (m^3/min)$$

式中 Q——工作面通风降温需要风量，m^3/min；

60——单位换算系数；

V——工作面的风速，m/s；综合考虑瓦斯、防火、制冷降温、生产状况等因素，取为1.45 m/s；

Sf——工作面的平均有效断面积，m^2；按采高2.8 m和最大控顶距6.31 m、最小控顶距5.51 m的平均值计算，为16.548 m^2；

Kf——工作面采高调整系数；工作面采用综采放顶煤工艺，取为1.2；

KL——工作面长度调整系数；工作面长度为300 m，取为1.7；

B——工作面有效通风断面系数；根据工作面支架架型，经测算，为50%。

根据上述计算并取整，工作面通风降温需要风量为1500 m^3/min。

（二）减少采空区热量涌出

经常封堵进、回风隅角，减少采空区漏风，从而减少采空区热量涌出。

加强回风隅角及附近采空区瓦斯抽采，既防范瓦斯事故又减少采空区热量涌出，降低回风隅角及工作面后部半部热害。

当热害较重时，在工作面后半部（88#支架至回顺）支架掩护梁下方挂挡风帘封堵采空区热量，减少采空区热量向工作面后半部空间的涌出。

（三）矿井制冷系统制冷降温

1. 降温部位

采用矿井制冷系统对工作面进风流和回顺超前支护范围等部位进行机械制冷降温。

2. 冷源

由大强煤矿制冷站提供冷源。制冷车间位于工业场地内，现有 WSC126MBCN08/E4212 - BE - 2/C4212 型冷水机组三台（两用一备），设计制冷量 6000 kW，单台机组标准工况下制冷量为 4440 kW。制冷车间到井下换冷站间输冷剂为乙二醇溶液（正常浓度 23%，降冰点到 0 ℃以下），流量 308 m^3/h。两台机组联合制冷时，15 ℃的乙二醇溶液经过串联制冷机组的第一台后温度降低 9.9 ℃，制冷量为 3300 kW，经过第二台温度降低 8.1 ℃，制冷量为 2700 kW，总制冷量达 6000 kW。第三台与前两台串联，当其中一台发生故障时迅速启动，确保制冷量不低于 6000 kW。矿井制冷机组技术数据见表 3。

表 3 大强煤矿冷水机组技术参数

型号		WSC126MBCN08/E4212 - BE - 2/C4212	
		第一台	第二台
制冷量/kW		3300	2700
输入功率/kW		743.5	742.5
电机额定电压/kV		6	6
蒸发器	水流量/($m^3 \cdot h^{-1}$)	308	308
	出水温度/℃	5.1	-3
	水压降/kPa	22.6	24.0
	接管尺寸	DN350	DN350
冷凝器	水流量/($m^3 \cdot h^{-1}$)	675	675
	水压降/kPa	27.3	27.4
	接管尺寸	DN350	DN350
	冷凝器进水温度/℃	32	32
机组尺寸/mm		4413 × 2344 × 2643	
净重/kg		14604	

3. 工作面需要制冷量

根据已开采的 0901、0906、1001（原 0908）综放工作面热害状况，结合 0902 综放工作面地质、生产特点，以工作面开采前期热害较重情况下计算需要制冷量。制冷降温前后工作面空气状态为：风量 q 为 1500 m^3/min；大气压力 P 为 115126 Pa；密度 ρ 为 1.31 kg/m^3；降温前气温 T_1 为 38 ℃；降温前相对湿度 φ_1 为 95%；降温后气温 T_2 为 28 ℃；降温后相

对湿度 φ_2 为85%。

工作面空气质量流量 $MB=\rho q/60=1.31\times1500/60=32.75$（kg/s）。

根据工作面空气状态，查湿空气焓湿图，工作面降温前空气焓值 h_1 为154.0 kJ/kg，降温后空气焓值 h_2 为84.0 kJ/kg。

因此，工作面需要制冷量 $Q=MB(h_1-h_2)=32.75\times(154.0-84.0)=2292.5$（kW）

4. 空冷器选型及布设

根据工作面需要制冷量2292.5 kW和矿井现有空冷器状况，0902综放工作面安设5台单台制冷量300 kW的MK-300型空冷器和3台单台制冷量450 kW的RWK-450型空冷器及1台制冷量200 kW的MK-200型空冷器，达到所需制冷量，实现制冷降温。

对工作面进风流采取三级降温，并加大第三级降温。具体为：

（1）第一级降温：在运顺进风口安设两台MK-300 kW型空冷器，并各配备1台2×30 kW风机供风，实现第一级降温。

（2）第二级降温：在运顺400~420 m部位再安设两台MK-300 kW型空冷器，并各配备1台2×30 kW风机供风，实现第二级降温。

（3）第三级降温：在距切眼280~300 m部位（运顺730~750 m范围）安设两台RWK-450 kW型空冷器，并各配备1台2×30 kW或2×45 kW风机供风，实现第三级降温。

工作面推进后每次向外移设时应距工作面不大于300 m；距第二级降温部位100 m时，取消第二级降温，并在之后对工作面进风流进行二级降温。

对回顺超前支护范围高温突出区，采取风机供冷风进行靶向降温，保证人员安全工作。在0902回顺辅助道新鲜风流段距材料道10~20 m范围安设2×30 kW风机（回顺制冷风机），接设一趟风筒（管）到回顺距工作面煤壁大于10 m部位，风管（筒）中安设3台空冷器对风筒（管）内风流进行降温，为回顺超前支护区域及回风隅角人员作业期间提供低温空气，降低工作环境气温，保证安全作业。

开采前期和中期，对风机风流进行两级降温。在回顺上平盘风筒中安设1台MK-300 kW型空冷器进行第一级降温，主要对风机压缩空气造成的温度升高进行降温。风机到该空冷器间采用 ϕ1000 mm风筒。第一级降温后接设 ϕ800 mm风筒到第2台空冷器（MK-200 kW型，安设在回顺650~700 m处），由第2台空冷器接设 ϕ550 mm聚乙烯结构壁管或风筒到距工作面10 m处，向回顺超前支护区域及回风隅角人员作业期间供冷风。

回顺制冷风机由0902配电点专用电源供电。

在工作面由运顺最后一台空冷器处接一趟 ϕ400 mm风筒至工作面80架前，在工作面120、140、160架间安设3台MK300型启动引射器，连接空冷器对工作面后部进行降温。

工作面范围额定总制冷量为 $300\times5+450\times3+200=3050$ kW，大于所需制冷量2292.5 kW，能够达到降温效果。

5. 制冷管路

由于开采前期和中期运顺安设6台空冷器且并联运行，因此在0902综放工作面运顺敷设 ϕ159 mm制冷管路。由于回顺最多安设3台空冷器，因此在0902综放工作面回顺敷设 ϕ108 mm制冷管路。运回顺制冷管路均接到矿井制冷干管（ϕ325 mm管路），形成工作面制冷管路系统。

6. 个体防护

（1）为工作面作业人员提供充足饮水。

（2）采煤队在工作面范围内备有防暑降温药品和中暑急救药品。

（3）适当缩短工作面作业人员工作时间。

三、经济效益

矿井制冷降温系统属于高收益的项目投资，制冷降温系统运行效果良好决定着整个矿井生产效益，使千米深井煤矿既能保证安全生产又能保证员工的工作环境舒适。

四、应用情况

本项目通过分析大强公司原岩温度，采用机械制冷系统为主，通风系统为辅的方法对井下进行降温，将工作面温度由42 ℃降低至26 ℃，保证员工有一个舒适的工作环境，保证工作面正常开采。开采至今，未出现人员中暑等情况，在千米深井、低温梯度增加的情况下，具有广泛的应该前景。

双介流脉冲除尘器在煤泥烘干车间的应用

铁法煤业集团大强煤矿有限责任公司

一、项目简介

1. 立项背景

铁法煤业集团大强煤矿有限责任公司煤泥烘干车间于2013年开始投入建设。煤泥烘干系统建设时，环保设备采用旋风除尘器、尾气净化塔、沉降室、脱硫装置及相关配套设施对系统尾气进行净化；环保工艺采用旋风除尘、湿法除尘、重力沉降、物理吸附、碱法脱硫等联合的尾气净化技术进行处理，尾气排放指标达到当时当地环保标准。随着近年来环保要求不断提升，原有的设备及工艺已经不能满足现在的环保要求，需对现有煤泥烘干的尾气净化系统进行升级改造，且满足2018年10月26日通过《中华人民共和国大气污染防治法》要求。

由于国家对《锅炉大气污染物排放标准》进行了修改，现有煤泥烘干车间的环保设备、设施及工艺不能达到新环保标准，因此，需对现煤泥烘干车间的环保设备、设施及工艺进行改造。

2. 尾气净化现状

目前干燥系统尾气采用旋风除尘、湿法除尘、重力沉降、物理吸附、碱法脱硫等联合的工艺净化，工艺流程如图1所示。

二、除尘设备实施方案

大强煤矿对除尘工艺进行升级改造，除尘器作为除尘工艺中的关键设备，是此次尾气净化改造的核心，其工况效果直接影响到整个系统的成败，因此，对除尘器的选择、设

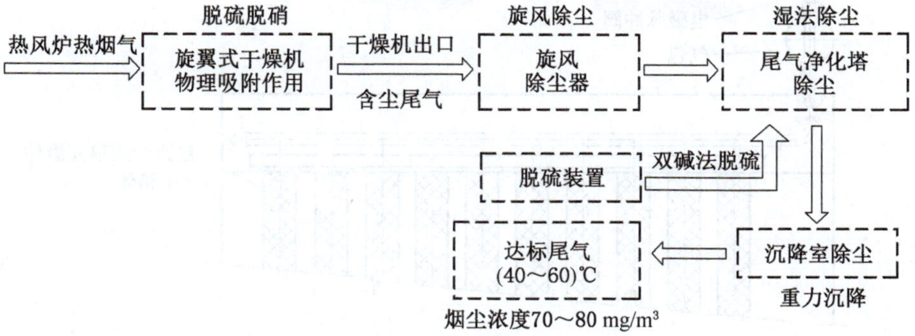

图1 尾气除尘工艺系统流程图

计、制造、安装、调试和运行都须严格把关。

双介流脉冲除尘器是针对高湿低温烟气或颗粒物黏性较大的烟气除尘开发的一种烟气净化设备，结合旋翼式煤炭干燥工况研制开发的具有独特技术的高效袋收尘器，集分室反吹和脉冲喷吹等除尘器的优点，克服了传统分室反吹动能强度不足与喷吹脉冲清灰过滤同时进行的缺陷，因而扩大了袋除尘器的使用范围，提高了收尘效率，延长了过滤介质单元使用寿命。双介流脉冲除尘器本体分隔成数个箱区，并在每箱侧边出口管道上设置一个气缸带动的提升阀。当除尘器过滤含尘气体到一定时间后（或阻力达到预先设定值），清灰控制就会发出信号，第一个箱室的提升阀关闭以切断过滤气流，该箱的脉冲阀开启，以大于0.5 MPa的压缩空气经脉冲阀喷入净气室，并迅速膨胀涌入过滤介质单元内产生振动清除过滤介质单元外侧表面上的粉尘。当以上动作完成后（大约6～15 s时间），提升阀重新打开，该箱室的过滤介质单元重新恢复到过滤状态，下一个箱室则进入清灰状态，并如此逐一按上述要求进行直至最后一个箱室清灰完毕为一个清灰周期。气箱脉冲器的脉冲喷吹宽度和清灰周期，由清灰程序控制器自动控制连续进行，从而保证了压缩空气清灰的效果。整个箱体设计利用了进口和出口总管结构，灰斗可延伸到进口总管下，使进入的含尘烟气直接进入已扩大的灰斗内，达到预除尘的效果，且不易堵塞的水平直管。当系统通过压差检测到发生糊袋后，会自动切换双介流清灰模式，对过滤部的过滤介质进行再生性清理，使其恢复理想工况。所以双介流脉冲除尘器不仅能处理一般浓度的含尘气体，还能处理达9000 mg/Nm³的高浓度、高湿含尘气体。普通的脉冲除尘器当过滤介质表面灰层达到一定厚度时，滤筒内外压差增大，会通过高压风脉冲将灰层吹落。而该项目需处理的烘干尾气中湿度较高（75%），而且温度较低（60～80 ℃）容易结露糊袋，单纯通过高压风脉冲难以将灰层脱落。而双介流脉冲除尘器，是通过高压风和高压水两种介流对滤筒进行脉冲清理，当发生结露糊袋时系统会自动通过压差检测到，于是便切换成高压水流对过滤介质进行冲洗，使其恢复正常使用。

该除尘器由于采用整箱大脉冲阀反吹喷射离线清灰，换袋时，打开顶部换袋检修门，直接抽出过滤介质单元即可，维护简单、方便。气箱式脉冲除尘器的过滤和清灰工作状态如图2所示。

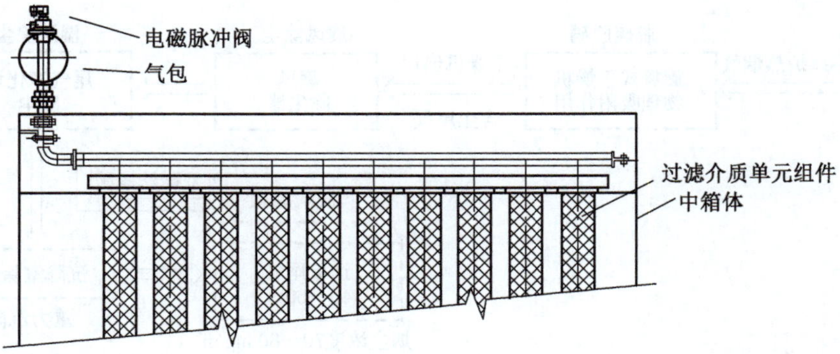

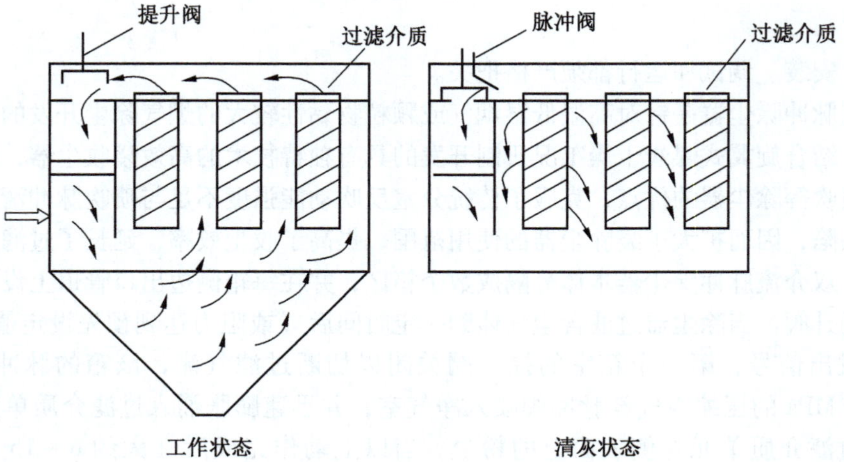

图2 清灰系统示意图

综上所述，将以上除尘器的优缺点类比，结合大强矿的现有实际情况，最终确定采用适合本工艺的双介流脉冲除尘器。

三、创新方案描述

现有干燥车间采用WJG型旋翼式强制流态化干燥机和MTL－900型三穹直火热风炉作为核心设备的热能脱水系统。工艺流程为湿煤泥首先被送入大容量的湿煤缓冲仓，再由给料机均匀稳定地输入干燥机，在干燥机底部两个相向旋转的旋翼作用下，湿煤泥被抛掷在干燥腔内，高温热风在引风机的负压作用下沿水平方向呈波式紊流，物料在气流和重力的作用下在干燥腔内做往复式螺旋运动，弥散的物料与热风充分接触换热。在抛掷过程中破解了湿煤泥的黏度和加热后产生的固聚性从而使湿煤泥在干燥机腔内充分弥散。同时在干燥机的尾端嵌入了气流干燥工艺，以强化湿煤泥与热风的换热效果，使尾气预热得以进一步利用。物料在气流作用下被强制带出干燥机腔后，在离心式收料器的作用下实现气固分离。固体和干燥机出口闭风卸料器作为产品给入产品带式输送机。气体进入尾气净化系统处理后排放。

新的除尘改造方案将现有干燥系统的旋风收料器后安装双介流脉冲除尘器，对干燥系统尾气进行深度过滤除尘，除尘后尾气通过引风机一部分通过原有烟囱达标排放，一部分作为循环配风通过热风炉原有的篦式配风阀接口给入热风炉炉膛，净化后的余温尾气作为二次配风进入炉膛，既可以有效控制含氧量，也可以实现炉膛低温燃烧，有效抑制氮氧化物的产生，起到低氮燃烧的效果，使氮氧化物浓度进一步降低。由除尘器收集脱除的灰尘通过排灰系统输送至集灰坑。在原有旋风收料器和引风机间设连接管路，管路上设有故障切换阀，当新建除尘系统进行检修和维护时，切换至原干燥系统工艺流程。

干燥系统中增设循环风配风系统，以有效控制系统中含氧量，进一步加强低温燃烧的降硝效果。为减弱循环配风对系统 RH 值的影响，在循环配风系统中嵌入除湿装置，有效控制回流烟气湿度。从原有引风机至尾气净化塔管路中增设一分支管路并设有循环配风阀，此部分风作为循环风进入除湿器除湿后给入热风炉配风口。配风口附近设有短路配风阀，当循环风系统进行检修和维护时，可随时切换。

四、改造后的尾气净化运行

1. 尾气除尘工艺

改造后尾气除尘采用旋风除尘器 + 双介流脉冲高湿尾气除尘技术可实现本质性环保。动力净化段是通过弥散式高强度流体碰撞，使烟气中的粉尘经物料的吸附式过滤后，再通过旋风收料器可回收 85% 以上的微细颗粒物。双介流脉冲过滤段是采用日本关西株式会社的高湿低温烟气过滤除尘技术可去除 99. 8% 微细颗粒物。

双介流脉冲除尘系统采用日本先进的除尘技术，拒水过滤填料可以有效地将粉尘阻挡在过滤材料表面，形成“表面过滤”的效果，完全不同于纤维材料的“深层过滤”效果。过滤填料的涂层深入到基体内部，不会像覆膜滤料那样容易被磨损破坏。

烟气温度一般在 60 ~ 80 ℃，当工况发生变化时其瞬间温度可达 130 ℃至更高，烟气含湿量达 65%，露点温度 70 ℃。为了减少除尘器结露和糊袋，以及由于温度过高而发生烧袋等恶性事故，本除尘器工艺设计中特采取如下措施：

① 除尘器的进风管道，本体及灰斗要采取保温措施，以防止除尘器结露。

② 在除尘器的进风口处安装有温度检测与自动报警装置，并在进风口设计了冷气装置，废气一旦越过除尘器的使用温度范围，则发出警报，自动采取温控措施，以确保除尘器安全运行。

双介流脉冲除尘器技术特点如下：

① 除尘效率高。该除尘器用于烟气治理，排放标准按 GB 9078—2001 国标执行，烟尘排放浓度≤20 mg/NM。

② 自动温控装置。采用温控仪自动跟踪控制，数字显示，当烟气温度超 120 ℃（工艺设定），进气管冷风门自动打开，吸入冷空气，降低烟气温度至设定值，然后自动关闭，确保过滤介质单元不被烧毁，长期高效稳定运行。

③ 具有先进的薄板型提升阀，离线三状态清灰机构，技术先进，工作可靠，清灰彻底。

④ 过滤介质单元上端采用弹性涨圈结构，不但密封性能好，而且在维修更换布袋时

快捷简单，实现机外换袋。

⑤ 电磁脉冲阀，其易损件膜片的使用寿命大于 100 万次。

⑥ 除尘器控制采用先进的 PLC 程序控制器，具有定时、定阻、手动三种控制方式，对除尘器离线阀，脉冲阀、御灰阀等实现全面系统控制，并对本体上的传感元器件温度进行报警控制。

⑦ 过滤介质单元采用 500 g/m^2 耐高温拒水过滤介质，导热系数为 0.057 W/(m·K)，透气性能强，除尘效率高。

2. 改造后尾气环保指标

经改造后的尾气净化工艺，排放尾气颗粒物含量小于 20 mg/m^3，二氧化硫含量小于 100 mg/m^3，氮氧化物小于 200 mg/m^3，林格曼黑度：≤1。满足现行环保排放指标要求。

五、投资概算与运行成本

1. 投资概算（表 1）

表1　投资概算表　　万元

序号	名称	单位	工程量	工作量	备注
项目名称	煤泥烘干改造	项	1	606.9	
1	土建	项	1	18	
2	安装	项	1	32.7	
3	设备	台	13	524	
	双介流脉冲除尘器	台	2	358	
	循环配风系统	台	2	56	
	除湿器	台	2	75.1	
	吸附式冷干机	台	1	3.5	
	储气罐	台	2	1.9	
	排灰输送系统	台	2	26.5	
	热风闭风改造	台	2	3	
4	其他	项	2	32.2	
	设计费	项	1	23.6	
	监理费	项	1	8.6	

2. 运行成本分析

按300作业日/年，20 h/日计算，年作业6000 h，年产湿煤泥39.6万t，折合小时处理湿煤泥66 t/h。

（1）人工费用：利用原烘干车间人员即可，无须新增人员，此部分不增加费用。

（2）电耗：新增两套设备总装机68 kW，单套耗电量34 kW，电费取价0.75元/(kW·h)，则电耗为0.75元/(kW·h)×34 kW=25.50元/h。

（3）维护费用：维护费用按固定资产原值得0.5%计取，按设备总投资524万元计算，则折合作业小时费用为4.37元/h（524万元×0.5%/6000 h=4.37元/h）。

（4）综合折旧费：综合折旧率按15年等额计算，固定资产残值为3%，则折合作业小时费用为：（524×97%）/15/6000小时=56.48元/h。

（5）综合运行成本，作业小时运行费用为：25.50元/h+4.37元/h+56.48元/h=86.35元/h。折合吨湿煤泥运行成本86.35元/h÷66 t/h=1.31元/t。

铁法能源公司煤矿智能化建设实践

辽宁铁法能源有限责任公司

辽宁铁法能源有限责任公司成立于2009年1月，其前身铁法矿务局始建于1958年，是以煤炭生产为主，集电力、建筑建材、煤机制造、煤层气开发利用等为一体，跨行业、跨区域、跨所有制、多元发展的现代化企业集团。截至2023年末，铁法能源公司资产总额332.4亿元，利润总额14.56亿元，在职员工28253人，建企60多年来，累计生产原煤7.26亿t，营业收入2411.7亿元，上缴税费353.8亿元。公司连续多年跻身全国煤炭工业100强和辽宁省企业100强行列。公司本部现有8个生产矿井，包括晓明矿、大隆矿、晓南矿、小青矿、大兴矿、小康矿、大平矿、大强矿。域外有山西东义公司鑫岩矿、内蒙古东辰公司、东新公司、东林公司等4个生产矿井。

煤矿开采已进入智能化时代，铁法能源公司制订《2022—2025年煤矿智能化建设“一矿一案”实施方案》，以工作面智能化建设为主，分区域、分系统实施的智能化矿山建设的发展模式，坚定不移地加快推进智能化矿山建设步伐。

一、煤矿智能化建设顶层设计

为进一步推进矿井建设，全方位推动智能化技术与煤炭产业融合发展，切实提升公司智能化水平，确保“做强做优煤炭主业，做精做细非煤产业”发展战略落实落地，促进企业高质量发展，2021年6月成立铁法能源公司智慧矿山筹备中心，全面协调组织领导推进公司的智慧矿山建设工作。

1. 确定智慧矿山建设总体目标

人工智能、工业物联网、云计算、大数据、机器人、智能装备等与现代煤炭开发利用深度融合，形成全面感知、实时互联、分析决策、自主学习、动态预测、协同控制的智能系统，实现煤矿采掘（剥）、机电运输、地质保障、通风、洗选、安全保障、经营管理等过程智能化运行，达到减人提效目标，提升煤矿安全生产水平，促进高效发展。

2. 完成《铁法能源公司智能化建设可行性研究报告》编制

委托中国煤炭科工集团煤炭科学研究总院编制《铁法能源公司数字化建设可行性研究报告》，通过了机关相关业务部室的专业评审，并通过了煤炭行业智能化专家的专家评审，评审结果一致认定该项目具有可行性。

二、建立煤矿智能化“一矿一案”模式

2022 年公司所属各矿井均开启智能化综采工作面建设，其中晓南矿和大兴矿成果显著。

1. 晓南矿智能化综采工作面建设情况

晓南矿建设全省首个智能化矮采高综采工作面，N1－1406 智能化矮采高综采工作面倾斜长度 480 m，走向长度 173 m，平均采高 1.7 m，储量 25 万 t。小班作业人员由 15 人减至 7 人。晓南矿应用智能化矮采高综采设备替代刨煤机，实现了薄煤层智能化采煤技术革命，智能化国产矮采设备投资 6000 万元，比进口刨煤机减少 1 亿元；单个工作面生产配件总消耗降低 900 万元。

晓南矿陆续进行了副井双变频系统改造、电力监控系统升级、带式输送机集控系统补套、蓄电池单轨吊机车连续运输系统建设等智能化项目的升级改造工作。晓南矿还将进行矿用机车智能管理系统升级改造、地面瓦斯泵站远程集控系统改造、净水车间自动控制系统改造、选煤厂压滤车间配电室无人值守改造等项目。

2. 大兴矿智能化综采工作面建设情况

大兴矿井田内共施工地质钻孔 220 个，工程总量为 210225.32 m，开展三维地震、电法勘探工作 5 次，总勘探面积 12.65 km^2，配备井下物探设备 2 台，分别为 YCS512 矿用本安型探水仪和 DTC2000 矿井地质探测仪，钻探设备 3 台，分别为：ZDY3500LP 煤矿用履带式全液压坑道钻机 2 台，具有定向功能的 ZYWL－7300DS 煤矿用履带式全液压坑道钻机 1 台。钻探和物探的探测精度、广度满足智能化煤矿生产需求。大兴矿南五 1201 智能化综采工作面，配备北京天玛 SAC 支架电液控制系统，SAM 自动化系统，SAP 集成供液系统，配置可视化监控系统，实现远程集中控制。

大兴矿井下压风来自地面工业广场内的压风机房，电气控制系统应用河北伟积电气有限公司的压风机监控系统，至 2023 年末井上下共设置了 421 个监控点，覆盖采掘工作面、运输沿线、打钻作业地点、井下变电所及地面车间厂房和机房等。

三、智能化采掘工作面建设情况

铁法能源公司开展煤矿智能化建设以来，累计建设完成 28 个智能化采煤工作面，4 个智能化掘进工作面。2023 年建设 10 个智能化综采工作面和 3 个智能化掘进工作面。

智能化采面有：大隆矿 N1－1502 外段工作面（2023.7—2023.11）；大隆矿 S1W－1509 工作面（2023.11—2024.4）；小青矿 N2－409 工作面（2023.10—2025.3）；小青矿 N2－415 智能综采工作面（2023.3—2023.10）；小青矿 W3－1506 智能矮综采工作面（2023.11—2024.12）；大兴矿 S2－906 里（外）段智能化采面（2023.3—2023.6；2023.9—2024.3）；大兴矿 S5－1202 智能化采面（2023.6—2025.11）；大强矿 0902 综放

工作面（2023.11—2026.12）；东辰公司1688智能化采面（2023.12—2025.11）；东义公司N1－上盘区506智能化综采工作面（2023.12—2024.6）。

智能化掘面有：东辰公司1615辅助回撤通道掘进工作面（2023.12—2025.8）；东义公司N1－下盘区1006运输巷智能化掘进工作面（2023.7—2023.11）；东林公司E1－303运顺智能化掘进工作面（2023.2—2023.6）。

四、工作重点和亮点项目

1. 创新智能化安全生产视频模式

小青矿等单位建设智能化安全生产动态视频监控系统，在井上下主要作业场所安装智能化视频监管装置735余台；配备专职人员进行视频监察，打造了智能化安全生产视频监管新模式，彻底扭转了安全生产靠人为监管的被动局面，实现了安全生产的历史最好水平。

2. 鑫岩煤矿开启“5G＋智慧矿山”画面

鑫岩煤矿已建成井上下5G通信系统，2个智能化综采工作面、1个智能化快速掘进工作面共28个智能化子系统，22个固定岗位实现无人值守，2个智能化综采工作面合计减少65人，减员率达到50%，智能化掘进工作面生产效率明显提升，全矿智能化系统共计减少人员153人。目前鑫岩煤矿已建设5G数据中心机房，安设5G核心网设备，地面安装5G宏站4台，井上下安装5G基站54台，实现了井上、下5G信号的覆盖，是吕梁市首批智能矿山试点单位，国家首批智能化示范矿山。

五、成效和成果

2023年，2个智能化示范煤矿建设通过国家验收：东义公司鑫岩煤矿达到Ⅱ类中级智能化示范煤矿；晓南矿达到Ⅱ类初级智能化示范煤矿及初级智能化选煤厂，并被国家能源局、国家矿山安全监察局认定为第一批国家智能化示范煤矿。计划在2025年本部煤矿全部达到Ⅱ类初级智能化示范煤矿及初级智能化选煤厂。

通过开展煤矿智能化建设，智能矿山增加无人岗位977个，保守统计，每年降低人力成本9000万元以上。不仅降低了人力成本，而且实现了“少人则安、无人则安”的目标。

大隆变电所智能化变电站改造的探索与实践

铁法煤业（集团）有限责任公司供电部

大隆变电所始建于1967年，其运行设备相对老旧落后，6 kV开关柜仍为20世纪60年代安装使用的GG1A半封闭开关柜，存在着诸多的缺陷，控制、保护、信号系统均为传统的电磁继电器，未达到本质安全型设备，存在着动作不灵敏、精度低等问题。

一、项目实施方案

大隆变电所智能化改造于2023年4月1日开始前期测量、原接地补偿位移安装等工作，4 月 8 日至 7 月 11 日开始新建房屋桩基础、承台及地梁土建，完成了新建楼房的基础框架及墙体砌筑工作。为了按照各矿井停电计划及施工工期完成自动化改造工作，供电部克服土建施工噪声、烟尘以及照明等问题，同步交叉开展了电气设备安装等工作。大隆变电所改造供电摘转工作工期与各矿井停电计划完全一致，于 2023 年 9 月 23 日完成变电所自动化改造工作，新建变电所按期、顺利、安全的投入运行。

1. 大隆变电所土建施工

根据电气设备设施要求，需要重新建设一座配电装置楼。新配电装置楼位于原变电所西侧，采用桩基础等先进技术手段，可以有效地防止因采空区边界地理形变造成变电所房屋产生裂纹等隐患。新建楼房视觉效果良好，便于巡视、生产和管理，确保变电所的安全稳定运行。

2. 大隆变电所新设备升级

大隆变电所设备改造采用数字化设备，三楼南侧控制室选用数字化的微机保护测控装置，室外每条线路设备单元安装 1 台智能柜，智能柜与控制室内保护测控装置之间采用光缆通信；三楼中间为监控中心；三楼北侧高压室，6 kV 开关柜选用标准 KYN28 型中置式开关柜。无功补偿、接地补偿成套设备及所用变压器等设备均安装在一楼各室内。

（1）完成控制室保护测控等屏柜组屏及安装。控制室保护测控等屏面组屏方案采用模块化设计，采取交叉组屏方式，调隆甲、乙、热隆甲、乙四条电源进线每屏一回线路，其余 66 kV 线路每屏两回线路，2 台 66 kV 主变压器每台一面保护测控屏，电度表屏、远动通信屏、通信屏、接地补偿屏、交直流一体化等屏柜。

（2）完成室外 66 kV 设备智能柜安装、电缆敷设、接引。室外 66 kV 设备智能柜、电源柜安装，包括受入、配出线路智能柜、主变智能柜、母联智能柜、母线智能柜、小电流接地选线智能柜及电源柜等。

（3）完成 66 kV 受入、配出线路智能柜、控制室屏柜间电缆光纤敷设、接引与负荷转接。敷设智能柜、控制室屏柜间控制、信号电缆，两侧制作电缆头、校对、绑扎标识、敷设光缆、熔接光纤等工作。为了保证工期，保证各生产矿井不间断供电，按照施工计划安排，分别将每条线路停电对室内室外新设备接引、校对、调试、负荷转接，确保当日新设备投入运行。

（4）完成高压室 6 kV 开关柜安装，配出负荷转接。在新建房屋三楼北侧高压室，新安装中置式 KYN28 型标准 6 kV 开关柜，大、小母线安装完好，敷设开关柜与控制室各屏柜间交流、直流、控制电缆及光缆，二次线校对、接引，光纤熔接、开关柜调试、试验完好，具备送电状态。

按照施工停电计划安排，依次将大隆变电所原 6 kV 开关柜停电、配出电缆拆除，并从电缆沟拽出，由于电缆沟内其他电缆都处于送电状态，电缆多且上下交叉，拽旧电缆难度较大，当日先停电旧电缆拽出后再按照新路径重新敷设，接入相应的新开关柜，试验各项指标满足要求后，再使新开关柜送电运行。按照相同的方法，依次将所有旧配出开关柜停电，负荷电缆转接至新开关柜，调试正常后投入运行。其中 2 台 66 kV 主变压器在原来位置保持不动，与室内新安装的 6 kV 主受开关柜之间采用新全封闭母线连接。

（5）完成电容器、接地补偿、所用变压器等相关设备安装、负荷转接。在新建房屋一楼北侧各室分别安装 6 kV 一、二段电容器（无功补偿成套设备 1 套）、接地补偿成套设备两套、所用变压器两台。新设备安装完好、调试试验正常后，按照计划分别将对应旧设备停电，布置好现场安全技术措施，进行高压电缆敷设、接引、试验，设备调试满足现场送电要求后，再送电带负荷投入运行。同样的方法将上述旧设备负荷依次转接至新设备投入运行。

3. 变电所智能化改造取得的成效

大隆变电所智能化改造后，矿区电网安全运行能力及智能化水平大幅度提高，实现了变电所66 kV、6 kV设备的“四遥”功能，提高了供电系统运行的安全性；实现对设备实时在线监测，全面提升电力调度指挥操作和突发事故应急处理能力，保证了供电系统运行的稳定性；实现变电所数据自动化处理，各类电力参数集中显示、电量自动上传并计算，减少了值班人员工作量，提高了转供电量计算的精准性；“供电网络分析”技术应用，实现对矿区供电系统的事故追忆及运行情况进行分析，有效提高供电系统运行的可靠性；“微机防误系统”技术应用，有效杜绝人为误操作的可能性。

二、大隆智能化变电所改造技术创新成果水平及应用

大隆变电所是全矿区安全供电的枢纽，升级改造期间必须在保证各生产矿井不间断供电的情况下，安全、平稳、迅速、高效地完成大隆变电所土建施工、设备安装、调试、投运等改造工作。

1. 技术创新

（1）光纤取代大量电缆，节省投资、二次接线简单、方便施工，且传输能力强，抗干扰能力强，同时实现了所内所有信息组网共享功能。

（2）“供电网络分析”技术应用，实现对矿区供电系统事故记录、追忆功能及运行情况进行分析，提高供电系统运行的可靠性。

（3）“微机防误系统”技术应用，杜绝人为误操作的可能性，保证供电系统运行的安全性。

（4）66 kV系统配出线路增加“距离保护”功能技术应用，为快速判断、查找故障点提供可靠依据。

（5）设备实现实时在线监测、电力调度能够实时了解系统运行方式和设备运行情况，有利于调度指挥操作和突发应急事故处理，保证供电系统安全运行。

（6）实现了全站GPS时钟统一对时功能。

（7）实现全站火灾自动报警功能。

2. 大隆变电所智能化升级应用情况

大隆变电所智能化改造后已经从单一的监控功能扩展到具有保护、防误操作，事故追忆，故障实时录波等功能，且实现全所信息组网信息共享，为以后增设备类保护装置和设备提供了全面的信息接口。

此次大隆变电所的智能化成功改造，应用效果良好，为矿区变电所今后的改造工作奠定了基础，明确了方向，为建设矿区智慧电网提供了理论依据。

三、大隆变电所改造后的效益情况

大隆变电所通过将传感器和互联网技术与电力系统结合，运用智能电力技术可以实现实时监测、远程控制和智能优化，从而提高能源的利用效率。

1. 安全效益

大隆变电所采用智能电力技术，极大地提高了供电系统的安全性和稳定性，通过完善继电保护方案和电网分析、故障录波等技术，大幅度减少故障停电时间与影响范围，提高供电的安全可靠性。

2. 经济效益

大隆变电所智能化改造后，可达到无人值守变电所标准，采用了先进本质安全型设备，将以往需要人工做的大量工作，通过通信网络将数据上传、计算，最后在变电所后台机直接查看，这样不仅保证运行人员的人身安全，减少工作量，而且也提高了运行设备数据的精准度，降低运行成本，达到了减员增效、节约成本的目的。改造后按每班减员2人，该变电所内共计减员8人，并及时将他们补充到其他变电所，来弥补运行人员紧缺问题。每人按年平均收入6万元计算，8人每年可节约资金6×8=48万元。大隆变电所改造淘汰的设备配件通过回收复用，作为晓南、小青、晓明、小康、大平等五座老式变电所全年设备检修维护用材料配件，节约材料费支出，估算每年可节约材料费11万元。变电所自动化改造后，增加了变电所转供电量、提高供电电网功率因数等各项费用的经济价值每年可以节约资金约127万元。

四、存在问题和今后打算

大隆变电所智能化改造后存在的不足：技术研发方面需要持续的技术创新和升级；为提高供电可靠性，多回供电线路，需要加装备用进线自动投入装置；需要加强运行人员的培训和技能提升。

对于未来的打算，要着重于持续的技术研发和创新，以解决现有技术问题，提高系统的稳定性和效率。加强人员培训，提高操作人员的技能水平，适应自动化系统的操作要求。实现故障快速定位和处理，减少恢复时间，提高供电可靠性。有效管理停电时间和范围，尽量减少对用户的影响。通过这些措施，进一步提高变电所自动化的水平和效率，确保供电系统的稳定运行和供电安全。

鑫岩煤矿1009智能化综采工作面

吕梁东义集团煤气化有限公司鑫岩煤矿

一、项目简介

1. 项目基本情况

项目建设单位为吕梁东义集团煤气化有限公司鑫岩煤矿，参与单位为北京天地玛珂电液控制系统有限公司，2022年8月开始建设，2022年9月投入使用，2024年7月智能化工作面使用完毕进入拆除阶段。项目实施地点为山西省吕梁市中阳县上罗侯村鑫岩煤矿。

2. 工作面概况

该工作面为北一下盘区1009综采工作面，区域内煤层呈平缓单斜，煤层走向为

110°～130°，倾向为 200°～220°，煤层倾角为 2°～10°，其平面位置为 x：4132069～4131805，y：19505459～19503380。东以终采线为界与主水平南翼集中运输大巷、主水平南翼集中辅运大巷、主水平南翼回风大巷相邻，南以运输顺槽为界与北一下盘区边界相邻，西以切眼为界与井田边界保护煤柱相邻，北以回风顺槽为界与北一下盘区 1008 采空区相邻。工作面长度 260 m，推进长度为 2100 m。采用的主要设备情况见表 1。

表1 主要设备情况

名称	规格型号	单位	数量	备注
采煤机	MG750/1800－WD	台	1	太重煤机
前端头支架	ZT25000/25/50	架	2	北煤机
过渡架	ZYG10000/26/55D	架	1	北煤机
后端头支架	ZYG10000/26/55D	架	2	北煤机
过渡架	ZYG10000/26/55D	架	1	北煤机
液压支架	ZY10000/27/60D	架	92	北煤机
运输机	SGZ1000/2×855	部	1	天地奔牛
转载机	SZZ1200/525	台	1	天地奔牛
破碎机	PLM3500	台	1	天地奔牛
乳化液泵	BRW630/37.5	台	3	天玛电液控
喷雾泵	BPW500/16	台	3	天玛电液控
胶带运输机	DSJ120/100/2×315	部	1	兖矿集团
大采高集成供液系统		套	1	天玛电液控
大采高综采自动化控制系统		套	1	天玛电液控

煤层结构及性质：10 号煤为全区可采煤层，自燃倾向性为容易自燃，自然等级为Ⅰ级，最短自然发火期天数为 59 天。

水文地质条件：不带压开采，属于正常开采区域。

二、项目实施方案

1. 项目内容

鑫岩煤矿 1009 智能化综采工作面通过智能化控制软件和工作面高速以太环网，将采煤机控制系统、支架电液控制系统、工作面运输控制系统、三机控制系统、泵站控制系统及供电系统有机融合，辅以工作面煤壁和液压支架高清晰视频系统，实现了对综合机械化采煤工作面设备的协调管理与集中控制，实现了对工作面液压支架电液控制系统跟机自动化与远程人工干预控制相结合的自动化采煤工作模式。该系统可以在顺槽或地面指挥中心对采煤机工况和液压支架工况进行检测与远程集中控制，实时监控工作面综采设备运行工况和煤壁及顶底板的空间状况。当设备运行异常或工作面空间形态异常时，可以在指挥控制中心通过远程人工干预手段对设备进行远程调控，如采煤机摇臂调整、液压支架动作调整等。

智能化无人综采工作面集成控制系统主要由三部分组成，第一部分为综采单机设备，第二部分为顺槽监控中心，第三部分为地面指挥中心。

2. 技术指标、实施过程

1009 智能化综采自动化控制系统将多种跨学科技术（如工业控制、以太网、无线、视频、音频、通信、液压等）应用于综采工作面，实现在工作面监控中心对综采设备进行自动化控制，确保各设备协调、连续、高效、安全运行，并将工人从工作面解放出来，实现工作面少人化。

该系统具有在地面调度中心对综采工作面设备的监测功能；具有在地面调度中心对井下设备（采煤机、液压支架、泵站控制、运输机、转载机、破碎机、带式输送机系统）的“一键”启停控制和远程干预操控功能；具有在顺槽监控中心与地面调度中心对工作面设备的集中监控功能；具有对采煤机工况监测与远程控制功能；具有对液压支架工况监测与远程控制功能；具有对工作面运输设备工况监测与远程自动化控制功能；具有对泵站系统工况监测与集中自动化控制功能；具有对运输系统工况监测与远程启停控制功能；具有对工作面综采设备的数据集成、处理功能；具有自动化系统故障诊断功能（包括对采煤机、液压支架、三机、泵站的故障诊断），故障类型显示、管理等功能；具有工作面工业以太网，在工作面实现数据的高速传输；具有工作面视频系统，实现对主要综采设备的全方位实时监控；具有转载机、带式输送机自移和远程控制的功能；具有井上下数据传输功能接口；实现两顺槽超前支架在顺槽监控中心和地面调度指挥中心自动化控制和远程操当综采工作面自动化控制系统出现故障时，各子系统不受综采自动化系统故障的影响，以保证在检修和自动化控制系统出现故障时，各子系统能单独开车，确保生产不受影响。

3. 取得成效

1009 智能化综采工作面采用拟人手法，把人的视觉、听觉延伸到工作面，实现工作面监控中心到地面调度中心对综合机械化采煤工作面设备的协调管理与集中控制，具有工作面设备一键启停、液压支架自动跟机、采煤机记忆截割、工作面视频监控、工作面远程供液等动能。将工作面原有 8 人减少到只需要 2 人巡视，年节约人工费 100 万元左右。有效地提高了工作面的智能化开机率，使员工远离脏、苦、累、险的工作环境，提升工作面的安全的同时还提高了整体效率，由单班产量 3000 t 提高的 3500 t 左右。

三、项目创新性

1. 技术、管理创新

（1）液压支架跟机自动化技术。结合开采工艺，依据工作面顶板压力、倾角、液压支架姿态、采煤机运行状态等信息，将整个生产过程中划分为不同的阶段，自动决策并控制液压支架中部跟机、斜切进刀、端头清浮煤、转载机自动化推进等动作，实现了工作面自动连续生产。

（2）采煤机记忆截割技术。按照示范刀所记录的工作参数、姿态参数、滚筒高度轨迹，进行智能化运算，形成记忆截割模板，在自动截割过程中不断修正误差，实现自动调高、卧底、加速和减速等功能。

（3）远程集中监控技术。通过安全和介入机制，使国产采煤机的远程控制延时小于300 ms，有效小于200 ms，解决了采煤机远程实时控制难题。

（4）智能决策控制软件技术。以煤流系统负荷为决策依据的采煤机、液压支架、刮板输送机动态分析、智能决策联动控制。

2. 创新程度、知识产权情况

智能化综采工作面技术是集团公司在域外所有矿井首先进行应用的智能化综采工作面。该技术知识产权归北京天地玛珂电液控制系统有限公司所有。

四、项目可靠性

智能化综采工作面使用后稳定性好，工作面自动跟机率在80%左右，远高于国家标准60%的跟机要求，设备故障率的，工作面使用期间未出现大型设备损坏导致矿井停产情况，安全得到有效保障，工作面使用期间未出现一起人身伤害事故。

五、经济合理性

1. 投资成本及运行维护成本

1009智能化综采工作面整体投资3252万元，维护成本不高，一般只需更换部分传感器即可，在搬家倒面期间适当对智能化采煤机进行检修和对老化和易损密封等进行更换。

2. 经济社会效益、节能减排、绿色环保和资源有效利用等情况

将工作面原有8人减少到了只需要2人巡视，年节约人工费100万元左右。使员工远离脏、苦、累、险的工作环境，可以坐在地面智能集控中心进行远程采煤作业，员工社会地位得到了提升。

六、存在问题和今后打算

1. 存在问题

受现有技术壁垒限制，无法超前对煤岩进行识别，无法真正做到智能采煤、自动采煤，还需要进行人工干预。

2. 今后打算

继续完成智能化综采工作面建设，在搬家倒面后继续新智能化工作面建设，提升智能化综采系统的整体开机率，用好智能化，管好智能化，为矿井安全生产添砖加瓦。

矿用多参数巡检机器人在煤矿的应用

吕梁东义集团煤气化有限公司鑫岩煤矿
山西戴德测控技术股份有限公司

2019年10月—2020年10月，吕梁东义集团煤气化有限公司鑫岩煤矿同山西戴德测控技术股份有限公司合作，在井下中央变电所及水泵房、主井绞车房、副井绞车房、五煤

上山猴车、主斜井运输巷道等5处安装了由山西戴德测控技术股份有限公司自主研发生产的矿用多参数移动巡检机器人，用于对各巷道及设备的定时和实时巡检，使用以来运行稳定，效果明显。

一、项目实施方案

巡检机器人通过在巡检区域用10号工字钢在高空架设轨道，轨道连接处具备机械的连接装置，保证轨道连接的平整性、一体性。轨道使用圆环链进行吊挂，巡检机器人沿线安装轨道，在轨道上往复运行，进行巡检，不影响巷道内的正常行人和对设备的检修工作。

该系统的控制和显示集于一体，实时显示巡视地点环境参数及设备的运行状态参数。同时上位机对机器人本体运行速度与位置、温度、电流、电量等数据实时进行监控显示，保障机器人稳定运行，巡检存储的数据保存时间不低于3个月。

矿用多参数巡检机器人集合了视频采集、红外热成像、声音采集、气体采集、温度采集、无线充电等功能，带有自动驱动，实现在固定轨道自动行走。高清视频采集，清晰度1080 P，对外接口RJ45与无线通信模块相连，实现视频信息的实时传输。高精度气体采集传感器，实现对烟雾、瓦斯、粉尘等有害气体浓度的动态测量，可完成整个轨迹空间内的气体分布情况。对复杂环境中的声音进行采集，按照频率进行区分归类，进行比对，实现对异常声音的提取。对各巡检点进行拍照，进行图片分析判断，进行报警和存储。

巡检机器人爬坡能力：35°；转弯半径：1.5 m；巡检区域：0～3400 m；巡检速度：0～1 m/s。

巡检机器人的安装，可辅助和代替人工巡检，降低工人劳动强度，提高了工作效率，及时发现环境和设备问题，提高了设备的使用寿命，保障安全生产。

二、项目创新性

矿用多参数巡检机器人由山西戴德测控技术股份有限公司自主研发，为鑫岩煤矿提供免费系统升级服务。

（1）巡检机器人采用本安型无线移动通信技术，通过设置基站，构建无线移动通信网络，该网络可以接入到矿井的整个网络，实现互联互通。机器人本体在基站间移动时，可以自动、透明地从一个接入点移动到下一个接入点，实现数据的无缝移动切换。定向传输最远距离可达2 km，传输速率最大可达到100 bps。

（2）巡检机器人采用无线充电技术，在非接触状态下进行电能转换，自动对机器人内部电池进行充电。实现机器人不停机，连续运行状态，保证了安全性，充电功率可达30 W。

三、项目可靠性

项目可靠性主要包括运行稳定性、安全可靠性等方面。该巡检机器人可有效监测各巡检地点的环境情况和设备运行情况，在设备发生故障或环境气体异常时提醒值班室工作人员及时发现问题，安排人员进行处理，避免更大事故的发生。同时也大大提升设备的使用寿命，保障设备的运行安全。

四、经济合理性

项目总投资716万元。设备投入运行以来，一直没有产生大的故障，主要是轨道等一些机械故障，少部分软件问题有厂家技术人员免费协助解决，设备运行及维护成本极低。巡检机器人可以自动按设定计划定时巡检，也可以手动控制到巡检点任意位置确认故障情况，及时了解故障信息并反馈，保障设备不带病作业，延长设备的使用寿命。同时不需要电工到现场确认问题再处理，节省人力成本，提高了故障处理效率。

五、存在问题和今后打算

自2019年安装至今，机器人运行中也发现了一些问题：

（1）由于该巡检装置在巷道顶部吊挂的轨道上往复运行，时间过长之后，轨道接缝处会松动，煤尘多的巷道会在轨道上淤积，就会导致机器人无法正常行走，造成卡顿现象。在今后日常工作中，应加强机器人轨道，尤其是恶劣环境下的轨道巡检，多注意观察机器人本体运行情况，尤其是卡顿情况，如有应及时处理。

（2）现有巡检机器人的巡检精度不能够完全满足日常工作的需要。随着机器人技术的发展，积极与厂家沟通，对机器人进行升级，以满足更高的工作要求。

安徽省皖北煤电集团有限责任公司

“七个提升”奋力打造大型煤炭企业高质量发展“强引擎”
安徽恒源煤电股份有限公司钱营孜煤矿（347）
千万吨矿井以全方位绿色低碳发展为目标的智能精益管理系统的探索与实践
内蒙古智能煤炭有限责任公司（350）

“七个提升”奋力打造大型煤炭企业高质量发展“强引擎”

安徽恒源煤电股份有限公司钱营孜煤矿

一、项目实施方案

（一）项目内容

钱营孜煤矿面对安全管理难度大、经营指标任务重、生产接替时间紧等现实困难，沉着应对、主动作为，紧紧围绕安全要提标、生产要提质、经营要提效、智能要提速、环境要提优、素质要提高、品牌要提升的“七个提升”工作主题。坚持守正创新，坚持稳中求进，持续激发内生动力，积聚推动钱营孜高质量发展的新动能，推动形成以“数字化引领、智能化生产、集群化建设、绿色化发展”为特征的高质量发展新格局，促进生产力水平的整体跃升。

（二）实施过程

1. 安全提标

一是在专项行动中夯实安全基础。深入推进隐患大排查。坚持横向到边、纵向到底，按照“谁排查、谁负责”的原则，建立事故隐患排查治理相关制度，实行菜单式管理；推行隐患排查问责机制，强化对能力不足、作风不实的追责问责；落实“年辨识、季评价、月总结、周分析”和“突敏信息”日管控制度，将风险挺在隐患前、将隐患挺在事故前。

二是在标准化提升中筑牢安全防线。安全生产标准化动态达标是保障矿井安全生产的有力举措，标准越高，安全越稳。创新开展“光盘”行动。从抓基础、夯根基入手，一周一专题，一周一考核，一巷一策、分类推进“光盘”行动，做到井下系统全覆盖，创造了让员工“看得见、看得清、看得准、站得住、站得稳、站得开”的安全工作环境。

三是在群策群力中筑牢安全堤坝。开展季度班队长论坛。每季度召集全矿班队长共聚一堂、共谋发展，收集汇总制度建设、安全生产、技术管理、材料管理、设备维护、教育培训等方面的意见及建议，并逐条逐项分级落实。

2. 生产提质

一是实现了孤岛煤柱回采和采区回收封闭的同步作业。安全完成孤岛煤柱回采，按照“一巷一策”，统筹灾害治理，成功通过3个区段车场，26条老巷、4个地质异常区，高效完成采区回收封闭。

二是实现了安徽地区最远采区首采工作面的顺利投产。W3233工作面距离副井12000 m，面长3200 m，副井到工作面物资转运环节有5个，是安徽地区最长、最远、转运环节最多的工作面，工作面的投产标志着钱营孜煤矿迈进了智能化采煤“新时代”。

三是实现了生产系统提质增效的相互促进。实施了选煤厂大块矸石仓、手选矸石出矸系统改造，减少设备投入10余台，减少岗位用工8人，减少矿车使用200辆/天，年均增加效益近400万元，实现了减人提效，降低了安全风险。

3. 经营提效

一是抓住源头，提高经营效果。煤质管理更加有效，成本管控更加精准。建成废旧物资大棚，充分发挥“三区一点一室二网”作用。

二是深化改革，提升经营效率。对外经营活动更加高效规范，完善了对外采购审批流程，采购频次高、单笔交易额小、采购周期短的非生产性物资和项目进行集中公开招标采购。

三是抓住重点，深化内部市场化建设。制定了《经营绩效考核办法》《内部市场结算管理办法》等13个经营管理文件，实现内部市场化工资分配全覆盖。

4. 智能提速

遵循“创新、安全、绿色、高效、智能、共享”的发展理念，按照“快速突破”和“久久为功”两个层面深化智能化矿山建设。全面依托互联网、物联网、大数据、云计算等先进科技，推动形成以“数字化引领、智能化生产、集群化建设、绿色化发展”为特征的高质量发展新格局，促进生产力水平的整体跃升，并于2022年9月22日通过了安徽省智能化示范矿井验收。

5. 环境提优

一是绿色发展的步伐更加稳健。花园式矿井建设初见成效，矿区环境更加美丽。

二是和谐发展的氛围更加浓厚。彰显了人文关怀，进一步丰富了职工的精神文化生活。

三是共享发展的实践更加深入。工资收入迈上新台阶，2022年人均收入较上一年增长了10812元。

6. 素质提高

一是分类培训为人才充电赋能。以解决问题为导向，提高全员技能素质。针对“工学矛盾”问题，开展“互联网+安全培训”“请进来、走出去”培训，围绕不同岗位、不同工种、不同对象的岗位操作标准及安全生产责任制、操作规程、应知应会、风险源辨识、职业病防治等重点知识。

二是技术比武让人才“竞”展风采。将职工职业技能竞赛作为检验职工技能素质提升活动成果的“试金石”，制定了《钱营孜煤矿关于开展青工技术比武暨职工岗位技能大赛活动的实施方案》，实施理论知识、实践操作相结合的竞赛模式。

三是晋升奖励让人才实至名归。制定了注册安全工程师、技能等级和学历提升收购、抽考排名奖励、职业技能素质提升等多项激励措施。

四是创新驱动让人才持续超越。持续推进“创新工作室”创建挂牌，充分发挥示范引领作用，为工作室配齐配足教学设备设施。

7. 品牌提升

一是党建品牌建设方面。聚焦中心任务，实施基层党建工作“领航”计划，按照“一党委一品牌，一支部一特色”要求，巩固提升矿党委“1363”领实党建工作品牌，持续挖潜基层党支部特色品牌，并做好示范品牌的推荐上报工作。

二是智慧矿山建设品牌方面。本着“谋划长远、自主创新、分类推进、典型示范”的原则，围绕矿“1131”智慧矿山品牌建设思路，依托人工智能、物联网、智能装备等先进技术，推广智慧矿山的理念和技术应用，加大关键技术攻关、经费投入和人员投入，2022 年通过安徽省智能化示范煤矿验收。

三是智慧矿山建设品牌方面。本着“谋划长远、自主创新、分类推进、典型示范”的原则，实现煤矿井下作业人数大幅减少，生产工效大幅提升，生产系统显著优化，安全生产水平全面提升等目标，建成本质安全、智能高效、绿色环保的智慧矿山。

（三）取得成效

2022 年以来，钱营孜煤矿始终围绕“夯实基础、稳健发展，创新引领、提档升级”的工作思路，全矿上下团结协作，迎难而上，主动作为，企业发展持续稳定，各项工作有序推进，呈现出“安全效果提升、经营效益提升、员工素质提升、幸福指数提升、矿井形象提升”的较好态势。

二、项目创新性

（1）顶层设计与全面统筹：通过明确智能化发展路径和加大标准建设力度，推动智能化煤矿建设的标准化和规范化。

（2）分类分级推进：根据煤矿的实际情况，采取差异化的智能化建设策略，加速示范智能化煤矿的建设。

（3）科技创新：与科研院所和高新设备企业合作，推动智能化操作平台的发展，打破了技术瓶颈。

（4）队伍建设：通过与专业人才培养基地合作，培育满足智能化发展需求的专业人才，提高智能化建设水平。

（5）工业互联网平台：构建包括私有云平台、物联网平台、融合集成平台等在内的工业互联网平台，实现数据的统一管理和智能化应用的快速开发。

（6）视频 AI 平台：利用 AI 技术进行视频分析，实现对煤矿安全生产的智能化监管。

三、项目可靠性

钱营孜煤矿坚持“共建幸福家园、共享美好生活”的理念，积极推进企业增效、职工增收，全力保障职工收入，增加广大员工的获得感。全矿 2022 年在岗职工年均年收入 9. 82 万元较 2021 年 8. 74 万元提升 12. 36%；坚持以人为本，落实惠民举措，矿区生活环境不断改善，职工的幸福感显著增强。

钱营孜煤矿持续开展管理创新，大力推行“智慧矿山”建设，扎实推进党组织标准化建设，矿井先进经验得到广泛认可。先后荣获中国最美矿山、第三批国家级绿色矿山试点单位、煤炭工业“双十佳”煤矿、全国安全文化建设示范企业、全国首批先进产能煤矿、“省级环保良好企业”“全国煤炭工业先进集体”，先后接待各单位参观交流百余次，高规格承接了全国煤矿推进安全基础建设现场会及安徽省省属企业基层党组织标准化建设现场观摩任务，矿井美誉度持续提升。

钱营孜煤矿严守安全“底线”和“红线”不动摇，强固安全“四零”理念，全力抓好风险管控、薄弱环节，杜绝了重伤以上事故，零打碎敲事故得到了有效控制，年度三违发生率下降 10. 12%，安全生产根基越加稳固，全年实现了安全生产，为企业高质量发展创造了有利的环境。

四、经济合理性

钱营孜煤矿克服采场困难，履行环保责任，强化产销联动，深挖经营潜能，2022 年完成产量 330.06 万 t，全年营业收入 13.62 亿元，实现利润 4.35 亿元，上缴各类税收 2.11 亿元。

五、存在问题和今后打算

钱营孜煤矿作为皖北煤电主力矿井，面临安全管理难度大、经营指标任务重、生产接替时间紧等现实困难，矿井持续健康高质量发展的后劲明显不足，与集团公司“十四五”规划确立的宏伟发展目标，还有较大差距；与广大职工共建幸福家园、共享美好生活的期盼相比，还有较大差距。

基于对内外部环境的研判，结合近年来的实践检验，钱营孜煤矿紧紧围绕“七个提升”工作主题，坚持守正创新，坚持稳中求进，持续激发内生动力，积聚推动钱营孜高质量发展的新动能。

千万吨矿井以全方位绿色低碳发展为目标的智能精益管理系统的探索与实践

内蒙古智能煤炭有限责任公司

一、项目实施方案

（一）项目内容

通过采取主通风机变频调速、井下生产用水变频恒压供水、局部通风机按需调节、压风机余热利用、制氮机按需注氮、新能源光伏应用等方面进行管控，节能效果显著。

本项目完善节能降耗综合管控平台，通过接入各类采集终端，基于平台提供的服务、数据处理能力以及开发工具的支撑，构建海量综合能源数据的存储、统计、分析、预警和能耗报告，实现精准计量、实时监控、用能分析，实现节能和能耗优化，走出了一条节能、降耗、低碳、绿色的高效发展之路。

（二）技术指标

相关技术指标见表 1。

表1　相关技术指标

原煤生产能耗/(kgce · t^{-1})	0.943
原煤生产电耗/[$(kW \cdot h)^{-1} \cdot t$]	5.1
煤矸石利用量/万 t	42.78

表1（续）

煤矸石综合利用率/%	100
矿井水利用量/万 t	636
矿井水综合利用率/%	100

（三）实施过程

国家推行的双碳政策指引下，在推动重点煤矿重要设备用电监测子系统建设的前提下，按照国家能源战略及国家发展改革委发布的《重点用能单位节能管理办法》要求，作为重点用能单位，麻地梁煤矿在开展节能降耗管理工作、提高能源利用效率、控制能源消耗总量等方面采取了卓有成效的创新举措。

（四）取得成效

麻地梁煤矿结合“四个革命、一个合作”的新战略，秉持“综合节能降耗，践行绿色发展”的理念，以安全生产为主线、以科技创新为赋能、以制度创新为动力，从建矿伊始便将绿色、低碳融入煤矿安全生产建设之中，建成了资源节约型、环境友好型、智能高效型现代化矿井。

（1）通过电耗精准管控，2020 年、2021 年、2022 年、2023 年矿井吨煤电耗分别为 6.9 kW·h、6.5 kW·h、5.5 kW·h、5.1 kW·h，呈逐年递减趋势，远低于煤炭行业先进产能煤矿标准规定的吨煤电耗指标 21 kW·h。

（2）通过新能源开发利用，每年可节约用电成本约 1000 万元。

（3）通过数据治理统一了数据接入标准，持续提升数据管控治理能力，从传统管理转向数据管理，建成工业物联网、数据仓库平台、数据中台、数据治理平台、大数据分析平台等 6 个平台，建立包含带式输送机安全运行分析、压风系统分析、生产设备效率分析、火灾智能预警分析、矿压预警分析、经营管理分析、销售分析在内的 7 个大数据模型。

（4）通过信息化模型辅助，实现成本及物资的管控，2023 年原煤完全成本 126 元/t，月度材料库存资金仅 900 万元。开创了现代化煤矿安全、高效、绿色、智能、低碳的可持续发展新模式。

二、项目创新性

（一）变频技术的应用

（1）运输系统与三机系统节能联动控制采煤工作面刮板运输机和带式输送机采用变频一体机控制，利用 AI 识别煤量，根据实时煤流量实现运输系统运行速度自动调节，依据转载机转矩预警值实现自动调速控制，实现采煤三机联动控制，在保障运输能力的同时，降低运输系统电耗。

（2）主通风机与局部通风机变频调速麻地梁煤矿采用取消检修班、取消夜班工作模式，夜班井下无人，对用风量需求相对减少，通过安装变频调速系统，在夜班时间段对通风进行自动降频运行，力求通风机运行在最佳状况，节省通风电耗。同时局部通风机的频率、风量根据掘进进尺距离调整运行，降低电量消耗与噪声污染，降频运行期间最大节能达到40%。

（二）水资源利用

麻地梁煤矿在井下设有一套水处理系统，采用预沉、絮凝、超磁分离工艺。处理流程利用重力自流，节能省电。矿井水净化后回收利用，避免浪费。处理后的水直接进入中央水仓，通过恒压变频装置进入采掘工作面，实现矿井水井下内循环利用，降低了主排水泵开机率，实现节能减排。

（三）余热回收利用

在压风机房安装一套压风机余热利用系统，通过吸收压风机排气余热，进行热量交换，全年不间断给浴池供给洗浴热水，实现能源高效利用，节能降碳。

三、项目可靠性

（一）通风系统

主通风系统自动变频调速。通过安装变频调速系统，在夜班时段对主通风进行自动降频运行，保证通风机运行在最佳工况，节省风机电耗。白天正常按40 Hz运行，通风机输出功率为140 kW；夜间按32 Hz降频运行，通风机输出功率为63 kW，主通风机夜班降频运行期间节能50%以上，按照降频运行6 h计算，以现有的工业用电1.8元/(kW·h)单价统计，主通风机变频运行每年可节约电费29.9万元。

（二）排水系统

1. 井下水处理系统

矿井井下水处理系统采用预沉、絮凝、超磁分离处理工艺，该工艺环节简单，处理单元较少，运行稳定，处理效果较好。整个水处理流程均采用重力自流，充分利用了水的流态和能量，有效实现了节能降耗。矿井井下涌水经净化处理后全部回收利用，充分利用了水资源。矿井水经处理后进入中央水仓，规避了水仓清淤作业、提高了水泵运行工况。絮凝污泥通过压滤工艺脱水后，可作为燃料使用，预计年回收煤泥806 t。

2. 生活污水处理系统

矿井生活污水处理站采用生物接触氧化法处理工艺，处理后的水经消毒处理，全部回收用于选煤厂生产。该水处理工艺环节简单，处理单元较少，运行稳定，节能降耗，每天可回收水资源700余吨，既避免了污水外排又减少了矿井从外部取用水量。

（三）供水系统

矿井生产用水原采用井下主排水泵排至地面消防水池，通过管路供至井下各工作面用水点，使得主排水泵开机率居高不下。现在中央水泵房内安装一台MD100－33×12多级离心泵，配套恒压变频装置，将处理后的矿井涌水直接供给至采掘工作面，实现矿井水在井下循环利用。

该系统降低了主排水泵开机率，减少水泵损耗及电耗，因矿井水实现井下内循环利用，减少主排水泵排水量，每年可节约排水电费约75万元。

（四）供热系统

矿井锅炉房安装2台SHX20－1.6/214－AⅡ型蒸汽锅炉，每台锅炉额定蒸发量为20.0 t/h。主要任务是为矿井及选煤厂采暖、供热和井筒防冻，合计负荷39.83 t/h。锅炉主机设备选用高效节能流化床锅炉，锅炉的额定热效率为 82%，大于《工业锅炉通用技术条件》所要求的 79%，年节约标煤量 990 t。

（五）压风机余热回收利用系统

矿井在压风机房安装一套压风机余热利用系统，通过吸收压风机排气余热，进行热量交换，全年不间断给浴池供给洗浴用水，非采暖季无须启用锅炉，每年可节约 2.5 万 t 锅炉自用煤，节能降耗、减少碳排放。

（六）新能源开发利用

为减少对传统电能的依赖，麻地梁煤矿推行矿区分布式光伏发电项目，一期已建成 1.5 MW 规模，作为企业自发自用，该光伏项目年均发电量约 187.87 万 kW·h，降低企业用电成本。按内蒙古电力市场均价 1.8 元/kW·h，光伏成本 0.3 元/kW·h 计算，年均节约电费 282 万余元，年均可降低 CO_2 排放约 2300 t、减排 SO_2 约 70 t、减排 NO_x 约 34 t，环保效益显著。2024 年麻地梁煤矿拟再建 4 MW 光伏发电项目，目前已完成约 600 kW 光伏板安装，全部建成后每年可为矿井节约电费 750 余万元。

四、经济合理性

通过采取主通风机变频调速、井下生产用水变频恒压供水、局部通风机按需调节、压风机余热利用、制氮机按需注氮、新能源光伏应用等方面进行管控，平均年效益额约 495 万元。

五、存在问题和今后打算

麻地梁煤矿的能耗结构以电为主，以风、水、油、锅炉热力等消耗为辅。为达到节能降耗低碳运行，需要全面、精准、实时的计量采集，通过数据分析、平台计算，得出碳排放量规律，这就需要及时掌握各级区队生产及非生产能耗，这些数据的采集非常零散，采集的过程需要多单位协同配合，对于及时采集分析存在一定的难度。同时，在供风、排水、提升等系统存在供给侧与需求侧不平衡问题，为解决此类问题，麻地梁煤矿采取了一系列精准管控、调节供给措施。

理工雷科智途（北京）科技有限公司

矿井胶轮车无人和辅助驾驶关键技术研究与应用
理工雷科智途（北京）科技有限公司（357）

矿井胶轮车无人和辅助驾驶关键技术研究与应用

理工雷科智途（北京）科技有限公司

“矿井胶轮车无人和辅助驾驶关键技术研究与应用”是中煤集团重大科研项目。本项目由集团公司牵头，理工雷科智途（北京）科技有限公司和北京理工大学前沿技术研究院共同承担，项目从2022年5月在大海则煤矿矿区地面和井下南北翼主巷道进行工业性试验。并在2024年5月顺利通过完成国家首批智能化示范煤矿验收，完成结项。

一、项目实施方案

针对井工煤矿智能网联车路协同应用需求，采用多种传感器融合技术，实现车辆周边环境感知，从而提高目标检测的精度，提高井下无人驾驶的安全性；采用自动驾驶+地面遥控的方法，结合基本建设中车辆定位和管理系统等基础，通过毫米波雷达、激光雷达、摄像机、车载传感器、巷道传感器等感知车辆和周边环境，实现车辆远程操控、车辆融合定位、精准停靠、自主避障等功能，有效提高特殊环境下矿车作业效率，搭建远程智能调度监控平台，建设车车－车巷－车地通信系统；利用UWB+惯性导航+高精度矿井地图融合，实现矿井高精度厘米级定位精度；利用大数据技术、物联网技术，研发车辆联动控制技术，解决矿井车辆管理调度系统与矿井生产监控系统、安全监控系统、通风系统智能联动控制，实现区域限行、报警联动等功能。

1. 无人驾驶

将采用自动驾驶+地面遥控的方法，结合基本建设中车辆定位和管理系统等基础，通过毫米波雷达、激光雷达/热像仪、摄像机、车载传感器、巷道传感器等感知车辆和周边环境，通过5G车联网监测车辆运行状态和环境，实现车辆远程操控、车辆融合定位、精准停靠、自主避障等功能，有效提高特殊环境下矿车作业效率，搭建远程智能调度监控平台，建设车车－车巷－车地通信系统，最终实现车辆端到端无人驾驶。

2. 智能网联车路协同

通过布置在矿井中的环境感知系统，有效感知超出无人车辆行驶盲区，增加感知冗余，进一步提高无人驾驶的安全性。无人驾驶技术核心环节按执行过程主要包括感知、决策、执行层，感知层主要是通过各类传感器前端采集设备捕捉车辆的位置信息以及周边环境（行人、车辆、障碍物等），解决的是“我在哪？”“周围环境如何？”的问题；决策层主要通过后台大脑（云平台+算法）基于感知层采集的信息进行环境建模（预判行人、车辆的行为），形成对全局的理解并作出正确的合理判断，发出车辆执行的信号指令（加速、超车、减速、刹车等）；执行层主要是通过将决策层的信号指令转换为车辆的动作行为（转向、刹车、加速），将机器的智能决策转换为实际的车辆行为。

（1）智能调度运营平台的辅助运输使车辆周转率提高不低于30%。

（2）井下车路协同定位融合技术中井下超视距感知距离、防碰撞距离不小于40 m。

（3）井下车路协同定位融合技术中井下巷道智能路侧感知预警服务成功率不低于90%。

（4）多传感器融合环境感知技术中可行驶区域探测：最大探测距离40 m，误差不超过10 cm。

（5）井下车辆自主避障技术中巷道路面障碍物检测准确率不低于90%。

二、项目创新性

1. 创新点

（1）基于自主交互学习的井工矿综合运输系统精确建模方法。将物理规律的理论建模与实际运行的数据相结合，通过经典动力学与力学方法得到对辅料综合运输系统运转过程中智能无人车辆、有人辅助驾驶车辆和协作交互关系的基本描述，以实际测试数据并采用深度学习方法实现对模型的迭代优化，提高模型拟合能力的同时，具有通过状态迁移来刻画系统的动态变化的能力，实现对井工矿综合辅料运输系统精确的建模，并通过虚实数据融合的数字孪生模型，构建精准的井工矿综合辅料运输系统仿真模拟环境。以实际任务为驱动，结合对抗式学习和人在环仿真技术，提出一种对现有感知和决策模型能力的平行仿真测试与训练提升方法。

（2）自适应无人车与有人驾驶车辆的协同智能实时调度。采用基于新颖的分层搜索CBS求解多智能体冲突调度，基于路权冲突区域管理的复杂工况交通调度技术能够对生产作业车辆进行有人车与无人车混编协同控制运行、路口安全会车、多车排队执行和道路交通安全管理。以路权的优先级顺序、装车能力、载运数量和运输节点运行情况为基础，构建产量最大、出动设备数量最少、运营成本最低等多目标联合优化函数，构建RNN + LSTM神经网络模型进行时空预测，利用自适应遗传算法进行优化求解，实现自适应多车协同智能调度，解决实时调度难题。

（3）无人驾驶车辆周侧全要素感知方法研究。采用激光、4D毫米波等多传感器融合的三维地图构建技术，根据正态分布变换进行帧间特征匹配，通过融合全局定位信息，实现高精度三维地图构建，同时根据胶轮车实时感知周围差异化数据，实现井工矿模型实时更新。

2. 本项目共享知识产权

序号	名　称	类型	状态
1	一种针对井工矿无人驾驶运输车的全局路径规划方法	发明专利	实质审查
2	一种井工矿场景基于V2I技术的无人驾驶车控制方法 （一种井工矿场景基于V2X技术使车辆通过风门控制决策技术）	发明专利	实质审查
3	车辆控制方法和装置 （一种井工矿场景基于车路感知融合技术节能控速的预警控制方法）	发明专利	实质审查
4	一种井工矿场景感知融合技术的出入罐笼控制系统及方法	发明专利	已授权

（续）

序号	名　　称	类型	状态
5	一种无人驾驶车辆路径规划方法、装置及电子设备	发明专利	已授权
6	一种基于行驶风险预测的无人车快速行驶路径跟踪控制方法	发明专利	实质审查
7	无人矿车智能云控平台 V1.0	软著	已授权
8	中煤无人驾驶终端系统 V1.0	软著	已授权
9	无人车 HMI 系统 V1.0	软著	已授权

三、项目可靠性

在运行方面，车辆完全实现无人驾驶，且运行时间大于 8 h，并能进行常态化运行；在安全方面设置避障策略，通过传感器实时识别车身周围感知情况，确保车辆四周无其他障碍物。

四、经济合理性

（1）产生直接经济效益 108 万元/年。项目建成全无人驾驶辅助运输作业全流程系统，可以节约一辆胶轮车的驾驶司机费用投入，按司机每人每月 30000 元工资计算，全班组需要 3 人司机负责不停工保障，合计 108 万元。通过全系统的全效数据自动分析运行，可以有效合理安排运行班次及车辆维保信息的跟踪，减少车辆损耗及维护成本开支约为 10 万元/年，电动车辆的应用在能源方面可以降低柴油车辆的油耗费用，综合每百千米可以节约五成经费投入，按照车辆全年一万千米结算，预计 2.4 万元。

（2）产生间接经济效益 2000 万元/年。本项目可以有效解决井下无轨胶轮车运行受到井下巷道狭窄、视线受限、行车状况复杂等状况的影响，提高辅助运输效率，提高煤矿开采效率。按照年核定生产能力 2000 万 t，高效生产贡献率 2%，吨煤均价 500 元计算，产生间接经济效益 2000 万元/年。

五、存在问题和今后打算

煤矿井下环境复杂，存在光照不足、空间狭小、湿度大、粉尘多等问题。这些因素对无人驾驶设备提出了更高的要求。传统的摄像头和 RTK 信号在地下环境中难以有效工作，由于井下环境没有全球卫星导航系统（GNSS）信号覆盖，无人驾驶设备需要依赖激光雷达进行辅助定位。以大海则煤矿为基础，通过多传感器融合感知技术、先进算法控制技术等，实现井下无人驾驶车辆在复杂环境中的自主决策、精准导航和安全行驶。

锦州重型水泵有限公司

免抽真空启动方法的水泵泵组

锦州重型水泵有限公司（363）

免抽真空启动方法的水泵泵组

锦州重型水泵有限公司

本项目由锦州重型水泵有限公司生产设计，可有效改善过去水泵启动速度慢、汽蚀严重、寿命短等缺点，有效提升立井中央泵房多级大泵的排水效率，提高经济效益。

一、项目实施方案

（一）研究目标

本项目旨在针对煤矿排水过程中出现的排水效率低、水泵易损耗等问题，运用智能化排水系统、泵组等多项先进技术手段，实现提高水泵排水效率、延长设备使用时间等目标。通过这一目标的达成，显著提升煤炭企业经济效益，降低运维成本，推动煤炭行业向智能化、高效化方向迈进。

（二）研究内容

第一代、第二代喂水泵与主排水泵组成的排水泵组（以下简称泵组），泵组是与智能化排水系统配套使用的产品，泵组的启动速度比真空装置快几十倍之多，且高水位主排水泵电机不超流，低水位主排水泵无汽蚀，延长了水泵的使用寿命，使智能化排水系统更安全、更便捷、更迅速、更可靠。

第三代恒流量喂水泵与主排水泵组成的泵组（以下简称恒流泵组），除具备泵组的优点外，还实现了水泵运行的恒定流量、恒定电流、恒定效率等目标。这一专利技术的发明，开创了水泵运行过程中主要参数恒定的先河。

（三）技术指标

口径：150～800 mm

流量：150～15000 m^3/h

扬程：3～10 m

功率：15～500 kW

针对某一特定型号的喂水泵，可根据总的排水能力设定流量，且无论吸水井高水位还是低水位，主排水泵的流量变化不大或恒定。

（四）开发实施过程及成效

公司从2019年开始研发喂水泵系列产品，经过2年多的试验、试用及改进，于2021年6月投放市场。到目前为止，喂水泵已经是第三代产品，销售台数超过800台，经济效益良好，深受用户好评。第一代为普通型喂水泵，第二代为无冷却水型喂水泵，第三代为无汽蚀恒流量型喂水泵。

第一代为普通型喂水泵（图1），其特征是流量与扬程是按照水泵特性曲线按照其自身规律形成的，随着水位的下降而流量衰减，但与MD泵相比衰减量较小，在MD泵的汽蚀临界点其衰减量约是MD泵的1/2；由外接冷却水冷却润滑导轴承，配备断水保护装置。

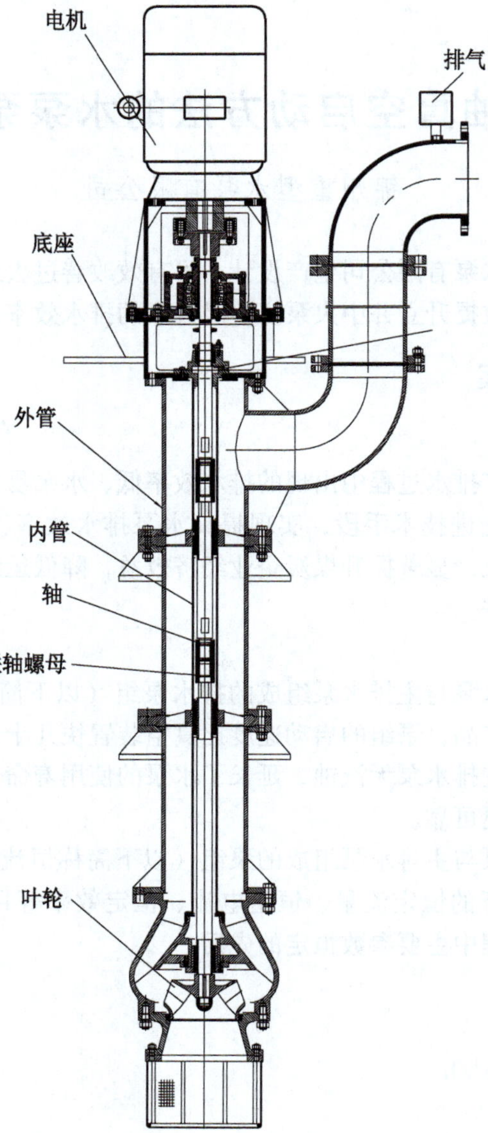

图1 第一代喂水泵

第二代喂水泵（图2）在第一代喂水泵的基础上，在外接冷却水方面做了较大改进。一是采用可实现水渣分离的弹性导轴承密封组件及运行方法；二是采用液下式污水泵自冷却润滑装置及启动方法，用自身的经过过滤处理的浊水对导轴承冷却润滑，使喂水泵安装更简单、操作更方便、运行更安全。

第三代喂水泵，流量、泵效、电流恒定。与第一代、第二代喂水泵相比，泵效更高、排水速度更快、运行更平稳、泵组使用寿命更长。无汽蚀恒流量液下式污水泵（喂水泵）有三种实现方式。

第一种型式由变频方式实现的无汽蚀恒流量液下式污水泵（喂水泵）如图3所示，

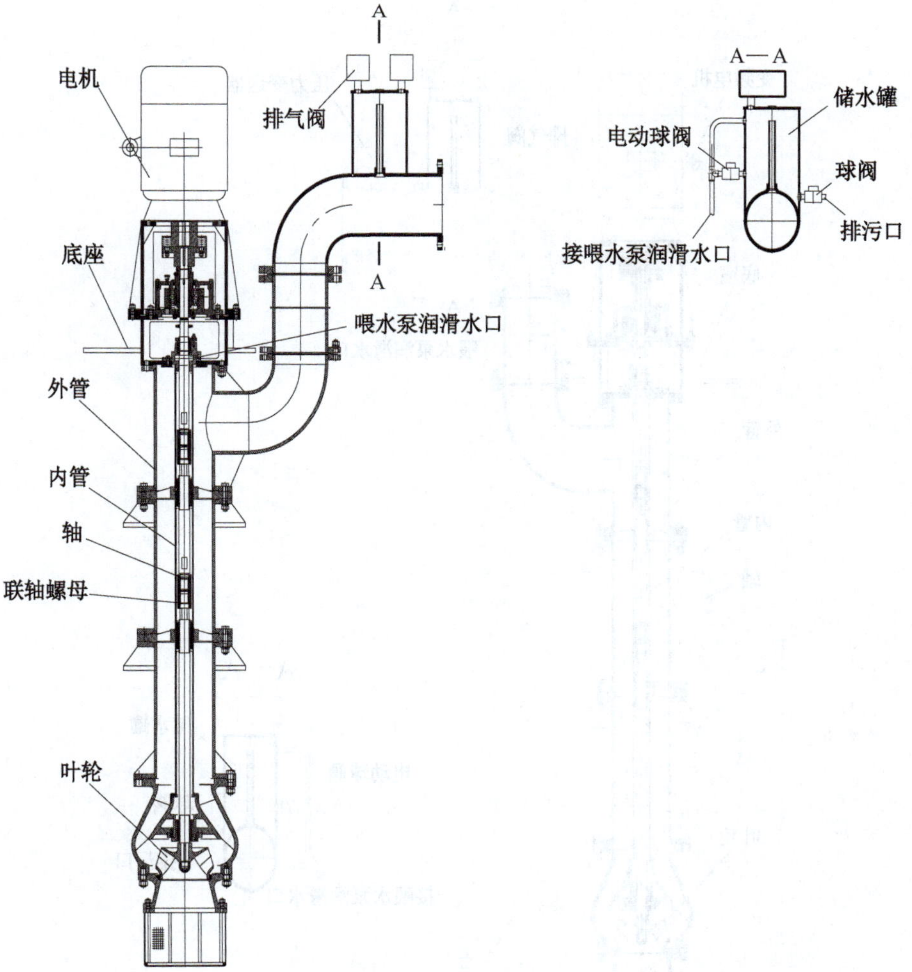

图2 第二代喂水泵

该喂水泵采用变频电机、变频器、压力变送器等部件，流量增大则降低电机转速，反之提高转速；

第二种型式由旁流方式实现的无汽蚀恒流量液下式污水泵（喂水泵）如图4所示，该泵在主排水泵与喂水泵之间的连接管上外接由压力止回阀控制的旁流管，将大于允许流量之外的流量泄流。

第三种型式由自平衡调节阀实现的无汽蚀恒流量液下式污水泵（喂水泵）如图5所示，该泵在主排水泵与喂水泵的连接管上安装有自平衡调节阀，具有限流功能，将大于允许流量之外的流量限流。

防水锤底阀（可以不安装），可以实现即时启动。将防水锤底阀安装在喂水泵进水端，该底阀在停泵瞬间关闭，停泵期间泵体内始终充满水，下次可实现瞬间启动。该底阀的另一个特点防水锤，一旦发生水锤事故时，在压力的作用下（大于2 kg）底阀的泄流孔打开，压力水泄掉，保护设备不会受到损坏。

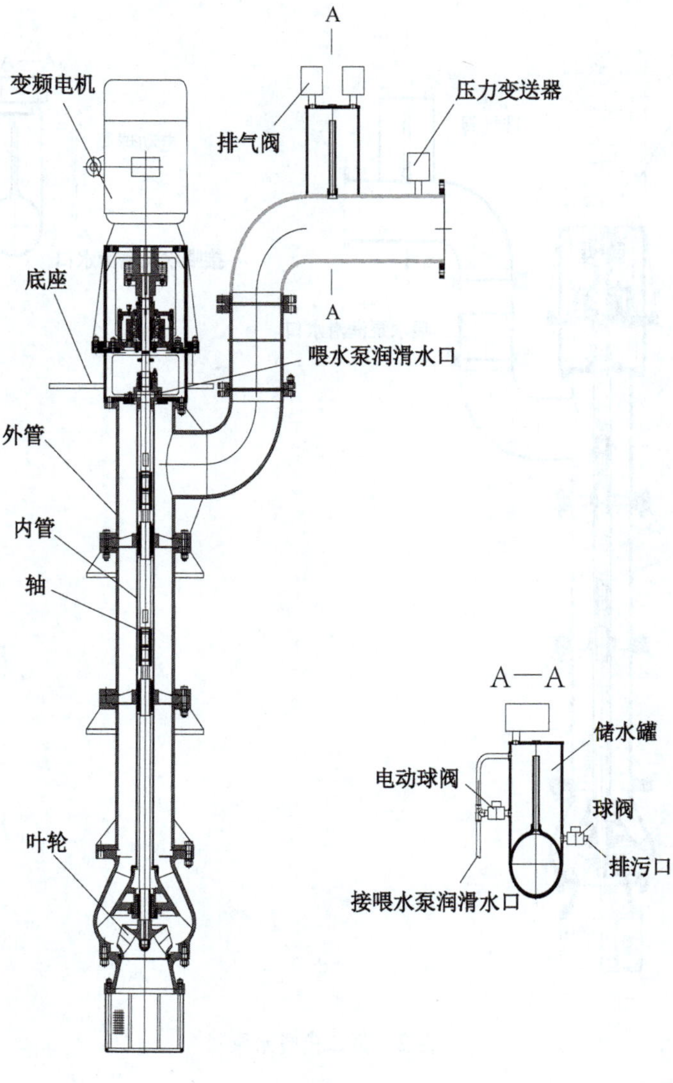

图3 变频实现的无汽蚀恒流量液下式污水泵（喂水泵）

第一代、第二代喂水泵与MD泵组成的泵组称为泵组。第三代喂水泵与MD泵组成的泵组称为恒流泵组。恒流泵组有三种实现方式，即通过变频实现的恒流泵组，通过旁流实现的恒流泵组，提供自平衡调节阀实现的恒流泵组。

目前，我公司申报了喂水泵及喂水泵主要部件方面的专利19项，已经授权八项，既有实用新型专利也有发明专利（方法发明），同时还申报了与之相关的40项商标，该产品通过了国家煤安认证。

发明专利：

（1）一种水泵免抽真空的启动方法；

（2）弹性导轴承密封组件及采用该密封组件的水泵的运行方法。

实用新型专利：

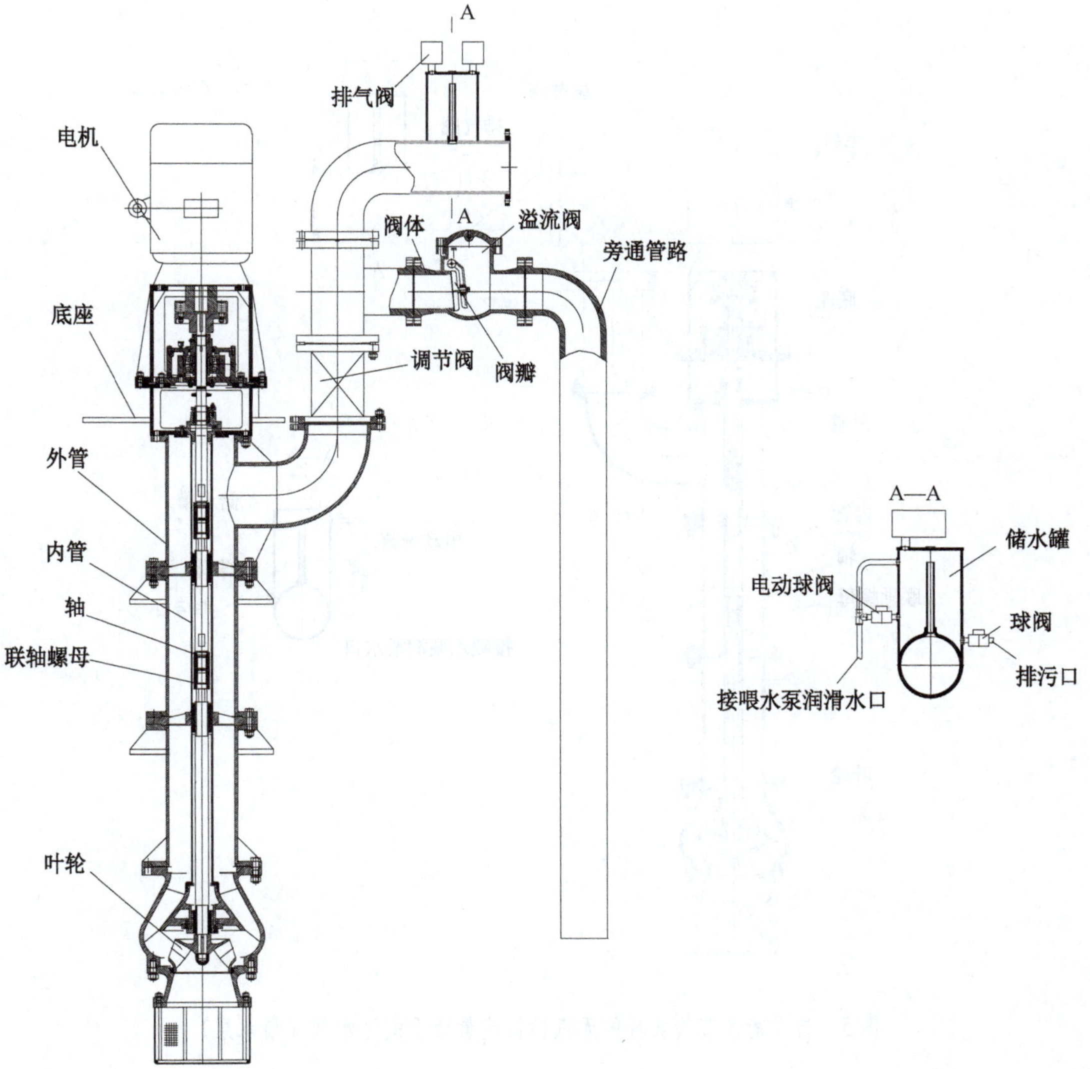

图4 旁流实现的无汽蚀恒流量液下式污水泵（喂水泵）

（1）一种免抽真空水泵；
（2）一种无汽蚀恒流量喂水泵泵组；
（3）一种泵组中自调节恒流量供水装置；
（4）一种启动快速的免抽真空的不产生汽蚀的喂水泵；
（5）一种恒流量自动调节阀；
（6）可实现水渣分离的弹性导轴承密封组件。

（五）工作原理

（1）从水泵特性曲线可知，在允许吸上高度范围之内，吸程增加、流量下降，其对应关系在水泵特性曲线可以找到；超过允许吸上高度（即汽蚀状态），则流量下降或断流

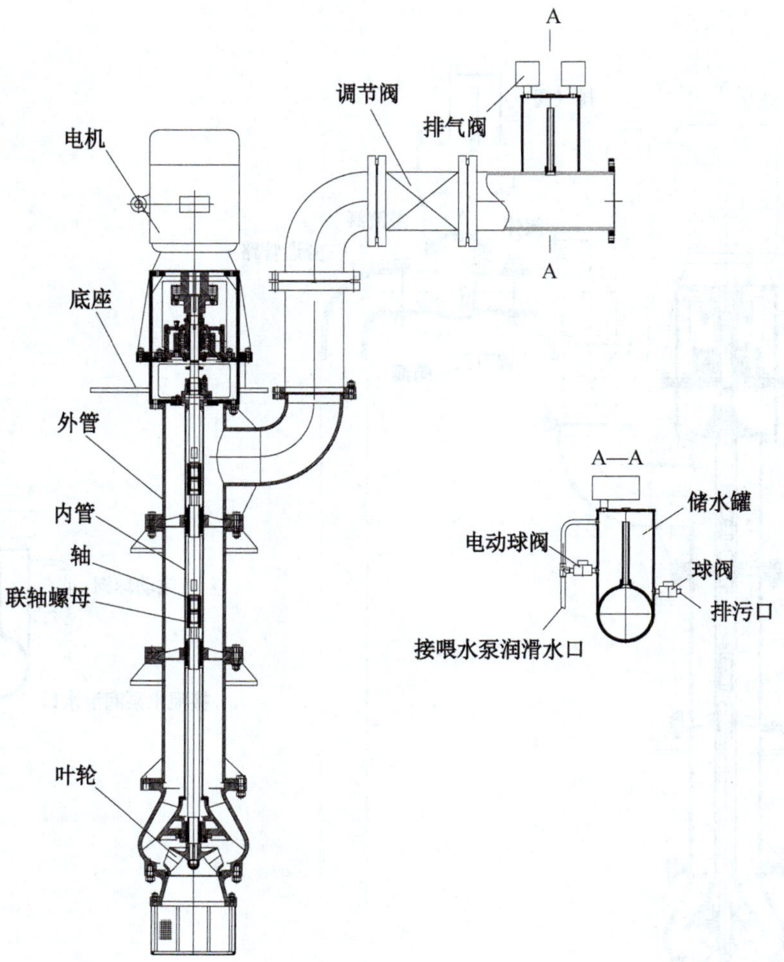

图5 自平衡调节阀实现的无汽蚀恒流量液下式污水泵（喂水泵）

（高原地区或水温高的矿区，水泵的允许吸上高度更低。海拔每升高 500 m，流量衰减 2% ~5%；海拔每升高 1000 m，吸程降低 1 m）。无汽蚀恒流量液下式污水泵（喂水泵）的工作原理。

（2）喂水泵调试时，首先确定标准压力值，并将其输入到变频器的 PID 接口。泵组运行时，如变频器检测到的压力信号高于标准压力值，变频器的频率降低，反之升高。从而使泵组在恒流量状态下运行。

（3）无汽蚀恒流量液下式污水泵（喂水泵）的调试方法：

① 通过调节 MD 泵前端的阀门，将 MD 泵电机的工作电流确定在额定电流的 95% 或 98%，将此时的流量值设定为喂水泵的恒流量值，同时也是恒流泵组的恒流量值，这个流量值应该大于 MD 泵设计点流量的 15% ~25%，从而形成泵组新的设计点。

② 将 MD 泵电机额定电流 95% 或 98% 时的压力变送器显示的压力值设定为恒流泵组的恒流量压力值。

③ 喂水泵滤网应高于小井底板 0.3 ~0.5 m，低水位液面应高于叶轮 0.5 m。

二、项目创新性

采用液下喂水泵，包括过滤网、喇叭管、导流器、叶轮、泵轴、外管、联轴器、电机、出水管，液下喂水泵电机位于泵房的地面之上，井中的水导入喂水泵泵腔中并浸没叶轮，将主排水泵的进水管去掉并露出主排水泵的吸水口，将所述喂水泵的出水管与所述主排水泵的吸水口连接，将泵腔中的水经喂水泵排水管供给主排水泵。喂水泵先启动，喂水泵启动后向主排水泵供水，主排水泵达到启动条件后启动。主排水泵运行时，由喂水泵不断给主排水泵供水，完成排水。

（一）主排水泵的启动时间

喂水泵与主排水泵串联连接组成排水泵组（以下简称泵组），它的第一个功能是泵组的免抽真空的启动。其步骤是喂水泵先行启动，主排水泵延时启动。主排水泵的延时启动时间 T，由下式决定：

$$T = (v_1 + v_2)/Q_1$$

式中 T——延时时间；

v_1——启动喂水泵时液面以上喂水泵到主排水泵进水口容积；

v_2——主排水泵内腔容积；

Q_1——喂水泵流量。

（二）喂水泵流量的选择

喂水泵流量应按一定比例与主排水泵流量相匹配，其流量由下式决定：

$$Q_1 = (1 + a)Q_0$$

式中 Q_1——喂水泵流量；

Q_0——主排水泵流量；

a——取值范围 0.15 ~0.25，当主排水泵流量为设计点流量时，a 取值为 0.15；当主排水泵流量为最大点流量时，a 取值为 0.25。

（三）喂水泵结构及特点

（1）泵轴：喂水泵泵轴由 N 根短轴通过连接螺母连接而成。泵轴有标准尺寸也有特殊尺寸，使用单位可以根据水井的深度自行选择组合。

（2）叶轮：不锈钢材质，精密铸造。根据不同水井的深度，配备不同扬程的叶轮。

（3）空间导叶：QT500 或 WCB 材质，与叶轮配套使用，不同的叶轮与不同的导叶配合。

（4）外管：Q235 材质，既是过流部件，又是喂水泵稳定性的支撑部件，强度与加工精度的要求较为严格。

（5）内管：不锈钢材质，其作用是保护泵轴和导轴承不受浊水侵害。

（6）导轴承组件：该组件由轴承支架和导轴承组成，此支架安装在水泵外管与泵轴之间；导轴承为可实现水渣分离的弹性导轴承密封组件，要求耐磨性好又不能磨损泵轴，既有弹性又要限制泵轴的径向跳动。

（7）轴承体组件：由轴承体、止推轴承组成，轴承采用稀油润滑。

（8）排气装置：安装在喂水泵的最上端，用于排除喂水泵体内的气体。

（四）冷却水装置

（1）外接洁净水冷却润滑。该泵运行时，轴与内管之间要注入洁净水。洁净水的压力应大于泵体内浊水的压力，防止浊水进入内管。洁净水管设有三通，一端连接洁净水管，另一端连接浊水管（体内的水），当洁净水断供时，由浊水对导轴承冷却润滑。在洁净水管上安装断水保护装置，没有洁净水喂水泵不启动；运行期间，当两种水都断供时停机并报警。

（2）液下式污水泵自冷却润滑装置，采用该装置及启动方法对导轴承冷却润滑。该装置的核心要义是用自身的浊水对导轴承冷却润滑。

该装置的结构，浊水经过过滤器后在润滑导轴承。启动水泵是先行打开自润滑自冷却装置出口的电动阀门，在重力的作用下，流入喂水泵的内管。

自润滑装置的设计由喂水泵橡胶轴承的轴径确定，在通常情况下，用水由公式 $Q=(3\sim3.5)d$ 确定，公式中 Q 为喂水泵润滑及冷却水用量，单位 L/min，d 为轴径，单位为 cm，对于 350WDLY－350 喂水泵，橡胶轴承处的轴直径 $d=5.5$ cm，供水量 $Q=(3\sim3.5)\times5.5=16.5\sim19.25$ L/min，按照 19.25 L/min 计算，采用四分管注入，流速 $v=1.8$ m/s，处于合理流速范围，所以自润滑装置的出水管为四分管，水罐的有效容积 10 s 启动水泵计算为 3.41 L。

在自润滑装置出口安装压力表，低于 1.5 个大气压报警。应该冲洗过滤器。

三、项目可靠性

安装喂水泵之前，立井中央泵房多级大泵正常运行电流为 90 A 左右，安装喂水泵之后，立井中央泵房多级大泵的电机运行电流在 118 A 左右（额定电流 125 A），平均排水时间也减少了，安装喂水泵之前平均每天排水时间在 14 h 左右，安装喂水泵之后每天平均排水时间在 10 h 左右，水泵的排水时间缩短了约 4 h。立井中央泵房多级大泵的排水效率大幅提升。

四、经济合理性

1. 经济效益

安装喂水泵之后，真正实现了躲峰填谷，排水全部在低谷时段，完全准确躲避了高峰时段排水，以往高峰时段排水占 2 h，高峰时段电费 0.9 元/(kW·h)，低谷时段电费 0.3 元/(kW·h)，每年排水峰谷电费结余 90 万余元。

计算过程如下：

(0.9～0.3)元/(kW·h)×(1120 kW×2 h×2 台×30 天×12)=96.768 万元

安装喂水泵之前，立井中央泵房多级大泵百米吨耗为 0.9，安装喂水泵之后，立井中央泵房多级大泵百米吨耗为 0.45，立井中央泵房多级大泵百米吨耗降低了 50%。

综上所述，安装喂水泵之后，不仅降低排水时间，还降低了百米吨电耗，改善耗电指标，经济效益得到了不同程度的提高。

延长设备使用时间：安装喂水泵之后，可以避免大泵在启动时吸入空气或固体颗粒，减少对多级大泵内部零件的磨损，同时安装完喂水泵后，可以保证多级大泵在启动和运行过程中始终有充足的水流，从而减少空转和气蚀现象，从而延长多级大泵的使用寿命。

减人提效：通过应用全公司首套主排水泵房无人值守自动化监控系统，取得了不错的现场应用效果，特别是安装完喂水泵后，水泵房真正实现了地面远程自动化控制，每班只需一名巡检人员进行巡回检查，每年可节约人工工资10万余元。

计算过程如下：

减少水泵运转人员3人，每人平均工资按3000元计算，每年可节约人工工资：3人×3000元/月×12个月=10.8万元/年。

2. 社会效益

安装喂水泵之后，大大减轻了工人检修、看泵、操作等劳动强度，提高了新立煤矿自动化水平，在集团和公司推广智能化建设工作中，走在公司前列，提前完成智能化安装建设任务，社会效益显著。

五、存在的问题及后续打算

免抽真空启动方法的水泵泵组虽然取得了一定的进展，但在实际应用中仍面临诸多挑战和问题。锦州重型水泵有限公司将进一步调研煤炭行业使用水泵的集团公司，针对问题提出解决方案，公司也将进一步优化泵组，提高泵组各部位性能，深入探索技术创新。

安徽中科昊音智能科技有限公司

带式输送机无人值守系统关键技术研究与工程示范

安徽中科昊音智能科技有限公司（375）

带式输送机无人值守系统关键技术研究与工程示范

安徽中科昊音智能科技有限公司

“带式输送机无人值守系统关键技术研究与工程示范”项目，作为煤炭行业智能化转型的里程碑式成果，由中煤天津设计工程有限责任公司携手安徽中科昊音智能科技有限公司共同打造。本项目深度融合了数智化技术，以新感知、新AI应用为核心，旨在重塑煤炭运输管理的传统模式，推动带式输送机在矿山、选煤厂等关键场景实现高效、安全、稳定且节能的无人化运行，为煤炭行业的智能化升级树立了崭新标杆。

一、项目实施方案

（一）项目研究目标

本项目旨在针对当前带式输送机在运营过程中存在的问题，综合运用智能控制、视觉识别、声纹听诊、光纤测温、红外监测以及温振监测等多项先进技术手段，全面实现带式输送机的无人化值守。通过这一目标的达成，将显著提升带式输送机的运行效率与安全性，降低人工干预与运维成本，推动煤炭行业向智能化、高效化方向迈进。

（二）研究内容

（1）基于声纹听诊技术的带式输送机故障性诊断研究。通过带式输送机机架沿线敷设铠装光纤，应用终端增加声光纤DAS分析一体，采用声纹算法技术及声纹数据库和“W”形硬件架构，当带式输送机沿线托辊、环境温度出现异常时及时进行快速故障预警，保障带式输送机健康运行。

（2）带式输送机设备故障全感知系统的研究。带式运输机运行过程中常见故障主要包括电机、减速机、托辊、滚筒、运转等，以现有的温振传感器技术、智能高低压马达保护器、声纹识别技术、防护装置为基础，实现带式输送机运行状态全要素的预防性感知。

（3）基于视觉识别技术的带式输送机全场景分析研究。针对带式运输机运行过程中断煤流、物料偏载、撕边、撕裂、人员越界、跑水等问题，采用视觉识别技术进行实时的故障预警，通过生产管控系统将故障预警快速传输至个人终端设备上。

（4）以神经网络控制技术为基础的带式输送机综合管控系统研究神经网络控制系统能够针对多参数、多变量等复杂状态进行系统性的综合性分析，带式运输机无人管理系统能针对系统运行过程中存在问题，进行系统性的分析与决策管理。

（三）技术指标

光纤声发射传感主机的主要技术指标见表1。

表1 光纤声发射传感主机的主要技术指标表

测量范围	通道数	监控频率范围	空间分辨率	定位精度
2 km	1，2	5 Hz ~ 20 kHz	1 m	±0.5 m
5 km	1，2	5 Hz ~ 8 kHz	1 m	±1 m
10 km	1，2	5 Hz ~ 4 kHz	2 m	±2 m
20 km	1，2	5 Hz ~ 2 kHz	3 m	±3 m
40 km	1，2	5 Hz ~ 1 kHz	5 m	±5 m

（四）开发实施过程

（1）开发采集和分析系统。系统采集和分析系统主要包括声音信号采集设备和计算机处理设备。声音信号采集设备负责采集运行时的声音信号，计算机处理设备则对采集到的声音信号进行处理和分析。在采集声音信号时，需要选择合适的采集设备和采集方案，以保证采集到的信号能够真实反映带式输送机的状态。在计算机处理设备中，需要使用相应的软件和算法对声音信号进行处理和分析，提取出反映带式输送机状态和人的声学特征。

（2）声学信号采集。声学信号采集是声纹监测带式输送机和工作人员的声信号关键步骤之一。采集设备应该选择具有较高灵敏度和频率带宽的设备，例如传声器和数据采集卡等。为确保采集到的信号能够真实反映设备和人的状态，需要选择合适的采集位置和采集时间。

（3）信号预处理。采集到的声音信号往往包含噪声和其他干扰因素，因此需要进行信号预处理。信号预处理主要包括滤波、降噪、去噪等环节，旨在提高信号的信噪比和精度。

（4）特征提取。特征提取是声纹监测矿山带式输送机设备与井下人员安全状态的重要步骤之一。通过对采集到的声音信号进行短时傅里叶变换（STFT）等方法，可以提取出反映带式输送机状态的声学特征。通过对这些特征进行分析和处理，可以实现对矿山带式输送机设备与井下人员安全状态的监测和故障诊断。

（5）模式识别。通过对提取出的声学特征进行分类和识别，可以确定带式输送机的状态和潜在故障类型。通过模式识别技术，可以实现高精度的状态监测和故障诊断。

（6）性能评估。为评估声纹监测矿山带式输送机设备性能与井下人员安全状态，需要对其准确性、稳定性和可靠性等方面进行评估。

（五）实施安装部署步骤

系统现场实施安装分为作业区域的安装和主控室区域的安装。

（1）作业区域的安装。带式输送机光纤布点安装需将分布式感测光纤沿着带式输送机机架场景化布线，分布式感测光纤在重点监测区域可以绕场布置，盘成饼状，具体配置方式可根据现场情况再行改变，主要保证好沿线光纤的稳固与不易被异物切断即可。

（2）主控室区域安装。主控室需布设智采集边缘网关一体机和声光纤分析一体机。通过将这 2 个主设备连接，保证声信号能正常与服务器连接并通信。在全部接入局域网的情况下，分布式感测光纤直接连接于声光纤一体机。

（六）项目成效

本项目的实施取得了显著成效，具体体现在以下几个方面：首先，带式输送机的运行效率和安全性得到了显著提升，确保了生产流程的顺畅与稳定；其次，项目的成功降低了带式输送机的运行成本，提高了设备的利用率，为煤炭企业带来了显著的经济效益；此外，本项目在推动带式输送机自动化、智能化发展方面取得了重要突破，实现了带式运输机的无人化管理，为煤炭行业的智能化转型树立了典范。同时，项目还产出了丰富的知识产权成果，包括发表学术论文2篇、获得实用新型专利2项、软件著作权2项，以及完成研究报告1项，为行业的持续创新与发展提供了有力支撑。

二、项目创新性

（1）长距离监控与本质安全技术融合：本项目针对煤炭行业特点，首次创新性地融合了长距离监控与本质安全技术，中科昊音的声光纤声发射监控系统能够实现长达50 km的远程监控，同时采用无源阻燃抗静电的传感器设计，确保了在高风险的煤炭作业环境中使用的安全性，有效防止了电气火灾和静电引爆等安全隐患。

（2）全频谱声音信号捕获与分析：系统覆盖了次声到超声的全频谱范围，能够精准捕捉并分析煤炭输送过程中产生的各种声音信号，为设备的状态监测与故障诊断提供了全面而准确的数据支持，提升了煤炭生产的效率与安全性。

（3）极端环境稳定工作性能：针对煤炭行业常见的极端环境，如高温、低温、盐雾、灰尘、潮湿甚至水侵等恶劣条件，系统展现出了卓越的稳定性和耐用性。通过特殊的设计与材料选择，确保了系统在这些极端环境下仍能持续稳定工作，为煤炭生产的连续性与可靠性提供了有力保障。

（4）非接触式光纤测量技术：项目创新性地采用了非接触式光纤测量技术，通过光纤传感器对煤炭输送设备的故障信号进行远程感知，无需直接安装在设备上，避免了传感器因直接接触而导致的磨损、失效以及维护困难等问题，降低了使用成本并提高了系统的可靠性和使用寿命。

（5）智能分析与预警系统：除了上述技术创新外，项目还开发了一套智能分析与预警系统，该系统能够实时整合并分析来自声光纤监控系统的数据，运用先进的算法进行故障预警与诊断，为煤炭行业的智能化管理提供了有力支持，进一步提升了生产效率和安全性。

三、项目可靠性

1. 优秀的架构设计

本项目采用模块化、可扩展的架构设计，确保了系统的高灵活性和可维护性。这种设计使得系统能够轻松应对未来需求的变化，同时减少对现有功能的负面影响，为系统的长期稳定运行提供了坚实基础。

2. 先进的算法支持

系统内置了基于自研神经网络算法的声纹引擎，通过构建带式输送设备的声纹样本库进行模型训练与异常监测。这一先进算法的应用，使得系统能够越监测越精准，有效提升了故障诊断的准确率和效率。

3. 全面的安全可靠性保障

（1）数据加密与访问控制：项目对敏感数据进行了严格的加密存储和传输，同时实施了严密的访问控制策略，确保只有授权用户才能访问相关数据，有效防止了数据泄露和未经授权的访问。

（2）本质安全设计：系统采用无源阻燃抗静电的传感器设计，从根本上消除了带电、易燃易爆等安全隐患，特别适用于煤炭行业等高风险环境，确保了系统的本质安全。

（3）抗恶劣环境能力：传感器具有出色的抗恶劣环境能力，能够在高温、低温、盐雾、灰尘、潮湿甚至水侵等极端条件下稳定工作，确保了系统在各种复杂环境下的可靠性和耐用性。

综上所述，本项目在架构设计、算法支持以及安全可靠性保障等方面均展现出了卓越的性能和优势，为煤炭行业的智能化、安全化生产提供了有力保障。

四、经济合理性

（1）降低企业设备维护成本。通过对“带式输送机无人值守系统关键技术研究与工程示范”研究及系统研发，搭建符合带式输送机的仿真模型，为矿山应急通信和人员应急状况提供更多的保障选项，提高了带式输送机应急工况下的整体技术保障能力。

（2）经济效应。通过对“带式输送机无人值守系统关键技术研究与工程示范”课题，以此为基础，形成带式输送机设备状态监测系统标准化产品，推广到全省乃至全国矿山状态监测。目前作为能源大省的山西省，已经就我公司 DAS 技术通过了先进性的论证，计划依托我公司该技术服务于全山西省的矿山及全国矿山。用于矿上设备状态监测及井下人员紧急状态下的声定位与语音通信。依托该技术，实现连续公司效益高速经济增长。

五、存在问题和今后打算

（一）识别精度与算法优化

（1）风险描述：声纹侦听技术依赖于高精度的声音信号采集、处理与分析算法。煤炭生产工作环境复杂，噪声来源多样，如何准确提取并识别故障特征声纹是一大挑战。算法的准确性和鲁棒性直接影响诊断系统的可靠性。

（2）应对措施：采用先进的滤波和降噪技术，减少环境噪声对声纹信号的影响。利用深度学习、神经网络算法等先进技术，训练更高效的分类和识别模型，提高声纹识别的准确性和泛化能力。建立大规模故障声纹数据库，通过持续的数据收集与分析，不断优化算法模型。

（二）实时性与稳定性

（1）风险描述：煤炭皮带机组运行需要实时监控，诊断系统需具备高实时性和稳定性。若系统响应慢或频繁故障，将影响机组的安全运行和效率。

（2）应对措施：采用分布式光纤计算架构，提高声纹数据处理速度；设计冗余备份机制，确保系统稳定性。选用高性能的硬件设备，如高采样率声纹传感器、高性能声光纤分析设备等，以支撑大数据量的实时处理以及声纹数据还原精准度。建立系统维护计划，定期检查硬件和软件状态，及时发现并解决问题。

（三）知识产权风险

（1）风险描述：在声纹侦听和故障诊断领域，可能存在已申请的专利技术。若不慎侵犯他人专利权，将面临法律诉讼和赔偿风险。

（2）应对措施：在项目启动前，进行全面的专利检索与分析，确保技术方案不侵犯他人专利权。对于必要的技术或专利，积极寻求合作或授权许可，避免侵权风险。聘请专业律师团队，提供法律咨询服务，及时应对潜在的专利纠纷。

（四）市场风险

1. 市场需求不确定性

（1）风险描述：市场需求可能受政策、经济、技术等多种因素影响，存在不确定性。若市场需求低于预期，将影响项目的经济效益和持续发展，并且不利于科技成果转化。

（2）应对措施：在项目启动前进行充分的市场调研，了解行业趋势、市场需求和竞争格局。根据市场反馈及时调整战略，确保满足应用需求。

2. 竞争压力

（1）风险描述：随着技术的进步和市场的成熟，竞争将日益激烈。若无法保持技术领先和竞争优势，将面临被科技成果被市场淘汰的风险。

（2）应对措施：加大本项目创新点的研究，不断推出新技术、能够做到持续迭代升级，保持技术可持续化发展应用。通过定制化服务、定制化解决方案等方式，满足不同应用层面的个性化需求，形成差异化竞争优势。

（五）法律法规变化

（1）风险描述：随着国家对环境保护、能源安全等方面的重视程度不断提高，相关法律法规可能发生变化。若项目不符合新的法律法规要求，将面临项目整改的风险。

（2）应对措施：密切关注国家政策和法律法规的变化趋势，及时获取最新信息。在项目设计和实施过程中进行合规性审查，确保符合相关法律法规要求。根据政策变化及时调整项目方案和技术路线，确保项目的合法性和可持续性。

山西巨龙风机有限公司

FBCZ 系列短轴矿用主通风机

山西巨龙风机有限公司（383）

弯头式矿用低噪型智能变频局部通风一体机（1140 V）

山西巨龙风机有限公司（385）

FBCZ 系列短轴矿用主通风机

山西巨龙风机有限公司

矿用 FBCZ 系列短轴矿用主通风机项目对矿井安全高效及持续发展有着重大的意义。山西巨龙风机有限公司以西安达尔流体机械研究所为平台通过与西安交大知名专家教授的合作，依据先进的流体机械研究理论及研究成果，结合国家级的性能与噪声测试试验台，依托公司的三项实用新型专利，于 2017 年 7 月至 2018 年 6 月研发了矿用 FBCZ 系列短轴矿用主通风机。

一、项目实施方案

1. 项目内容及技术指标

本项目是依据我公司为煤矿企业生产的上百台矿用对旋主扇风机实测的性能数据及现场的使用情况，针对长轴风机及对旋风机的优缺点，对轮毂的结构设计进行技术创新，降低风机旋转噪声，提高风机的整机效率，研发一种能够具有对旋风机和长轴风机各自优点并克服各自缺点的新型风机——FBCZ 系列短轴矿用主通风机。从而实现降低噪声 15 ~ 20 dB，整机结构长度缩短 1/3，最高效率达 89% 以上。

2. 实施过程

成立项目组并分工——气动性能设计——结构设计——外协外购件采购——零部件下料——零部件焊接及加工——部件组装——样机试装——样机型式试验——问题汇总讨论——修改设计——样机修正——重新进行型式试验——产品定型——数据整理。

3. 取得成效

新型矿用主通风机——短轴风机具有运行安全可靠性高、高效节能效果明显、运行噪声特别低、整体运行费用低的性价比高等优势。经鉴定，风机运行的效率最高点达 89.96%，完成了风机运行最高效率 89% 以上的设计目标。风机运行噪声为 72.5 dB(A)，完成了比对旋风机运行噪声低 15 ~ 20 dB 的设计目标，达到了国家对通风机运行噪声的标准小于 85 dB(A)的要求，受到用户的高度认可并在集团内进行推广，已产生 2 亿余元的订单金额。

二、项目创新性

1. 主要创新点

(1) 该项目叶片采用高效、性能曲线范围广、低噪声量体裁衣式叶型；可满足矿井前后期跨度大的工况要求。

(2) 针对对旋风机电机直联在大机号上安全性不足的特点研发专用轴承箱。

(3) 研发专用外置停机动叶联调叶轮，可通过机外装置一次性准确完成所有叶片的角度调节。

(4) 该项目具有长轴风机的高效、节能、安全等优势，同时具备对旋风机造价低、结构简单、安装方便等优点。

(5) 风机采用单电机驱动，电机、轴承箱通过短轴安装在风机里面，解决了对旋风机电机承载轴向力径向力的缺陷，同时有效解决了长轴风机超长驱动轴安装难度高和运行中因工况或频率改变产生扭振发生的缺陷，极大提高了风机长期运行的安全可靠性。

(6) 风机设置了智能管控润滑系统，温度、振动监控系统，动叶在线按需调节系统，可实现无人值守的安全保障。

2. 知识产权情况

获得相关项目专利1个，其他风机类项目专利8个。

三、项目可靠性

采用一级叶轮代替对旋风机的两级叶轮后，将电机置于扩散器中，即可避免电机的大小对风机整体气动性能的影响，也可实现电机稳定运行。

在轴承座的水平及垂直方向上增设4个（必要时采用6个）振动及测温探头，并通过引线与PLC连接，当超过设定要求时可自动停机，对整机进行保护。

采用在联轴器上增加刹车盘的办法，并采用电动控制及联动的方式，即在风机运行时刹车无法动作，停机后，刹车自动启动，逐渐缓慢完成传动系统的减速，减少对人工的依赖。

电机隔流腔加装电机的定子及转子的测温探头，保证电机的温升不超过标准设定值，另外采用在隔流腔上下两半法兰上加密封槽并安装密封圈的办法，将电机与风路隔离，保证电机在新鲜空气的环境中运行。并采用了一个备用的方案即在隔流腔通风孔处加装散热风扇，可以将电机产生的热量迅速带走，通过冷却管后送回隔流腔内，保证电机温升不超标。

主机结构采用传统的上下揭盖的办法，并开设人孔，当整机按规定需要维护时，可通过揭开上壳体，将整个机组暴露出来，便于人工维护检修，转动部分出现故障时可通过更换轴承座的办法完成而无需更换电机，电机始终运行在只承受扭矩的情况下，可长期运行使用。

风机的测试管及稀油站和温度及振动传感器均可将采集到的信号传递到风机控制柜上，并通过控制柜显示出来，可实现故障自动停机，控制柜安装于风机房外部，工人可以安全的进行检查并操作机器，也可加装摄像头观察稀油站的进回油情况，各类传感器的温升情况等。也可远传至主控室内，实现无人值守。

四、经济合理性

山西煤炭运销集团金塬达煤业有限公司原设计的主通风系统的主通风机是常用机型对旋风机FBCDZ No33/2×450，配用功率900 kW电机，采用我公司新型矿用短轴主扇风机No28/710（FBCZ27.4-1.65-1）配置的是功率710 kW的电机，按风机全天候运行工况计算，可节电1368000 kW·h，按工业用电每度1元计算，每年将可为煤矿节电接近136.8万元。

同时矿用短轴主扇风机超低的运行噪声降低了环境噪声水平，符合国家的环保政策，有利于周围居民及设备操作人员的身心健康。后期当矿井需要继续延伸，本风机的气动设计在部分工况下满足要求时，可以只通过更换叶轮的方法实现矿井的过渡期及后期要求，可以为矿井节约大量的开拓巷道的资金，只需要较少的成本即可满足矿井过渡期及部分后期的需求。

五、存在问题和发展愿景

1. 存在问题

（1）新技术、新产品的转化及推广必须符合国家的产业政策，才能被用户认可、使用。

（2）新技术、新产品的研发费用很高，若有政府及相关部门的政策扶持，新技术、新产品的转化和推广才能被用户尽可能地采购，企业才有更高的积极性。

（3）新技术、新产品的研发，会在一定程度上比老产品的成本高，目前用户采购物品一般实行的是最低价格招标办法，不利于新技术、新产品的推广。

（4）目前招标一般是参与投标单位必须最少三家招标才能有效，新技术、新产品、专利性产品的唯一性，增加了新技术、新产品的推广难度。

（5）目前专利产品的知识产权的保护氛围还没有形成，专利产品被随意模仿，而维权成本很高，一定程度上影响了企业开发新技术、新产品的积极性。

2. 发展愿景

（1）对该项目在用户方的使用运行情况，进行定期与不定期的跟踪，对用户提出的需求与建议进行归纳、分类，不断完善、优化产品的设计，为用户提供超值服务。

（2）积极参加全国各地煤矿行业大型省、部级煤矿技术与设备展会，加强新产品的推广力度。

（3）利用公司近20年的销售渠道对该项目进行宣传与推广。

弯头式矿用低噪型智能变频局部通风一体机（1140 V）

山西巨龙风机有限公司

随着煤矿大型化发展，矿井使用电源普遍由380 V、660 V改造为1140 V，现市场上1140 V变频器与矿用局部通风机存在不适配而导致互烧现象，因此，煤矿市场急需开发一种1140 V变频器与矿用局部通风机相适配的一体化矿用局部通风机。山西巨龙风机有限公司依托公司的一项发明专利产品、两项外观设计专利及两项实用新型专利，于2022年7月至2023年6月研发了一种弯头式矿用低噪型智能变频局部通风一体机（1140 V）。

一、项目实施方案

1. 项目内容及技术指标

（1）弯头式矿用低噪型智能变频局部通风一体机（1140 V）具有智能控制特性，风机运行参数随工况需求可实时变化，按需运行供风，实现远程检测、远程控制、智能、人性化、可扩展性强和覆盖面广等特点。系统为整体结构，变频器为流道式变频器，配套智能控制开关，具有联机无源切换功能。通过以瓦斯传感器和风速传感器信号为控制依据，实现按需供风，初始参数（如风量、瓦斯浓度）均可以设定。具有闭环控制系统，能采集井下传感器的瓦斯浓度参数、井下分站采集的参数来确定供风量的多少，采用 PLC 与变频器组成的控制系统，对风机转速实时自动调控，按需供风。能够在人工或自动排瓦斯时，自动或手动设置调节输出风量，控制排至回风流的瓦斯浓度，避免瓦斯超限。能够通过变频器显示面板和智能控制开关的显示面板的人机界面设置变频器输出频率，以控制局扇的转速来调节风量。具有瓦斯电闭锁、风电闭锁功能等功能。通过上位机软件监控系统，能够实时监测系统的运行状况。智能控制开关采用 PLC 的控制方式，和变频器配套，组成闭环控制系统。

（2）弯头式矿用低噪型智能变频局部通风一体机（1140 V）整体运行噪声低于 80 dB。

（3）弯头式矿用低噪型智能变频局部通风一体机（1140 V）运行必须安全可靠。

（4）弯头式矿用低噪型智能变频局部通风一体机（1140 V）运输及安装简捷方便。

2. 实施过程

成立项目组并分工——气动性能设计——结构设计——外协外购件采购——零部件下料——零部件焊接及加工——部件焊接组装——样机试装——样机型式试验——问题汇总讨论——修改设计——样机修正——重新进行型式试验——产品定型——数据整理。

3. 取得成效

本项目已形成新的产品系列并申报了两项新的实用新型专利。

二、项目创新性

1. 主要创新点

（1）实现局扇风机与变频器一体化设计。

（2）实现在高压 1140 V 工况下变频器与风机电机的适配性，公司设计开发三电平变频器。

2. 知识产权

取得两项实用新型专利。

三、项目可靠性

目前在高压 1140 V 工况条件下，风机与变频器不能匹配的主要有两大因素。

一是风机电机易烧毁，其主要原因是局扇风机采用的高转速、变频器采用的是二电平的方式，在频率的调节中其波峰对电机的冲击超过了电机的绝缘标准，导致风机电机烧毁。其解决方案是变频器采用三电平方式，其波峰对电机的冲击比二电平降低了 70%，还有利于电机延长寿命，使变频器在调节过程中其波峰对电机的冲击在电机的绝缘标准内。变频器可根据工况需求实时调节，达到节能减排的目的。

二是变频器本身要求有良好的强制散热要求，三电平比二电平变频器散热更大，在煤矿井下的环境中难以达到要求。我们采用变频一体机，把变频器的散热管置于风机的进风口的中间，使变频器的散热管处于新鲜、干净的风流中。高速的风流起到良好的散热作用，相当于强制散热效果，同时可以提高变频器的寿命。风机电机与变频器使用寿命的相互延长，智能局部通风一体机的使用寿命进一步延长，设备的故障率进一步下降，设备的安全系数提高在90%以上。

四、经济合理性

弯头式矿用低噪型智能变频局部通风一体机（1140 V）项目具有良好的经济效应，预计2年可收回全部投资，投产后2年产值可达1亿元，新增利税1000万元。该产品的研发推广将提高风机产业的技术水平及产品的科技含量，促进风机产业升级换代，培养出一批高素质的工人队伍。对企业可以增加新的经济增长点，对用户有利于设备操作人员及周围居民的身心健康。

五、存在问题和发展愿景

1. *存在问题*

（1）新技术、新产品的转化及推广必须符合国家的产业政策，才能被用户认可、使用。

（2）新技术、新产品的研发费用很高，若有政府及相关部门的政策扶持，企业才有更高的积极性。

（3）新技术、新产品比老产品的成本高，目前用户采购物品一般实行的是最低价格招标办法，不利于新技术、新产品的推广。

（4）目前招标一般是参与投标单位必须最少三家招标才能有效，新技术、新产品、专利性产品的唯一性，增加了新技术、新产品的推广难度。

（5）目前专利产品的知识产权的保护氛围还没有形成，专利产品被随意模仿，而维权成本很高，一定程度上影响了企业开发新技术、新产品的积极性。

2. *发展愿景*

（1）对该项目在用户方的使用运行情况，进行定期与不定期的跟踪，对用户提出的需求与建议进行归纳、分类，不断完善、优化产品的设计，为用户提供超值服务。

（2）积极参加全国各地煤矿行业大型省、部级煤矿技术与设备展会，加强新产品的推广力度。

（3）利用公司近20年的销售渠道对该项目进行宣传与推广。

参 考 文 献

[1] 刘峰，郭林峰，等. 煤炭工业数字智能绿色三化协同模式与新质生产力建设路径［J］. 煤炭学报，2024，49(1).

[2] 渠沛然. 加快绿色低碳技术攻关，推动煤炭产业优化升级：访中国工程院院士、安徽理工大学党委副书记、校长袁亮［N］. 中国能源报，2024-03-25(7).

[3] 贺佑国，刘文革，等. 世界煤炭工业发展综论［J］. 中国煤炭，2021，47(1).

[4] 国家能源局. 关于进一步加快煤矿智能化建设促进煤炭高质量发展的通知：国能发煤炭［2024］38 号［A/OL］.（2024-05-27）［2024-09-10］. http://zfxxgk. nea. gov. cn/2024-05/21/c_1310776187. htm.

[5] 国务院. 关于印发《2024—2025 年节能降碳行动方案》的通知：国发〔2024〕12 号［A/OL］.（2024-05-29）［2024-09-10］. https://www. gov. cn/zhengce/zhengceku/202405/content_6954323. htm.

[6] 国家能源局. 关于印发《煤矿智能化标准体系建设指南》的通知：国能发科技〔2024〕18 号［A/OL］.（2024-03-13）［2024-09-10］. http://zfxxgk. nea. gov. cn/2024-03/13/c_1310768359. htm.